Frases latinas

A pesar de haber puesto el máximo cuidado en la redacción de esta obra, el autor o el editor no pueden en modo alguno responsabilizarse por las informaciones (fórmulas, recetas, técnicas, etc.) vertidas en el texto. Se aconseja, en el caso de problemas específicos —a menudo únicos— de cada lector en particular, que se consulte con una persona cualificada para obtener las informaciones más completas, más exactas y lo más actualizadas posible. EDITORIAL DE VECCHI, S. A. U.

© Editorial De Vecchi, S. A. 2019
© [2019] Confidential Concepts International Ltd., Ireland
Subsidiary company of Confidential Concepts Inc, USA
ISBN: 978-1-64461-424-2

Impreso bajo demanda gestionado por Bibliomanager

Angela Maria Zanoner

FRASES
LATINAS

dve
PUBLISHING

Índice

Introducción

De un tiempo a esta parte se aprecia un cierto interés por recuperar nuestras raíces culturales a través del conocimiento de nuestra lengua. Sin embargo, de poco servirá conocer perfectamente las reglas ortográficas y gramaticales si no se posee unas nociones mínimas de retórica para expresarse con elegancia y precisión.

Este diccionario se propone proporcionar al lector un número considerable de citas latinas con algunas indicaciones generales sobre cómo utilizarlas. Se trata de un texto sencillo pero cuidadoso que prescinde de comentarios rigurosamente filológicos, los cuales precisarían más espacio y una terminología más compleja, y en el que se considera más importante el significado y la comprensión que la filiación de las citas.

Las citas van todas acompañadas de la traducción española, de la fuente de procedencia y de una breve explicación. Algunas citas literarias han originado muchas veces citas en latín vulgar o medieval que generalmente son aliterantes o en rima. Por lo tanto, sucede que el proverbio medieval se presta generalmente a ser citado en el lenguaje común, mientras que la cita literaria es más adecuada en un contexto culto o escrito. Para las citas muy famosas o de significado extremadamente claro se omite la explicación. Lo mismo sucede en las citas sobre temas como la fortuna, el dinero, la salud, etc., que han originado dichos a menudo contrarios que el lector puede fácilmente descubrir por sí mismo y para los cuales un comentario resultaría superficial o banal. Otras citas se explican en cambio con la correspondiente locución en español, de forma que la comprensión del significado y del contexto en el que se debe utilizar resulte inmediata.

Como ya hemos anunciado, las citas no se han obtenido sólo de autores clásicos, sino que proceden también del Antiguo y del Nuevo Testamento o de autores medievales y renacentistas.

El diccionario está estructurado de forma que pueda ser consultado fácilmente por el lector. Las entradas están ordenadas por orden alfabético precedidas por un número de orden. A continuación viene un glosario, también ordenado alfabéticamente, de las locuciones o las palabras más usuales, pero que no se consideran realmente citas. Al final se encuentra un índice por temas con el número correspondiente a cada una de las citas, que proporciona ya una primera explicación referente a los contextos o a los temas en los cuales una cita puede utilizarse.

Una última recomendación: el empleo de citas latinas en un texto o en una conversación debe de ser lo más restringido posible a menos que se desee pecar de pedantería. Lo mejor que puede hacerse es citar su traducción en español, comprensible a todos, y a ser posible evitando todo alarde cultista.

FRASES LATINAS

A

1. AB ABUSU AD USUM NON VALET CONSE-QUENTIA. *El abuso de una cosa no puede servir de argumento contra su propio uso.*

(Fórmula jurídica)

2. AB ACTU AD POSSE VALET ILLATIO. *A partir de lo que sucede se puede deducir lo que puede suceder .*

(Máxima escolástica)

3. AB ALIO EXPECTES, ALTERI QUOD FECERIS. *Espera de los demás lo que tú les hayas hecho.*

(Publilio Siro, *Sentencias*, 2)

Sabia sentencia que se puede aplicar en cualquier ámbito de la vida cotidiana.

4. AB AMICO RECONCILIATO CAVE. *Ten cuidado de un amigo con el que te hayas reconciliado*

(Proverbio medieval)

El proverbio, que deriva de un fragmento del libro de Zacarías (12, 11), invita a desconfiar de las amistades interesadas y a no caer en los mismos errores con las mismas personas.

5. AB ASINIS AD BOVES TRANSCENDERE. *Pasar de los burros a los bueyes.*

(Plauto, *Aulularia*, 235)

Expresión irónica que indica el ascenso social.

6. ABDUXISSE ALIUM PRAEDAM, QUI OCCU-RRIT PRIOR. *Otro que ha llegado primero se ha llevado la presa.*

(Plauto, *Pseudolus*, 1198)

Este proverbio se adapta perfectamente a todos esos casos en los que, por pereza o por apatía, se deja escapar una oportunidad.

7. ABIERUNT HINC IN COMMUNEM LOCUM. *Se fueron de aquí hacia un lugar común.*

(Plauto, *Casina*, 18)

Definición eufemística para hablar de los difuntos.

8. ABI HINC IN MALAM CRUCEM! *¡Que te crucifiquen!*

(Plauto, *Mostellaria*, 3, 2, 850)

Exabrupto que deriva del hecho de que se consideraba miserable que una persona permaneciese insepulta y fuese pasto de las alimañas.

9. ABIIT, EXCESSIT, EVASIT, ERUPIT. *Se ha ido, se ha marchado, ha salido corriendo de aquí.*

(Cicerón, *Catilinarias*, 2, 1, 1)

Expresión que se puede citar a propósito de acciones impulsivas y precipitadas.

10. AB IOVE PRINCIPIUM, MUSAE, IOVIS OMNIA PLENA. *En Júpiter fue el principio, oh musa, y Júpiter lo llenaba todo.*

(Virgilio, *Bucólicas*, 3, 60)

Expresión que todavía se utiliza para indicar que todas las acciones humanas están inspiradas e influidas por la divinidad.

11. ABLUE PECCATA, NON SOLUM FACIEM. *Lávate también tus pecados y no sólo la cara.*

Inscripción que se lee, o se leía, alrededor del baptisterio de Santa Sofía en Estambul y que también aparece en la iglesia de Notre-Dâme-des-Victoires en París.

12. AB OVO USQUE AD MALA. *Del huevo a las manzanas.*

(Horacio, *Sátiras*, 1, 3, 6-7)

La expresión se refiere a la tradición romana de empezar las comidas con los huevos y acabarlas con manzanas u otras frutas. Significa, por lo tanto, «del principio al final» o «hasta el fondo».

13. ABSENTEM LAEDIT CUM EBRIO QUI LITIGAT. *Aquel que discute con un borracho ofende a un ausente.*

(Publilio Siro)

14. ABSIT INIURIA VERBIS. *Que no haya agravio en las palabras.*

(Tito Livio, *Ab urbe condita*, IX, 19, 15)

Reformulación de la frase de Tito Livio *absit invidia verbo* («que la envidia se mantenga alejada de mis palabras»). La expresión se utiliza en la actualidad para atenuar el efecto de una frase cortante.

15. ABSQUE AERE MUTUM EST APOLLINIS ORACULUM. *Sin dinero, el oráculo de Apolo está mudo.*

(Binder, *Novus thesaurus adagiorum latinorum*, 42)

La expresión alude al rey Filipo de Macedonia, quien empleaba sus riquezas para que la sibila de Delfos dijese lo que convenía. El dicho se puede citar a propósito de adivinos y charlatanes.

16. ABSTINE ET SUSTINE. *Abstente y soporta.*

Máxima estoica que figura en el *Enquiridión* de Epicteto y que se puede utilizar en aquellos momentos en los que se requiere mucha paciencia.

17. ABUNDANS CAUTELA NON NOCET. *Un exceso de precaución no hace daño.*

(Fórmula jurídica)

18. AB UNO DISCE OMNES. *A partir de uno mismo se comprende todo.*

(Virgilio, *Eneida*, 2, 65)

Si bien el verso se refiere al caballo de Troya, en la actualidad se emplea tanto en el lenguaje común como en la lógica formal

para indicar que, a partir de un único ejemplo, se puede comprender la totalidad.

19. AB URBE CONDITA. *Desde la fundación de la ciudad.*

(Tito Livio, *Ab urbe condita*)

Es el título de una obra histórica de Tito Livio que tiene como argumento la historia de Roma, cuya fundación se hace remontar, según el primer cómputo de Varrón, al año 753 a. de C.

20. ABUSUS NON TOLLIT USUM. *El abuso no excluye el uso.*

(Fórmula jurídica)

La expresión, de origen desconocido, se utiliza todavía en el ámbito jurídico para indicar que el abuso de una norma no tiene que comportar su supresión, sino que la norma debe aplicarse dentro de unos límites.

21. ABYSSUS ABYSSUM INVOCAT. *El abismo invoca al abismo.*

(Salmos, 42-43, 7)

La expresión, que invita a mantenerse alejados del mal y del pecado, se puede utilizar en el lenguaje coloquial para indicar que inevitablemente el mal llama a otro mal.

22. A CANE NON MAGNO SAEPE TENETUR APER. *También un perro no muy grande puede enfrentarse con un jabalí.*

(Ovidio, *Remedia amoris*, 422)

No siempre el más grande o aquel que dispone de más fuerza obtiene la mejor parte.

23. A CAPILLIS USQUE AD UNGUES. *De la cabeza a los pies.*

(Plauto, *Epidicus*, 623; Cicerón, *Pro Roscio*, 7, 20; Apuleyo, *El asno de oro*, 3, 21)

La expresión estaba muy difundida en el mundo latino para indicar una cosa o un acontecimiento en su totalidad.

24. A CAPITE BONA VALETUDO. *La buena salud proviene de la cabeza.*

(Séneca, *Sobre la clemencia*, 2, 2)

Expresión utilizada a propósito del buen ejemplo que deberían dar quienes ocupan cargos de gobierno.

25. ACCESSIT HUIC PATELLAE [...] DIGNUM APERCULUM. *Cada cacerola encuentra su digna tapadera.*

(San Jerónimo, *Epístolas*, 7, 5; 127, 9)

Proverbio utilizado por el autor para indicar que cada pueblo tiene los gobernantes que se merece. En la actualidad se emplea para referirse a matrimonios o uniones en los que las partes son complementarias.

26. ACCESSORIUM SEQUITUR SUUM PRINCIPALEM. *Lo que depende sigue a aquello de lo cual depende.*

Fórmula jurídica, todavía en vigor, según la cual el poseedor de una cosa (por ejemplo, un terreno) es propietario también de lo que está estrechamente relacionado con él (en este caso, los frutos).

27. ACCIDERE EX UNA SCINTILLA INCENDIA PASSIM. *A veces a partir de una simple chispa se produce un incendio.*

(Lucrecio, *Sobre la naturaleza de las cosas*, 5, 609)

La expresión tiene un doble significado y puede por lo tanto utilizarse en distintos contextos: por un lado constituye un aviso para no olvidar pequeños detalles cuyas consecuencias podrían ser peligrosas; por el otro indica que una acción insignificante puede dar lugar a grandes acontecimientos.

28. ACCIPE, CAPE, RAPE SUNT TRIA VERBA PAPAE. *Acepta, atrapa y agarra son las tres palabras del papa.*

Se trata de una de las numerosas sátiras antipapales del siglo XVI.

29. ACCIPERE QUAM FACERE PRAESTAT INIURIAM. *Es mejor sufrir una injusticia que hacerla.*

(Cicerón, *Tusculanas*, V, 19, 56)

La frase, repetida también por Séneca (*Phoenissae*, 494) y por San Agustín (*Enarrationes in Psalmos*, 124,8), tiene un profundo significado ético, pero puede utilizarse también para dar consuelo cuando se sufre una injusticia.

30. ACCUSARE ET AMARE TEMPORE UNO / IPSI VIX FUIT HERCULI FERENDUM. *Acusar y*

amar al mismo tiempo / sólo Hércules hubiera podido soportarlo, y a duras penas.

(Petronio, 102)

Dos versos que expresan la dificultad que supone acusar o criticar a personas queridas.

31. ACERBA SEMPER ET IMMATURA MORS EORUM QUI IMMORTALE ALIQUID PARANT. *La muerte de aquellos que han hecho algo inmortal nos parece siempre cruel e inmadura.*

(Plinio el Joven, *Cartas*, IX, 5, 5, 4)

Expresión adecuada para comentar o commemorar la desaparición de grandes personalidades.

32. ACTA DEOS NUNQUAM MORTALIA FALUNT. *Las acciones de los mortales no engañan nunca a los dioses.*

(Ovidio, *Tristia*, 1, 2, 97)

La sentencia puede no referirse exclusivamente a la divinidad, sino también a personas particularmente sensatas que difícilmente se dejan engañar.

33. ACTA EST FABULA. *El espectáculo ha terminado.*

(Suetonio, *Vida de Augusto*, 99, 1)

Según el autor, se trata de las palabras pronunciadas por el emperador Augusto en su lecho de muerte. Actualmente se citan para indicar la conclusión definitiva de un acontecimiento.

34. ACTUM NE AGAS. *[Ya] se ha hecho, no lo hagas.*

(Terencio, *Phormio*, 419; Cicerón, *Cartas a Ático*, 9, 6, 6)

Fórmula jurídica según la cual sería imposible proceder por vía judicial una segunda vez respecto al mismo objeto y que se ha difundido en el lenguaje común como amonestación para no caer dos veces en el mismo error.

35. ACU [...] ENUCLEATA ARGUMENTA. *Argumentos dilucidados con la aguja.*

(Cicerón, *Pro Scauro*, 20)

La expresión, referida probablemente a la sonda del cirujano, significa «adivinar» y tiene una validez bastante similar a nuestra frase *poner el dedo en la llaga.*

36. AD AUCTORES REDIT SCELERIS COACTI CULPA. *Al autor retorna la culpa del delito.*

(Séneca, *Troades*, 880)

Expresión de significado muy claro que se puede citar tanto en el lenguaje coloquial como en el lenguaje jurídico.

37. AD DISCENDUM QUOD OPUS EST NULLA MIHI AETAS SERA VIDERI POTEST. *No hay edad que me parezca demasiado tardía para aprender lo que es necesario.*

(San Agustín, *Epístolas*, 166, 1)

Actualmente decimos «nunca es tarde». El dicho señala además la importancia de un ejercicio intelectual constante.

38. ADDITO SALIS GRANO. *Añadiendo un grano de sal.* (Plinio el Viejo, *Historia natural*, XXIII, 77, 3)

De ahí el común *cum grano salis*, es decir, con discreción.

39. ADGNOSCO VETERIS VESTIGIA FLAMMAE. *Conozco los signos de la antigua llama.*

(Virgilio, *Eneida*, 4, 23)

Palabras con las que Dido confiesa a su hermana que todavía siente amor por Eneas. Dante retomó el verso en el *Purgatorio* (30, 48) cuando su personaje encuentra a Beatriz.

40. ADHAESIT PAVIMENTO ANIMA MEA. *Mi alma permanece unida a las cosas terrenales.*

(Salmos, 119, 25)

Expresión que se ha hecho famosa después de que Dante la incluyera en el *Purgatorio* (19, 73) y que se refiere en realidad al fiel postrado en el suelo.

41. ADHUC SUB IUDICE LIS EST. *El juez todavía tiene que decidir sobre el pleito.*

(Horacio, *Epístola a los Pisones*, 668)

Horacio se refiere al hecho de que todavía no se había resuelto la cuestión sobre quién había sido el primer poeta elegiaco. La locución se utiliza actualmente para indicar un problema para el que todavía no se ha dado con la solución.

42. ADHUC TUA MESSIS IN HERBA. *Tu mies todavía es hierba.*

(Ovidio, *Heroidas*, 17, 265)

43. AD IMPOSSIBILIA NEMO TENETUR. *Nadie está obligado a hacer lo imposible.*

(Máxima medieval)

Todavía se emplea en el lenguaje jurídico para expresar el concepto por el que no se puede pretender el cumplimiento de una obligación que se considera imposible. También puede utilizarse en el lenguaje coloquial para indicar la imposibilidad de emprender acciones superiores a las propias fuerzas.

44. ADITUM NOCENDI PERFIDO PRAESTAT FIDES. *La desconfianza atrae al engaño.*

(Séneca, *Edipo*, 3, 1, 178)

La expresión destaca el hecho de que temiendo ser engañados, se enseña o se aprende a engañar.

45. ADIUTORIUM NOSTRUM IN NOMINE DOMINI, QUI FECIT CAELUM ET TERRAM. *Nuestra ayuda viene en nombre del Señor que ha hecho el cielo y la tierra.*

(Salmos, 123)

Plegaria muy famosa que aparece en numerosas bendiciones.

46. AD KALENDAS GRAECAS SOLUTORUM. *Se pagará en las calendas griegas.*

(Suetonio, *Vida de Augusto*, 87)

Expresión que se atribuye al emperador Augusto y con la cual se designaba a los deudores insolventes. En el calendario griego, de hecho, no existían las calendas. De ahí procede la expresión actual *en las calendas griegas* para decir de forma eufemística «nunca» o para designar trámites que han sido aplazados indefinidamente.

47. AD MAGNA GAUDIA PERVENIRI NON POTEST, NISI PER MAGNOS LABORES. *No se pueden alcanzar grandes satisfacciones si no es a través de grandes sufrimientos.*

(Pseudo Beda, PL 90, 1091 c)

Máxima medieval que expresa una gran verdad.

48. AD PANITENDUM PROPERAT, CITO QUI IUDICAT. *El que juzga rápidamente se arrepiente muy pronto.*

(Publilio Siro, *Sentencias*, 32)

Expresión que se puede citar como advertencia para que no se hagan juicios apresurados que obliguen luego al arrepentimiento.

49. AD PERDITAM SECURIM ADIICIT MANUBRIUM. *Junto con el hacha que has tirado tira también el mango.*

(Proverbio medieval)

Proverbio que destaca los lazos de unión indestructibles que existen entre algunas cosas, por lo que si una se gasta, la otra no tendrá ya ninguna función.

50. AD PRIMOS ICTUS NON CORRUIT ARDUA QUERCUS. *La fuerte encina no cae nunca con los primeros golpes.*

(Sentencia medieval)

Expresión que se puede citar a propósito de personas de carácter fuerte que difícilmente se dejan amilanar ante las adversidades.

51. AD SATANA VOTUM SUCCESSIT CURA NEPOTUM. *Después del voto a Satanás llegó la preocupación para los simoniacos.*

(Proverbio medieval)

Proverbio satírico contra la simonía eclesiástica y la ostentación de la riqueza a pesar de los votos de pobreza, castidad y obediencia.

52. ADSUETUMQUE MALO LIGUREM. *El ligur acostumbrado al mal.*

(Virgilio, *Geórgicas*, 2, 168)

La expresión no tiene que entenderse con sentido denigrante como «acostumbrado a hacer el mal», sino con el sentido positivo de «acostumbrado al cansancio, a los esfuerzos».

53. AD SUOM QUEMQUEM HOMINEM QUAESTUM ESSE AEQUOM EST CALLIDUM. *Lo justo es que cada uno sea astuto por su propio interés.*

(Plauto, *Asinaria*, 186; *Truculentus*, 416)

Expresión que invita a preocuparse de los propios intereses y se adapta particularmente al mundo de los negocios.

54. ADTENDITE A FALSIS PROPHETIS, QUI VENIUNT AD VOS IN VESTIMENTIS OVIUM, INTRINSECUS AUTEM SUNT LUPI RAPACES. *Protegeos de los falsos profetas que se presentan ante vosotros bajo vestiduras de ovejas, pues en realidad son por dentro lobos rapaces.*

(Mateo, 7, 15)

Expresión que se puede citar en discursos solemnes como máximas morales o para protegerse de los portavoces de falsas ideologías.

55. ADVERSAE DEINDE RES ADMONUERUNT RELIGIONUM. *Más tarde las adversidades nos hicieron recordar las prácticas religiosas.*

(Tito Livio, *Ab urbe condita*, 5, 51, 8)

Con estas palabras Tito Livio expresó su concepción de la religión como desahogo de los sentimientos humanos y señaló la tendencia a dirigirse a la divinidad sólo en los trances más difíciles de la vida.

56. ADVERSARUM IMPETUS RERUM, VIRI FORTIS NON VERTIT ANIMUM. *El ímpetu de las adversidades no cambia el ánimo del hombre fuerte.*

(Séneca, *De providentia*, 2, 1)

57. ADVERSUS AEREM [...] CERTARE. *Luchar contra el aire.*

(San Agustín, *De agone christiano*, 5, 5)

Expresión metafórica para designar una lucha inútil que no lleva a ningún resultado o contra un adversario inexistente.

58. ADVERSUS HOSTEM AETERNA AUCTORITAS [ESTO]. *Que nuestra autoridad hacia el extranjero sea perpetua.*

(Cicerón, *De officiis*, 1, 37)

Norma que tiene como objetivo poner sobre aviso al ciudadano romano en las compraventas con los extranjeros. Actualmente se utiliza de forma errónea, interpretando *hostis* como «enemigo», como si quisiera decir que los enemigos han de estar completamente sometidos.

59. ADVERSUS PERICULUM NATURALIS RATIO PERMITTIT SE DEFENDERE. *La razón natural permite defenderse del peligro.*

(Gayo)

En el peligro se agudiza el ingenio.

60. ADVERSUS TE ET ADVERSUS STIMULUM CALCITRANTES. *Lanzando patadas contra ti mismo y contra un aguijón.*

(San Agustín, Confesiones, III, 8, 16)

La expresión, adoptada por San Agustín, se remonta a la antigüedad clásica y expresa el concepto de que luchar contra Dios es una acción vana y que puede provocar daños.

61. ADVOCATUS ET NON LATRO: RES MIRANDA POPULO. *Abogado y no ladrón: algo de lo que la gente se sorprende.*

Versos referidos a San Ivo, patrón de los abogados, del que se dice que era bretón pero no ladrón, una mala fama de la que gozaban los bretones. La frase original (*Sanctus Ivo erat Brito, advocatus et non latro*) ha perdido la parte inicial y ha añadido un valor satírico en relación con los abogados.

62. AEGRE REPRENDAS QUOD SINAS CONSUESCERE. *Es difícil censurar aquello que se ha convertido en una costumbre.*

(San Jerónimo, Epístolas, 107, 8; 128, 3)

La expresión, muy común en los ambientes escolásticos, significa que los malos comportamientos tienen que corregirse a tiempo.

63. AEGROTO DUM ANIMA EST, SPES ESSE DICITUR. *Mientras el enfermo respira se dice que hay esperanza.*

(Cicerón, Carta a Ático, 9, 10, 3)

Expresión que recuerda a nuestro dicho *mientras hay vida hay esperanza.*

64. AEQUALIS NON PARIT BELLUM. *La igualdad no produce guerra.*

(Erasmo, Adagios, p. 1007)

Puesto que entre iguales no nace la codicia ni el afán por destacar.

65. AEQUAM MEMENTO REBUS IN ARDUIS SERVARE MENTEM. *Recuerda mantener el ánimo sereno en las adversidades.*

(Horacio, Odas, 2, 3, 1-2)

En pocas palabras, el autor condensa la esencia de la sabiduría. La firmeza era de hecho la virtud romana por excelencia.

66. AEQUAT OMNES CINIS. *La muerte nos hace iguales a todos.*

(Séneca, Carta a Lucilio, 91, 16)

Esta frase se repite en todas las culturas. La connotación social se ha atenuado actualmente y ha permanecido el aspecto de la muerte como momento común a todos los hombres.

67. AETATE PRUDENTIORES SUMUS. *Con la edad nos volvemos más sabios.*

(Proverbio medieval)

Fórmula que se puede utilizar en cualquier contexto en el que se señale la importancia de la experiencia o del sentido común, cualidades típicas de las personas ya no tan jóvenes.

68. AETATIS CUISQUE NOTANDI SUNT TIBI MORES. *De cada época se tienen que considerar las costumbres.*

(Horacio, Epístola a los Pisones, 156)

Máxima referida a los historiadores que no deben juzgar según los principios de su tiempo a personas y a hechos que han tenido lugar en épocas anteriores.

69. AEVO RARISSIMA NOSTRO SIMPLICITAS. *La sencillez, algo muy raro en nuestros tiempos.*

(Ovidio, Arte de amar, 241-242)

Exclamación con la que el autor se quejaba de la falta de estas cualidades.

70. AFFLAVIT DEUS ET DISSIPATI SUNT. *Dios sopló y se dispersaron.*

(Éxodo, 15, 10)

La expresión se utiliza todavía para indicar el buen resultado de una acción que se creía imposible y, de paso, agradecer a Dios la ayuda concedida.

71. AGE SI QUID AGIS. *Si haces algo, hazlo enseguida.*

(Plauto, Persa, 659; Miles gloriosus, 215)

La expresión se puede utilizar como exhortación para actuar enseguida y bien o para indicar la necesidad de tener cuidado con lo que se está haciendo.

72. AIUNT DIVINARE SAPIENTEM. *Del sabio se dice que adivina.*

(San Jerónimo, *Comentario a Jeremías*, 52, 3)

Palabras similares se utilizaban en el latín clásico para señalar a una persona que saca conclusiones extremadamente lógicas y racionales.

73. AIUNT ENIM MULTUM LEGENDUM ESSE, NON MULTA. *Dicen que se tiene que leer mucho, no muchas cosas.*

(Plinio el Joven, *Cartas*, IX, 7, 9)

Es necesario leer de forma atenta y profunda. La expresión fue muy empleada en el ámbito escolástico.

74. AIUNT SOLERE SENEM RUSUM REPUERASCERE. *Se dice que normalmente el viejo se convierte de nuevo en niño.*

(Plauto, *Mercator*, 296)

Una idea todavía presente entre nosotros.

75. ALAS INTERVELLI. *Cortar las alas.*

(Plauto, *Amphitruo*, 325)

Una expresión todavía vigente.

76. ALCINOO POMA DARE. *Dar manzanas a Alcinoo.*

(Ovidio, *Cartas desde el Ponto*, 4, 2, 10)

Alcinoo, rey de los feacios, era famoso por sus riquezas y en particular por sus fértiles jardines. La expresión indica por lo tanto una acción inútil y absurda.

77. ALEA FORTUNAE FORTES EXAMINAT; AURUM / IN FORNACE, FIDES ANXIETATE NITET. *La incertidumbre de la suerte pone a prueba a los fuertes: el oro se reconoce en el horno, la fidelidad en la ansiedad.*

(Máxima medieval)

Dicho que se remonta a la tradición de la prueba de fuego. Véase también el n.º 1.015.

78. ALEA IACTA EST! *¡La suerte está echada!*

(Suetonio, *Vida de César*, 32)

Frase pronunciada por César cuando cruzó el Rubicón desobedeciendo las órdenes del Senado. Actualmente se usa cuando ya se ha decidido todo y no se puede volver atrás.

79. ALIA VITA ALIOS MORES POSTULAT. *Una vida precisa unas costumbres, otra precisa otras.*

(Proverbio medieval)

Este dicho deriva de la frase de Terencio *nunc hic dies aliam vitam defert, alios mores postulat* (citada en el n.º 1.709).

80. ALIBI TU MEDICAMENTUM OBLIGAS. *Colocas el vendaje en el lugar equivocado.*

(Frontón, *De eloquentia*, 2, 11)

Frase que indica una manera equivocada de remediar un error o una falta.

81. ALIENA CAPELLA GERAT DISTENTIUS UBER. *La cabritilla de los demás tiene las mamas más hinchadas.*

(Horacio, *Sátiras*, 1, 1, 110)

Horacio se refiere en este caso al avaro codicioso de lo ajeno.

82. ALIENA NOBIS, NOSTRA PLUS ALIIS PLACENT. *A nosotros nos gustan más las cosas de los demás y a los demás las nuestras.*

(Publilio Siro, A 28)

Expresión bastante similar a la anterior pero utilizando tonos más elegantes y, por lo tanto, más adecuada para conversaciones cultas.

83. ALIENA VITIA IN OCULIS HABEMUS, A TERGO NOSTRA SUNT. *Los vicios de los demás los tenemos delante de los ojos: los nuestros detrás de los hombros.*

(Séneca, *De ira*, 2, 28, 8)

Séneca se refiere a una fábula de Esopo según la cual el hombre lleva sobre los hombros un fardo con sus defectos y delante otro con los de los demás.

84. ALIENIS ME COLORIBUS ADORNARE. *Decoradme con los colores ajenos.*

(San Jerónimo, *Prefacio a «De Spiritu Sancto» de Dídimo*, 106)

San Jerónimo se inspira en una fábula esópica en la que el cuervo, para parecer más bello, roba las plumas de las demás aves. La expresión se utiliza en la actualidad para señalar a las personas vanidosas que ansían destacar atribuyéndose méritos ajenos.

85. ALIIS SI LICET, TIBI NON LICET. *Aunque está permitido a los demás, a ti no te está permitido.*

(Terencio, *Heautontimoroumenos*, 797)

Hay cosas que se conceden a unos y a otros no, y viceversa. La expresión es muy vaga y por esta razón puede utilizarse en distintos ámbitos, entre ellos el educativo.

86. ALIQUAM REPERITIS RIMAM. *Encontrad alguna fisura.*

(Plauto, *Curculio*, 510)

Plauto se refiere en este caso a los usureros que encuentran siempre una escapatoria a cualquier decreto. Corresponde a nuestro dicho «hecha la ley, hecha la trampa».

87. ALIQUANDO PRO FACUNDIA SILENTIUM EST. *A veces el silencio es como la elocuencia.*

(Proverbio medieval)

Adaptación en latín vulgar de una sentencia de Plinio el Joven sobre el valor del silencio (véase el n.º 1.621).

88. ALIQUID MALI ESSE PROPTER VICINUM MALUM. *Hay algo malo a causa de un mal vecino.*

(Plauto, *Mercator*, 772)

Es una de las muchas expresiones referentes a relaciones de buena o mala vecindad.

89. ALIT LECTIO INGENIUM ET STUDIO FATIGATUM REFICIT. *La lectura alimenta el ingenio y lo hace descansar cuando está cansado del estudio.*

(Séneca, *Cartas*, 84, 1)

Máxima sobre la importancia de la lectura, que encontrará seguramente la aprobación de los profesores y un poco menos la de los estudiantes.

90. ALIUD EX ALIO MALUM. *Un mal deriva del otro.*

(Terencio, *El eunuco*, 987)

Expresión que se refiere al conocido concepto según el cual los males no vienen nunca solos.

91. ALIUD IN ORE ALIUD IN CORDE. *Una cosa en la boca y otra en el corazón.*

(Proverbio medieval)

Expresión que indica la falsedad de una persona que jura o afirma algo, pero que piensa o actúa de forma distinta.

92. ALIUM SILERE QUOD VOLES, PRIMUS SILE. *Cállate tú primero lo que no quieras que digan los demás.*

(Séneca, *Fedra*, 876)

La expresión señala la importancia de la discreción si no queremos que luego nos chantajeen.

93. ALIUS EST QUI SEMINAT ET ALIUS EST QUI METIT. *Uno siembra y el otro recoge.*

(Juan, 4, 37)

Jesús quiere afirmar aquí que ha venido a esparcir la semilla de la buena nueva y que los apóstoles recogerán los frutos. La máxima se adapta a aquellos que trabajan de forma gratuita al servicio de los demás, pero puede tener también un valor negativo y referirse a aquellos que sacan ventajas del trabajo y de los esfuerzos ajenos.

94. ALLIGEM CANEM FUGITIVAM AGNINIS LACTIBUS. *Ataría a una perra fugitiva con intestinos de cordero.*

(Plauto, *Pseudolus*, 319)

Estas palabras indican una acción tan absurda como ilógica, puesto que actuando de esta forma se perdería tanto el perro como la comida (las entrañas de cordero se consideraban un plato exquisito).

95. ALTERA MANU FERT LAPIDEM, PANEM OSTENTAT ALTERA. *Con una mano muestra el pan, con la otra lleva una piedra.*

(Plauto, *Aulularia*, 2, 2, 18)

Es reprochable el hombre que traiciona a quien confía en él. Incluso en un fragmento del evangelio se considera despreciable dar piedras a quien pide pan.

96. ALTERI SEMPER IGNOSCITO, TIBI IPSI NUMQUAM. *Perdona siempre a los demás y nunca a ti mismo.*

(Séneca, *De moribus*)

Exhortación al rigor moral y a la magnanimidad.

97. ALTERIUS NON SIT QUI SUUS ESSE POTEST. *No debe pertenecer a otro el que puede pertenecer a sí mismo.*

(Anonymus Neveleti, *De ranis et hydro*)

La expresión de origen medieval expresa el concepto de que la propia libertad es preciosa y se tiene que defender a cualquier precio.

98. ALTERNANDO BONI NOS DONA MANEMUS AMICI. *Alternando los dones seguimos siendo amigos.*

Proverbio medieval que deriva de un verso de Plauto (véase el n.º 1.045).

99. ALTERUM NON LAEDERE. *No hay que perjudicar a los demás.*

(*Digesto*, 1, 10, 1)

Es uno de los tres preceptos fundamentales del derecho romano en el que se inspiró también Justiniano.

100. ALTISSIMA QUAEQUE FLUMINA MINIMO SONO LABUNTUR. *Los ríos más profundos fluyen con menor ruido.*

(Quinto Curcio Rufo, *Historia de Alejandro Magno*, X, 7, 14, 3)

La frase recupera la tradición que define el agua tranquila y silenciosa como peligrosa y traicionera y se puede citar a propósito de esas personas que popularmente se definen como «mosquitas muertas».

101. ALTISSIMUS ENIM EST PATIENS REDDITOR. *El Altísimo es un pagador paciente.*

(Eclesiastés, 5, 4)

Expresión citada a veces para indicar la infinita paciencia de Dios.

102. ALTIUS PRAECEPTA DESCENDUNT, QUAE TENERIS IMPRIMUNTUR AETATIBUS. *Arraigan más las enseñanzas que se han aprendido de pequeño.*

(Séneca, *Consolatio ad Helviam*, 18, 8)

Principio didáctico según el cual lo que se aprende de pequeño permanece siempre impreso en la memoria.

103. AMANS QUID CUPIAT SCIT, QUID SAPIAT NON VIDET. *Aquel que ama conoce lo que desea y no consigue ver lo que es más adecuado.*

(Publilio Siro, A 15)

Sentencia que se utiliza sobre la clásica contraposición entre amor y sabiduría, entre pasión y racionalidad.

104. AMANTIUM CAECA IUDICIA SUNT. *Los juicios de los amantes son ciegos.*

(Cicerón, *Sobre la amistad*, 85)

Tópico difundido en las literaturas clásicas y que se ha recuperado en las culturas modernas según el cual aquel que ama no ve los vicios y los defectos de la persona amada.

105. AMANTIUM IRAE AMORIS INTEGRATIO EST. *Las discusiones entre enamorados afianzan el amor.*

(Terencio, *Andria*, 555)

Tópico de la cultura clásica según el cual el amor sin discusiones no puede ser duradero.

106. AMARE ET SAPERE VIX DEO CONCEDITUR. *La divinidad concede a duras penas amar y ser sabios.*

(Publilio Siro, A 22)

Se trata de una sentencia referida al contraste entre amor y sabiduría.

107. AMARE IUVENI FRUCTUS EST, CRIMEN SENI. *Amar es un fruto para el joven y un delito para el viejo.*

(Publilio Siro, A 29)

Máxima que se refiere al tópico de los enamoramientos seniles, considerados indecorosos incluso en la latinidad clásica.

108. AMATOR QUASI PISCIS, NEQUAM EST, NISI RECENS. *El amante es como el pez: es malo si no es fresco.*

(Plauto, *Asinaria*, 178)

Frase satírica sobre la frescura de la pasión amorosa.

109. AMENS NEMO MAGIS QUAM MALE SANUS AMANS. *No hay nadie más loco que un loco enamorado.*

(Máxima medieval)

Variante de los dichos sobre la relación entre el amor y la locura.

110. AMES PARENTES SI AEQUUS EST, ALITER FERAS. *Ama a tus padres si son justos; si no es así, sopórtalos.*

(Publilio Siro, A 8)

La expresión demuestra que la relación entre padres e hijos ha sido siempre problemática.

111. AMES PROBATOS, NON AMATOS POST PROBES. *Ama a personas que ya hayas probado, no las pruebes después de haberlas amado.*

(Cecilio Balbo, 5)

Lema que se remonta a Teofrasto, quien aconsejaba escoger a la persona amada (véase el n.° 544).

112. AMICI DIEM PERDIDI! *¡Amigos, he perdido el día!*

(Suetonio, *Vida de Tito*, 8)

Palabras pronunciadas por el emperador Tito al final del día en que no había llevado a cabo una buena obra. Actualmente pueden utilizarse para designar una acción que no ha producido ningún resultado.

113. AMICI MORES NOVERIS, NON ODERIS. *Tienes que conocer las costumbres del amigo y no odiarlas.*

(Porfirio, *Comentario a las Sátiras de Horacio*, 1, 3, 32)

Proverbio que invita a la tolerancia, al conocimiento de las costumbres del prójimo y a no pretender que se adapte a las nuestras.

114. AMICIS INEST ADULATIO. *La adulación es inherente a los amigos.*

(Tácito, *Anales*, 2, 12)

Amarga constatación sobre la amistad, que a menudo no es sincera sino interesada.

115. AMICITIA INTER POCULA CONTRACTA PLERUMQUE EST VITREA. *La amistad trabada entre los vasos es de vidrio.*

(Proverbio medieval)

Máxima que se refiere a un dicho de Séneca sobre la fragilidad de la amistad (véase el n.° 709).

116. AMICITIA MAGIS ELUCET INTER AEQUALES. *La amistad es más duradera entre iguales.*

(Cicerón, *Sobre la amistad*, 16, 59)

Las palabras de Cicerón tienen que entenderse como una invitación a buscar las cosas comunes y la igualdad con el amigo si se quiere mantener la amistad.

117. AMICITIA QUAE DESINERE POTEST VERA NUNQUAM FUIT. *La amistad que puede terminar nunca fue verdadera amistad.*

(San Jerónimo, *Epístolas*, 3, 6)

Variante sobre la eternidad de la verdadera amistad.

118. AMICI VITIA SI FERAS, FACIAS TUA. *Si soportas los defectos del amigo, puedes ser considerado responsable de ellos.*

(Publilio Siro, A 10)

Máxima que invita a corregir los errores del amigo y no limitarse a soportarlos.

119. AMICO FIRMO NIL EMI MELIUS. *No se puede comprar nada mejor que un amigo resistente.*

(Proverbio medieval)

Se trata de una de las numerosas máximas que señalan la importancia de la amistad (véase también el n.° 1.582).

120. AMICO INIMICOQUE BONUM SEMPER PRAEBE ONSILIUM, QUIA AMICUS ACCEPIT, INIMICUS SPERNIT. *Da siempre buenos consejos al amigo y al enemigo porque el amigo los acepta y el enemigo los desprecia.*

(Gregorio de Tours, *Historia de los francos*, 6, 32)

Proverbio que el autor recuerda a propósito de un enemigo que no siguió sus consejos.

121. AMICORUM ESSE COMMUNIA OMNIA. *Todas las cosas entre amigos tienen que ser comunes.*

(Cicerón, *De officiis*, 1, 16)

En la verdadera amistad se tiene que compartir todo: bienes, alegrías, dolores, problemas, etc.

122. AMICUM AN NOMEN HABEAS APERIT CALAMITAS. *Si tú tienes un amigo o sólo el nombre de amigo te lo demostrarán las desgracias.*

(Publilio Siro, A 41)

Variación sobre el tópico según el cual la verdadera amistad se demuestra en el peligro.

123. AMICUM SECRETO ADMONE, PALAM LAUDA. *Riñe en secreto al amigo y alábalo en público.*

(Catón, *Sentencias*, en el *Philologus*, 1844, p. 684)

Invitación a comportarse con cortesía con los amigos y a no humillarlos.

124. AMICUS CERTUS IN RE INCERTA CERNITUR. *El amigo seguro se descubre en las situaciones inciertas.*

(Cicerón, *Sobre la amistad*, 17, 64)

Cicerón recupera un dicho de Ennio, si bien el concepto, muy extendido ya en todas las culturas, es de origen griego.

125. AMICUS DIU QUAERITUR, VIX INVENITUR, DIFFICILE SERVATUR. *El amigo se busca durante largo tiempo, se encuentra raras veces y se conserva difícilmente.*

(San Jerónimo, *Epístolas*, 3, 6)

Lema que expresa perfectamente la dificultad de encontrar un verdadero amigo y la de mantener la amistad.

126. AMICUS MAGIS NECESSARIUS QUAM IGNIS ET AQUA. *El amigo es más necesario que el fuego y el agua.*

(Sentencia medieval)

Versión de un dicho de Cicerón. Esta sentencia es más adecuada para ser citada en un lenguaje coloquial, mientras que la original (véase el n.º 82) es más adecuada para un ámbito erudito o escrito.

127. AMICUS OMNIBUS, AMICUS NEMINI. *Amigo de todos, amigo de nadie.*

(Proverbio latino)

Expresión que invita a mantener una cierta distancia en las relaciones con las personas, a comportarse con cortesía pero sin dar mucha confianza.

128. AMICUS PLATO, SED MAGIS AMICA VERITAS. *Platón es mi amigo, pero más lo es la verdad.*

(Platón, *Fedón*, 40, 91)

Platón hace decir estas palabras a Sócrates. Actualmente la máxima está muy extendida también en el lenguaje común para indicar que la verdad tiene que situarse por encima de cualquier cosa.

129. AMICUS QUEM DILIGIS UT ANIMAM TUAM. *El amigo que amas como a tu alma.*

(Deuteronomio, 13, 6)

La expresión bíblica recupera el motivo por el que la fuerza de la amistad consigue que dos o más personas se sientan una sola cosa.

130. AMICUS RARO ACQUIRITUR, CITO AMITTITUR. *El amigo raramente se compra, enseguida se pierde.*

Variante medieval de la máxima de san Jerónimo (véase el n.º 125).

131. AMO PRODITIONEM, ODI PRODITOREM. *Amo la traición, odio al traidor.*

(Plutarco, *Vida de Rómulo*, 17, 3)

La máxima fue pronunciada seguramente por Augusto y muestra que el traidor es una persona despreciable incluso cuando su acción es útil.

132. AMOR AMARA DAT. *El amor provoca amarguras.*

(Plauto, *Trinummus*, 260)

Se trata de un motivo tradicional que juega con el contraste de la aliteración de *amare* y *amarus*.

133. AMOR AC DELICIAE GENERIS HUMANI. *Amor y delicia del género humano.*

(Suetonio, *Vida de Tito*, 1)

Esta es la frase con la que el autor caracteriza al emperador Tito en contraste con la expresión *odium generis humani* (véase el n.º 1.734), acusación en nombre de la cual él perseguía a los cristianos.

134. AMOR IN MELLE ET FELLE EST FECUNDISSIMUS. *El amor produce mucha miel y mucha hiel.*

(Plauto, *Cistellaria*, 69)

Expresión que juega sobre la paronomasia entre *mel* y *fel* para dar a entender que el amor reserva alegrías y tristezas.

135. AMOR INGENII NEMINEM UMQUAM DIVITEM FECIT. *El hecho de cultivar el espíritu no ha enriquecido nunca a nadie.*

(Petronio, *Satiricón*, 83, 9)

Expresión que se utiliza para afirmar que la poesía, la literatura y las artes en general no producen ganancias fáciles.

136. AMORIS VULNUS IDEM SANAT QUI FACIT. *La herida de amor la cura quien la ha provocado.*

(Publilio Siro, A 31)

Tópico bastante difundido en la literatura latina y utilizado a veces también fuera del ámbito amoroso.

137. AMOR MAGISTER EST OPTIMUS. *El amor es un óptimo maestro.*

(Plinio el Joven, *Cartas*, IX, 4, 19, 4)

Expresión que se presta a diversas interpretaciones y que, por lo tanto, se puede citar en distintos contextos como la moral, la filosofía, la vida cotidiana, la educación, etcétera.

138. AMOR TUSSISQUE NON CELATUR. *El amor y la tos no se esconden.*

(Proverbio medieval)

Simpático proverbio que puede citarse en tono de broma y en tono cariñoso en relación con los enamorados.

139. ANGUILLAST: ELABITUR. *Es como una anguila: se escapa.*

(Plauto, *Pseudolus*, 747)

Expresión que todavía se utiliza para designar a esos canallas que consiguen siempre salirse con la suya sin que nadie advierta su fechoría.

140. AN IGNORAS […] NUDUM NEC A DECEM PALAESTRITIS DESPOLIARI POSSE? *¿Es que no sabes que una persona desnuda no puede ser desnudada ni siquiera por diez luchadores?*

(Apuleyo, *El asno de oro*, 1, 15)

La expresión significa que aquel que no posee nada no corre el riesgo de que le roben.

141. ANIMA DE CAELO CADIT. *El alma cae (en el hombre) del cielo.*

(Tertuliano, *De testimonio animae*, 6, 3)

El alma sería por lo tanto, según el autor, de origen divino.

142. ANIMAE DIMIDIUM MEAE. *Mitad del alma mía.*

(Horacio, *Odas*, 1, 3, 8)

Expresión muy eficaz para designar a la persona amada que corresponde a nuestra «media naranja».

143. ANIMAE DUAE, ANIMUS UNUS. *Dos vidas, un alma sola.*

(Sidonio Apolinar, 5, 9, 4)

Expresión que indica tanto una amistad estrecha como una unión conyugal muy íntima.

144. ANIMA SATURATA, CALCABIT FAVUM, ANIMA ESURIENS ET AMARUM PRO DULCE SUMET. *El saciado dará una patada al panal y el afamado se comerá lo amargo como si fuera un dulce.*

(Proverbios, 27, 7)

El verso significa que la saciedad, no sólo material, lleva a no apreciar lo que se posee, mientras que el hambre hace apreciar incluso las cosas menos buenas.

145. ANIMI EST ENIM OMNIS ACTIO ET IMAGO ANIMI VULTUS, INDICES OCULI. *Cada una de nuestras acciones parte del alma, y la cara es la imagen del alma como los ojos son el índice.*

(Cicerón, *De oratore*, 3, 59, 221)

Concepto muy importante según el cual la cara es el espejo del alma. La expresión se cita generalmente en su forma abreviada (véase el n.º 1.028).

146. ANIMI LAETITIA INTERDUM DOLOREM CORPORIS MITIGAT. *La serenidad del alma mitiga a veces el dolor del cuerpo.*

(San Jerónimo, *Comentario a Isaías*, 1, 1, 5)

La expresión señala la importancia de la serenidad de ánimo durante las enfermedades.

147. ANIMO VENTRIQUE IMPERARE DEBET QUI FRUGI ESSE VULT. *Aquel que quiere ser* *honrado tiene que gobernar a su propia alma y a su vientre.*

(Publilio Siro, 51)

Si se quiere ser una persona honrada, es necesario poner freno a los instintos más bajos. Aparece además el motivo de la dificultad de resistir al hambre.

148. ANIMULA, VAGULA, BLANDULA, / HOSPES, COMESQUE CORPORIS / QUAE NUNC ABIBIS IN LOCA? *Oh pequeña alma / errante bromista, / huésped y compañera del cuerpo, / ¿dónde irás ahora?*

(Elio Esparciano, *Historia Augusta*, 3, 1)

El poeta moribundo se dirige tiernamente a su propia alma y le recuerda que tendrá que atravesar lugares fríos y oscuros en los que ya no podrá reír y bromear. Las palabras se pronuncian actualmente como una llamada afectuosa, casi indulgente, de la propia alma.

149. ANIMUM DEBES MUTARE, NON COELUM. *Tienes que cambiar de alma y no de cielo.*

(Séneca, *Cartas*, 24, 1)

La expresión se refiere a aquellos que piensan escapar de las tentaciones o cambiar las costumbres cambiando de país (véase también el n.º 314).

150. ANIMUM ET VIDERE ET AUDIRE. *El alma ve y siente.*

(Cicerón, *Tusculanas*, 1, 20, 46)

El fragmento se refiere al hecho de que durante una enfermedad se pueden tener los ojos y las orejas abiertas y no ver ni sentir. Bastante similar es nuestra expresión *ver con los ojos del alma*.

151. ANIMUM REGE; QUI NISI PARET / IMPERAT. *Controla tus impulsos porque, si no los sometes, gobiernan.*

(Horacio, *Epístolas*, 1, 2, 62)

Se trata de uno de las numerosas invitaciones a gobernarse a uno mismo y a dominar los impulsos.

152. ANIMUS AEQUUS OPTIMUM EST AERUMNAE CONDIMENTUM. *La firmeza de ánimo es un óptimo consuelo en las desventuras.*

(Plauto, *Rudens*, 402)

Véase también el n.º 65.

153. ANIMUS GAUDENS AETATEM FLORIDAM FACIT, SPIRITUS TRISTIS EXSICCAT OSSA. *Una alma llena de alegría hace que la vida sea floreciente, un espíritu triste seca los huesos.*

(Proverbios, 17, 22)

Confirma la importancia de la serenidad del alma que hace la vida mejor (véase el n.º 146).

154. ANIMUS HOMINIS QUICQUID SIBI IMPERAT, OBTINET. *El ánimo del hombre puede obtener cualquier cosa que se imponga.*

(Plauto, *Rudens*, 403)

Expresión que se puede citar como exhortación al ejercicio de la voluntad.

155. ANIMUS QUOD PERDIDIT OPTAT. / ATQUE IN PRAETERITA SE TOTUS IMAGINE VERSAT. *El alma humana llora por lo que ha perdido y todo se dirige hacia los recuerdos del pasado.*

(Petronio, *Satiricón*, 128)

Expresión utilizada a propósito de la tendencia humana a añorar siempre el pasado.

156. AN NESCIS LONGAS REGIBUS ESSE MANUS? *¿No sabes que los reyes tienen las manos largas?*

(Ovidio, *Heroidas*, 17, 168)

Estas palabras las pronuncia Helena, quien se siente vigilada por su marido Menelao, pero se citan también para referirse al abuso de poder de los soberanos.

157. AN NESCIS, MI FILI, QUANTILLA PRUDENTIA MUNDUS REGATUR? *¿No sabes, hijo mío, con qué poca sabiduría está gobernado el mundo?*

(Julio II o Axel Gustavson Oxenstierna)

Según algunos el dicho habría sido dirigido por Julio II a un monje; según otros es la respuesta de Axel Gustavson Oxenstierna a su hijo Hans, reacio a aceptar el encargo de plenipotenciario sueco por no sentirse cualificado para ello.

158. ANNOSAE FRUSTRA CORNICI RETIA TEN-DIS. *En vano extiendes las redes para una corneja vieja.*

(Proverbio medieval)

Dicho que expresa el mismo concepto de la cita siguiente pero con una imagen distinta.

159. ANNOSA VULPES HAUD CAPITUR LAQUEO. *Un viejo zorro no se deja atrapar con una trampa.*

(Proverbio medieval)

El proverbio, de origen griego, se basa en la combinación de la astucia del zorro y la sabiduría de la vejez, e indica la dificultad de engañar a una persona vieja y experta.

160. ANNUS PRODUCIT, NON AGER. *Es la cosecha la que produce y no el campo.*

(Erasmo, *Adagios*, 1, 1, 44)

Traducción de un proverbio griego que subraya la mayor importancia, en el éxito de las cosas, de los acontecimientos casuales respecto a los racionales.

161. ANTE FUIT VITULUS, QUI NUNC FERT CORNUA TAURUS. *Hubo un tiempo en el que el actual toro con los cuernos fue un ternero.*

(Proverbio medieval)

La máxima deriva de un famoso fragmento de Ovidio (véase el n.º 2.272) que indica cómo a menudo las pequeñas cosas provocan las grandes.

162. ANTE MORTEM NE LAUDES HOMINEM QUEMQUAM. *No alabar a nadie antes de su muerte.*

(Zacarías, 11, 28)

Nadie puede decir que es verdaderamente feliz hasta que no se ha cumplido todo el curso de la vida.

163. ANTQUAM VOCERIS NE ACCESSERIS. *No te acerques antes de que te llamen.*

(Pseudo Catón, 3, 215)

La expresión se refiere a las invitaciones a los banquetes y se utiliza actualmente, con significado metafórico, como invitación a no dar consejos si no se han pedido.

164. ANTIQUAM EXQUIRITE MATREM. *Buscad a la antigua madre.*

(Virgilio, *Eneida*, 3, 96)

Hemistiquio que designa tanto a quienes vuelven para visitar la patria o a los antepasados, así como a los que viajan por ella deseosos de conocer el arte y la naturaleza.

165. ANTIQUUM RETINE, QUEM SIS EXPERTUS, AMICUM / NEC SIMILEM CREDAS, SI SAPIS ESSE NOVUM. *Mantén al viejo amigo que ya has experimentado y no creas, si eres sabio, que uno nuevo sea igual a él.*

(Proverbio medieval)

Máxima derivada de un fragmento de Plauto (véase el n.º 1.976) y en la que se señala la importancia de una amistad duradera.

166. ANTIQUUS AMOR CANCER EST. *El antiguo amor es como un cáncer.*

(Petronio, *Satíricon*, 42, 7)

Comparar el amor con una enfermedad es frecuente incluso en nuestros días.

167. ANULIS NOSTRIS PLUSQUAM ANIMIS CREDITUR. *Se cree más en los anillos que en la fe de los ánimos.*

(Séneca, *De beneficiis*, 3, 15, 3)

Con los sellos de los anillos se cerraban los contratos. La expresión indica, por lo tanto, la tendencia a creer más en los datos materiales que en las dotes morales.

168. ANULUS IN DIGITO SUBTER TENUATUR HABENDO. *El anillo se reduce si se lleva en el dedo*

(Lucrecio, *Sobre la naturaleza de las cosas*, 1, 312)

El ejemplo pretende demostrar por un lado que la constancia y la perseverancia permiten alcanzar resultados inesperados, y por el otro que nada es indestructible.

169. ANUS RUSSUM AD ARMILLUM. *La vieja vuelve al jarro.*

(Lucilio, 28, 33)

El proverbio indica que las personas cambian sólo aparentemente y tienden siempre a volver a las viejas costumbres o a incurrir en los mismos errores.

170. ANUS SALTANS MAGNUM PULVEREM EXCITAT. *La vieja bailando levanta una gran polvareda.*

(Proverbio medieval)

La expresión se centra en el tópico del viejo que quiere hacer cosas de joven y actualmente se utiliza para indicar una acción poco conveniente.

171. APES [...] DEBEMUS IMITARI. *Tenemos que imitar a las abejas.*

(Séneca, *Cartas*, 84, 3)

Para tener un correcto conocimiento de las cosas hemos de tomar los elementos principales y colocarlos en su justo lugar, tal como las abejas hacen con el polen de las flores. La expresión también puede interpretarse como una invitación a realizar el propio trabajo de forma meticulosa.

172. APOLLINEO PULCHRIOR ORE. *Más bello que el rostro de Apolo.*

(Marcial, *Epigramas*, 6, 29, 6)

El tópico de la belleza de Apolo estaba muy difundido en la Antigüedad, y todavía hoy persiste. La expresión puede emplearse para realzar a una persona.

173. APPARET ID QUIDEM [...] ETIAM. *Es evidente incluso para un ciego.*

(Tito Livio, *Historia*, 32, 34, 2)

La expresión indica un razonamiento evidente y luminoso como una luz tan resplandeciente que hasta un ciego la ve.

174. APPETITUS RATIONI OBOEDIANT. *Los deseos tienen que obedecer a la razón.*

(Cicerón, *De officiis*, 1, 29)

Máxima que sostiene la importancia del justo equilibrio entre corazón y razón.

175. AQUAE ET IGNIS INTERDICTIO. *Exclusión del agua y del fuego.*

(Cicerón, *Pro domo sua*, 78)

La expresión indicaba una pena en la antigua Roma según la cual el acusado era

expulsado del Estado y se utiliza en la actualidad como sinónimo de exilio.

176. AQUAE FURTIVAE DULCIORES SUNT, ET PANIS ABSCONDITUS SUAVIS. *Las aguas robadas son más dulces y el pan comido a escondidas se agradece más.*

(Proverbios, 9, 17)

El hecho de hacer las cosas a escondidas hace más intensos los placeres, pero se trata de una alegría efímera.

177. AQUAM A PUMICE NUNC POSTULAS. *Ahora pide agua a la piedra pómez.*

(Plauto, *Persa*, 41)

La imagen se basa en la proverbial aridez de la piedra pómez e indica una acción perfectamente inútil.

178. AQUAM LIBERAM GUSTABUNT. *Probarán el agua de la libertad.*

(Petronio, *Satiricón*, 71, 1)

Expresión que indica la alegría por la libertad conquistada después de haber estado sometidos. La expresión *serva aqua* de Ovidio es complementaria (*Amores*, 1, 6, 26).

179. AQUAS IN MARE FUNDERE. *Llevar agua al mar.*

(Ovidio, *Amores*, 2, 10, 14)

La expresión es una de las tantas que indican un esfuerzo inútil o una acción completamente ilógica.

180. AQUILAE SENECTUS. *La vejez del águila.*

(Terencio, *Heautontimoroumenos*, 521)

La vejez del águila indica una persona que en los últimos años de su vida conserva un aire majestuoso y garrido.

181. AQUILA MUSCAS NON CAPTAT. *El águila no atrapa moscas.*

Lema de origen desconocido cuyo significado es que los grandes no se ocupan de menudencias.

182. ARATOR, NISI INCURVUS, PRAEVARICATUR. *El arador si no va curvado sale recto del agujero.*

(Plinio el Viejo, *Historia natural*, 18, 49, 4)

El dicho remarca la importancia de los sacrificios para el buen éxito de un trabajo.

183. ARBORE DEIECTA, QUIVIS LIGNA COLLIGIT. *Cuando el árbol ha caído, cada cual corre a cortar la leña.*

(Erasmo, *Adagios*, 738)

La expresión se refiere a aquellas personas que no dudan en aprovecharse de los momentos de debilidad ajena.

184. ARBOR NON PRIMO SED SAEPE CADIT FERIENDO. *El árbol no cae al primer golpe, sólo si se golpea con insistencia.*

(Sentencia medieval)

Véase el n.º 50.

185. ARCHITECTUM ARCHITECTO INVIDERE ET POETAM POETAE. *El arquitecto envidia al arquitecto, el poeta al poeta.*

(Donato, *Vida de Virgilio*, 18, 76)

La frase indica la rivalidad que inevitablemente aparece entre aquellos que realizan el mismo trabajo.

186. ARCUM INTENSIO FRANGIT. *Una excesiva tensión rompe el arco.*

(Proverbio medieval)

Esta imagen también estuvo presente en muchos lemas y máximas del latín clásico para indicar que no se debe pretender demasiado de uno mismo o de la propia actividad, si bien es justo concederse momentos de relajación.

187. ARDUA VIRTUTI LONGEQUE PER ASPERA CLIVA / ELUCTANDA VIA EST. *Para la virtud es necesario abrirse camino con dificultad y por pendientes escarpadas.*

(Cornelio Severo, 2, 1)

Expresión de significado análogo a *per aspera ad astra* (véase el n.º 1.847), pero menos concisa, que se presta por lo tanto a su uso en el lenguaje escrito.

188. ARGENTEIS PUGNA TELIS, ATQUE OMNIA VINCES. *Lucha con lanzas de acero y conquistarás todo.*

(Sentencia medieval)

La expresión, que deriva de un proverbio griego, se refiere a esas personas que utilizan medios poco corrientes, como la corrupción y la traición, para alcanzar sus objetivos.

189. ARGENTUM ACCEPI, DOTE IMPERIUM VENDIDI. *He aceptado el dinero y por la dote he vendido el mando.*

(Plauto, *Asinaria*, 87)

190. ARIDA PELLENTES LASCIVOS AMORES CANITIE. *El amor huye de la vejez estéril.*

(Horacio, *Odas*, 2, 11, 6-8)

Expresión que incide en el tópico de que el amor no es una cosa adecuada para los ancianos.

191. ARS AEMULA NATURAE. *El arte es rival de la naturaleza.*

(Apuleyo, *El asno de oro*, 2, 4)

Concepto bastante complejo, por muy adecuado para discursos sobre arte y estética.

192. ARS DELUDITUR ARTE. *La ficción se engaña con la ficción.*

(Catón, *Dísticos*, 1, 26, 2)

Expresión muy extendida incluso en la actualidad que significa que para vencer a la falsedad y a la ficción es necesario utilizar sus propias armas.

193. ARS GRATIA ARTIS. *El arte por el arte.*

Concepto no clásico pero que ha entrado a formar parte de la cultura contemporánea como opuesto a una concepción del arte comprometida y militante.

194. ARS LONGA, VITA BREVIS. *El arte tiene una larga duración; la vida es breve.*

(Séneca, *Sobre la brevedad de la vida*, 1)

El dicho es un aforismo de Hipócrates, traducido por Séneca, y se utiliza actualmente para decir que las investigaciones de una ciencia o de un arte se tienen que ver a la larga, más allá de la vida de cada uno.

195. ARTE EMENDATURUS FORTUNAM. *Corregir la suerte adversa con un artificio.*

(Horacio, *Sátiras*, 2, 8, 84)

La expresión se refiere a aquellas personas que hacen alarde de poder superar las adversidades del destino con su habilidad, pero que en realidad no son capaces de ello.

196. ARTEM PUDERE PROLOQUI QUAM FACTITES. *No es necesario avergonzarse de hablar del oficio que se tiene.*

(Cicerón, *Orator*, 43, 147)

Cualquier oficio, de hecho, incluso el más humilde, tiene su importancia y si se ejerce honradamente no hay motivo para avergonzarse.

197. ARTEM QUAEVIS ALIT TERRA. *Todos los países cultivan el arte.*

(Proverbio medieval)

El lema deriva de una lectura errónea de un fragmento de Suetonio (*Vida de Nerón*, 40: «Nuestro arte nos alimentará») e indica la universalidad del arte, sea cual fuere el origen y sensibilidad de los hombres y mujeres que se dediquen a él.

198. ARTEM QUI SEQUITUR RARO PAUPER REPERITUR. *El que cultiva el arte raramente se queda pobre.*

(Proverbio medieval)

Máxima relacionada con la precedente y que destaca la importancia de saber ingeniárselas para ganarse la vita.

199. ARTES SERVIUNT VITAE, SAPIENTEIA IMPERAT. *Las artes consuelan la vida, la sabiduría la dirige.*

(Séneca, *Cartas*, 85, 32)

Sentencia de significado profundo, adecuada sobre todo a un contexto escrito o erudito, que destaca la importancia del arte y de la sabiduría.

200. ARTIFICES QUI FACIT USUS ADEST. *Es la experiencia la que hace a los artistas.*

(Ovidio, *Arte de amar*, 2, 676)

Ovidio se expresa así en relación con la mujer madura y, por lo tanto, más experta, si bien la expresión puede utilizarse para referirse a otros temas como, por ejemplo, el arte, la agricultura, etc.

201. ARTIFICIA DOCUIT FAMES. *El hambre enseña los recursos.*

(Séneca, *Cartas*, 15, 7)

Se trata de uno de los muchos lemas acerca de la necesidad y la pobreza como estímulos de la creatividad.

202. ARTIS MAXIME PROPIUM EST CREARE ET GIGNERE. *Es propio especialmente del arte el hecho de crear y de producir.*

(Cicerón, *Sobre la naturaleza de los dioses*, 2, 57)

Expresión que puede referirse no sólo al arte, sino a cualquier actividad intelectual y laboral.

203. ASCIAM IN CRUS IMPINGERE. *Tirar piedras a su propio tejado.*

(Petronio, *Satiricón*, 74)

Expresión muy extendida incluso en español para indicar a quien se hace daño a sí mismo de forma involuntaria o no.

204. ASINUS AD LAPIDEM NON BIS OFFENDIT EUNDEM. *Un burro no tropieza dos veces con la misma piedra.*

(Proverbio medieval)

Máxima que recupera el tópico del error humano (recuérdese el adagio «el hombre es el único animal que tropieza dos veces con la misma piedra»).

205. ASINUS ASINUM FRICAT. *Un asno ayuda al otro.*

Proverbio del latín vulgar utilizado incluso en la actualidad para indicar jocosamente una ayuda recíproca.

206. ASINUS IN SCAMNO SE VULT SIMILARE MAGISTRO. *Un asno catedrático quiere imitar al maestro.*

(Proverbio medieval)

Expresión que deriva de la famosa frase *asinus in cathedra* y que se refiere a personas maleducadas e ignorantes que pretenden enseñar.

207. A SOLIS ORTU USQUE AD OCCASUM. *Desde la salida del sol hasta su puesta.*

(Salmos, 112, 5)

La frase, que en los Salmos anima a alabar al Señor, aparece en la inscripción de la casa real española e indica la grandeza del reino español en un tiempo en el cual no se ponía nunca el sol.

208. ASPERIUS NIHIL EST HUMILI CUM SURGIT IN ALTUM. *No hay nada peor que una persona de bajo nivel que consigue ascender.*

(Claudiano, *In Eutropium*, 1, 181)

Expresión que recupera en clave negativa el tópico del enriquecimiento.

209. ASPIS [...] A VIPERA MUTUARI VENENUM. *El áspid toma en préstamo el veneno de la víbora.*

(Tertuliano, *Contra Marción*, 3, 8, 1)

El dicho indica a las personas malas que, además de hacer daño, se ayudan mutuamente.

210. ASSIDUUS LONGUSQUE LABOR DURA OMNIA VINCIT. *El esfuerzo constante y largo supera cualquier aspereza.*

(Proverbio medieval)

Lema derivado de una frase de Virgilio (véase el n.° 1.165). Señala la importancia de la paciencia y de la perseverancia para alcanzar un objetivo.

211. ASSUESCE UNUS ESSE. *Acostumbrados a ser uno sólo.*

(San Ambrosio, *Epístolas*, 1, 62)

La expresión es una invitación a ser siempre coherente con uno mismo.

212. AT TU, DUM PRIMI FLORET TIBI TEMPORIS AETAS: / UTERE, NON TARDO LABITUR ILLA PEDE. *Pero tú, cuando la juventud florezca, aprovéchala, puesto que huye rápidamente.*

(Tibulo, *Elegías*, 1, 8, 47)

Fragmento que recupera el motivo de la brevedad de la juventud y que invita a disfrutarla plenamente.

213. AUCTOR LAUDABILITER SE SIBIECIT ET OPUS REPROBAVIT. *El autor encomiablemente ha aceptado y ha reescrito la obra.*

La máxima se refiere a aquellos autores que debían reescribir sus obras para no perder el favor de la Iglesia. La expresión indica actualmente la obediencia y la sumisión obligada para con un superior.

214. AUCTOR OPUS LAUDAT. *El autor alaba su obra.*

(Ovidio, *Cartas desde el Ponto*, 3, 9, 9)

Esta breve frase indica el estado de ánimo de una persona orgullosa de su trabajo.

215. AUDACES FORTUNA IUVAT. *La fortuna ayuda a los audaces.*

(Virgilio, *Eneida*, 10, 283)

En la Edad Media el dicho se completó de la siguiente forma: *timidosque repellit*, es decir «y rechaza a los temerosos».

216. AUDACTER CALUMNIARE, SEMPER ALIQUID HAERET. *Calumnia sin temor, siempre quedará algo en el recuerdo.*

(Roger Bacon, *De dignitate et augmentis scientiarum*, 8, 2, 34)

Expresión un tanto oscura pero que indica la imposibilidad de que una palabra se olvide por completo.

217. AUDENDUM EST: FORTES ADIUVAT IPSA VENUS. *Es necesario atreverse: la propia Venus ayuda a los valientes.*

(Ovidio, *Arte de amar*, 1, 605)

Variaciones sobre el tópico según el cual los valientes son ayudados por la fortuna (véase el n.° 215)

218. AUDE, VIDE, TACE, SI VIS VIVERE IN PACE. *Escucha, mira y cállate si quieres vivir en paz.*

(Proverbio medieval)

Lema que invita a no ocuparse de las cosas ajenas sino sólo de las propias.

219. AUDIATUR ET ALTERA PARS. *Escúchese también a la parte contraria.*

Expresión propia del lenguaje jurídico, aunque difundida también en el habla común, con la que se indica que en una disputa es preciso escuchar a las dos partes antes de emitir un juicio.

220. AUDI QUO REM DEDUCAM. *Escucha cómo reduzco el asunto.*

(Horacio, *Sátiras*, 1, 1, 14)

Expresión utilizada cuando se quiere resumir un argumento de forma clara y concisa.

221. AUDITORUM BENEVOLENTIA CRESCIT DICENTIUM FACULTAS. *La indulgencia de los que escuchan aumenta la fuerza del que habla.*

(Prisciano, *Instituciones gramaticales*, 7, 34)

Es mucho más fácil para un orador hablar de forma eficaz cuando el público está de su parte.

222. AUREA LIBERTAS TOTO NON VENDITUR ORBE. *La áurea libertad no se vende ni siquiera por todo el oro del mundo.*

Proverbio medieval que exalta el valor de la libertad.

223. AUREA MEDIOCRITAS. *Áurea mediocridad.*

(Horacio, *Odas*, 2, 10, 5)

Famosa expresión de Horacio que se utiliza todavía para indicar tanto a una persona equilibrada como a una vida tranquila, sin problemas y sin grandes ambiciones.

224. AUREA ROMA, PRIMA INTER URBES. *¡Áurea Roma, primera entre todas las ciudades!*

(Ausonio, *Clarae urbes*, 1)

Se trata de una de las tantas exclamaciones que ensalzan la grandeza de Roma.

225. AUREA SATURNI SAECULA. *La edad de oro de Saturno.*

La expresión está relacionada con el mito de una edad feliz bajo el reino de Saturno, en la que los hombres habrían vivido en paz y en armonía. La locución se utiliza en la actualidad para indicar un periodo particularmente feliz.

226. AUREA SUNT VERE NUNC SAECULA. *Esta es realmente la edad de oro.*

(Ovidio, *Arte de amar*, 2, 277)

Ovidio se refiere al hecho de que en su época con el oro era posible adquirir honores y amor. Fuera del contexto, este frag-

mento de verso puede indicar un periodo particularmente feliz.

227. AUREO PISCARI HAMO. *Pescar con un anzuelo de oro.*

(Suetonio, *Vida de Augusto*, 25, 4)

Forma abreviada de un verso más largo (véase el n.º 1.350) utilizado en la actualidad para indicar la inutilidad de invertir demasiado en una acción para obtener luego resultados que no compensan el esfuerzo.

228. AURES HABENT ET NON AUDIENT. *Tienen orejas y no oyen.*

(Salmos, 113, 6)

Se dice de aquel que, por ignorancia o testarudez, no quiere rendirse a la evidencia de los hechos.

229. AURIBUS FREQUENTIUS QUAM LINGUA UTERE. *Utiliza las orejas en lugar de la lengua.*

(Pseudo Séneca, *De moribus*, 104)

Expresión que subraya la importancia de saber escuchar.

230. AURIBUS TENEO LUPUM. *Tengo al lobo cogido por las orejas.*

(Terencio, *Phormio*, 506)

El personaje de Terencio no sabe ni cómo sujetar al animal ni cómo hacer que se marche. La expresión se refiere por lo tanto a una situación arriesgada en la que no se sabe bien cómo comportarse.

231. AURI CAECUS AMOR DUCIT IN OMNE NEFAS. *El amor ciego del oro conduce a cualquier infamia.*

(Rutilio Namaciano, *De reditu suo*, 1, 358)

Expresión que se utiliza para indicar que la sed de riquezas o de poder permite llevar a cabo cualquier crimen.

232. AURICULAS ASINI MIDA REX HABET. *El rey Midas tiene las orejas de asno.*

(Persio, *Sátiras*, 1, 21)

Este fragmento hace referencia a la estúpida codicia del rey, muerto de hambre porque todo lo que tocaba se transformaba en oro.

233. AURI MONTES POLLICERI. *Prometer montañas de oro.*

(Terencio, *Phormio*, 68)

Las palabras se refieren a aquel que, con grandes discursos, promete cosas imposibles.

234. AURO CONCILIATUR AMOR. *El amor lo proporciona el oro.*

(Ovidio, *Arte de amar*, 2, 278)

Expresión que exalta la riqueza como fuente de cualquier bien, incluso del amor.

235. AUROQUE SOLENT ADAMANTINAE ETIAM PERFINGI FORES. *Con el oro se atraviesan incluso las puertas de acero.*

(Apuleyo, *El asno de oro*, 9, 18)

Señala la importancia del dinero como medio para obtener lo deseado.

236. AURORA MUSIS AMICA EST. *La aurora es amiga de las musas.*

(Proverbio medieval)

El lema deriva de un verso de Hesíodo que exalta las horas matutinas como momento durante el cual se trabaja mejor y se rinde más.

237. AURUM FLAMMA PROBAT, HOMINES TEMPTATIO IUSTOS. *La llama pone a prueba al oro, la tentación a los justos.*

(Sentencia medieval)

Reformulación de un verso de Séneca (véase el n.º 1.015) sobre el tópico de la prueba de fuego u ordalía.

238. AURUM IN STERCORE QUAERO. *Busco oro en el estiércol.*

(Casiodoro, *Institutiones*, 1, 540)

Respuesta que Virgilio daba a quien le preguntaba por qué leía a Ennio. La expresión puede indicar que hay algo positivo incluso en lo aparentemente más negativo.

239. AUSCULTARE DISCE SI NESCIS LOQUI. *Aprende a escuchar si no sabes hablar.*

(Pomponio, 12 R)

Es necesario saber escuchar para aprender a hablar bien.

240. AUSUS MAIORES FERT CANIS ANTE FORES. *El perro delante de la puerta de casa es más valiente.*

(Proverbio medieval)

La expresión puede significar tanto que cada uno es dueño de su casa como que es fácil ser valiente o arrogante cuando nos sentimos seguros.

241. AUT AMAT AUT ODIT MULIER: NIL EST TERTIUM. *La mujer o ama u odia, no hay una tercera posibilidad.*

(Publilio Siro, A 6)

Se trata de una derivación de la fórmula *tertium non datur* (véase el glosario) utilizada para definir, en clave negativa, los sentimientos femeninos.

242. AUT CAESAR AUT NIHIL. *O César o nada.*

Lema de César Borgia que se adapta muy bien a aquellos que quieren ser siempre los primeros (véase también el n.º 304).

243. AUT CAPTANTUR AUT CAPTANT. *O engañadores o engañados.*

(Petronio, *Satiricón*, 116)

Verso que se refiere a los cazadores de herencias que alaban a los viejos, quienes a su vez se aprovechan astutamente de sus amabilidades pero que luego no les dejan nada.

244. AUT ENIM DO TIBI UT UDES, AUT DO UT FACIAS, AUT FACIO UT DES, AUT FACIO UT FACIAS. *De hecho, o te doy para que tu me des, o te doy para que hagas, o hago para que me des o hago para que hagas.*

(*Digesto*, 19, 5, 5)

Fórmula jurídica que indica el cambio y el contrato, sintetizada en la locución *do ut des* (véase el glosario).

245. AUT FRUGI HOMINEM ESSE OPORTERE AUT CAESAREM. *Es necesario ser hombres parcos o César.*

(Suetonio, *Vida de Calígula*, 37)

Expresión que se refiere al amor por el lujo desenfrenado del emperador, pero puede utilizarse también para indicar a aquellos que quieren sobresalir a cualquier precio.

246. AUT INSANIT HOMO AUT VERSUS FACIT. *Este hombre o es loco o compone versos.*

(Horacio, *Sátiras*, 2, 7, 117)

Horacio se refiere a una persona que habla con una gesticulación exagerada.

247. AUT NON TEMPTARIS AUT PERFICE. *O no tientes o llega al final.*

(Ovidio, *Arte de amar*, 1, 389)

Expresión que invita a llevar a término las acciones emprendidas o a ni siquiera intentarlas.

248. AUT PRODESSE VOLUNT AUT DELECTARE POETAE. *Los poetas quieren ser útiles o divertir.*

(Horacio, *Epístola a los Pisones*, 333)

La expresión se utiliza todavía para indicar la separación entre el arte «comprometido» y el arte como pasatiempo o diversión.

249. AUT REGEM AUT FATUUM NASCI OPORTERE. *Conviene nacer o rey o estúpido.*

(Séneca, *Apocolocynthosis*, 11, 2)

Los reyes y los estúpidos son los más afortunados puesto que se les debe soportar siempre.

250. AUT TERRA AUT MARI [...] EVOLVAM ID ARGENTUM TIBI. *Te encontraré ese dinero por tierra o por mar.*

(Plauto, *Pseudolus*, 317)

Expresión que se adapta a aquellas personas que buscan una cosa, la quieren y hacen cualquier cosa para encontrarla.

251. AVARI NON MODO NON COPIOSI AC DIVITES, SED ETIAM INOPES AC PAUPERES. *Los avaros no sólo niegan ser ricos y opulentos, sino que afirman también ser pobres y necesitados.*

(Cicerón, *Paradox stoicorum*, 3, 52)

Duras palabras contra los avaros con las que Cicerón concluye una invitación a contentarse con lo que se posee.

252. AVARITIA HOMINEM AD QUODVIS MALEFICIUM IMPELLIT. *La avaricia empuja al hombre a cualquier perversidad.*

(*Rhetorica ad Herennium*, 2, 22)

También la avaricia, como la sed de riqueza, puede inducir a actuar de forma incorrecta (véase el n.º 231).

253. AVARITIAM OMNIA VITIA HABERE PUTABANT. *Pensaban que la avaricia contenía en sí misma todos los males.*

(Catón, 82)

El fragmento recupera un tópico muy difundido en la Antigüedad clásica según el cual la avaricia era la causa de todos los males.

254. AVARUM IRRITAT, NON SATIAT PECUNIA. *El dinero excita, no sacia al avaro.*

(Publilio Siro)

Lema que denota la codicia insaciable de los avaros.

255. AVARUS ANIMUS NULLO SATIATUR LUCRO. *El ánimo ávido no se sacia con ninguna ganancia.*

(Séneca, *Cartas*, 94, 43)

Expresión de significado análogo a la precedente, más adecuada quizás a un ambiente culto.

256. AVARUS NISI CUM MORITUR, NIHIL RECTE FACIT. *El avaro no hace nada de bueno, sólo cuando muere.*

(Publilio Siro, 23)

Expresión graciosa que se puede citar como una tomadura leve de pelo.

257. AVE AVE AVEO ESSE AVES. *Buenos días, abuelo, me gustaría comer pájaros.*

(Trabalenguas escolástico)

258. AVE CAESAR, MORITURI TE SALUTANT. *Ave, César, los que van a morir te saludan.*

(Suetonio, *Vida de Claudio*, 21)

Frase dirigida por los gladiadores al emperador y utilizada actualmente de forma jocosa cuando se está a punto de emprender una acción de éxito incierto (por ejemplo, antes de un examen).

B

259. BALBUM MELIUS BALBI VERBA COGNOSCERE. *Un tartamudo entiende mejor las palabras de otro tartamudo.*

(San Jerónimo, Epístolas, 50, 4)

Expresión que se utiliza para indicar que entre personas semejantes es más fácil entenderse.

260. BARBAM VELLERE MORTUO LEONI. *Arrancar la barba al león muerto.*

(Marcial, Epigramas, 10, 90, 10)

Expresión utilizada para indicar que es fácil atacar a un contrincante más poderoso cuando no puede moverse.

261. BARBA NON FACIT PHILOSOPHUM. *La barba no hace al filósofo.*

(Plutarco, Quaestiones conviviales, 709b)

Es la correspondencia exacta de nuestro «el hábito no hace al monje».

262. BARBARUS HIC EGO SUM, QUI NON INTELLEGOR ULLI. *Aquí soy un bárbaro al que nadie entiende.*

(Ovidio, Tristia, 5, 10, 37)

La expresión se cita a menudo en esas situaciones en las que uno se siente solo e incomprendido.

263. BEATI MONOCULI IN TERRA CAECORUM. *En el reino de los ciegos un tuerto es el rey.*

(Proverbio medieval)

Máxima muy extendida para decir que incluso las personas poco dotadas son genios si se comparan con personas todavía menos dotadas que ellas.

264. BEATI MORTUI QUI IN DOMINO MORIUNTUR. *Dichosos los muertos que mueren en el Señor.*

(Apocalipsis, 14, 13)

Esta frase gozó de una gran aceptación: Mendelssohn la empleó en un célebre fragmento musical y el papa León XIII la hizo esculpir en commemoración de los guardias suizos muertos durante el asedio de Perugia en 1859.

265. BEATI OCULI QUI TE VIDERUNT. *Dichosos los ojos que te vieron.*

Saludo a un amigo al que no se ve desde hace mucho tiempo. En español todavía pervive la expresión bajo la forma *dichosos los ojos*.

266. BEATI PAUPERES SPIRITU: QUONIAM IPSORUM EST REGNUM CAELORUM. *Afortunados los pobres de espíritu, porque de ellos es el reino de los cielos.*

(Mateo, 5, 3)

Fragmento del evangelio que tiene un profundo significado teológico, ya que la pobreza de espíritu se refiere a desasimiento completo. La primera parte puede utilizarse en el lenguaje común con referencia a personas de formas de vida sencillas y sobrias.

267. BEATI POSSIDENTES QUI IN IURE CENSENTUR. *Afortunados los que según las leyes son propietarios.*

(Aforismo jurídico)

Locución utilizada para afirmar que antes de alegar algún derecho sobre un bien es necesario ser el propietario.

268. BEATUS DICI NEMO POTEST EXTRA VERITATEM PROIECTUS. *Nadie puede afirmar que es feliz si se encuentra lejos de la verdad.*

(Séneca, *De vita beata*, 5, 2)

Expresión que destaca la importancia de la verdad, premisa para una vida y una conciencia serenas.

269. BEATUS ILLE QUI PROCUL NEGOTIIS / UT PRISCA GENS MORTALIUM / PATERNA RURA BOBUS EXERCET SUIS / SOLUTUS OMNI FOENORE. *Afortunado aquel que alejado de los negocios, / como la antigua generación de los mortales, / trabaja los campos paternos con sus bueyes, / sin tener deudas.*

(Horacio, *Épodos*, 1, 1)

Exhortación a una vida agreste y tranquila. Actualmente está más extendida la primera parte del verso para designar un periodo lejano de la actividad laboral cotidiana (véase, en el glosario, *procul negotiis*).

270. BELISARIO OBULUM DATE. *Dad una limosna a Belisario.*

(Juan Tzetzes,

Variae historiae, 88, 339)

Según la leyenda, el emperador hizo cegar a Belisario y lo obligó a pedir limosna. La expresión puede referirse a las personas que están obligadas a vivir con privaciones después de una vida gloriosa.

271. BELLA GERANT ALII! PROTESILAUS AMET. *Que los demás hagan las guerras y que Protesilao haga el amor.*

(Ovidio, *Heroídas*, 17, 254)

Protesilao, poco propenso a las guerras, fue el primero en caer en la guerra de Troya. La expresión denota la antigüedad del tópico que opone el amor a la guerra.

272. BELLAQUE MATRIBUS DETESTATA. *Las guerras son odiadas por las madres.*

(Horacio, *Odas*, 1, 1, 24)

Palabras sencillas que expresan perfectamente los sentimientos de las madres en relación con la guerra, pero que deberían ser compartidas por todos.

273. BELLUM NEC TIMENDUM NEC PROVOCANDUM. *La guerra no se debe temer ni provocar.*

(Plinio el Joven, *Panegírico de Trajano*, 16)

274. BELLUM OMNIUM CONTRA OMNES. *La guerra de todos contra todos.*

(Thomas Hobbes, *De cive*, 1, 12; 5, 2)

El autor define de esta forma la situación de los hombres antes de la organización del Estado. Se utiliza a menudo para expresar el desorden total.

275. BELLUM QUOD RES BELLA NON SIT. *Aunque la guerra se llama* bellum, *no lo es por ser una cosa bella.*

(Isidoro de Sevilla, *Etimologías*, 18, 1, 9)

Se trata de una etimología *a contrariis*, es decir, basada en el significado contrastante de dos palabras de sonido muy similar en latín.

276. BENEDICTIO PATRIS FIRMAT DOMOS FILIORUM. *La bendición del padre consolida las casas de los hijos.*

(Zacarías, 3, 11)

Aparte del significado bíblico, la expresión puede utilizarse para significar la importancia de la aprobación de los padres en las decisiones de los hijos.

277. BENEDICTUS VIR QUI CONFIDIT IN DOMINO. *Bendito el hombre que confía en el Señor.*

(Jeremías, 17, 7)

Uno de los principales fundamentos de la doctrina cristiana que invita a tener fe en Dios.

278. BENEFICIORUM MEMORIA LABILIS EST, INIURIARUM VERO TENAX. *El recuerdo de los beneficios es fugaz, el de los errores persistente.*

(Nicolás de Claraval, *Cartas*, 11)

El dicho se refiere a las personas ingratas y quisquillosas.

279. BENEFICIUM ACCIPERE LIBERTATEM EST VENDERE. *Recibir un beneficio significa vender la propia libertad.*

(Publilio Siro, B 61)

Ya Séneca daba una interpretación más completa (véase el n.º 280).

280. BENEFICIUM NON IN EO QUOD FIT AUT DATUR CONSISTIT, SED IN IPSO DAN-TIS AUT FACIENTIS ANIMO. *Un beneficio no consiste en lo que se hace o en lo que se da, sino en el ánimo de quien lo hace o lo da.*

(Séneca, *De beneficiis*, 1, 6, 1)

Actualmente se resume este dicho con las palabras «es el pensamiento lo que cuenta».

281. BENEFICIUM QUI DEDISSE SE DICIT PE-TIT. *Aquel que dice haber hecho un beneficio, pide.*

(Publilio Siro, B 15)

Sentencia en cuya base se encuentra una concepción de las relaciones humanas basadas en el *do ut des* (véase el glosario) y que se refiere a aquellos que esperan siempre algo a cambio.

282. BENE QUI LATUIT, BENE VIXIT. *Ha vivido bien el que ha vivido escondido.*

(Ovidio, *Tristia*, 3, 4, 25)

El lema alaba a las personas que llevan una vida reservada y apartada, alejada de los deseos de honor y de poder.

283. BENEVOLENTIA IMPORTUNA NON DIF-FERT AB ODIO. *La benevolencia inoportuna no se distingue del odio.*

(Sentencia mediolatina)

Máxima de origen griego que se refiere a las personas falsas e hipócritas que se muestran benévolas sólo para alcanzar sus propios objetivos.

284. BEOTI MAGIS FIRMITATI CORPORIS QUAM INGENII ACUMINI SERVIUNT. *Los beocios aprecian más la fuerza física que el ingenio.*

(Cornelio Nepote, *Vida de Alcibíades*, 7, 11, 3)

El motivo de la estupidez de los beocios estaba bastante extendido en la Antigüedad y son numerosas las expresiones que lo confirman.

285. BEOTUM IN CRASSO IURARES AERE NA-TUM. *Se podría jurar que ha nacido en el aire espeso de los beocios.*

(Horacio, *Épodos*, 2, 1, 244)

Expresión utilizada para definir a personas un poco obtusas.

286. BIBE SI BIBIS. *Si bebes, bebe enseguida.*

(Plauto, *Stichus*, 710)

Exhortación a realizar una acción sin demora.

287. BIS AD EUNDEM LAPIDEM. *[Tropezar] dos veces con la misma piedra.*

(Cicerón, *Epistulae ad familiares*, 10, 20, 2)

La expresión significa incurrir dos veces en el mismo error.

288. BIS DAT QUI DAT CELERITER. *Da dos veces el que da rápidamente.*

(Publilio Siro, B 1, 6)

Fragmento de una sentencia según la cual el hecho de dar rápidamente es una señal de bondad para con el necesitado.

289. BIS PUERI SUMUS. *Somos dos veces niños.*

(Lactancio, *Divinae institutiones*, 2, 4, 14)

Exclamación que se refiere al hecho de que al llegar a viejos nos convertimos de nuevo en niños.

290. BIS VINCIT QUI SE VINCIT IN VICTORIA. *Gana dos veces aquel que en la victoria se gana a sí mismo.*

(Publilio Siro, B 21)

Máxima que recupera el motivo de la lucha contra uno mismo, una empresa muy difícil.

291. BONAE VALETUDINIS QUASI QUAEDAM MATER EST FRUGALITAS. *La frugalidad es casi madre de la buena salud.*

(Valerio Máximo, *Factorum et dictorum memorabilium libri IX*, 2, 5, 6)

Sentencia que exalta la vida sencilla y parca, premisa de la buena salud.

292. BONA EXISTIMATIO PECUNIIS PRAESTAT. *La estima vale más que las riquezas.*

(Proverbio medieval)

Es importante lo que se es y no lo que se posee.

293. BONA MALIS PARIA NON SUNT, ETIAM PARI NUMERO. *Los bienes no son iguales a los males aunque sean iguales en número.*

(Plinio el Viejo, *Historia natural*, 7, 40)

El dicho se refiere al hecho de que los bienes no se aprecian y, por lo tanto, parecen menos importantes que los males.

294. BONA OPINIO HOMINUM TUTIOR PECUNIA EST. *La buena fama es para los hombres más segura que el dinero.*

(Publilio Siro, B 19)

Lema que señala la importancia del hecho de ser amados y respetados más por las propias virtudes que por las riquezas.

295. BONI PASTORIS ESSE TONDERE PECUS, NON DEGLUBERE. *Es propio del buen pastor esquilar a las ovejas, no despellejarlas.*

(Suetonio, *Vida de Tiberio*, 32)

Respuesta de Tiberio a aquellos que le sugirieron imponer impuestos muy altos. La locución se utiliza en la actualidad como una invitación a la moderación, sobre todo en el ámbito político.

296. BONIS NOCET SI QUIS MALIS PEPERCERIT. *Perjudica a los buenos aquel que ahorra a los malos.*

(Ribbeck, *Appendix sententiarum*, 205)

Puesto que los malos continuarán perseverando en su maldad.

297. BONIS QUOD BENE FIT HAUD PERIT. *El bien que se hace a los buenos no se pierde.*

(Plauto, *Rudens*, 939)

Puesto que responderán con otro bien.

298. BONO IMPERANTE ANIMO PRODEST PECUNIA. *El dinero es útil si está bajo la guía de un ánimo fuerte.*

(Publilio Siro, B 30)

El dinero no tiene que esclavizar a su poseedor, sino permitirle vivir.

299. BONUM CERTAMEN CERTAVI, CURSUM CONSUMMAVI, FIDEM SERVAVI. *He realizado*

una buena batalla, he acabado mi carrera, he conservado la fe.

(San Pablo, *Epístola a Timoteo*, II, 4, 7)

Sintiéndose ya al final de su vida, San Pablo hace balance de su propia vida utilizando algunas de las metáforas que aprecia.

300. BONUM EST DUABUS FUNDARI NAVEM ANCORIS. *Lo mejor es que el barco utilice dos anclas.*

(Publilio Siro, F 42)

Lema que recomienda la prudencia.

301. BONUM EST FUGIENDA ASPICERE IN ALIENO MALO. *Lo correcto es darse cuenta de lo que se tiene para evitar del mal de los demás.*

(Publilio Siro, B 4)

Lema que puede utilizarse con fines didácticos, ya que indica la importancia de los demás no sólo como ejemplo para imitar, sino también para evitar caer en sus defectos.

302. BONUM QUOD EST SUPPRIMITUR, NUNQUAM EXTINGUITUR. *Lo que está bien puede someterse a la opresión, pero no muere nunca.*

(Publilio Siro, B 20)

Fórmula basada en el tópico que afirma que el bien y la verdad siempre vuelven a aparecer.

303. BONUS ATQUE FIDUS / IUDEX HONESTUM PRAETULIT UTILI. *El juez que antepone la honestidad a la utilidad personal es bueno y de confianza.*

(Horacio, *Odas*, 4, 9, 41)

Versos que ahora son muy actuales y que se pueden referir no sólo a los jueces, sino también a los políticos y a todos aquellos que ocupan puestos de poder.

304. BORGIA CAESAR ERAT, FACTIS ET NOMINE CAESAR. *Borgia fue césar de nombre y de hecho.*

(P. Jovio, *Ragionamenti*, p. 5)

Lema que juega sobre la igualdad del nombre del personaje con el del cargo de césar, que significa emperador.

305. BOS LASSUS FORTIUS FIGAT PEDEM. *Que el buey cansado haga más fuerza con las patas.*

(San Jerónimo, *Epístolas*, 102, 2)

Proverbio que exhorta a actuar con fuerza y tenacidad todavía mayores en las situaciones difíciles.

306. BOVI CLITELLAS IMPONERE. *Poner la carga al buey.*

(Cicerón, *Carta a Ático*, 5, 15)

Expresión que aún se utiliza para indicar encargos concedidos a personas poco hábiles.

307. BREVE CONFINIUM ARTIS ET FALSI. *La frontera entre el arte y lo falso es muy sutil.*

(Tácito, *Anales*, 4, 58)

Expresión utilizada en todas esas situaciones en las que es fácil ser engañado.

308. BREVIS ESSE LABORO: / OBSCURUS FIO. *Me esfuerzo en ser conciso, / me vuelvo oscuro.*

(Horacio, *Epístola a los Pisones*, 25)

El poeta invita a mantenerse alejado tanto de la prolijidad como de un exceso de brevedad. La máxima se refiere actualmente no sólo a la poesía, sino a la expresión en general.

C

309. CACUMEN RADICIS LOCO PONIS. *Coloca la cima en el lugar de la raíz.*

(Séneca, *Cartas*, 124, 7)

Expresión utilizada para indicar la necesidad de un cambio radical.

310. CAECI SUNT OCULI CUM ANIMUS ALIAS RES AGIT. *Los ojos son ciegos cuando el alma se ocupa de otras cosas.* (Publilio Siro, C 30)

Expresión utilizada para indicar que cuando el alma está preocupada, a menudo no se da cuenta de aquellas cosas que son más evidentes.

311. CAECUS AUTEM SI CAECO DUCATUM PRAESTET, AMBO IN FOVEAM CADUNT. *Si un ciego guía a otro ciego, los dos caen en la fosa.*

(Mateo, 15, 14)

Expresión utilizada por Jesús para atacar a los fariseos. En la actualidad puede utilizarse para señalar a aquellos que pretenden ser autosuficientes y rechazan la ayuda ajena.

312. CAELEBS CAELESTIUM VITAM DUCENS. *Célibe significa aquel que conduce la vida de los celestes.*

(Prisciano, *Instituciones gramaticales*, 1, 23)

Graciosa etimología *a contrariis* de la palabra *célibe*, que ensalza la felicidad de este tipo de vida.

313. CAELO TONANTEM CREDIDIMUS IOVEM REGNARE. *Hemos creído en el reino de Júpiter cuando lo hemos escuchado tronar en el cielo.*

(Horacio, *Odas*, 3, 5, 1)

La expresión se refiere por una parte a aquellas personas que creen en un acontecimiento sólo si se manifiestan signos evidentes y, por otra, a aquellas que tienden a interpretar fenómenos naturales de manera supersticiosa.

314. CAELUM NON ANIMUM MUTANT QUI TRANS MARE CURRUNT. *El cielo, y no la naturaleza, cambia a aquellos que atraviesan rápidamente el mar.*

(Horacio, *Épodos*, 1, 11, 27)

Para escapar de los propios problemas o de los propios defectos no sirve cambiar de lugar, sino de carácter.

315. CAESAREM VEHIS CAESARISQUE FORTUNAM. *Llevas a César y a la fortuna de César.*

(Plutarco, *Vida de César*, 38, 5)

Palabras dichas por César a un marinero reacio a transportarlo desde Durazzo a Brindisi durante una tormenta.

316. CAESAR NON SUPRA GRAMMATICOS. *Tú, oh César, no tienes ninguna autoridad sobre los gramáticos.*

(Suetonio, *De viris inlustribus [grammatici]*, 22)

Frase utilizada para indicar que cada uno es competente en el propio ámbito o materia y que, por lo tanto, allí puede ejercer la propia autoridad.

317. CALAMITAS VIRTUTIS OCCASIO EST. *La calamidad es una ocasión de virtud.*

(Séneca, *De providentia*, 2, 4)

Expresión que trata de nuevo el motivo según el cual sólo en las adversidades emergen realmente las dotes y las capacidades de una persona.

318. CALAMITOSUS EST ANIMUS FUTURIS ANXIUS. *El ánimo del que duda del futuro es funesto.*

(Séneca, *Cartas*, 98, 6)

Lema que se puede utilizar para definir a personas temerosas y sin iniciativa por miedo a las futuras consecuencias.

319. CALCEM IMPINGIT. *Da una patada.*

(Petronio, *Satiricón*, 46, 5)

El autor se refiere a los escritores griegos, pero la expresión se utiliza actualmente para dejar a alguien de lado.

320. CALIDUM ESSE AUDIVI OPTIMUM MENDACIUM. *He oído decir que la mejor mentira es la cálida.*

(Plauto, *Mostellaria*, 665)

Es decir, la que se improvisa en ese momento.

321. CALIGAT IN SOLE. *No se ve en pleno sol.*

(Quintiliano, *Instituciones oratorias*, 1, 2, 19)

Se trata de una de las numerosas locuciones que indican estupidez y parquedad mental.

322. CALLUM QUODDAM OBDUCIT DOLORI. *(El cansancio) hace criar callos.*

(Cicerón, *Tusculanas*, 2, 15, 36)

Expresión bastante similar a nuestra «criar callos» y que indica precisamente el acostumbrarse al dolor, al cansancio o a una experiencia negativa.

323. CAMELUM VIDIMUS SALTITANTEM. *Hemos visto bailar a un camello.*

(San Jerónimo, *Contra Elvidio*, 18, 226)

La frase hecha se refiere a personas que quieren hacer cosas para las cuales no tienen ni la más mínima aptitud.

324. CANDIDA DE NIGRIS ET DE CANDENTIBUS ATRA [...] FACERE. *Transformar el negro en blanco y el blanco en negro.*

(Ovidio, *Metamorfosis*, 11, 314)

Expresión equivalente a nuestro dicho «dar la vuelta a la tortilla».

325. CANEM TIMIDUM VEHEMENTIUS LATRARE. *El perro miedoso ladra más fuerte.*

(Quinto Curcio Rufo, *Historia de Alejandro Magno*, X, 7, 4, 13)

Expresión empleada para indicar que a menudo lo que da más miedo en realidad es inofensivo.

326. CANES COMPELLUNT IN PLAGAS LEPIDE LUPUM. *Los perros, con astucia, empujan al lobo hasta la trampa.*

(Plauto, *Poenulus*, 648)

Frase que exhorta a actuar con astucia e ingenio contra adversarios más fuertes.

327. CANES PLURIMUM LATRANTES RARO MORDENT. *Perro ladrador, poco mordedor.*

(Proverbio latino)

328. CANINA FACUNDIA EXERCEBATUR. *Practicaba una oratoria canina.*

(Salustio, *Historia*, 4, 54)

En el mundo latino se empleaba para criticar la agresividad con la que se expresaba una persona. Hoy en día puede utilizarse para referirse a alguien de palabras ásperas.

329. CANIS A CORIO NUNQUAM ABSTERREBITUR UNCTO. *El perro que ha probado la piel untada con aceite ya no deja de comerla.*

(Horacio, *Sátiras*, 2, 5, 83)

Se dice de personas que perseveran en los vicios.

330. CANIS A NON CANENDO. *Se llama perro porque no canta.*

Se trata de una etimología *a contrariis* basada en la semejanza fonética de dos palabras.

331. CANIS CANINAM NON EST. *El perro no come al perro.*

(Varrón, *De lingua latina*, 3, 71)

El proverbio significa tanto que los poderosos consiguen siempre ponerse de acuerdo a espaldas de los demás como que las personas que se encuentran en la misma situación no deben pelearse.

332. CANIS FESTINANS CAECOS PARIT CATULOS. *La perra impaciente tiene cachorros ciegos.*

(Proverbio medieval)

Proverbio de origen oriental que invita a no actuar con prisas, sino con calma y prudencia.

333. CANIS QUI MORDET MORDETUR. *El perro que muerde recibe un mordisco.*
Proverbio medieval que pone en guardia de los peligros del uso y del abuso de la fuerza.

334. CANTABIT VACUUS CORAM LATRONE VIATOR. *El viandante con los bolsillos vacíos puede cantar frente al ladrón.*

(Juvenal, *Sátiras*, 10, 22)

Locución utilizada en el lenguaje común para indicar que la pobreza ofrece una vida libre de preocupaciones.

335. CANTATE DEUM IN CYMBALIS. *Cantad a Dios con címbalos.*

(Salmos, 150, 5)

De este fragmento deriva la locución *in cymbalis* (véase el glosario) para indicar una alegría desenfrenada.

336. CANTILENAM EANDEM CANIS. *Cantas siempre la misma cancioncilla.*

(Terencio, *Phormio*, 495)

El dicho se refiere a personas que repiten de forma continua las mismas cosas hasta hacerse aburridas.

337. CAPRA NONDUM PAPERIT, SED HOEDUS LUDIS IN TECTIS. *La cabra todavía no ha parido y el cabrito ya está jugando en los tejados.*

(Proverbio latino)

El dicho se refiere a esas personas que piensan concluir una acción antes de haberla empezado.

338. CAPUT IMPERARE, NON PEDES. *La cabeza es la que ordena y no los pies.*

(Flavio Vopisco, *Vida de Tácito*, 5, 2)

Para gobernar no sirve sólo la fuerza física, simbolizada por los pies, sino sobre todo la inteligencia.

339. CARBONEM PRO THESAURO INVENIMUS. *Encontramos carbón en lugar del tesoro.* Proverbio, derivado de una fábula de Fedro, utilizado para expresar una gran desilusión.

340. CARERE NON POTEST FAME, QUI PANEM PICTUM LINGIT. *No pueda saciar el hambre aquel que lame un pan pintado.*

(San Agustín, *La ciudad de Dios*, 4, 23, 176)

San Agustín compara a la persona que busca la felicidad terrenal olvidándose de Dios con un perro muerto de hambre que lame un pan pintado y que no se atreve a pedirlo al hombre que podría dárselo.

341. CARMEN SIBI INTUS CANIT. *Se canta una canción a sí mismo.*

(Cicerón, *De lege agraria*, 2, 68)

Muy adecuado para referirse a personas que no tienen méritos y que se elogian a sí mismas.

342. CARMINA NON DANT PANEM. *Los cantos no proporcionan el pan.*
Variante de *litterae non dant panem* (véase el n.º 1.215).

343. CARPAMUS DULCIA. *Recojamos lo dulce.*

(Persio, *Sátiras*, 5, 151)

Expresión que trata el tópico horaciano del *carpe diem* (véase el n.º 344).

344. CARPE DIEM QUAM MINIMUM CREDULA POSTERO. *Aprovecha el presente y no cuentes con el mañana.*

(Horacio, *Odas*, 1, 11, 8)

Frase muy famosa con la cual Horacio expresa el sentimiento de que el tiempo se escapa y la hora que ya ha pasado no vuelve atrás.

345. CARPENT TUA POMA NEPOTES. *Los nietos recogerán tus frutos.*

(Virgilio, *Bucólicas*, 9, 50)

El verso invita a plantar árboles de confianza en un nuevo futuro de paz. La expresión indica no sólo una seguridad reencontrada, sino también que los frutos, los resultados de un trabajo, se recogerán con una distancia de años y no siempre por quien los ha sembrado.

346. CARPE VIAM ET SUSCEPTUM PERFICE MUNUS. *Empieza el camino y lleva a buen fin la obra emprendida.*

(Virgilio, *Eneida*, 6, 629)

Frase que invita a la constancia y que puede decirse como estímulo.

347. CASEUS ILLE BONUS QUEM DAT AVARA MANUS. *El queso es bueno si se da con mano avara.*

(Escuela de Salerno, 387)

Se trata de una de las muchas máximas de la escuela de medicina de Salerno que se refieren a la salud y al bienestar.

348. CASTA EST QUAM NEMO ROGAVIT. *Es casta aquella que nadie ha solicitado.*

(Ovidio, *Amores*, 1, 8, 43)

Sentencia bastante negativa en relación con las mujeres, pero que se puede utilizar en otros ámbitos para referirse a personas u objetos cuyas cualidades estriban en que nunca han sido probadas.

349. CASTIGAT RIDENDO MORES. *Bromeando increpa a las costumbres.*

(Jean de Santeuil)

Máxima acuñada en el siglo XV en la que se hace referencia a Arlequín y que se utiliza en la actualidad para designar a aquellas personas que saben transmitir enseñanzas serias de una manera burlesca.

350. CASTUM ESSE DECET PIUM POETAM / IPSUM: VERSICULOS NIHIL NECESSE EST. *Es conveniente para el poeta ser casto y devoto, / pero no es necesario que lo sean sus versos.*

(Catulo, *Odas*, 16, 5-6)

De esta forma se excusaba Catulo por las obscenidades escritas.

351. CATILINAM QUOCUMQUE IN POPULO VIDEAS / QUOCUMQUE SUB AXE. *Puedes ver Catilinas en cada pueblo, bajo cada cielo.*

(Juvenal, *Sátiras*, 14, 41-42)

Frase utilizada para afirmar que hay personas malvadas y deshonestas en todas partes.

352. CAUDA DE VULPE TESTATUR. *La cola descubre al zorro.*

(Proverbio latino)

El farsante es siempre traicionado por algún detalle que revela su verdadera naturaleza.

353. CAUSA PATROCINIO NON BONA PEIOR ERIT. *La mala causa empeora cuando se quiere defender.*

(Ovidio, *Tristia*, 1, 1, 26)

Expresión que indica cuán vano es defender causas o situaciones negativas puesto que a buen seguro ya se habrán perdido de antemano.

354. CAVE NE NIMIA MELLIS DULCEDINE DIUTINAM BILIS AMARITUDINEM CONTRAHAS. *Se debe tener cuidado para no obtener con la excesiva dulzura de la miel la larga amargura de la hiel.*

(Apuleyo, *El asno de oro*, 2, 10)

La expresión recupera el motivo bastante extendido de que demasiada miel sacia e invita a probarla con cuidado. La frase se puede utilizar para referirse a los distintos aspectos de la vida: amor, trabajo, placeres, etc.

355. CECIDIT VELUT PRATI / ULTIMI FLOS, PRAETEREUNTE POSTQUAM / TACTUS ARATRO EST. *Cae como una flor / sobre el margen del prado / tras haber sido pisoteado por un arado que pasaba.*

(Catulo, *Carmina*, 11, 21, 24)

Estos versos pueden citarse para indicar poéticamente el final de un amor.

356. CEDANT ARMA TOGAE, CONCEDAT LAUREA LINGUAE. *Que cedan las armas delante de la toga y el triunfo militar en la lengua.*

(Cicerón, *De officiis*, 1, 22, 77)

Frase que expresa el paso de la guerra a la paz. En la actualidad se emplea para indicar que el poder militar tiene que estar sometido al civil.

357. CEDERE MAIORI VIRTUTIS FAMA SECUNDA EST. *Rendirse frente al más fuerte es el segundo grado del valor.*

(Marcial, *De spectaculis*, 32, 1)

Lema utilizado para indicar el respeto frente a un adversario que se reconoce más capacitado.

358. CEDITE ROMANI SCRIPTORES, CEDITE CRAII, / NESCIO QUID MAIUS NASCITUR ILIADE. *Dejad paso, escritores latinos, dejad paso, escritores griegos, / está a punto de nacer algo más grande que la* Ilíada.

(Propercio, *Elegías*, 3, 34, 65)

El autor se refiere a la *Eneida* de Virgilio. Los versos pueden utilizarse para saludar una obra importante que está a punto de ser publicada.

359. CELERI SUBDERE CALCARIA EQUO. *Utilizar espuelas con un caballo veloz.*

(Ovidio, *Arte de amar*, 2, 732)

Se trata de una de las tantas expresiones que se pueden citar para indicar una acción inútil.

360. CENABAT [...] / [...] TRIBUS URSIS QUOD SATIS ESSET. *Cenaba con lo que hubiera sido suficiente para tres osos.*

(Horacio, *Épodos*, 1, 15, 34)

Frase adecuada para personas muy golosas o ávidas.

361. CERA OBTURARE / OBSERARE [...] AURES. *Taparse las orejas con cera.*

(Horacio, *Épodos*, 2, 2, 104)

Locución que indica el hecho de no querer sentir, pero que expresa también la falta de agilidad mental.

362. CEREUS IN VITIUM FLECTI. *Fácil de hacer girar hacia el vicio como la cera.*

(Horacio, *Epístola a los Pisones*, 163)

La expresión indica una persona fácilmente influenciable en sentido negativo.

363. CERNERE FESTUCAM MOS EST IN FRATRIS OCELLO; / IN PROPIIS OCULIS NON VIDET IPSE TRABEM. *Se ve la paja en el ojo del hermano y no se ve la viga en el propio.*

(Proverbio medieval)

Reelaboración del dicho evangélico.

364. CERNIS UT CAPIANT VITIUM, NI MOVEANTUR AQUAE. *Mira cómo se pudren las aguas si no se mueven.*

(Ovidio, *Cartas desde el Ponto*, 1, 5, 5)

La expresión destaca la importancia de mantener siempre en ejercicio las propias capacidades, tanto físicas como mentales, para evitar que mermen.

365. CERNITUR IN PROPRIA RARO MULTUM RAGIONE / VATES PORTARE DECUS ORNATUMQUE CORONAE. *Raramente un poeta obtiene muchos honores y es premiado en su propia patria.*

(Máxima medieval)

Se trata de la variante del concepto evangélico según el cual nadie es aceptado con honores en su propia patria (véase el n.º 1.488).

366. CERTA AMITTIMUS DUM INCERTA PETIMUS. *Perdemos lo que es seguro mientras buscamos lo que es incierto.*

(Plauto, *Pseudolus*, 685)

La expresión puede utilizarse como advertencia en relación con aquellos que no saben conformarse.

367. CERTA SEQUENS, INCERTA CAVENS, PRAESENTIA CURO. *Siguiendo lo que es cierto, mirándome desde lo que es incierto, me preocupo por las cosas presentes.*

(Proverbio medieval)

Expresión análoga a la precedente y que además puede entenderse como una exhortación a ocuparse del presente.

368. CERTA VIRILITER SUSTINE PATIENTER. *Lucha virilmente y soporta pacientemente.*

(Tomás de Kempis,

Imitación de Cristo, 3, 19, 4)

El lema designa la lucha espiritual del «soldado» cristiano, pero puede citarse también referido a situaciones difíciles que precisan fuerza y tenacidad.

369. CERTE IGNORATIO FUTURORUM MALORUM, UTILIOR EST QUAM SCIENTIA. *Realmente, no conocer los males futuros es más útil que conocerlos.*

(Cicerón, *De divinatione*, 2, 23)

Porque si no, nos acomodamos o utilizamos las propias energías para intentar evitarlos inútilmente. La expresión se adapta a las personas supersticiosas.

370. CETERI MULTIFORMES SUMUS. *Nosotros somos todos multiformes.*

(Séneca, *Cartas*, 120, 22)

El autor compara la multiformidad de los hombres con la uniformidad del sabio, entendida como coherencia. La expresión puede indicar, de todos modos, la gran variedad de caracteres y comportamientos que caracteriza a los hombres.

371. CETERUM CENSEO CARTHAGINEM ESSE DELENDAM. *Por otra parte, pienso que Cartago tiene que ser destruida.*

(Plutarco, *Vida de Catón*, 27)

Frase pronunciada por Catón el Viejo y que significa que para vivir en paz tenemos que eliminar a todos los enemigos que nos amenazan. La expresión se cita también en las formas abreviadas *ceterum censeo* y *delenda Carthago*.

372. CHRISTIANOS AD LEONEM! *¡Los cristianos a los leones!*

(Tertuliano, *Apologeticum*, 40, 22)

Expresión utilizada por la plebe romana cuando no sabía a quién achacar sus desgracias (véase el n.º 1.895).

373. CIBI CONDIMENTUM ESSE FAMEM. *El hambre es el condimento de la comida.*

(Cicerón, *De finibus*, 2, 28, 90)

Cuando se tiene hambre cualquier alimento es bueno.

374. CICERO PRO DOMO SUA. *Cicerón (habla) por la propia casa.*

(Cicerón, *Pro domo sua*)

Es el título de una oración de Cicerón con la que el orador pedía el solar y el dinero para reconstruir la propia casa destruida durante el exilio. Actualmente se utiliza para definir a una persona que lucha de forma egoísta por sus propios intereses.

375. CINERES EVITANS IN CARBONES INCIDIT. *Aquel que evita las cenizas cae en las brasas.*

(Proverbio medieval)

Corresponde exactamente a nuestro lema «huir del fuego y dar en las brasas».

376. CINERI GLORIA SERA VENIT. *La gloria llega tarde para quien está muerto.*

(Marcial, *Epigramas*, 1, 25, 8)

Expresión utilizada a propósito de algo que llega demasiado tarde.

377. CINERI NUNC MEDICINA DATUR. *Ahora se da la medicina a un muerto.*

(Propercio, *Elegías*, 2, 14, 16)

Significado análogo al de la expresión anterior.

378. CITERIA LOQUACIOR. *Más locuaz que la* citeria.

(Erasmo, *Adagios*, p. 624)

La *citeria* era una marioneta charlatana muy extendida en Roma.

379. CITIUS [...] QUAM IN CURSU ROTULA. *Más rápido que una pequeña rueda en carrera.*

(Plauto, *Persa*, 442)

Expresión utilizada para definir a personas ágiles y alegres.

380. CITO FIT QUOD DI VOLUNT. *Muy pronto sucede lo que quieren los dioses.*

(Petronio, *Satiricón*, 106, 8)

Frase que recupera el motivo de la omnipotencia divina.

381. CITO RUMPENS ARCUM, SEMPER SI TENSUM HABUERIS. *Romperás enseguida el arco si lo mantienes siempre tenso.*

(Fedro, 3, 14, 10)

Véase también el n.º 186.

382. CITO TURGENS SPUMA DILABITUR. *La espuma hinchada se disuelve enseguida.*

(San Jerónimo, *Epístolas*, 66, 9)

Invitación a moderar la ira que, como la espuma de las olas, se calma enseguida.

383. CIVIS ROMANUS SUM. *Soy un ciudadano romano.*

(Cicerón, *In Verrem*, 5, 57)

Expresión pronunciada actualmente como orgullosa pertenencia a una clase privilegiada.

384. CLAUDITE IAM RIVOS, PUERI: SAT PRATA BIBERUNT. *Cerrad los arroyos, muchachos: los prados ya han bebido suficiente.*

(Virgilio, *Bucólicas*, 3, 111)

La expresión invita a no exagerar al hacer las cosas aunque estas sean beneficiosas.

385. CLAUSAE SUNT AURES, OBSTREPENTE IRA. *Cuando ruge la ira las orejas están cerradas.*

(Quinto Curcio Rufo, *Historia de Alejandro Magno*, X, 8, 1, 5)

Expresión que corresponde a nuestra «ofuscados por la ira».

386. CLAVO TRABALI FIXUM EST. *Está fijo como un clavo en una viga.*

(Plauto, *Asinaria*, 156)

Expresión que se utiliza para indicar algo que está muy fijo en la mente o en la memoria.

387. CLIPEUM POST VULNERA SUMO. *Cojo el escudo después de haber sido ya herido.*

(Ovidio, *Tristia*, 1, 3, 35)

La expresión se refiere a los imprudentes que se enfrentan a una situación arriesgada sin las precauciones necesarias y tratan de poner remedio cuando ya es demasiado tarde.

388. CLITELLAE BOVI SUNT IMPOSITAE: PLANE! NON EST NOSTRUM ONUS. *Al buey se le ha impuesto un yugo: ¡así! No es asunto nuestro.*

(Cicerón, *Cartas a Ático*, 5, 15, 3)

El proverbio deriva de una fábula griega y expresa la protesta de quien se ve obligado

a cumplir algo contra su voluntad o algo por lo que no se siente atraído.

389. COCUS DOMINI DEBET HABERE GULAM. *El cocinero debe tener el cuello del amo.*

(Marcial, *Epigramas*, 14, 220)

El cocinero tiene que saber prever lo que su amo quiere comer si no quiere despertar sus iras.

390. COELI ENARRANT GLORIAM DEI. *Los cielos narran la gloria de Dios.*

(Salmos, 18, 1)

Expresión que ensalza la potencia divina.

391. COENA COMESA VENIT. *Llegó cuando la cena estaba acabada.*

(Varrón, *De re rustica*, 1, 2, 11)

Se dice de aquel que llega demasiado tarde a una fiesta o a una reunión y que, por lo tanto, se ha perdido la mejor parte.

392. COGAS AMATAM IRASCI, AMARI SI VELIS. *Obliga a la amada a enfadarse si quieres ser amado.*

(Publilio Siro, C 22)

Variación sobre el tópico acerca de la relación que se establece entre amor y odio (véase el n.º 105).

393. COGITATIONIS POENAM NEMO PATITUR. *Nadie puede ser castigado por sus propios pensamientos.*

(*Digesto*, 48, 19, 18)

Máxima que afirma la absoluta libertad de pensamiento.

394. COGITATO MUS PUSILLUS QUAM SIT SAPIENS BESTIA, / AETATEM QUI NON CUBILI <UNI> UMQUAM COMMITTIT SUAM. *Piensa cuán sabio es el ratón que no confía su vida a una sola madriguera .*

(Plauto, *Truculentus*, 868)

Lema que invita a ser previsores y a tener siempre a punto una segunda solución.

395. COGITO ERGO SUM. *Pienso luego existo.*

(Descartes, *Principia philosphiae*, I, 7 y 10)

El yo pensante es el núcleo de la filosofía cartesiana, puesto que en el pensamiento reside la primera conciencia que el hombre tiene de sí mismo.

396. COGNITA CAUSA EX INFORMATA CONSCIENTIA. *Causa conocida por una persona competente.*

(Máxima legal)

397. COLUBRA RESTEM NON PARIT. *Una serpiente no se parece a una cuerda.*

(Petronio, *Satiricón*, 45)

La expresión indica que una persona no puede pretender ser distinta de como es en realidad. En español, de un modo más sarcástico, se dice «aunque la mona se vista de seda, mona se queda».

398. COMES FACUNDUS IN VIA PRO VEHICULO EST. *Un compañero locuaz durante el viaje hace casi de carro.*

(Publilio Siro, 116)

Máxima que indica que un viaje es menos aburrido y cansado si se tiene un buen compañero.

399. COMMUNE NAUFRAGIUM OMNIBUS SOLATIO EST. *Naufragar juntos es un consuelo mutuo.*

(Proverbio medieval)

Expresión similar a nuestro «mal de muchos consuelo de tontos».

400. COMMUNE PERICULUM CONCORDIAM PARIT. *Del peligro común nace la concordia.*

(Proverbio medieval)

Expresión citada en situaciones comprometidas en las que se dejan de lado las diferencias para llevar a cabo una acción común y eficaz contra el adversario.

401. COMMUNA ESSE AMICORUM INTER SE OMNIA. *Los amigos tienen todo en común.*

(Terencio, *Adelphoe*, 804)

Expresión que se refiere no sólo a los bienes materiales, sino también a una comunidad espiritual.

402. COMPONITUR ORBIS REGIS AD EXEMPLUM. *El mundo se estructura según el ejemplo del rey.*

(Claudiano, *De quarto consulatu Honorii*, 299)

Expresión que se refiere al motivo según el cual los gobernantes deberían dar el buen ejemplo.

403. COMPRESSIS MANIBUS SEDERE. *Sentarse mano sobre mano.*

(Tito Livio, *Historias*, 7, 13, 17)

Expresión adecuada para las personas ociosas.

404. CONCORDIA PARVAE RES CRESCUNT, DISCORDIA MAXUMAE DILABUNTUR. *Con la armonía crecen las pequeñas cosas; con la discordia se disuelven las grandes.*

(Salustio, *La guerra de Yugurta*, 10, 6)

Expresión que se puede aplicar tanto en el ámbito político, donde se demuestra la importancia de mantener el orden civil, como sobre todo en el ámbito de la amistad, en el que para destruirla es suficiente una pequeña discusión.

405. CONFIDENS ANIMI CANIS EST IN STERCORE NOTO. *El perro es valiente cuando se encuentra en el estiércol que conoce.*

Proverbio medieval que trata de nuevo el tópico del hecho de sentirse valientes en la propia casa, es decir, cuando no se corre ningún peligro (véase el n.º 913).

406. CONGESTIO PAUPER IN AURO. *Pobre entre montones de oro.*

(Séneca, *Hercules furens*, 168)

Expresión utilizada para indicar que las grandes riquezas no dan la felicidad.

407. CONGRECARE, PERGRAECARE. *Vivir a la griega.*

(Plauto, *Bacchides*)

Expresión que significa ir de juerga, hacer follón y que corresponde a nuestro «vivir a lo grande».

408. CONSCIA MENS RECTI FAMAE MENDACIA RISIT. *La recta conciencia ríe de las mentiras de la fama.*

(Ovidio, *Fastos*, 4, 311)

Dicho que todavía está en uso para indicar a personas que no dan peso a las calumnias de la gente puesto que son conscientes de su propia honestidad.

409. CONSCIENTIA MILLE TESTES. *La conciencia vale como mil testimonios.*

(Quintiliano, *Instituciones oratorias*, 5, 11, 41)

Lema que destaca la importancia de la buena conciencia.

410. CONSILIUM SOLET ESSE SENUM IUVENUMQUE VOLUPTAS. *La ponderación es propia de los viejos; la pasión, de los jóvenes.*

(Petrarca, *Églogas*, 8, 9)

Variación sobre el tópico de la prudencia y experiencia de los viejos respecto a la impulsividad de los jóvenes.

411. CONSUETUDINE LEVIOR EST LABOR. *Con la costumbre el trabajo parece más ligero.*

(Tito Livio, *Historias*, 35, 35)

Expresión utilizada para desarrollar la constancia.

412. CONSUETUDINE QUASI ALTERAM QUANDAM NATURAM EFFICI. *La costumbre crea casi una segunda naturaleza.*

(Cicerón, *De finibus*, 5, 25, 74)

Puesto que con el tiempo algunas acciones se vuelven casi espontáneas. La frase puede citarse por lo tanto como exhortación a la perseverancia.

413. CONSUETUDINIS MAGNA VIS EST. *La fuerza de la costumbre es grande.*

(Cicerón, *Tusculanas*, 2, 17, 40)

Expresión que se utiliza para indicar precisamente la fuerza de la costumbre.

414. CONSUETUDO [...] QUAE NON FRUSTA DICTA EST A QUIBUSDAM SECUNDA NATURA. *La costumbre que, según algunos, no es errónea, se considera una segunda naturaleza.*

(San Agustín, *Contra Juliano*, 4, 103)

Expresión de significado análogo a las precedentes, pero que se presta más a ser citada en escritos o en conversaciones doctas.

415. CONTENTUM SUIS REBUS ESSE MAXIME SUNT CERTISSIMAEQUE DIVITIAE. *Aquel que*

se conforma con las propias cosas posee las mayores y más seguras riquezas.

(Cicerón, *Paradoxa stoicorum*, 51)

Expresión que alaba la virtud de conformarse y saber depositar la propia confianza en lo que se posee.

416. CONTICUERE OMNES INTENTIQUE ORA TENEBANT. *Se callaron todos y mantuvieron la mirada fija y atenta.*

(Virgilio, *Eneida*, II, 1)

Expresión, citada también en su forma abreviada *conticuere omnes*, para indicar un profundo silencio que se ha creado mientras se esperaba la llegada de un acontecimiento o de un discurso importante.

417. CONTRARIA CONTRARIIS CURENTUR. *Los contrarios se curan con los contrarios.*

Lema de la medicina clásica, utilizado también en otros ámbitos, para expresar la necesidad de acciones contrarias para obtener determinados efectos.

418. CONTRA VIM MORTIS NON EST MEDICAMEN IN HORTIS. *Contra la potencia de la muerte no hay medicina en los huertos.*

(Escuela de Salerno, 60, 179)

Lema que se utiliza en el lenguaje común para decir que nada puede derrotar a la muerte.

419. CONTRITIONEM PRAECEDIT SUPERBIA. *La soberbia precede al arrepentimiento.*

(Proverbios, 16, 18)

Expresión utilizada para indicar que la soberbia se castiga y, por lo tanto, no debemos exaltarnos o alardear mucho.

420. CONVENIUNT REBUS NOMINA SAEPE SUIS. *A menudo los nombres son apropiados a las cosas a las que pertenecen.*

(Riccardo da Venosa, *Historia de Paulino y Pola*, 412)

La expresión puede citarse a propósito de personas o cosas cuyos nombres insinúan también cualidades o defectos.

421. COPIA PARIT FASTIDIUM. *La abundancia genera aburrimiento.*

Proverbio medieval que puede citarse en las conversaciones comunes para decir que las riquezas comportan preocupaciones (véase el n.º 444).

422. CORCILLUM EST QUOD HOMINES FACIT. *Es el corazón el que hace al hombre.*

(Petronio, *Satiricón*, 75, 8)

La expresión denota la importancia de los sentimientos, característica que distingue al ser humano.

423. COR HOMINIS DISPONET VIAM SUAM: SED DOMINI EST DIRIGERE GRESSUS EIUS. *El corazón del hombre prepara su camino, pero es Dios el que guía sus pasos.*

(Proverbios, 16, 9)

El dicho indica la completa confianza en Dios del hombre religioso y es adecuado para citarse en un contexto escrito o en una conversación erudita (véase el n.º 982).

424. CORIO LUDERE TUO. *Jugarse la piel.*

(Marcial, *Epigramas*, 3, 16, 14)

Locución aún presente en español y que sirve para indicar la implicación de una persona en un negocio arriesgado.

425. CORNICUM OCULOS CONFIGERE. *Atravesar los ojos de los cuervos.*

(Cicerón, *Pro Murena*, 11, 25)

El proverbio se centra en la vista agudísima de los cuervos y actualmente se cita con el significado de engañar incluso a las personas más cautas.

426. CORNIX NON IDEO ANTE CYCNUM. *La corneja no es superior al cisne.*

(Ausonio, *Cartas*, 20, 7)

La expresión se basa en la creencia de que la corneja vivía muchos años e indica, por lo tanto, que una persona no tiene dotes o méritos superiores a otra sólo porque sea más anciana.

427. CORPORIS EXIGUI VIRES CONTEMNERE NOLI. *No despreciar las fuerzas de los más pequeños.*

(Catón, *Dísticos*, 2, 9)

Exhortación a no despreciar a aquellos que se consideran menores o inferiores.

428. CORRUMPUNT MORES BONOS COLLOQUIA MALA. *Las malas compañías corrompen las buenas costumbres.*

(San Pablo, *Epístola a los corintios*, I, 15, 33)

Expresión que se puede citar como invitación a los jóvenes a no frecuentar las malas compañías.

429. CORRUPTIO OPTIMI PESSIMA. *Lo que era óptimo, si se corrompe, es pésimo.*

(San Gregorio Magno, *Moralia in Job*)

Expresión que se ha convertido en proverbial para indicar que cuanto más buena es una persona más alcanza el exceso opuesto si comete un error.

430. CORRUPTISSIMA REPUBLICA PLURIMAE LEGES. *En una república muy corrompida numerosas son las leyes.*

(Tácito, *Anales*, 3, 27, 3)

Dicho muy actual que significa que demasiadas leyes inútiles perjudican al ciudadano, quien debería disfrutar de una legislación clara y comprensible, y debilitan además la eficacia de las leyes realmente necesarias.

431. CORVUS OCULUM CORVI NON ERUET. *El cuervo no arranca los ojos al cuervo.*

(Macrobio, *Saturnalia*, 7, 5, 2)

No es bueno que dos semejantes se enzarcen en disputas y mucho menos que lleguen a las manos.

432. COTIDIE EST DETERIOR POSTERIOR DIES. *El hoy es peor que el ayer.*

(Publilio Siro, C 20)

Expresión un poco pesimista que mira con nostalgia al pasado y lo considera mejor que el presente.

433. COTIDIE MORIMUR: COTIDIE ENIM DEMITUR ALIQUA PARS VITAE ET TUNC QUOQUE, CUM CRESCIMUS, VITA DECRESCIT. *Cada día morimos, cada día muere una parte de la vida e incluso creciendo la vida disminuye.*

(Séneca, *Cartas*, 24, 20)

Concepto que, por su densidad, es adecuado para conversaciones o escritos doctos de carácter filosófico.

434. CRAS AMET QUI NUMQUAM AMAVIT; QUIQUE AMAVIT CRAS AMET. *Que ame mañana el que nunca amó y el que amó que ame también mañana.*

(Autor desconocido)

Verso de un poema atribuido erróneamente a Catulo y que invita a disfrutar de las alegrías del amor.

435. CRAS CREDO, HODIE NIHIL. *Mañana lo creeré, hoy no.*

(Varrón, *Sátiras menipeas*)

Expresión utilizada actualmente en el lenguaje común para indicar algo que se aplaza siempre.

436. CREDAT EXPERTIS QUOD EXPERIRI PERICULOSE DESIDERAT. *Aquel que quiere experimentar un peligro debe creer en quien tiene experiencia.*

(Proverbio medieval)

Expresión que invita a fiarse de aquel que ya ha experimentado algo (véase el n.º 790).

437. CREDAT JUDAEUS APELLA! *¡Que lo crea el judío Apella!*

(Horacio, *Sátiras*, 1, 5, 100)

Expresión que se ha convertido actualmente en proverbial como crítica al que realiza una interpretación rigurosamente religiosa de los hechos.

438. CREDEBAS DORMIENTI HAEC TIBI CONFECTUROS DEOS? *¿Creías que los dioses te habrían hecho eso mientras dormías?*

(Terencio, *Adelphoe*, 693)

Expresión que se refiere a personas perezosas que esperan a que las cosas sucedan por sí solas o que alguien las haga por ellos.

439. CREDE RATEM VENTIS, ANIMAM NE CREDE PUELLIS. *Confía la nave a los vientos, pero no el corazón a las adolescentes.*

(*De mulierum levitate*, 1)

Se trata del título de un epigrama atribuido a veces a Petronio, a veces a Cicerón, sobre

la superficialidad y la inestabilidad del ánimo femenino.

440. CREDIBILE QUIA INEPTUM EST. *Es creíble porque es ilógico.*

(Tertuliano, *De carne Christi*, 5)

Expresión que se refiere a la fe de los creyentes frente a algunos acontecimientos inexplicables (véase el n.º 443).

441. CREDIMUS ENIM UT COGNOSCAMUS, NON COGNOSCIMUS UT CREDAMUS. *Creemos para conocer, no conocemos para creer.*

(San Agustín, *Comentario a Juan*, 40, 9)

Máxima utilizada para indicar la compatibilidad entre ciencia y fe (véase el n.º 443).

442. CREDO QUIA ABSURDUM. *Creo porque es absurdo.*

Expresión atribuida a San Agustín con la que los creyentes responden a quien quiere demostrar la inexistencia de Dios y que los ateos esgrimen para criticar una actitud fatalista y supersticiosa.

443. CREDO UT INTELLIGAM, NON INTELLIGO UT CREDAM. *Creo para comprender, no comprendo para creer.*

(San Anselmo, *Proslogion*)

Expresión utilizada para indicar que ciencia y fe no son dos entidades en sí sino dos elementos que se complementan mutuamente.

444. CRESCENTEM SIQUITUR CURA PECUNIAM. *Los anhelos aumentan cuando aumentan las riquezas.*

(Horacio, *Odas*, 3, 16, 17)

Conocida expresión con la que se indica que las riquezas comportan también preocupaciones y ansiedades.

445. CRESCIT AMOR NUMMI, QUANTUM IPSA PECUNIA CREVIT. *Cuanto más crece la riqueza, más crece el amor por el dinero.*

(Juvenal, *Sátiras*, 14, 139)

Verso pronunciado como crítica hacia aquellos que no ganan para vivir, sino que viven para ganar.

446. CRESCIT AVARITIA QUANTUM CRESCIT TUA GAZA. *La avaricia aumenta a medida que aumenta tu tesoro.*
Versión medieval de la frase anterior.

447. CRESCIT CUM AMPLITUDINE RERUM VIS INGENII. *La fuerza del ingenio crece con la amplitud de las cosas.*

(Tácito, *De oratoribus*, 37)

Locución citada para decir que cuanto más amplia es la visión de las cosas, más fácil es encontrar soluciones.

448. CRETENSIS CRETENSEM. *Cretenses con cretenses.*

(Diogeniano, 7, 31)

Los cretenses eran conocidos como astutos y falsos. El lema corresponde a nuestro «el ladrón piensa que todos son de su condición».

449. CRIMINA SAEPE LUUNT NATI SCELERATA PARENTUM. *A menudo los hijos espían los perversos delitos de los padres.*

(Dicho medieval)

Versión de un conocido fragmento del Antiguo Testamento (véase el n.º 1.822).

450. CROESII PECUNIAE TERUNCIUM ADICERE. *Añadir una moneda al tesoro de Creso.*

(Cicerón, *De finibus*, 4, 12, 29)

Se trata de una de las numerosas expresiones que pueden utilizarse para indicar una acción insensata y absurda.

451. CRUDELITAS MATER AVARITIA EST, PATER FUROR. *La avidez es la madre de la crueldad; la ira, el padre.*

(Quintiliano, *Instituciones oratorias*, 9, 3, 89)

Expresión que recupera el tópico de la avaricia y la ira como causa de crímenes.

452. CUBITUM NULLUM PROCESSERAT. *No había ido hacia delante ni siquiera un* cubito

(Cicerón, *Cartas a Ático*, 15, 12, 3)

El *cubito* era una unidad de medida muy pequeña. La expresión se utiliza, por lo tanto, a propósito de personas o acciones que no progresan en absoluto.

453. CUCURBITAE CAPUT NON HABEMUS. *No tenemos una cabeza de calabaza.*

(Apuleyo, *El asno de oro*, 1, 15)

Expresión equivalente a nuestro dicho «tampoco soy tan tonto».

454. CUI LIBITUM ESSET LIBERUM FIERET. *Que cada cual tenga libertad para hacer lo que quiera.*

(Orosio, *Historias*, 1, 4, 8)

Verso referido a la reina Semíramis, quien había permitido los matrimonios entre padres e hijas para enmascarar su propio incesto. Actualmente, el dicho ha perdido esta connotación y es simplemente una exhortación a la máxima libertad.

455. CUI LICITUS EST FINIS, ETIAM LICENT MEDIA. *A aquel que se le permite el fin también se le permiten los medios.*

(Hobbes, 4, 6, 2, 1)

Es el equivalente exacto del concepto maquiavélico según el cual el fin justifica los medios.

456. CUI MULTUM ERIT PIPERIS ETIAM OLERIBUS IMMISCET. *Aquel que tiene mucha pimienta la pone incluso en la ensalada.*

(Erasmo, *Adagios*, 3, 3, 37)

Máxima referida a los que viven en la abundancia y pueden permitirse lujos superfluos.

457. CUI NULLUS FINIS CUPIENDI EST, NULLUS HABENDI. *Aquel que no deja nunca de desear, no deja nunca de hacer.*

(Proverbio medieval)

458. CUI PLUS LICET QUAM PAR EST, PLUS VULT QUAM LICET. *Aquel que desea más de lo que es justo, quiere más de lo que puede.*

(Publilio Siro, C 46)

Sentencia contra la avidez desmesurada que sobrepasa tanto los límites de las posibilidades de una persona como los límites de lo que es justo.

459. CUI PRODEST SCELUS, IS FECIT. *Ha cometido el delito aquel que ha sacado provecho de ello.*

(Séneca, *Medea*, 500)

Expresión utilizada actualmente también en la forma abreviada *cui prodest?* (véase el glosario) o *is fecit* para decir que los responsables de un crimen se tienen que buscar sobre todo entre aquellos que podían sacar provecho de ello.

460. CUI QUOD LIBET HOC LICET. *Les es lícito lo que les gusta.*

(Aquila Romano, 27)

Locución referida a aquellos que pueden permitirse hacer lo que les gusta a ellos.

461. CUI SCIERIS NON ESSE PAREM TE, TEMPORE CEDE: / VICTOREM A VINCTO SUPERARI SAEPE VIDEMUS. *Ante aquel que sabes que es superior debes ceder momentáneamente, pues a menudo vemos al vencedor superado por el vencido.*

(Catón, *Dísticos*, 2, 10)

Expresión proverbial que indica que una derrota puede convertirse en victoria.

462. CUIUS EST INSTITUERE, EIUS EST ABROGARE. *Aquel a quien le corresponde el deber de instituir [algo] tiene el derecho de abrogar.*

(Fórmula jurídica)

463. CUIUS FORMA BONA VENERI SIT FEMINA PRONA. *La mujer que tiene un buen aspecto es propensa a Venus.*

(Proverbio medieval)

Expresión según la cual la mujer bonita no tiene cualidades morales y se abandona a la concupiscencia.

464. CUIUS PLURIS ERAT UNGHIS QUAM TU TOTUS ES. *Valía más una uña suya que todo su cuerpo.*

(Petronio, *Satiricón*, 57, 10)

Expresión citada para referirse a personas de gran estatura moral o físicamente fuertes.

465. CUIUS REGIO ET EIUS RELIGIO. *De aquel que es príncipe de la región será la religión.*

Cláusula de la Paz de Augusta de 1555 según la cual los súbditos tendrían que seguir la religión de su soberano.

466. CUIUSVIS HOMINIS EST ERRARE, NULLIUS NISI INSIPIENTIS, IN ERRORE PERSEVERARE. *Es propio de cada hombre equivocarse, pero es propio del tonto perseverar en el error.*

(Cicerón, *Filippiche*, 12, 2, 5)

Véanse también los n.ᵒˢ 706 y 707.

467. CUIUSVIS TEMPORIS HOMINEM ESSE. *Hay que ser hombre de todas las circunstancias.*

(Cicerón, *De oratore*, 2, 67, 271)

Expresión que indica una persona siempre agradecida en cualquier circunstancia.

468. CUIUS VULTURIS HOC ERIT CADAVER? *¿A qué buitre le caerá este cadáver?*

(Marcial, *Epigramas*, 6, 62, 4)

Frase citada para señalar a quien se dirige merecidamente a un pésimo fin o a personas que se han convertido en presa de truhanes y estafadores.

469. CUIVIS POTEST ACCIDERE QUOD CUIQUAM POTEST. *A cada uno puede suceder lo que puede suceder a todos.*

(Publilio Siro, C 34)

Locución utilizada para indicar que en la vida es necesario esperarse cualquier cosa y no pensar que a nosotros no nos sucederá porque ya les ha pasado a los demás.

470. CULPAM POENA PREMIT COMES. *El castigo persigue a la culpa.*

(Horacio, *Odas*, 4, 5, 24)

Expresión de significado similar a nuestro dicho «antes se coge a un mentiroso que a un cojo».

471. CULTUS CONCESSUS ATQUE MAGNIFICUS ADDIT HOMINIBUS [...] AUCTORITATEM. *Un vestuario apropiado y muy bonito aumenta la autoridad de la persona.*

(Quintiliano, *Instituciones oratorias*, 8, 20)

Expresión que destaca la importancia de un vestuario adecuado a cada ocasión.

472. CULTUS MULIEBRIS NON EXORNAT CORPUS. *Los refinamientos femeninos no adornan el cuerpo.*

(Quintiliano, *Instituciones oratorias*, 8, 20)

Sentencia que ridiculiza el interés de las mujeres por embellecerse.

473. CUM ACCUSAS ALIUM PROPRIAM PRIUS INSPICE VITAM. *Cuando acusas a otro, mira primero a tu vida.*

(Catón, *Monostici*, 41)

Motivo muy antiguo que invita a no juzgar de forma gratuita. El evangelio lo recoge con la expresión «quien esté libre de pecado, que tire la primera piedra».

474. CUM AMES NON SAPIAS AUT CUM SAPIAS NON AMES. *Si amas no tienes cordura y si tienes cordura no amas.*

(Publílio Siro, C 32)

Expresión que expresa el tópico acerca de la relación que existe entre amor y locura.

475. CUM AMICITIA PARES SEMPER AUT AC-CIPIAT AUT FACIAT. *La amistad o se establece entre personas semejantes o nos hace parecidos.*

(Minucio Felice, *Octavius*, 4, 6)

Expresión que se puede citar para indicar la fuerza de la amistad, capaz de crear lazos de unión entre personas diferentes.

476. CUM AMICO OMNIA AMARA ET DULCIA COMMUNICATA VELIUM. *Me gustaría que con el amigo se compartieran todas las amarguras y todos los placeres.*

(Frontón, *Epistulae ad amicos*, 1, 17)

Lema que expresa la característica principal de la verdadera amistad.

477. CUM AUTEM SUBLATUS FUERIT AB OCU-LIS, ATIAM CITO TRANSIT A MENTE. *En cuanto se ha alejado de los ojos, desaparece enseguida de la mente.*

(Tomás de Kempis, *Imitación de Cristo*, 1, 23, 1)

Lema basado en el antiguo tópico «ojos que no ven, corazón que no siente», si bien en este caso indica el alejamiento de las tentaciones.

478. CUM CAPUT AEGROTAT, CORPUS SIMUL OMNE LABORAT. *Cuando la cabeza está mal, todo el cuerpo está preocupado.*

(Pseudo Beda, 90, 1.094)

Expresión que insiste en la dependencia de los miembros de la cabeza y que puede citarse tanto en sentido propio —es decir, referida al cuerpo humano— como en sentido metafórico, para referirse a la organización estatal o a la vida espiritual.

479. CUM FUERIS NOSTRAE [...] FARINAE. *Puesto que estabas hecho de nuestra propia harina.*

(Persio, *Sátiras*, 5, 115)

Expresión que se puede utilizar para indicar dos personas «de la misma pasta», es decir, muy similares en cuento al carácter o a los intereses.

480. CUM HOC VEL POST HOC ERGO PROP-TER HOC. *Con esto o después de esto, por lo tanto a causa de esto.*

(Proverbio escolástico)

Se trata del sofisma de la falsa causa, según el cual una situación de simultaneidad (*cum hoc*) o posteridad (*post hoc*) se transforma en causalidad (*propter hoc*).

481. CUM LACTE NUTRICIS [...] SUXISSE. *Haber mamado con la leche de la nodriza.*

(Cicerón, *Tusculanas*, 3, 1, 2)

La expresión se utiliza para indicar actitudes o costumbres tan arraigadas que parecen innatas.

482. CUM LATINI SIMUS, LINGUAM THEUTO-NICAM IGNORAMUS. *Al ser latinos ignoramos la lengua alemana.*

Protesta de la ciudad de Trieste en el año 1523 cuando se querían imponer las actas judiciales en alemán.

483. CUM MINERVA MANUM QUOQUE MOVE. *Con Minerva mueves incluso la mano.*

(Prove:bio latino)

Para el buen éxito de una acción no es suficiente invocar a los dioses, sino que es necesario trabajar.

484. CUM MORTUIS NON NISI LARVAS LUCTA-RI. *Con los muertos luchan sólo los fantasmas.*

(Plinio el Viejo, *Historia natural*, 31)

La expresión quiere decir que no sirve para nada tomarla con los muertos puesto que ya no pueden hacer daño.

485. CUM NEQUE CIVITATIS ADHUC GUSTAS-SET AQUAM. *Ni siquiera ha probado el agua de la ciudad.*

(Casiodoro, Historia ecclesiastica
tripartita, 12, 4)

Frase que indica el conocimiento superficial de una cosa.

486. CUM QUO ALIQUIS IUNGITUR TALIS ERIT. *Será semejante a aquel con el que está.*

(Arnobio el Joven, Comentario a los
Salmos, 19)

Expresión utilizada para indicar la influencia de las compañías, buenas o malas, sobre las personas.

487. CUM RES TREPIDAE REVERENTI DIVUM / MASCITUR, AT RARA FUMANT FELICIBUS ARAE. *En las adversidades nace la reverencia hacia los dioses, pero raramente queman en los altares de los fieles.*

(Silio Itálico, Punica, 7, 88)

Expresión que no se refiere sólo al ámbito religioso, sino que indica que el reconocimiento a menudo se olvida.

488. CUM ROMAE FUERITIS, ROMANO VIVITE MORE. *Cuando estéis en Roma viviréis según la costumbre romana.*

(Proverbio latino)

El dicho corresponde a nuestro «cuando a Roma fueres, haz lo que vieres», e invita también a adaptarse a las costumbres de un país si la estancia en él tiene que ser larga.

489. CUM SALE PANIS / LATRANTEM STOMA-CHUM BENE LENIET. *El pan con sal calmará perfectamente el estómago hambriento.*

(Horacio, Sátiras, 2, 2, 17)

El dicho se puede utilizar para explicar que, cuando se tiene realmente hambre, un pedazo de pan es suficiente.

490. CUM SAPIAS ANIMO NOLI RIDERE SE-NECTAM: / NAM <QUOCUMQUE> SENE, PUERILIS SENSUS IN ILLO EST. *Si eres inteli-*

gente, no te burles de la vejez: en cada anciano hay una forma de sentir adolescente.

(Catón, Dísticos, 4, 18)

Expresión muy poética, adecuada para un ámbito erudito, que recupera el tópico de la similitud entre adolescencia y vejez.

491. CUM SAPIENTE LOQUENS PERPAUCIS UTERE VERBIS. *Cuando hables con un sabio utiliza pocas palabras.*

(San Columbano, Carmen
monastichum, 46)

Puesto que el sabio comprende enseguida de qué se está hablando.

492. CUM SIS INCAUTUS NEC REM RATIONE GUBERNES, / NOLI FORTUNAM QUAE NON EST DICERE CAECAM. *Si eres incauto o haces las cosas de forma irracional, no llames ciega a la fortuna que no lo es.*

(Catón, Dísticos, 4, 3)

Expresión que invita a no inculpar a la mala suerte de los propios fracasos si no nos hemos esforzado.

493. CUM SUNT PARTIUM IURA OBSCURA REO FAVENDUM EST POTIUS QUAM ACTORI. *Cuando las razones de las dos partes no están claras, es necesario favorecer lo establecido y no la actuación.*

(Bonifacio VIII, Decretales, VI, 5, 12, 11)

Fórmula jurídica, más conocida como *in dubio pro reo* (véase el glosario), según la cual se tiene que dar privilegio a la tutela del inocente respecto al castigo del culpable.

494. CUM TACENT CLAMANT. *Callando proclaman.*

(Cicerón, Catilinarias, 1, 8, 21)

Lema que puede indicar tanto un mudo asentimiento como la demostración de algo tan evidente que no se necesitan palabras. En español poseemos la expresión «quien calla, otorga», igualmente aplicable en el primer caso.

495. CUM TIBI CONTIGERIT STUDIO COG-NOSCERE MULTA, / FAC DISCAS MULTA, VITA NESCIRE DOCERI. *Si debes conocer muchas* *cosas estudiando, intenta aprender mucho y evita no saber aprender.*

(Catón, *Dísticos*, 4, 48)

Palabras que invitan al amor por la cultura y el estudio.

496. CUM TUUS ES, NOLI SERVIRE NISI TIBI SOLI. *Puesto que eres tuyo, no sirvas a nadie si no eres tú mismo.*

(Lema medieval)

Dicho que puede leerse tanto como una invitación al más completo individualismo como una exhortación al respeto hacia uno mismo.

497. CUM VULPE VULPINARE TU QUOQUE INVICEM. *Con el zorro compórtate tú también como un zorro.*

(Erasmo, *Adagios*, 1, 2, 28)

Cuando se tiene que tratar con personas arteras, es necesario comportarse como ellas y utilizar sus mismas armas.

498. CURAE CANITIEM INDUCUNT. *Las preocupaciones hacen salir canas.*

(Palingenio, *Zodiacus vitae*, 854)

Máxima mediolatina procedente de la *Odisea* y que todavía se utiliza en el lenguaje común.

499. CURAE LEVES LOQUUNTUR, INGENTES STUPENT. *Los dolores ligeros hacen hablar, los grandes vuelven mudos.*

(Séneca, *Fedra*)

La expresión se puede entender tanto en el sentido de que no se habla de forma espontánea de grandes dolores como que estos son tan fuertes que no se encuentran las palabras necesarias para describirlos.

500. CURAE SUA CUIQUE VOLUPTAS. *Cada uno se preocupa de lo que le gusta.*

(Ovidio, *Arte de amar*, 1, 747)

Ovidio entiende el verso en sentido moralmente negativo, es decir, que cada uno se preocupa sólo de sí mismo y de sus placeres.

501. CURA QUIDQUID AGIS, TE BENE NOSSE MAGIS. *Cualquier cosa que hagas empléala para conocerte mejor.*

(Proverbio medieval)

Variante del dicho «conócete a ti mismo» que además posee la connotación de la mejora a través del aprendizaje.

502. CURIA PAUPERIBUS CLAUSA EST. *La curia está cerrada para los pobres.*

(Ovidio, *Amores*, 3, 8, 55)

Expresión que se utiliza todavía actualmente para indicar que quien es pobre y débil encuentra siempre la puerta cerrada.

503. CURIA ROMANA NON PETIT OVEM SINE LANA. *La curia romana no quiera la oveja si no tiene la lana.*

Versos atribuidos a Santa Brígida que expresan la avidez de la curia romana en el Edad Media.

504. CUR NESCIRE PUDENS PRAVE QUAM DISCERE MALO? *¿Por qué a causa de una injusta vergüenza prefiere no saber a aprender?*

(Horacio, *Epístola a los Pisones*, 88)

La respuesta se encuentra en el n.° 495. No es necesario avengonzarse de no saber una cosa, sino de no quererla aprender.

505. CURVO DINOSCERE RECTUM. *Distinguir lo recto de lo curvo.*

(Horacio, *Epístolas*, 2, 2, 44)

Metáfora usada todavía actualmente para indicar lo justo y lo injusto.

D

506. DA MIHI TESTIMONIUM MUTUUM. *Dame como préstamo un testimonio.*

(Cicerón, *Pro Flacco*, 4, 10)

Frase referida a los juramentos de los griegos, en absoluto dignos de fe. La expresión se puede utilizar actualmente como una demanda de ayuda recíproca.

507. DA MIHI UBI CONSISTAM ET TERRAM MOVERO. *Dame un punto de apoyo y levantaré el cielo y la tierra.*

(Arquímedes)

Famosísima frase pronunciada por Arquímedes cuando descubrió el principio de la palanca. De ella deriva la locución *ubi consistam* (véase el glosario).

508. DAMNUM APPELLANDUM EST CUM MALA FAMA LUCRUM. *El provecho unido a la mala fama debe definirse como pérdida.*

(Publilio Siro, D 13)

Lema que invita a ganarse la vida de forma honrada.

509. DANAUM [...] FATALE MUNUS. *El don fatal de los griegos.*

(Séneca, *Agamenón*, 628)

El dicho se refiere al caballo de Troya y significa que los dones de los enemigos no son nunca ventajosos.

510. DANTUR OPES NULLIS NUNC, NISI DIVITIBUS. *A nadie se le dan riquezas; sólo a los ricos.*

(Marcial, *Epigramas*, 5, 81, 2)

La expresión indica que cuanto más rico es uno, más se enriquece.

511. DAT CENSUS HONORES. *Las riquezas procuran los honores.*

(Ovidio, *Amores*, 3, 8, 55)

Ovidio ve en esta situación, difundida todavía en la actualidad, un síntoma de decadencia moral.

512. DAT MORA DOCTRINAM CUM OMNES ODIMUS ILLAM. *La demora, cuando todos la odiamos, aporta sabiduría.*

(Proverbio medieval)

Expresión, que utiliza incluso Ovidio (véase el n.º 939), quien destaca la importancia de la paciencia.

513. DAT QUI NON AUFERT. *Da (la vida) quien no la quita.*

(Séneca, *De beneficiis*, 2, 12, 1)

Expresión que recupera el motivo según el cual aquel que perdona la vida a otro es como si se la diera. En un contexto más amplio la frase puede citarse incluso para indicar que el hecho de no privar a una persona de una cosa es ya un don.

514. DAT VENIAM CORVIS, VEXAT CENSURA COLUMBAS. *Perdona a los cuervos, la crítica afecta a las palomas.*

(Juvenal, *Sátiras*, 2, 63)

Verso citado para indicar una injusticia evidente; de hecho, desde muy antiguo las palomas son el símbolo de la bondad y de la paz, mientras que los cuervos representan exactamente lo contrario.

515. DAVOS SUM, NON OEDIPUS. *Soy Davo no Edipo.*

(Terencio, *Andria*, 194)

Edipo era conocido por su facilidad para resolver enigmas y adivinanzas. La frase se puede citar por lo tanto cuando alguien espera demasiado de nosotros o cuando pretende que solucionemos una situación complicada y difícil.

516. DE ALIENO LIBERALIS. *Liberal con las cosas de los demás.*

(Séneca, *Cartas*, 16, 7)

Véase el n.º 1.606.

517. DE ASINI UMBRA DISCEPTARE. *Discutir sobre la sombra del asno.*

(Proverbio medieval)

El dicho recupera un modismo muy extendido ya en la Grecia clásica para indicar un objeto de discusión extremadamente pueril.

518. DEBELLAVIT SUPERBOS, EXALTAVIT HUMILES. *Ha echado por tierra a los soberbios y ha ennoblecido a los humildes.*

(Lucas, 1, 52)

Palabras del *Magníficat* que ensalzan la potencia y la justicia de Dios.

519. DEBEMUR MORTI NOS NOSTRAQUE. *Nosotros y nuestras cosas somos deudores de la muerte.*

(Horacio, *Epístola a los Pisones*, 63)

Fragmento que recupera un antiguo tópico de la muerte como deuda y se utiliza actualmente sencillamente con el significado de que todos debemos morir.

520. DE CAELO IN CAENUM. *Del cielo al fango.*

(Tertuliano, *De spectaculis*, 25)

Expresión que se utiliza para indicar el drástico empeoramiento de una situación.

521. DE CALCARIA IN CARBONARIAM PERVENIRE. *Ir del horno para la cal al horno para el carbón.*

(Tertuliano, *De carne Christi*, 6)

El dicho se refiere a aquellos que, intentando huir de un peligro o de una dificultad, caen en uno o en una todavía peor.

522. DECET VERECUNDUM ESSE ADULESCENTEM. *Conviene que el adolescente sea modesto.*

(Plauto, *Asinaria*, 833)

Puesto que todavía le queda mucho por aprender de aquellos que son más ancianos y que tienen más experiencia.

523. DECIENS REPETITA PLACEBIT. *Gustará incluso diez veces.*

(Horacio, *Epístola a los Pisones*, 365)

Horacio se refiere aquí a la obra de arte bien hecha, pero el dicho puede extenderse a cualquier cosa que produzca placer y beneficio.

524. DECIPIT FRONS PRIMA MULTOS. *La primera impresión a menudo engaña.*

(Fedro, 4, 2, 6)

Exhortación de Fedro a no fiarse del aspecto exterior.

525. DECIPIT INCAUTAS FISTULA DULCIS AVES. *El dulce reclamo engaña a los incautos pajarillos.*

(Proverbio medieval)

Lema recuperado de un verso de Catón (véase el n.º 868) y utilizado para ponerse en guardia frente a aquellos que captan a las personas con su forma de hablar y las engañan.

526. DECISIS HUMILEM PINNIS. *En el suelo y con las alas cortadas.*

(Horacio, *Epístolas*, 2, 2, 50)

De esta forma se describe Horacio después de la batalla de Filipo. La expresión se adapta por lo tanto a aquel que sufre una derrota, física o moral, y sale de ella humillado.

527. DEDI MALUM ET ACCEPI. *He hecho daño y me lo han hecho a mí.*

(Plinio el Joven, *Cartas*, IX, 3, 9, 3)

Amarga constatación que recupera el tópico según el cual se recibe en cambio lo que se ha dado.

528. DEDIMUS TOT PIGNORA FATIS. *Nosotros y todas nuestras cosas estamos en manos del destino.*

(Lucano, *Farsalia*, 7, 662)

Constatación del carácter de inevitabilidad del destino.

529. DEDISCIT ANIMUS SERO QUOD DIDICIT DIU. *Difícilmente olvidamos lo que con tanto cuidado hemos aprendido.*

(Séneca, *Troades*, 633)

Expresión que señala la importancia del estudio y que la hace especialmente adecuada para el ámbito académico.

530. DE DUOBUS MALIS SEMPER MINUS EST ELIGENDUM. *Entre dos males es necesario escoger el menor.*

(Tomás de Kempis, *Imitación de Cristo*, 3, 12, 6)

Máxima de filosofía menuda y práctica que se puede aplicar tanto a las decisiones más banales como a aquellas más importantes.

531. DEERIT EGENTI / AS, LAQUEI PRETIUM. *Le faltará al pobre un as, el precio de una cuerda.*

(Horacio, *Sátiras*, 2, 2, 98)

La expresión se refiere a una persona tan pobre que le falta incluso el dinero para comprar la cuerda para colgarse. Corresponde a nuestro dicho «no tener donde caerse muerto».

532. DEFICIENTE PECUNIA, DEFICIT OMNE. *Cuando falta el dinero, falta todo.*

(Proverbio latino)

533. DEFICIT AMBOBUS QUI VULT SERVIRE DUOBUS. *Aquel que quiere ser el siervo de dos deja descontentos a ambos.*

(Proverbio medieval)

El proverbio se ha sacado de un famoso dicho evangélico y se refiere a aquellos que hacen el doble juego o que se comportan de forma ambigua.

534. DE FUMO AD FLAMMAM. *Del humo a la llama.*

(Amiano Marcelino, 14, 11, 12)

Se trata de una de las numerosas expresiones que indican el paso de una situación difícil a otra que es aún peor.

535. DE GUSTIBUS NON EST DISPUTANDUM. *Sobre gustos no hay disputas.*

Famoso lema del latín vulgar, actualmente bastante difundido para invitar a la tolerancia de los gustos ajenos.

536. DEIECTA QUIVIS ARBORE LIGNA LEGIT. *Cuando un árbol se tala, todos sacan provecho.*

(Pseudo Publilio Siro, 52)

Expresión utilizada para indicar que cuando cae una persona poderosa, aquel que antes no se atrevía a tocarlo ahora se aprovecha de él.

537. DEI FACIENTES ADIUVANT. *Los dioses ayudan a quien obra.*

(Varrón, *De re rustica*, 1, 1, 4)

La interpretación es controvertida puesto que algunos entienden *facientes* como aquellos que ofrecen sacrificios. La frase puede citarse de todas maneras con el significado de «ayúdate, que el cielo te ayuda».

538. DEINCEPS AUTEM MATRIMONIORUM TERMINUM QUAE OMNE SIMILITER SOLVIT EXPECTAT MORS. *La muerte, que todo disuelve del mismo modo, señala el final de los matrimonios.*

(Justiniano, *Corpus Iuris Civilis*, 2, 20)

Expresión jurídica según la cual la muerte disuelve el vínculo matrimonial y que se puede citar en textos y discursos forenses.

539. DEIS INIMICIS NATUS. *Nacido con la hostilidad de los dioses.*

(Plauto, *Miles gloriosus*, 314)

Expresión dicha a propósito de personas muy desafortunadas, «nacidas bajo una mala estrella».

540. DELIBERANDO SAEPE PERIT OCCASIO. *Mientras se piensa se pierde a menudo la ocasión.*

(Publilio Siro, D 18)

Expresión que se puede citar a propósito de todas esas ocasiones que se atrapan al vuelo.

541. DELIBERANDUM EST SAEPE, STATUENDUM EST SEMEL. *Se tiene que pensar largamente, decidir una vez por todas.*

(Publilio Siro, D 10)

La expresión indica la importancia de una decisión meditada largo tiempo pero tomada luego de forma definitiva.

542. DELIBERARE UTILIA MORA TUTISSIMA EST. *Meditar sobre lo que es útil es la demora más segura.*

(Publilio Siro, D 6)

Lema análogo al precedente sobre la importancia de la meditación.

543. DELICTA JUVENTUTIS MEAE ET IGNORANTIAS MEAS NE MEMINERIS (DOMINE). *Olvida, oh Señor, los pecados de mi juventud y mis errores.*

(Salmos, 25, 7)

Esta expresión bíblica puede utilizarse como exhortación para olvidar errores pasados.

544. DELIGERE OPORTET QUEM VELIS DILIGERE. *Es necesario escoger a quién se quiere amar.*

(*Rhetorica ad Herennium*, 4, 21, 22)

Expresión que se puede citar no sólo con referencia a cuestiones amorosas sino también en otros ámbitos como la profesión, la amistad, etc.

545. DE MALE QUAESITIS VIX GAUDET TERTIUS HERES. *De cosas mal adquiridas es difícil que goce el tercer heredero.*

(Proverbio medieval)

Puesto que las cosas ganadas con fraudes y con estafas no constituyen una riqueza duradera y se pierden fácilmente (véase el n.º 1.268).

546. DE MENDICO MALE MERETUR QUI EI DAT QUOD EDIT AUT BIBAT. *Aquel que da de comer y de beber al mendigo le hace un flaco servicio.*

(Plauto, *Trinummus*, 339)

Tanto porque malgasta lo que tiene como porque elimina del mendigo cualquier estímulo a mejorar y le permite continuar su existencia de privaciones.

547. DEMERE NEMO POTEST VASI CUICUMQUE SAPOREM / PRIMUM SIVE BONUM TENEAT SIVE DETERIOREM. *Nadie puede sacar a una vasija su primer sabor, / tanto si es bueno como si es malo.*

(Proverbio medieval)

Expresión que recupera la metáfora de la vasija que mantiene el olor e indica que cuanto se aprende de jóvenes no se olvida jamás.

548. DE MINIMIS NON CURAT PRAETOR. *El pretor no se ocupa de las pequeñeces.*

(Máxima jurídica medieval)

La máxima, referida a los magistrados, se cita actualmente, incluso en su forma abreviada *de minimis*, para indicar que es necesario olvidar los detalles insignificantes y concentrarse en cambio en las cosas realmente importantes.

549. DEMISSOS ANIMO ET TACITOS VITARE MEMENTO: / QUOD FLUMEN PLACIDUM EST, FORSAN LATET ALTIUS UNDA. *Recuerda evitar a aquellos que fingen humildad y que hablan poco: / cuando un río es silencioso probablemente alberga un remolino profundo.*

(Catón, *Dísticos*, 4. 31)

Variación sobre el tópico de las aguas tranquilas que ocultan peligros.

550. DEMONIUM REPETIT QUIDQUID PROCEDIT AB IPSO. *El demonio reivindica todo lo que procede de él.*

(Proverbio medieval)

Expresión referida a personas poco sobrias que no dan nunca nada de forma desinteresada, sino que solicitan siempre alguna contraprestación. Un ejemplo de ello podría ser Fausto, quien llegó a vender su alma al diablo a cambio de placeres mundanos.

551. DE MORTUIS NIL NISI BENE. *De los muertos sólo se puede hablar bien.*

(Diógenes Laercio, *Vidas de filósofos*, 1, 70)

Expresión que invita a tener un gran respeto hacia los muertos, aunque en vida fueran nuestros enemigos.

552. DE MULTIS GRANDIS ACERVUS ERIT. *De muchas cosas crecerá un gran montón.*

(Ovidio, *Remedia amoris*, 424)

Expresión utilizada como invitación a condensar más argumentos de forma que el discurso sea más eficaz.

553. DE NIHILO NIHILUM, IN NIHILUM NIL POSSE REVERTI. *Nada nace de la nada y nada puede volver a la nada.*

(Persio, *Sátiras*, 3, 83)

Lema que ha tenido una gran fortuna en las distintas épocas y que todavía está en uso en la actualidad para indicar las relaciones necesarias entre causas y efectos.

554. DENTE LUPUS, CORNU TAURUS PETIT. *El lobo ataca con los dientes y el toro con los cuernos.*

(Horacio, *Sátiras*, 1, 5, 2)

La expresión significa que cada uno utiliza las armas o las capacidades de las que dispone.

555. DE NUCE FIT CORYLUS, DE GLANDE FIT ARDUA QUERCUS. *De una nuez nace un árbol, de una bellota una encina.*

(Proverbio medieval)

El dicho recupera un motivo bastante extendido según el cual las grandes cosas nacen de las más pequeñas e insignificantes.

556. DEO FAVENTE NAVIGES VEL VIMINE. *Si Dios quisiera podrías navegar sobre una rama.*

(Proverbio medieval)

Expresa la completa confianza en la omnipotencia de Dios.

557. DE OMNIBUS REBUS ET QUIBUSDAM ALIIS. *A propósito de todo y de otras cosas.*

(Pico della Mirandola)

Es el título de una de las 900 tesis que el filósofo discutió en Roma en el año 1486 y se utiliza actualmente para indicar una persona que, para ser agotadora, utiliza incluso argumentos no completamente pertinentes, o simplemente para definir a charlatanes y sabihondos.

558. DEO VOLENTE, NOBIS VIVENTIBUS. *Si el Señor quiere, nosotros viviremos.*

(*Epístola de Santiago*, 4, 15)

Son las dos condiciones fundamentales para que uno pueda realizar algo. Un significado análogo tienen nuestras expresiones «si Dios quiere» o «Dios mediante».

559. DE PARVO PUERO SAEPE PERITUS HOMO. *A partir de un pequeño niño a menudo nace un hombre experto.*

(Proverbio medieval)

Variación sobre el tópico de las grandes cosas que nacen de las pequeñas.

560. DE RERUM NATURA. *Sobre la naturaleza de las cosas.*

(Lucrecio, *Sobre la naturaleza de las cosas*)

Título del famoso poema de Lucrecio. Puede citarse para indicar el curso natural de las cosas.

561. DE SCURRA MULTO FACILIUS DIVITEM QUAM PATREM FAMILIAS FIERI POSSE. *Un crápula se convertirá más fácilmente en rico que en padre de familia.*

(Cicerón, *Pro Quinctio*, 15, 55)

Expresión referida a personas a las cuales les gusta divertirse, viven al día y no poseen por lo tanto las cualidades morales deseables para formar una familia.

562. DESINIT IN PISCEM. *Acaba en pez.*

(Horacio, *Epístola a los Pisones*, 3)

La expresión se utiliza para indicar una desilusión o una cosa que parecía prometedora y que se ha acabado mal.

563. DESIPERE EST SEMPER SAPERE ET NON TEMPORA NOSSE. *Ser estúpidos significa ser siempre buenos y no conocer las situaciones.*

(Proverbio medieval)

Expresión que puede aplicarse a las personas inteligentes pero poco prácticas que no saben reconocer las situaciones en las cuales pueden explotar sus conocimientos.

564. DE STIPULA GRANDIS ACERVUS ERIT. *A partir de un rastrojo se formará un montón.*

(Ovidio, *Amores*, 1, 8, 90)

Muchas cosas pequeñas y por sí mismas insignificantes forman una grande (véase también el n.º 552).

565. DESUNT INOPIAE MULTA, AVARITIAE OMNIA. *Al pobre le faltan muchas cosas, al codicioso todo.*

(Séneca, *Cartas*, 108, 9)

Expresión crítica frente al deseo desenfrenado de poseer.

566. DEUM NON VIDES, TAMEN DEUM AGNOSCIS EX OPERIBUS EIUS. *No ves a Dios pero lo reconoces por sus obras.*

(Cicerón, *Tusculanas*, 1, 28, 70)

A pesar de que la expresión la formule un autor que vivió antes de nuestra era, contiene uno de los conceptos máximos de la doctrina cristiana.

567. DEUS, ECCE DEUS. *El numen, he aquí el numen.*

(Virgilio, *Eneida*, 6, 46)

Exclamación de la Sibila Cumana que se cita actualmente para indicar la inspiración poética.

568. DEUS EST MORTALI IUVARE MORTALEM, ET HAEC AD AETERNAM GLORIAM VIA. *Es divino para el mortal ayudar a otro mortal, y esta es la vida para la gloria eterna.*

(Plinio el Viejo, *Historia natural*, 2, 5, 18)

Máxima que señala la importancia de la ayuda recíproca.

569. DEUS FORTIORIBUS ADESSE. *La divinidad ayuda al que es más fuerte.*

(Tácito, *Historias*, 4, 17)

Expresión muy similar a nuestra «la fortuna ayuda a los audaces».

570. DEUS, IN ADIUTORIUM MEUM INTENDE. *Dios, ven en mi ayuda.*

(Salmos, 46, 6)

Expresión utilizada en la liturgia, en particular durante el bautismo, aunque también se cita como invocación a Dios en los momentos de malestar.

571. DEUS IN MEDIO EIUS NON COMMOVEBITUR. *Dios está en ella, no podrá dudar.*

(Salmos, 46, 6)

El salmista se refiere a la ciudad de Dios. A veces se utiliza sólo *non commovebitur* para indicar una cosa o una persona de gran firmeza.

572. DEUS NOBIS HAEC OTIA FECIT. *Un dios nos concedió esta tranquilidad.*

(Virgilio, *Bucólicas*, 1, 6)

Expresión citada a propósito de aquellos que han tenido la suerte de llevar una vida cómoda y tranquila.

573. DEUS QUOS PROBAT, QUOS AMAT INDURAT. *Dios pone a prueba a aquellos que ama.*

(Séneca, *De providentia*, 4, 7)

Expresión utilizada incluso en la actualidad como consolación en los momentos tristes o difíciles de la vida.

574. DE VIA IN SEMITAM DEGREDIRE. *Pasar del camino a un sendero.*

(Plauto, *Casina*, 675)

La expresión indica el hecho de responder escabulléndose, pero se refiere también a la similitud del camino recto y del camino equivocado.

575. DICAMUS BONA VERBA, VENIT NATALIS, AD ARAS. *Intercambiémonos las felicitaciones, llega la navidad a los altares.*

(Tibulo, *Elegías*, 2, 2, 1)

Expresión que aunque no tiene nada que ver con el significado de nuestras fiestas de Navidad, podría utilizarse como una alambicada felicitación.

576. DICENDO HOMINES UT DICANT EFFICERE SOLERE. *Normalmente hablando se aprende a hablar.*

(Cicerón, *De oratore*, 1, 33, 49)

Máxima que indica la importancia del ejercicio para tener éxito en algo.

577. DICERE PERFACILE EST, OPUS EXERCERE MOLESTUM. *Hablar de algo es muy fácil; ponerlo en práctica, difícil.*

(Proverbio medieval)

El dicho corresponde exactamente a nuestro «del dicho al hecho hay un buen trecho».

578. DICERE QUAE PUDUIT, SCRIBERE IUSSIT AMOR. *El amor aconseja escribir lo que no podríamos decir a voces.*

(Ovidio, *Heroides*, 6, 91)

Consejo para los enamorados o para las personas emotivas que no consiguen expresar verbalmente los propios sentimientos.

579. DIS HOSPES, SPARTAE NOS TE HIC VIDISSE IACENTIS / DUM SANCTIS PATRIALE LEGIBUS OBSEQUIMUR. *Oh extranjero, anuncia a los espartanos que nos has visto yacer aquí, / obedientes de las sagradas leyes de la patria.*

(Cicerón, *Tusculanas*, 1, 42, 101)

Se trataría de la traducción de la inscripción colocada sobre la tumba de los trescientos espartanos caídos en la batalla de las Termópilas. Puede citarse en los discursos que ensalzan el heroísmo y el amor patriótico.

580. DICIQUE BEATUS / ANTE OBITUM NEMO SUPREMAQUE FUNERA DEBET. *Nadie tiene que ser definido como dichoso antes de la muerte y las exequias.*

(Ovidio, *Metamorfosis*, 3, 136)

Expresión de doble significado: por un lado, no puede decirse que alguien haya sido feliz hasta que no haya concluido su vida; por otro, una persona no puede ser alabada antes de la muerte porque no se sabe cómo se comportará. También está muy extendida la forma abreviada *nemo ante obitum beatus* («nadie es dichoso ante la muerte»).

581. DICTUM SAPIENTI SAT EST. *Al sabio le basta una palabra.*

(Plauto, *Persa*, 729)

A las personas sabias les bastan pocas palabras para comprender un discurso o una situación.

582. DIDICERE FLERE FEMINAE IN MENDACIUM. *Las mujeres han aprendido a llorar para mentir.*

(Publilio Siro, D 8)

Expresión malintencionada sobre la falsedad de las mujeres.

583. DIES IRAE, DIES ILLA. *Ese día, el día de la ira.*

(*Sofonía*, 1, 15)

Palabras iniciales de un poema que describe el día del Juicio. La expresión se utiliza actualmente para indicar un día importante o en el que se realizarán grandes cambios.

584. DIES MEI SICUT UMBRA DECLINAVERUNT. *Mis días declinaron como la sombra.*

(*Salmos*, 102, 12)

Expresión que indica el final de la vida.

585. DIES NOCTIBUS AEQUARE. *Hacer que los días sean iguales a las noches.*

(Tito Livio, *Historias*, 31, 41, 10)

Dicho referido a una vida dedicada a las diversiones nocturnas.

586. DIES TRIBULATIONS ET ANGUSTIAE. *Día de angustia y de aflicción.*

(*Sofonía*, 1, 15)

Continuación del *Dies irae* (véase el n.º 583). Este verso puede citarse para indicar un día particularmente triste o negativo de nuestra vida.

587. DIFFER: HABENT PARVAE COMMODA MAGNA MORAE. *Posterga: las pequeñas demoras a veces producen grandes ventajas.* Véase el n.º 939.

588. DIFFICILE EST HABERE BONUM STOMACHUM. *Es difícil tener un buen estómago.*

(Marcial, *Epigramas*, 12; Quintiliano, *Declamationes maiores*, 2, 3, 3)

Locución basada en un motivo extendido también en la actualidad que compara el hecho de soportar las tribulaciones con la digestión de comidas pesadas.

589. DIFFICILE EST LONGUM SUBITO DEPONERE AMOREM. *Es difícil abandonar de forma improvisada un largo amor.*

(Catulo, *Carmina*, 76, 13)

Expresión que no se refiere sólo a la esfera amorosa, sino también a las actividades que se está obligado a abandonar e indica lo mucho que esto hace sufrir.

590. DIFFICILE EST SATIRAM NON SCRIBERE. *Es difícil no escribir una sátira.*

(Juvenal, *Sátiras*, 1, 30)

Expresión utilizada en situaciones particularmente cómicas o ridículas que no es posible ignorar.

591. DIFFICILE EST TENERE QUAE ACCEPERIS, NISI EXERCEAS. *Es difícil recordar lo que se ha aprendido si no se pone en práctica.*

(Plinio el Joven, *Cartas*, IX, 8, 14, 3)

Máxima pedagógica sobre la importancia del ejercicio de la memoria y de la mente.

592. DIFFICILE EST TRISTI FINGERE MENTE IOCUM. *Aquel que está triste difícilmente puede disimularlo.*

(Tibulo, *Elegías*, 3, 6, 34)

Frase que indica la dificultad de esconder los propios sentimientos.

593. DIFFICILIS, QUERULUS, LAUDATOR TEMPORIS ACTI. *Rencoroso, llorón lisonjero del tiempo pasado.*
Véase el n.º 1.178.

594. DIGITIS PRIMORIBUS STARE. *Estar sobre la punta de los pies.*

(Varrón, *Sátiras menipeas*, 42)

Expresión que indica una persona que se mantiene sobre la punta de los pies para parecer más alta y que denota, por lo tanto, un orgullo excesivo.

595. DIGITO SE CAELUM PUTENT ATTINGERE. *Creerían tocar el cielo con un dedo.*

(Cicerón, *Cartas a Ático*, 2, 1, 7)

Locución actualmente todavía en uso para expresar una gran alegría.

596. DIGNUM LAUDE VIRUM MUSA VETAT MORI. *Al hombre digno de alabanzas, las musas le impiden morir.*

(Horacio, *Odas*, 4, 8, 28)

Puesto que sus obras y su fama durarán de forma eterna.

597. DIGNUM QUICUM IN TENEBRIS MICES. *Con el que se puede jugar a la morra a oscuras.*

(Cicerón, *De officiis*, 3, 19, 77)

Expresión que indica una persona extremadamente confiada, hasta el punto que podría jugar a la morra (juego en el que se tienen que contar los dedos del adversario) a oscuras.

598. DIGNUS SOLVERE CORIGAM CALCEAMENTORUM. *Digno de arrodillarse para deshacer los lazos de los zapatos.*

(Mateo, 3, 11)

Locución que indica la extrema humildad de una persona.

599. DII PEDES LANATOS HABENT. *Los dioses tienen los pies cubiertos de lana.*

(Petronio, *Satiricón*, 44)

La expresión quiere significar que la justicia divina llega en silencio y cuando menos se lo espera uno.

600. DILECTI SOCIUS ET IPSE SIT DILECTUS. *Que el amigo de una persona querida te sea también querido.*

(Rosvita, *Gallicanos*, 1, 7, 1)

Proverbio bastante extendido similar a nuestro «los amigos de mis amigos son mis amigos».

601. DILEXI IUSTITIAM ET ODIVI INIQUITATEM, PROPTEREA MORIOR IN EXSILIO. *He amado la justicia y odiado a la injusticia, por ello muero en el exilio.*

(Gregorio VII)

La frase parece ser que la pronunció el papa durante su exilio en Salerno, donde se había refugiado tras haber sido expulsado de Roma.

602. DILIGENTIA MAXIMUM ETIAM MEDIOCRIS INGENII SUBSIDIUM. *La diligencia es una gran ayuda incluso para aquel que posee un ingenio mediocre.*

(Séneca el Rector, *Controversiarum excerpta*, 3, 397)

Expresión que recupera el motivo de la fuerza de voluntad y de la perseverancia.

603. DILIGERE PARENTES PRIMA NATURAE LEX. *Amar a los padres es la primera ley de la naturaleza.*

(Valerio Máximo, *Factorum et dictorum memorabilium*, IX, 2, 14)

Máxima educativa sobre el amor por los padres.

604. DIMIDIUM FACTI QUI COEPIT HABET. *Aquel que ha empezado ya ha realizado la mitad de la obra.*

(Horacio, *Epístolas*, 1, 2, 40)

Variación sobre el tópico de la dificultad de los inicios. Por esta razón se dice «obra empezada, medio acabada».

605. DI NOS QUASI PILAS HOMINES HABENT. *Los dioses tratan a los hombres como pelotas.*

(Plauto, *Captivi*, 22)

Expresión que recupera el motivo del hombre como juguete de los dioses y puede referirse a aquellos cuya vida está dirigida por otros.

606. DIRA FAMES AURI CULPAE REGINA PARENSQUE. *La terrible hambre de oro es la reina y madre del pecado.*

(Proverbio medieval)

Dicho que trata de nuevo el motivo de la avidez como causa de crímenes.

607. DIRUIT, AEDIFICAT, MUTAT QUADRATA ROTUNDIS. *Destruye, edifica, cambia las cosas cuadradas en redondas.*

(Horacio, *Epístolas*, 1, 1, 100)

Se dice de personas inquietas, siempre en movimiento, que hacen y deshacen las cosas sin perseguir un objetivo preciso.

608. DISCERE NE CESSA, CURA SAPIENTIA CRESCAT: / RARA DATUR LONGO PRUDENTIA TEMPORIS USU. *No dejes de aprender, preocúpate de aumentar lo que sabes, raramente la sabiduría aparece en la vejez.*

(Catón, *Dísticos*, 4, 27, 1)

Expresión que invita a no relajarse y a mantener siempre viva la mente.

609. DISCIPULUS EST PRIORIS POSTERIOR DIES. *El segundo día es alumno del primero.*

(Publilio Siro, D 1)

Lema que indica que cada día se aprende algo nuevo.

610. DISCITE IUSTITIAM MONITI ET NON TEMNERE DIVOS. *Aprended la amonestación de la justicia y a no despreciar a los dioses.*

(Virgilio, *Eneida*, 6, 620)

Versos citados como invitación a respetar la divinidad o, en su forma abreviada *discite moniti*, como exhortación a sacar ventaja de las amonestaciones.

611. DISIECTI MEMBRA POETAE. *Los miembros esparcidos del poeta.*

(Horacio, *Sátiras*, 1, 4, 62)

Si en los versos se cambia el orden de los elementos ya no se reconoce la señal del poeta y es como si sus miembros estuvieran dispersos. La máxima se aleja actualmente del significado original de Horacio e indica que a partir de pocos fragmentos es imposible reconocer algo.

612. DI, TALEM TERRIS AVERTITE PESTEM! *¡Oh dioses, alejad de la tierra un flagelo tal!*

(Virgilio, *Eneida*, 3, 620)

Exclamación que puede referirse a personas indeseadas porque son particularmente alegres o violentas.

613. DIUTURNA QUIES VITIIS ALIMENTA MINISTRAT. *El largo ocio proporciona el alimento a los vicios.*

(Catón, *Dísticos*, 1, 2, 2)

Es decir, «el ocio es el padre de los vicios».

614. DIVES AUT INIQUUS AUT INIQUI HERES. *El rico, o es injusto o es el heredero de un injusto.*

(San Jerónimo, *Epístolas*, 120, 1)

Expresión que indica una cierta desconfianza frente a la riqueza y en particular de aquellos que se enriquecen rápidamente.

615. DIVIDE ET IMPERA. *Divide y reina.*

Lema latino que designa la táctica de la antigua Roma, seguida luego por otros estados imperialistas, consistente en dividir a los enemigos y sembrar la discordia entre ellos para dominarlos mejor.

616. DIVINA NATURA DEDIT AGROS, ARS HUMANA AEDIFICAVIT URBES. *La naturaleza divina ha dado los campos; el arte humano ha edificado las ciudades.*

(Varrón, *De re rustica*, 3, 1, 4)

Expresión que destaca las capacidades del ingenio humano al saber aprovechar bien los dones o las riquezas recibidas.

617. DIVITIAE ENIM APUD SAPIENTEM IN SERVITUTE SUNT, APUD STULTUM IN IMPERIO. *Las riquezas están al servicio del sabio mientras dirigen al tonto.*

(Séneca, *De vita beata*, 26, 1)

Expresión utilizada para indicar que aquel que no sabe administrar las riquezas se convierte en su esclavo.

618. DIVITIAE MORES MUTANT NON IN MELIORES. *Las riquezas cambian las costumbres y para mejor.*

(Proverbio medieval)

Puesto que hace que los hombres se vuelvan soberbios y prepotentes.

619. DIVITIARUM ET FORMAE GLORIA FLUXA ATQUE FRAGILIS EST. *La gloria de la belleza y de la riqueza es huidiza y frágil.*

(Salustio, *La conjuración de Catilina*, 1, 4)

Expresión que considera la belleza y la riqueza como bienes efímeros.

620. DIVITIIS NULLO QUAERENDIS FINE QUIESCUNT / MORTALES SIT OPUM COPIA MAGNA LICET. *Los hombres no dejan nunca de buscar riquezas por muy grande que sea la cantidad de sus riquezas.*

(Proverbio medieval)

Variación sobre el tópico de la insaciabilidad humana.

621. DIXI ET SALVAVI ANIMAM MEAM. *He hablado y he salvado mi alma.*

(Proverbio medieval)

Expresión que indica la necesidad de denunciar el pecado y castigar al pecador. Sólo de esta forma el alma será salvada. Puede utilizarse también para indicar la despreocupación tras haber realizado una obra determinada.

622. DIXIT INSIPIENS IN CORDE SUO: NON EST DEUS. *El tonto piensa: «Dios no está».*

(Salmos, 14, 1)

Además de a los no creyentes, la frase puede referirse también a las personas generalmente desconfiadas y dudosas.

623. DIXITQUE DEUS: FIAT LUX. *Y Dios dijo: «hágase la luz».*

(Génesis, 1, 3)

Expresión muy famosa, utilizada como exclamación en el lenguaje común, tanto en casos extremadamente banales de la vida cotidiana como cuando encontramos de forma imprevista una solución o se tiene una buena idea después de un instante de confusión.

624. DOCTI RATIONEM ARTIS INTELIGUNT, INDOCTI VOLUPTATEM. *Los eruditos comprenden la razón del arte, los no eruditos sólo la diversión.*

(Quintiliano, *Instituciones oratorias*)

Se dice de las personas poco expertas o superficiales que frente a una obra de arte se detienen en el aspecto exterior y expresan su juicio sin atender a los aspectos más recónditos.

625. DOCTRINAE CULTUS NEMO SPERNIT NISI STULTUS. *Nadie, si no es un bobo, desprecia la cultura.*

(Proverbio medieval)

Expresión que por su musicalidad puede citarse incluso en el lenguaje cotidiano para indicar la importancia de la cultura y de conocer un arte o un oficio.

626. DOCTRINA EST FRUCTUS DULCIS RADICIS AMARAE. *La erudición es el dulce fruto de una amarga raíz.*

(Catón, *Dísticos*, 40)

La frase puede citarse para indicar que el aprendizaje y la cultura precisan un esfuerzo que al final será recompensado por los buenos resultados.

627. DOCTUS CUM LIBRO. *Docto con un libro.*

Antiguo proverbio que se aplica a personas poco cultas o poco preparadas que tienen que consultar siempre los libros antes de hablar de algún argumento.

628. DOCTUS SPECTARE LACUNAR. *Bueno para mirar el techo.*

(Juvenal, *Sátiras*, 1, 56)

El autor lo dice a propósito de un marido que acepta los regalos del amante de la mujer. La expresión se refiere por lo tanto a personas muy ingenuas o descuidadas que no se dan cuenta ni siquiera de los hechos más evidentes.

629. DOLI FABRICATOR EPEOS. *Epeo, herrero de mentiras.*

(Virgilio, *Eneida*, 2, 106)

Epeo fue el constructor del caballo de Troya. El verso se puede utilizar para indicar a los engañadores.

630. DOLO PUGNANDUM EST DUM QUIS PAR NON EST ARNIS. *Cuando las armas no son iguales es necesario combatir con el engaño.*

(Cornelio Nepote,

Vida de Aníbal, 10)

Exhortación a utilizar la astucia contra adversarios más fuertes.

631. DOLORI CUIVIS REMEDIUM EST PATIENTIA. *La paciencia es un remedio para todos los dolores.*

(Proverbio medieval)

Expresión todavía difundida en el lenguaje común y pronunciada como ánimo en los momentos dolorosos o difíciles.

632. DOLORIS MEDICINAM A PHILOSOPHIA PETO. *A la filosofía le pido remedio para los dolores del alma.*

(Cicerón, *Académica*, 1, 11)

Expresión que señala la importancia de la filosofía y del saber humanístico para hacer frente al sufrimiento.

633. DOMI HABUIT UNDE DISCERET. *En casa he tenido de quien aprender.*

(Terencio, *Adelphoe*, 413)

Expresión utilizada en la Antigüedad para indicar al autodidacto.

634. DOMINARI NEQUEAT QUI PRIUS ALICUI SERVITUTEM PRAEBERE DENEGAT. *Que no pueda gobernar aquel que no quiere primero servir a alguien.*

(San Agustín, *De duodecim abusionum gradibus*, 40, 1080)

Expresión que puede utilizarse en el ámbito pedagógico para indicar la necesidad de una larga experiencia antes de ocupar puestos de responsabilidad o mando.

635. DOMINE, EXAUDI VOCEM MEAM. *Señor, escucha mi voz.*

(Salmos, 130, 2)

Se trata del segundo verso del *De profundis* (véase el glosario), pronunciado como invocación a Dios en los momentos difíciles.

636. DOMINE, NON SUM DIGNUS. *Señor, no soy digno.*

(Mateo, 8, 8)

Expresión obtenida del episodio del centurión que pide a Jesús que cure a su siervo enfermo. Se utiliza para indicar tanto una gran fe como la conciencia del propio error.

637. DOMINE, QUO VADIS? *Señor, ¿dónde vas?* Frase que se ha hecho famosa debido a una conocida película. Según la leyenda fue pronunciada por San Pedro que huía de Roma cuando se le apareció Cristo.

638. DOMINE, SALVUM FAC REGEM. *Señor, salva al rey.*

(Salmos, 20, 10)

Salmo *Pro rege* («por el rey») que Adriano I hizo obligatorio en algunas ceremonias. La fórmula «Dios salve al rey» se ha convertido a continuación en una fórmula famosa en diversas lenguas.

639. DOMINUM MUNDI FLECTERE VOTA VALENT. *Las plegarias de los mortales pueden doblegar a Dios.*

(Marcial, *Epigramas*, 8, 32, 6)

Expresión que indica la fuerza de la plegaria, no sólo en el ámbito religioso sino también en la vida cotidiana.

640. DOMINUM VIDERE PLURIMUM IN REBUS SUIS. *El patrón tiene la vista particularmente aguda en los negocios.*

(Fedro, 2, 8, 28)

Frase final de una fábula en la que un ciervo escondido en el establo no fue descubierto por los campesinos sino por el patrón, lo cual indica que una persona que aprecia realmente sus cosas sabe cómo sacar provecho de ellas.

641. DOMINUS DEDIT, DOMINUS ABSTULIT. *El Señor ha dado, el Señor ha tomado.*

(Job, 1, 21)

Expresión que se refiere a aquellos que se conforman, entendido en sentido positivo y aceptan con serenidad las tribulaciones de la vida.

642. DOMUM SERVAVIT, LANAM FECIT. *Custodió la casa. Hizo la lana.*

Frase que apareció en una inscripción fúnebre, y que se emplea en la actualidad para indicar a la mujer virtuosa por excelencia.

643. DOMUS PROPIA, DOMUS OPTIMA. *Casa propia, casa óptima.*

(Proverbio medieval)

Dicho que tiene su origen en una fábula de Esopo. En la actualidad se emplea para decir que sólo se está bien en la propia casa.

644. DONA PRAESENTIS CAPE LAETUS HORAE. *Recoge con felicidad los presentes de este momento.*

(Horacio, *Odas*, 3, 8, 27)

Variación sobre el tópico del *carpe diem* (véase el n.º 344) que invita a disfrutar de las alegrías del presente.

645. DONEC ERIS FELIX MULTOS NUMERABIS AMICOS: TEMPORA SI FUERINT NUBILA, SOLUS ERIS. *Mientras seas feliz tendrás muchos amigos; si aparecen nubes te encontrarás solo.*

(Ovidio, *Tristia*, 1, 9, 5)

Fórmula que trata de nuevo el tópico de los amigos numerosos en los periodos felices y que desaparecen en los momentos de necesidad.

646. DORMIENTI VULPI CADIT INTRA OS NIHIL. *Al zorro que duerme no le cae nada en la boca.*

(Proverbio medieval)

Máxima que puede citarse para decir que quien no se esfuerza no obtiene nada.

647. DORSUS TOTUS PRURIT. *Me pica toda la espalda.*

(Plauto, *Miles gloriosus*, 397)

Así habla un personaje que siente los golpes que llegan. Expresión utilizada cuando se tiene el presentimiento de que está a punto de suceder algo.

648. DOS EST MAGNA PARENTIUM VIRTUS. *La virtud de los padres es un gran regalo.*

(Horacio, *Odas*, 3, 24, 21)

La expresión se ha obtenido a su vez de un fragmento de un autor griego que invita a casarse con la hija de una mujer virtuosa. La virtud de los padres se ve por lo tanto como una garantía para el comportamiento de los hijos.

649. DUABUS SEDERE SELLIS. *Sentarse sobre dos sillas.*

(Macrobio, *Saturnalia*, 2, 3)

Se cita a propósito de aquella persona que «juega a dos cartas», es decir, de quien expresa claramente su propia posición o no sabe decidirse.

650. DUAE UNUM EXPETITIS PALUMBEM. *Perseguid los dos a la misma paloma.*

(Plauto, *Bacchides*, 51)

El lema, bastante controvertido, puede citarse para indicar que cuando dos personas quieren hacer la misma cosa se producen conflictos y confusión. Es similar a nuestro dicho «donde hay patrón, no manda marinero».

651. DUBITANDO AD VERITATEM PERVENIMUS. *Con la duda hemos alcanzado la verdad*

(Cicerón, *Tusculanas*, 1, 30, 73)

Frase citada a menudo como homólogo de *cogito ergo sum* (véase el n.° 395), si bien en este caso se indica que un discurso es demasiado dubitativo.

652. DUBIUM SAPIENTIAE INITIUM. *La duda es el inicio del conocimiento.*

(Descartes)

Lema que sintetiza el método filosófico cartesiano.

653. DUCUNT VOLENTEM FATA, NOLENTEM TRAHUNT. *El hecho conduce a aquel que lo sigue y arrastra a aquel que se resiste a él.*

(Séneca, *Cartas a Lucilio*, 107, 11)

Expresión citada también en la forma abreviada *fata trahunt* (véase el n.° 837), para indicar la ineluctabilidad de la suerte aunque intente oponerse a ella.

654. DULCE BELLUM INEXPERTIS, EXPERTUS METUIT. *La guerra es dulce para quien no tiene experiencia en ella; el experto la teme.*

(Proverbio medieval)

La expresión, derivada de un fragmento de la *Ilíada*, se utiliza para indicar que cuando no se conoce bien una cosa se ve sólo lo positivo, sin considerar lo negativo.

655. DULCE EST DESIPERE IN LOCO. *Es agradable ser tontos en el momento oportuno.*

(Horacio, *Odas*, 4, 12, 28)

A veces es conveniente pasar por tontos. Se puede citar incluso para indicar que es divertido cometer alguna locura, pero en el momento oportuno y sin excesos.

656. DULCE ET DECORUM EST PRO PATRIA MORI. *Es dulce y honorable morir por la patria.*

(Horacio, *Odas*, 3, 2, 13)

Verso que ha gozado de gran predicamento en las obras de carácter patriótico.

657. DULCEM ET AMARUM GUSTULUM CARPIS. *Recibe un sabor dulce y amargo.*

(Apuleyo, *El asno de oro*, 2, 10)

Variación sobre el tópico del amor que lleva consigo alegría y sufrimiento.

658. DULCEM REM FABAS FACIT ESURIES TIBI CRUDAS. *El hambre transforma las habas crudas en una exquisitez.*

(Proverbio tardolatino)

Nosotros decimos «a falta de pan buenas son tortas».

659. DULCIS [...] QUIES. *Dulce no hacer nada.*

(Séneca, *Thyestes*, 393)

Expresión, que se repite en muchos autores, que indica la belleza del ocio sobre todo después de un largo periodo de esfuerzo. En español se emplea también la expresión italiana, un tanto macarrónica, *dolce far niente*.

660. DUM ABBAS APPONIT TESSERAS, LUDUNT MONACHI. *Cuando el abad tira los dados los monjes juegan.*

(Melanchton, *Carmina*, 4, 371)

Proverbio que se utiliza para indicar que cuando los jefes se abandonan a la pereza, sus subordinados los siguen.

661. DUM EXCUSARE CREDIS, ACCUSAS. *Creyendo excusarte te acusas.*

(San Jerónimo, *Epístolas*, 4)

Véase el n.° 767.

662. DUM FERRUM CANDET, CUDERE QUEMQUE DECET. *Mientras el hierro está caliente es necesario golpearlo.*

(Proverbio medieval)

Expresión muy famosa que invita a no demorarse y a cumplir una acción mientras se encuentren presentes las condiciones favorables para realizarla.

663. DUM LICET ET SPIRANT FLAMINA, NAVIS EAT. *Mientras sea posible y los vientos sean favorables el barco debe moverse.*

(Ovidio, *Fastos*, 4, 18)

El autor hace referencia a un feliz momento de inspiración poética. Pero la metáfora se cita actualmente como invitación a realizar una cosa mientras las circunstancias sean favorables.

664. DUM RECENS EST / […] DEVORARI DECET. *Es necesario comerlo mientras esté fresco.*

(Plauto, *Pseudolus*, 1126)

Esta expresión, referida generalmente al pescado, constituye una exhortación a hacer algo sin titubeos.

665. DUM ROMAE CONSULITUR, SAGUNTUM EXPUGNATUR. *Mientras en Roma se discute, Sagunto es vencida.*

(Tito Livio, *Historias*, 21, 7, 1)

La expresión se cita con referencia a dilaciones largas, a menudo de tipo burocrático, que impiden una intervención a tiempo y eficaz.

666. DUM SPECTANT LAESOS OCULI LAEDUNTUR ET IPSI. *Al mirar los ojos enfermos, los nuestros se contagian con el mismo mal.*

(Ovidio, *Remedia amoris*, 615)

Ovidio se refiere naturalmente al mal de amores, pero la expresión se puede utilizar también en relación con aquellos que se dejan influenciar fácilmente.

667. DUM SPIRO, SPERO. *Muriendo espero todavía.*

(Proverbio medieval)

Frase que exalta la esperanza, ya que es la última virtud que debe desaparecer de nuestros corazones.

668. DUM VITANT STULTI VITIA, IN CONTRARIA CURRUNT. *Los tontos, intentando evitar los vicios, van en busca de los opuestos.*

(Horacio, *Sátiras*, 1, 2, 24)

Expresión utilizada para invitar a mantener la medida justa entre los extremos, debido a que incluso un exceso de virtud puede acabar por convertirse en un grave defecto difícil de erradicar.

669. DUM VIVIS SPERARE DECET. *Mientras hay vida hay esperanza.*

(Máxima medieval)

Una frase muy similar a la aparecida en el n.° 667.

670. DUM VIVIT HOMINEM NOVERIS: UBI MORTUOST, QUIESCAT. *Vigílalo mientras esté vivo, y cuando haya muerto déjalo descansar en paz.*

(Plauto, *Truculentus*, 164)

Invitación a dejar que los muertos entierren a sus muertos, es decir, a que se ocupen de las cosas actuales.

671. DUO CUM FACIUNT IDEM NON EST IDEM. *Cuando dos personas hacen lo mismo, la cosa no es la misma.*

(Sentencia medieval)

Se trata de la vulgarización de un fragmento de Terencio y todavía se utiliza en la actualidad para decir que no a todos les salen las mismas cosas bien.

672. DUO PARIETES DE EADEM FIDELIA DEALBARE. *Blanquear dos paredes con el mismo bote de cal.*

(Cicerón, *Epistulae ad familiares*, 7, 29, 2)

La expresión se refiere a personas de comportamiento ambiguo y dudoso.

673. DUO QUAE MAXIMA PUTANTUR ONERA, PAUPERTATEM ET SENECTUTEM. *Los dos pesos más gravosos son la pobreza y la vejez.*

(Cicerón, *De senectute*, 5, 14)

Expresión basada en la combinación entre pobreza y vejez, motivo muy extendido no sólo en la Antigüedad sino también en muchas culturas modernas.

674. DURA ET ASPERA PER QUAE ITUR AD DEUM. *(Que se les repitan todas) las contrariedades y las asperezas a través de las cuales se llega a Dios.*

(Regla de San Benito)

Al igual que es difícil el camino para llegar a lo más alto, también es difícil el camino para llegar a Dios, es decir, para la santidad.

675. DURA LEX SED LEX. *La ley es dura, pero es la ley.*

(Proverbio latino)

Expresión utilizada a menudo para indicar que es necesario obedecer la ley aunque sea muy severa y rigurosa.

676. DURA SATIS MISERIS MEMORATIO PRISCA BONORUM. *Es bastante duro para los de-*

safortunados *el recuerdo de la antigua pros-*
peridad.

(Maximiliano, *Elegías*, 1, 2, 91)

El dicho se puede citar no sólo con referencia a riquezas materiales sino también a la esfera sentimental.

677. DURIS URGENS IN REBUS EGESTAS. *La*
necesidad que persigue en las dificultades.

(Virgilio, *Geórgicas*, 1, 1, 46)

Expresión adecuada a todas esas situaciones en las que, movidos por la necesidad, se hacen cosas impensables hasta poco tiempo antes.

678. DURUM EST NEGARE, SUPERIOR CUM SUPPLICAT. *Es difícil responder con un no*
cuando el superior suplica.

(Publilio Siro, D 25)

La expresión se utiliza para indicar que es muy difícil plantar cara al poder y salirse siempre con la suya.

679. DURUM SED LEVIUS FIT PATIENTIA /
QUICQUID CORRIGERE EST NEFAS. *Todo lo*
que no se puede cambiar es duro, / pero se
vuelve más ligero gracias a la paciencia.

(Horacio, *Odas*, 1, 24, 19)

Se trata de una de las muchas máximas que exaltan la paciencia, particularmente adecuada a textos escritos o a conversaciones de fondo filosófico o moral.

680. DUX FEMINA FACTI. *La mujer es el patrón.*

(Virgilio, *Eneida*, 1, 364)

El dicho, que se refiere a Dido, la reina de Cartago que se suicidó después de que Eneas la abandonara, no tenía en realidad valores positivos.

La expresión puede utilizarse actualmente, de todos modos, para señalar en sentido metafórico a aquellas mujeres que ocupan posiciones dirigentes o que se encargan de la gestión de diversas actividades.

E

681. EANDEM INCUDEM DIU NOCTUQUE TUNDENDO. *Golpeando día y noche sobre el mismo yunque.*

(Amiano Marcelino, 18, 4, 2)

Expresión utilizada para hablar de personas contumaces que al final consiguen obtener el éxito.

682. ECCE ANCILLA DOMINI. *He aquí a la sierva del Señor.*

(Lucas, 1, 38)

Es la respuesta de María al ángel que le anuncia la futura maternidad. La expresión se utiliza actualmente en el lenguaje común para indicar la completa obediencia a una voluntad superior.

683. E COELO DESCENDIT «NOSCE TE IPSUM / FINGENDUM ET MEMORI TRACTANDUM PECTORE. *Del cielo desciende la sentencia «conócete a ti mismo» / y se tiene que esculpir eternamente en el corazón.*

(Juvenal, *Sátiras*, 11, 27-28)

Expresión que recupera el antiguo tópico del conocimiento de uno mismo. Es adecuada para ser citada por escrito o en discursos doctos (véase el n.º 1.656).

684. EDAMUS, BIBAMUS, GAUDEAMUS. *Comamos, bebamos, gocemos.*

Se trata quizá de la traducción del epígrafe que aparecía en la tumba de Sardanápalo, rey asirio famoso por su abandono a la molicie, el lujo y los placeres. La expresión constituye actualmente una invitación a gozar de la existencia cuanto sea posible.

685. EFFICACIOR EST OMNI ARTE IMMINENS NECESSITAS. *La necesidad opresora es más eficaz que cualquier arte.*

(Quinto Curcio Rufo, *Historia de Alejandro Magno*, X, 5)

Máxima sobre la necesidad que aumenta el ingenio.

686. EGO IAM PRIDEM TUTOREM MEUM EXTULI. *Hace ya mucho tiempo que sepulté a mi tutor.*

(Persio, *Sátiras*, 3, 96)

Reivindicación de la propia libertad personal.

687. EGO IN PORTU NAVIGO. *Navego en el puerto.*

(Terencio, *Andria*, 480)

Expresión citada normalmente para indicar una situación de seguridad y tranquilidad, al resguardo de las tormentas de la vida.

688. EGO ISTOS NOVI POLYPOS, QUI UBI QUIDQUID TETIGERUNT TENENT. *Yo conozco a estos pulpos que en cuanto tocan algo lo sujetan fuertemente.*

(Plauto, *Aulularia*, 198)

La fuerte presa del pulpo se puede referir tanto a las personas ávidas como a aquellas particularmente posesivas. La frase debe citarse de todos modos en tono jocoso.

689. EGOMET MEO INDICIO MISER QUASI SOREX HODIE PERII. *Yo, pobre de mí, he muerto hoy como un ratón traicionado por mí mismo.*

(Terencio, *El eunuco*, 1.024)

La expresión se refiere a la creencia según la cual el ratón no sería nunca capturado si no emitiera gritos estridentes y, por lo tanto, ha pasado a indicar a aquellos que se traicionan ellos mismos.

690. EGO SEMPER APROS OCCIDO, SED ALTER UTITUR PULPAMENTO. *Yo mato siempre a los jabalíes, pero la carne se la queda otro.*

(Flavio Vopisco, *Historia Augusta*, 15, 3)

Lema obtenido de una anécdota de Diocleciano y que se emplea actualmente para señalar a las personas que se aprovechan de las obras ajenas.

691. EGO TE INTUS ET IN CUTE NOVI. *Te conozco tanto por dentro como por fuera.*

(Persio, *Sátiras*, 3, 30)

Expresión utilizada todavía, incluso en su forma abreviada *intus et in cute* (véase el glosario), para indicar el conocimiento íntimo de una persona.

692. EHU FUGACES, POSTUME, POSTUME, / LABUNTUR ANNI. *¡Pobre de mí! Huyendo, oh Póstumo, desaparecen los años.*

(Horacio, *Odas*, 2, 14)

Verso citado a menudo para indicar el tiempo que se escapa rápidamente.

693. EI INCUMBIT PROBATIO QUI DICIT, NON QUI NEGAT. *El honor de la prueba corresponde a aquel que dice, no al que niega.*

(*Digesto*, 22, 3, 2)

Fórmula jurídica, que todavía se cita y se respeta, según la cual corresponde a la acusación aportar las pruebas de un crimen.

694. ELLEBORUM HISCE HOMINIBUS OPUS EST. *Estos hombres tienen necesidad de eléboro.*

(Plauto, *Pseudolus*, 1.185)

El eléboro es una droga muy extendida utilizada como calmante contra la locura. La expresión se cita por lo tanto para indicar a personas eufóricas y locas.

695. EMAS NON QUOD OPUS EST, SED QUOD NECESSE EST. QUOD NON OPUS EST, ASSE CARUM EST. *Compra no lo que te sirve, sino lo que necesitas. Para lo que no sirve incluso un as es caro.*

(Catón, *De agricultura*, 10)

Sabia máxima que invita al cuidado y al ahorro; el as era de hecho una moneda de poco valor.

696. EMENDATIO PARS STUDIORUM LONGE UTILISSIMA. *La corrección es una parte muy útil de la enseñanza.*

(Quintiliano, *Instituciones oratorias*, 10, 4, 1)

Puesto que es precisamente de los errores de los que mayormente se aprende. Esta máxima se adapta muy bien a un ambiente académico.

697. EPICURI DE GREGE PORCUS. *Puerco del rebaño de Epicuro.*

(Horacio, *Epístolas*, 1, 4)

Se dice a propósito de aquel que conduce una vida dedicada a los goces materiales y a los placeres de los sentidos.

698. EPISTULA ENIM NON ERUBESCIT. *Una carta no sonroja.*

(Cicerón, *Epistulae ad familiares*, 5, 12, 1)

Expresión muy adecuada para las personas tímidas y que suele emplearse para indicar que es más espontáneo escribir los sentimientos que no se consiguen expresar de viva voz.

699. EX PLURIBUS UNUM. *De muchos uno sólo.*

Expresión que no pertenece al latín clásico y corresponde a nuestro dicho «la unión hace la fuerza». Su fama se debe al hecho de que aparece sobre el escudo de los Estados Unidos de América.

700. EQUI DENTES INSPICERE DONATI. *Mirar el dentado del caballo regalado.*

(Proverbio popular)

Famosa expresión que indica la necesidad de mostrarse escéptico incluso ante el agasajo y las grandes muestras de afecto.

701. EQUUS UT ME PORTET, ALAT REX UFFI-CIUM FACIO. *Me presto para que me lleve un caballo y me alimente un rey.*

(Horacio, *Epístolas*, 1, 17, 20)

Expresión aplicada a los fanfarrones, a los engreídos y a aquellas personas que se han acostumbrado a que los demás trabajen por ellas.

702. ERIPERE TELUM NON DARE IRATO DE-CET. *A una persona enfadada es necesario sacarle el dardo y no dárselo.*

(Publilio Siro, E 11)

Sentencia que pone en guardia ante el cumplimiento de acciones imprudentes como la de dar un arma a alguien que está enfadado.

703. ERIPUIT CAELO FULMEN SCEPTRUMQUE TYRANNIS. *Arrancó el rayo al cielo y el cetro a los tiranos.*

(Turgot)

Verso compuesto para un busto de Benjamín Franklin con alusión a su doble actividad de científico y de político, pues descubrió el pararrayos y fue promotor de la independencia americana.

704. ERIPUITQUE IOVI FULMEN VIRESQUE TONANDI. *Arrancó a Júpiter el rayo y la fuerza del trueno.*

(Manilio, *Astronomicon*, 1, 104)

Verso que constituye la fuente del precedente y exalta la razón humana.

705. ERITIS SICUT DEUS, SCIENTES BONUM ET MALUM. *Seréis como Dios: conocedores del bien y del mal.*

(Génesis, 3, 5)

La frase puede verse como símbolo de una cierta mentalidad religiosa más bien reacia a comprender científicamente los misterios de la naturaleza. En realidad se refiere a la soberbia del hombre que no acepta sus propias limitaciones y quiere ponerse a la altura de Dios.

706. ERRARE HUMANUM EST, PERSEVERARE AUTEM DIABOLICUM. *Errar es humano, pero perseverar en el error es diabólico.*

(San Agustín, *Sermones*, 164, 14)

Frase muy famosa que no necesita ningún comentario. Si se compara con la siguiente, podrá apreciarse una importante diferencia: la locura —es decir, la irresponsabilidad— ha dejado paso a la manifestación del mal.

707. ERRARE HUMANUM EST, SED IN ERRORE PERSEVERARE DEMENTIS. *Errar es humano, pero perseverar en el error es de locos.*

(Séneca el Rector, *Controversias*, 7, 15)

Expresión análoga a la precedente.

708. ERRARE MALO CUM PLATONE QUAM CUM ISTIS VERA SENTIRE. *Prefiero equivocarme con Platón que tener razón junto a estos.*

(Cicerón, *Tusculanas*, 1, 17, 49)

Expresión que recupera el concepto del *amicus Plato* (véase el n.º 128), es decir, de la defensa de la verdad por encima de todo. Puede citarse cuando es necesario escoger entre dos cosas negativas.

709. ERRAT AUTEM QUI AMICUM IN ATRIO QUAERIT, IN CONVIVIO PROBAT. *Se equivoca el que busca al amigo en el atrio y lo pone a prueba en el convite.*

(Séneca, *Cartas*, 19, 11)

Expresión que pone en guardia ante las amistades fáciles y superficiales (véase el n.º 115).

710. ERRAT SI QUIS EXISTIMAT FACILEM REM ESSE DONARE. *Se equivoca aquel que cree que dar sea algo sencillo.*

(Séneca, *De vita beata*, 24, 1)

La expresión puede citarse dando a entender diversos significados. No es fácil coincidir con los gustos del otro ni tampoco dar con la persona que realmente tiene necesidad.

711. ERROR COMMUNIS FACIT IUS. *El error común crea la ley.*

(Digesto, 33, 10, 3, 5)

Fórmula jurídica que todavía está en uso y con la que se indica la relatividad del derecho, es decir, que de una culpa generalizada puede nacer una norma. Esto se verifica sobre todo en periodos de decadencia y degradación moral.

712. ERROR HERTERNUS TIBI SIT DOCTOR HODIERNUS. *Que el error de ayer te haga de maestro hoy.*

(Binder, *Novus thesaurus adagiorum latinorum*, 106)

Expresión de sabiduría menuda que invita a atesorar todo lo que nos sucede cada día porque podrá sernos de ayuda.

713. ERU' MEUS ELEPHANTI CORIO CIRCUMTENTUST. *Mi patrón tiene una piel de elefante.*

(Plauto, *Miles gloriosus*, 235)

La piel gruesa del animal se entiende como símbolo de la falta de sensibilidad y distinción. La expresión puede pronunciarse por lo tanto a propósito de personas bastante rudas y poco sensibles.

714. ERUNT DUO IN CARNE UNA. *Serán dos en una sola carne.*

(Génesis, 2, 26)

Fórmula muy difundida, todavía en uso en la liturgia católica como definición del matrimonio.

715. ESSE OPORTET UT VIVAS, NON VIVERE UT EDAS. *Es necesario comer para vivir; no vivir para comer.*

(*Rhetorica ad Herennium*, 4, 28, 39)

La expresión se citaba como ejemplo de una figura retórica, la *commutatio* (repetición de dos verbos o sustantivos con conjugación o declinación invertidas). Actualmente se utiliza en el lenguaje corriente para indicar la moderación en los placeres de la mesa.

716. EST ALIQUIS DOLENDI DECOR, HIC SAPIENTIS SERVANDUS EST. *Incluso en el dolor existe un cierto decoro y aquel que es inteligente debe reservarlo.*

(Séneca, *Cartas*, 99, 21)

Expresión muy adecuada para conversaciones eruditas que invita a mantener un cierto saber estar incluso frente a grandes dolores.

717. EST DEUS IN NOBIS, AGITANTE CALESCIMUS ILLO. *Hay un dios en nosotros y nos calentamos porque él nos mueve.*

(Ovidio, *Fastos*, 6, 5)

De esta forma expresa Ovidio el origen de la poesía y compara al poeta con un poseso que descubre una profunda verdad.

718. EST DICTUM VERUM: PRIVATA DOMUS VALET AURUM. *Es un dicho de verdad: la casa privada vale oro.*

(Proverbio medieval)

Véase el n.º 643.

719. EST ENIM PROPRIUM STULTITIAE, ALIORUM VITIA CERNERE, OBLIVISCI SUORUM. *Es de necios ver los vicios ajenos y olvidar los propios.*

(Cicerón, *Tusculanas*, 3, 30)

La expresión se refiere a aquellas personas que acusan a otras de un error o una falta que ellas mismos han cometido.

720. EST FELICIBUS DIFFICILIS MISERIARUM VERA AESTIMATIO. *Para los que son felices es difícil juzgar correctamente las miserias ajenas.*

(Quintiliano, *Declamationes*, 9, 6)

Porque la felicidad impide comprender a veces las desgracias ajenas.

721. EST MODUS IN REBUS SICUT CECINERE POETAE: / LAUDAVERE MODUS PARITER SANCTIQUE PROPHETAE. *Hay una medida en las cosas: así han cantado los poetas / e igualmente han alabado la medida santos y profetas.*

(Proverbio medieval)

Variante medieval, interpretada a la luz del cristianismo, del famoso dicho de Horacio (véase el n.º 722).

722. EST MODUS IN REBUS: SUNT CERTI DENIQUE FINES, QUOS ULTRA CITRAQUE NEQUIT CONSISTERE RECTUM. *Hay una medida de las cosas; existen determinados límites y no es correcto sobrepasarlos ni permanecer detrás.*

(Horacio, *Sátiras*, 1, 1, 106-107)

Fórmula con la que Horacio recomienda la moderación.

723. EST NOBIS VOLUISSE SATIS: NEC MUNERA PARVA / RESPUERIS. *Ya es bueno haber querido; y los pequeños presentes / no se rechazan.*

(Tibulo, *Elegías*, 4, 1, 7-8)

Estos versos no se refieren a los esfuerzos del poeta para encontrar palabras adecuadas a los méritos de Mesala. Se puede citar actualmente para indicar que en el dar es suficiente el pensamiento.

724. EST OPERARE PRETIUM DUPLICIS PERNOSCERE IURIS NATURAM. *Tiene mucha importancia conocer bien la doble naturaleza del derecho.*

(Horacio, *Sátiras*, 2, 4, 63)

725. ESTOTE ERGO PRUDENTES SICUT SERPENTES ET SIMPLICES SICUT COLUMBAE. *Sed por lo tanto prudentes como las serpientes y sencillos como las palomas.*

(Mateo, 10, 16)

Expresión citada actualmente como una invitación a la prudencia, es decir, a vigilar y a estar atentos como las serpientes pero manteniendo una alma pura y sin contaminar.

726. EST PROFECTO DEUS QUI QUAE NOS GERIMUS AUDITQUE ET VIDET. *Es realmente un dios aquel que ve y escucha lo que hacemos.*

(Plauto, *Captivi*, 313)

Verso citado para indicar la omnisciencia y la omnipotencia divina. Concepción que deriva de la creencia latina en la existencia de un ser supremo de rasgos uránicos, típico de los pueblos cazadores.

727. EST QUADAM PRODIRE TENUS, SI NON DATUR ULTRA. *Es (ya) algo llegar a un cierto punto si no es posible (ir) más allá.*

(Horacio, *Epístolas*, 1, 1, 32)

Expresión usada a propósito de aquel que no consigue llevar a término una obra empezada por impedimentos añadidos con el tiempo o por ineptitud.

728. EST QUAEDAM FLERE VOLUPTAS. *Incluso en el llanto hay un cierto placer.*

(Ovidio, *Tristia*, 4, 3, 37)

Expresión que se puede citar en el lenguaje común para indicar que el llanto proporciona un ligero descanso puesto que permite desahogar el dolor.

729. EST QUASI DIVES CUM NIHIL HABEAT ET EST QUASI PAUPER CUM IN MULTIS DIVITIIS SIT. *Es como un rico que no tiene nada y es como un pobre entre riquezas.*

(Proverbios, 13, 7)

Fórmula que recupera el tópico del rico que es pobre espiritualmente.

730. EST QUASI GRANDE FORUM VOX ALTA TRIUM MULIERUM. *La voz alta de tres mujeres es casi como un gran mercado.*

(Proverbio medieval)

Dicho que se puede citar a propósito de la tradicional fama de las mujeres como chismosas y charlatanas.

731. EST QUOQUE CUNCTARUM NOVITAS CARISSIMA RERUM. *La novedad es la más agradecida entre todas las cosas.*

(Ovidio, *Cartas desde el Ponto*, 3, 4, 51)

Expresión citada incluso en su forma abreviada (véase el n.° 928) para indicar la alegría de las novedades.

732. EST VIR QUI ADEST. *[La verdad] es el hombre que tienes enfrente.*

Anagrama de la frase *quid est veritas?* (véase el n.° 2.022) pronunciada por Pilatos y a la que, según una anécdota, Jesús respondió de esta forma.

733. ESURIENS SILVA PATIENS LUPUS EXIT OPACA. *El lobo sale del oscuro bosque cuando tiene hambre.*

(Proverbio medieval)

Expresión todavía en uso para indicar que la necesidad hace llevar a cabo las empresas más disparatadas.

734. ESURIENS STOMACHUS FERTUR COQUUS OPTIMUS ESSE. *El hambre es el mejor cocinero que existe.*

(Proverbio medieval)

Variación sobre el tópico de que cuando se tiene hambre cualquier comida es buena.

735. ESURIENS VENTER NON VULT STUDERE LIBENTER. *El estómago afamado no estudia con ganas.*

(Proverbio medieval)

Expresión en uso en el lenguaje común para indicar de forma graciosa la importancia de la nutrición corporal además de la intelectual (véase también el n.º 1.011).

736. ET AMORE ET METU AMENS. *Loca de amor y de miedo.*

(Quinto Curcio Rufo, *Historia de Alejandro Magno*, X, 6, 7, 8)

La expresión se puede entender en dos sentidos: por un lado, el amor y el miedo son los dos sentimientos que calman la locura; por otro, el miedo acompaña siempre al sentimiento amoroso.

737. ET EGO IN ARCADIA. *También yo en Arcadia.*

La locución se entiende actualmente con el sentido de «también yo he estado en Arcadia» y significa por lo tanto haber probado una experiencia agradable y afortunada. En origen, esta locución, frecuente en las obras representativas, indicaba que la muerte aparece incluso en un país feliz.

738. ET ERIT SICUT POPULUS SIC SACERDOS ET SICUT ANCILLA SIC DOMINA EIUS. *Tal como es el pueblo, así será el sacerdote: como el siervo será al amo y como la sierva al ama.*

(Isaías, 24, 2)

Fragmento famoso que se refiere al día del juicio, en el que no se producirán diferencias de escala social y todos serán juzgados de la misma forma.

739. ET EXCITATUM EST TAMQUAM DORMIENS DOMINUS, TAMQUAM POTENS CRAPULATUS A VINO. *Pero luego el Señor se despertó como de un sueño, como un valiente adormecido por el vino.*

(Salmos, 78, 65)

El salmo se refiere a una poderosa intervención de Dios después de un largo periodo de silencio. Más allá de un contexto religioso, la expresión, de la cual conviene citar sólo la segunda parte, puede emplearse para referirse a personas aparentemente perezosas que cuando deciden actuar parecen irrefrenables.

740. ET FACERE ET PATI FORTIA ROMANUM EST. *Es propio de los romanos cumplir y soportar acciones fuertes.*

(Tito Livio, *Historias*, 2, 12, 9)

Frase famosa atribuida por la historia a Mucio Escévola, quien quemó su mano derecha por haber errado el golpe contra el rey etrusco Porsenna. En el año 1915 la frase se grabó sobre una medalla pequeña que fue distribuida a los masones italianos en guerra y es muy apropiada para discursos patrióticos.

741. ET GENUS ET VIRTUS, NISI CUM RE, VILIOR ALGA EST. *La estirpe y el valor si no están unidos a la riqueza valen menos que una alga.*

(Horacio, *Sátiras*, 2, 5, 8)

Este es el pensamiento de Odiseo y se refiere a todos aquellos que consideran el dinero y las riquezas como un medio para aumentar la propia fama.

742. ETIAM CAPILLUS UNUS HABET UMBRAM SUAM. *Incluso un cabello tiene su propia sombra.*

(Publilio Siro, E 13)

Expresión que tiene muchos significados: nada se desprecia porque incluso las cosas más sencillas pueden ser útiles o incluso los pequeños pueden deleitar o molestar.

743. ETIAM IUCUNDA MEMORIA EST PRAETERITORUM MALORUM. *El recuerdo de los males pasados es incluso agradable.*

(Cicerón, *De finibus*, 2, 32, 105)

Expresión citada para indicar que es bonito recordar los males pasados cuando ya se han superado.

744. ETIAM ME MEAE LATRANT CANES? *¿Incluso mis perros ladran en mi contra?*

(Plauto, *Poenulus*, 1234)

Expresión utilizada para indicar la traición de las personas más cercanas y fieles.

745. ETIAM PARIETES ARCANORUM SOLI CONSCII TIMEBANTUR. *Se temía incluso de las paredes, los únicos testigos de los secretos.*

(Amiano Marcelino, *Rerum gestarum libri*, 14, 1, 7)

La frase se refiere al clima de sospecha y terror en los tiempos de César Galo, y todavía se utiliza en situaciones análogas.

746. ETIAM PERIERE RUINAE. *Se han destruido incluso las ruinas.*

(Lucano, *Farsalia*, 9, 969)

Expresión referida a las ruinas de Troya y que se cita actualmente para indicar una destrucción total tanto material como moral.

747. ET IN MEDIAS RES / NON SECUS AC NOTAS AUDITOREM RAPIT. *Transporta al auditorio en medio de la narración / como si las premisas fueran conocidas.*

(Horacio, *Epístola a los Pisones*, 148)

Horacio se refiere a la narración de Homero que empezaba la historia desde el medio o desde el final. La frase se utiliza también en su forma abreviada *in medias res* (véase el glosario) para indicar la técnica poético-narrativa que omite los preámbulos.

748. ET IN ORE FATUORUM COR ILLORUM, ET IN CORDE SAPIENTIUM OS ILLORUM. *Sobre la boca de los bobos se encuentra su corazón, la boca de los sabios se encuentra en cambio en su corazón.*

(Zacarías, 21, 29)

Expresión utilizada actualmente para indicar la contraposición entre la boca, sede de la superficialidad, y el corazón, lugar de profunda interioridad.

749. ET LACRIMAE PROSUNT, LACRIMIS ADAMANTA MOVEBIS. *Incluso las lágrimas deleitan; con las lágrimas puedes ablandar diamantes.*

(Ovidio, *Arte de amar*, 1, 65)

Expresión utilizada para indicar la capacidad de persuasión de las lágrimas que conmueven incluso a corazones duros como diamantes.

750. ET LOQUI POENA EST ET RETICERE TORMENTUM. *Es peligroso hablar y es una tortura estar callados.*

(Rómulo Nilancio, 2, 20)

La frase aparece en la fábula medieval en la que los animales escogen como rey al león.

Indica por lo tanto la situación insoportable en la que uno se encuentra cuando está oprimido por un tirano.

751. ET MOTAE AD LUNAM TREPIDABIS HARUNDINIS UMBRAM. *Tendrás miedo incluso por la sombra de una caña que se mueve a la luz de la luna.*

(Juvenal, *Sátiras*, 10, 21)

El miedo a las sombras es típico de los niños, pero usado en expresiones proverbiales indica a las personas extremadamente temerosas y miedosas (véase el n.º 2.378).

752. ET MUNDUS TRANSIT ET CONCUPISCENTIS EIUS. *Y el mundo pasa y con él su lujuria.*

(*Epístola de San Juan*, 2, 17)

Expresión utilizada para indicar la caducidad y la vanidad de las cosas mundanas.

753. ET NOS ERGO MANUM FERULAE SUBDUXIMUS. *También nosotros sacamos la mano de la vara.*

(Juvenal, *Sátiras*, 1, 5)

Frase citada para indicar una seria y severa educación.

754. ET NUNC PLAUDITE! *¡Y ahora aplaudid!*

Palabras atribuidas a Augusto cuando estaba a punto de morir, quien al parecer preguntó a los amigos si había representado bien el drama de la vida (véase el n.º 33). La frase se puede citar al final de una cosa que ha salido bien.

755. ET POST MALAM SEGETEM SERENDUM EST. *Es necesario sembrar incluso después de una mala cosecha.*

(Séneca, *Cartas*, 8, 11)

La expresión indica que no se tiene que dejar de hacer el bien aunque se haya recibido ingratitud y, con un sentido más general, es una exhortación a avanzar a pesar de las adversidades.

756. ET QUONDAM MAIORA TULI. *Y hubo una época en la que soporté males peores.*

(Horacio, *Sátiras*, 2, 5, 21)

La expresión es de origen homérico. Ulises, al volver a casa, se vio atenazado por la pobreza. La frase se cita actualmente como una invitación a la templanza.

757. ET REFELLERE SINE PERTINACIA ET REFELLI SINE IRACUNDIA PARATI SUMUS. *Estamos preparados para contradecir sin obstinación y a ser contradecidos sin irritarnos.*

(Cicerón, *Tusculanas*, 2, 1, 2)

Expresión que indica el correcto comportamiento que se debe tener en las discusiones.

758. ET VERITATEM DILIGIMUS ET PLATONEM, SED RECTIUS EST DILIGERE VERITATEM. *Amamos tanto la verdad como Platón, pero es más justo amar la verdad.*

La verdad es importante en sí misma, prescindiendo de los filósofos.

759. EUNDEM CALCEUM OMNI PEDI INDUCERE. *Hacer entrar todos los pies en el mismo zapato.*

(Erasmo, *Adagios*, 4, 4, 46)

Expresión citada para indicar que una misma cosa no puede adaptarse a todos y que, en cierto modo, corresponde al dicho «cada mochuelo a su olivo».

760. EUNT ANNI MORE FLUENTIS AQUAE. *Los años pasan como el agua que fluye.*

(Ovidio, *Arte de amar*, 3, 62)

Variación sobre el tópico de la fugacidad de la vida.

761. EVENIUNT HOMINI POST LUCTUS GAUDIA SAEPE. *A menudo, llegan las alegrías a un hombre después del dolor.*

(Proverbio medieval)

Expresión que recupera el motivo de la alternancia en la vida de alegrías y dolores.

762. EVENTUS [...] STULTORUM [...] MAGISTER. *El resultado es maestro de los tontos.*

(Tito Livio, 22, 39, 10)

Puesto que no escuchan las palabras sino que deben darse de bruces con la realidad.

763. EX ABUNDANTIA CORDIS OS LOQUITOR. *La boca habla de la plenitud del corazón.*

(Mateo, 12, 34)

Nuestra forma de hablar refleja nuestra intimidad, tanto para lo bueno como para lo malo.

764. EXCELSIS MULTO FACILIUS CASUS NOCET. *A aquel que está arriba es mucho más fácil que la caída le provoque daños.*

(Publilio Siro, E 16)

Máxima que recupera un motivo muy extendido y que invita a no exaltarse demasiado en los momentos afortunados.

765. EXCITABAT ENIM FLUCTUS IN SIMPULO. *Provocaba una tormenta en un vaso.*

(Cicerón, *De legibus*, 3, 16, 36)

Cicerón se refiere a las propuestas de ley de un instigador. La expresión se cita actualmente para indicar la desproporción entre un problema y las medidas que se toman para resolverlo.

766. EXCLAMAS UT STENTORA VINCERE POSSIS. *Gritas tan fuerte que podrías superar a Stentor.*

(Juvenal, *Sátiras*, 13, 112)

En la Antigüedad una voz fuerte se asociaba a menudo con el personaje homérico Stentor (véase *Ilíada*, 5, 785) y de esto deriva la locución «voz estentórea».

767. EXCUSATIO NON PETITA, ACCUSATIO MANIFESTA. *Perdón no solicitado, acusación manifestada.*

(Proverbio medieval)

Expresión que recupera un tópico clásico y que todavía está muy extendida (véase también el n.º 661).

768. EXEANT OMNES! *¡Que salgan todos!*

Se trata de una fórmula que se pronuncia cuando, en ocasión del cónclave, el decano invita a todos a salir para dejar solos a los cardenales. La expresión podría emplearse actualmente en el lenguaje común para ordenar en tono de broma que se desaloje un local de inmediato.

769. EXEGI MONUMENTUM AERE PEREN-
NIUS. *He levantado un monumento más duradero que el bronce.*

(Horacio, *Odas*, 3)

Expresión que se ha vuelto famosa, sobre
todo en la forma abreviada *aere perennius*,
para indicar una cosa destinada a la inmor-
talidad. Horacio se inspiró en la conclusión
de las *Metamorfosis: Iamque opus exegi quod
nec Iovis ira nec ignis / nec poterit ferrum nec
edax abolere vetustas.*

770. EXEMPLUM DEI QUISQUE EST IN IMA-
GINE PARVA. *Todos a pequeña escala somos
un ejemplo de Dios.* (Manilio, *Astronomicon*, 4, 894)

Puesto que está escrito que «Dios creó al
hombre a su imagen y semejanza»

(Génesis, 1, 27).

771. EX EODEM ORE CALIDUM ET FRIGIDUM
EFFLARE. *Sopla el frío y el calor de la misma
boca.*

(Erasmo, *Adagios*, 309)

El dicho indica actualmente a una persona
de la que no es posible fiarse y proviene de
la fábula de Esopo en la que un sátiro deci-
dió no fiarse de un hombre al ver que utilizaba el aliento tanto para calentarse las manos como para enfriar la menestra.

772. EXERCITUM SUUM PRANSUM PARATUM
[...] EDUXIT. *Llevó fuera a su ejército ya preparado y alimentado.*

(Catón, *Origines*, 5, 11)

Expresión utilizada para indicar a una persona perfectamente eficiente. Véase también la locución *pransus paratus* en el glosario.

773. EX FIMBRIA TEXTURA MANIFESTA. *Por
un extremo se conoce la tela.*

(*Historia Miscella*, 26, 26)

Concepto común a una serie de proverbios
según los cuales a partir de un mínimo detalle se puede comprender la totalidad de
una cosa o una persona.

774. EX FRUCTU COGNOSCITUR ARBOR. *A
partir del fruto se conoce al árbol.*

(Proverbio medieval)

De la misma forma que a partir del fruto se
sabe cuál es la planta, es a partir de las acciones que se comprende la índole de los
hombres.

775. EX HABITU COLIGITUR PERSONA HOMI-
NIS. *A partir del vestido se deduce la personalidad de un individuo.*

(Proverbio medieval)

Expresión muy extendida, pero no siempre
verdadera.

776. EX HAC MINIMA SCINTILLULA VITALIS
CALOR ILLUXERIT. *A partir de esta pequeña
chispa brillará el calor de la vida.*

(Boecio, *La consolación por la filosofía*, 1, 6)

Expresión que recupera el tópico de la chispa que produce un incendio, pero en clave
abstracta y referida a la filosofía.

777. EXIGUE EST TRIBUENDA FIDES QUI
MULTA LOQUUNTUR. *A aquel que charla mucho se le debe prestar poca fe.*

(Catón, *Dísticos*, 2, 20)

Expresión que invita a no fiarse de parlan-
chines y charlatanes.

778. EXILIS NUMMUS BREVEM PARIT MISSAM.
Para aquel que paga poco la mesa es corta.

(Proverbio medieval)

Lema citado para indicar que aquel que está
dispuesto a dar poco recibe poco a cambio.

779. EX INCOMPREHENSIBILI PARVITATE HA-
RENAE FUNIS EFFICI NON POSSIT. *Con pe-
queñísimos granos de arena no se puede fabri-
car una cuerda.*

(Columela, 10, pref. 4)

Lema que indica una acción irrealizable.

780. EX INSIPIENTIBUS SAPIENS. *Sabio para
los ignorantes.*

Expresión utilizada para indicar que no es
necesario ser eruditos para ser sabios ni
grandes expertos en un arte, sobre todo si
es práctico.

781. EXITUS ACTA PROBAT. *El resultado pone
a prueba el hecho.*

(Ovidio, *Heroídas*, 2, 85)

Locución extendida para indicar que el resultado es la comprobación de la acción y que las acciones se juzgan a la luz de su conclusión.

782. EXITUS IN DUBIO EST. *El resultado es dudoso.*

(Ovidio, *Metamorfosis*, 12, 522)

Puesto que no se puede conocer el resultado de una cosa hasta que no se ha terminado o no se han visto sus efectos.

783. EX MALIS ELIGERE MINIMA. *De entre todos los males se tiene que escoger el menor.*

(Cicerón, *De officiis*, 3, 1, 3)

Expresión que suele citarse cuando se debe escoger entre dos cosas negativas.

784. EX MALIS MULTIS MALUM QUOD MINIMUM EST, ID MINIME EST MALUM. *Entre muchos males, el menor es un mal en pequeña medida.*

(Plauto, *Stichus*, 120)

Expresión análoga a la precedente, pero más complicada conceptualmente y, por lo tanto, más adecuada para una conversación culta.

785. EX NIHILI CREVIT. *Alcanzó la cima a partir de la nada.*

Locución que se refiere a las personas que se han hecho a sí mismas.

786. EXORIARE ALIQUIS NOSTRIS EX OSSIBUS ULTOR! *¡Surge de nuestros huesos, vengador!*

(Virgilio, *Eneida*, 4, 625)

Palabras pronunciadas por Dido, mientras agonizaba, contra Eneas, quien la abandonó, y que se refieren al futuro general cartaginés Aníbal. El verso ha gozado de una gran fortuna en el ámbito literario e incluso actualmente puede citarse en un contexto culto.

787. EX OVO OMNIA. *Todo nace del huevo.*

Lema que aparece en la portada del *De generatione animalium* del fisiólogo inglés William Harvey (véase el n.º 1.751).

788. EXPEDIT VOBIS UT UNUS MORIATUR HOMO PRO POPULO. *Es necesario que un único hombre muera por el pueblo.*

(Juan, 11, 50)

Palabras proféticas pronunciadas por el sumo sacerdote Caifás ante los judíos que debían decidir sobre la muerte de Jesús. La expresión se puede citar para indicar la necesidad de que en un grupo una persona se sacrifique por el bien de todos.

789. EXPERIMENTO DIDICI. *Lo he aprendido con la experiencia.*

(Rosvita, *Gallicano*, 1, 12, 8)

Se trata de una de las tantas locuciones que exaltan la importancia de la experiencia más allá del conocimiento teórico.

790. EXPERTO CREDITE. *Creed en el experto.*

(Virgilio, *Eneida*, 11, 283)

Máxima extendida incluso entre otros autores y que se ha hecho famosa como invitación a creer en aquellos que tienen experiencia, que han probado las cosas en primera persona.

791. EXPERTUS METUIT. *Aquel que tiene experiencia teme.*

(Horacio, *Epístolas*, 11, 283)

Las palabras se refieren en Horacio a aquellos que creen que la amistad con una persona poderosa es beneficiosa. Actualmente indica los temores de una persona experta en relación con una empresa, una actividad, etc., puesto que conoce los riesgos y los peligros.

792. EXSTAT DIFFICILE VULPEM DEPRENDERE VULPEM. *Es difícil atrapar al zorro con otro zorro.*

(Proverbio medieval)

Expresión citada para indicar la dificultad de engañar a quien normalmente engaña. Sin embargo, es necesario destacar que de este proverbio existe otro contrario (véase el n.º 497).

793. EXTRA CALCEM [...] SERMO DECURRENS. *Discurso que se sale del camino.*

(Amiano Marcelino, *Rerum gestarum libri*, 21, 1, 14)

La expresión indica la voluntad de desviar un discurso, pero se refiere también a la desviación del «camino recto» en otros ámbitos de la existencia.

794. EXTRA ECCLESIAM NULLA SALUS. *Lejos de la Iglesia no existe la salvación.*

(Cipriano, *Epístolas*, 73, 21)

Se trata del concepto fundamental de la bula *Unam sanctam* de Bonifacio VIII. La expresión indica actualmente una mentalidad religiosa bastante estricta que considera la Iglesia como la depositaria absoluta de la verdad y la salvación.

795. EXTREMA SEMPER DE ANTE FACTIS INDICANT. *La conclusión aclara siempre los acontecimientos precedentes.*

(Publilio Siro, E 17)

Expresión que recupera el concepto según el cual las acciones pueden valorarse sólo en el momento de su conclusión.

796. EX UNGUE LEONEM. *A partir de las uñas puede reconocerse el león.*

También este lema de ascendencia griega se utiliza para indicar que a partir de un indicio se puede comprender una totalidad.

797. EX UNGUICULIS PERPRURISCERE. *Tener picores desde la punta de las uñas.*

(Plauto, *Stichus*, 761)

Expresión que puede indicar el temblor por un acontecimiento inminente.

798. EX VENTRE CRASSO TENUEM SENSUM NON NASCI. *De un vientre graso no nace una fina sensibilidad.*

(Persio, 1, 56)

Expresión que indica tanto que las personas dedicadas a los placeres materiales son generalmente bastante rudas, como que cuando estamos apagados y saciados no sentimos la exigencia de mejorar nuestra sensibilidad.

799. EX VITIO ALTERIUS SAPIENS EMENDAT SUUM. *El sabio corrige el propio vicio a la luz de los vicios ajenos.*

(Publilio Siro, E 4)

Variación sobre el tópico de la importancia de aprender de los demás.

F

800. FABER EST SUAE QUISQUE FORTUNAE. *Cada uno es el artífice del propio destino.*

(Pseudo Salustio, *Epistula ad Cesarem senem de republica*, 1, 1, 2)

Expresión muy famosa, citada todavía en la actualidad para indicar la responsabilidad de las decisiones humanas y no tanto de la suerte, en la dirección de la propia vida.

801. FABRUM CAEDERE CUM FERIAS FULLO-NEM. *Golpear al herrero dando patadas al lavandero.*

(Arnobio, *Adversus nationes*, 6, 9)

Expresión que ridiculiza el error y la cobardía de resarcirse con una persona distinta de la verdadera culpable.

802. FACIAMUS EXPERIMENTUM IN CORPORE VILI. *Hagamos un experimento sobre una materia bruta.*

(M. A. Muret)

Expresión utilizada para indicar que una operación se realiza sin las debidas precauciones porque quien se arriesga es otra persona, quizás incluso alguien que cuenta poco.

803. FACIENDI PLURES LIBRO A NULLUS EST FINIS. *Los libros se multiplican sin fin.*

(Eclesiastés, 12, 12)

804. FACIENDUM ID NOBIS QUOD PARENTES IMPERANT. *Nuestro deber es hacer lo que nos ordenan nuestros padres.*

(Plauto, *Stichus*, 54)

Máxima que invita a los más jóvenes a obedecer a sus padres.

805. FACIES NON OMNIBUS UNA, NON DIVERSA TAMEN. *No tienen todas el mismo aspecto, pero ni siquiera distinto.*

(Ovidio, *Metamorfosis*, 2, 13)

La expresión se refiere a las ninfas del mar, todas hermanas. Actualmente se utiliza para indicar que cada cual, aun teniendo mucho en común con los demás hombres, posee una personalidad propia.

806. FACIES TUA COMPUTAT ANNOS. *Tu cara dice tus años.*

(Juvenal, *Sátiras*, 6, 199)

Expresión que critica a aquellas personas que intentan ocultar con cosméticos su edad.

807. FACILE EST UBI OMNIA QUADRATA CURRUNT. *Todo es fácil cuando todo discurre por el camino correcto.*

(Petronio, *Satiricón*, 43)

808. FACILE EX AMICO INIMICUM FACIES CUI PROMISSA NON REDDAS. *Es fácil transformar un amigo en enemigo si no se mantienen las promesas.*

(San Jerónimo, *Epístolas*, 148, 30)

La expresión se centra en la necesidad de mantener cuanto se promete.

809. FACILE OMNES QUOM VALEMUS RECTA CONSILIA AEGROTIS DAMUS. *Todos cuando* *estamos bien damos fácilmente consejos justos a los enfermos.*

(Terencio, *Andria*, 309)

Expresión que recupera el tópico de la facilidad de dar consejos cuando no se tienen preocupaciones.

810. FACILIS AD LUBRICA LAPSUS. *Es fácil caer donde se resbala.*

(Frontón, *Ad M. Antoninum de orationibus*, 16)

El lema se cita para indicar que cuando nos exponemos a los peligros es fácil tener problemas.

811. FACILIS DESCENSUS AVERNO. *Es fácil el descenso al infierno.*

(Virgilio, *Eneida*, 6, 126)

Palabras de la Sibila Cumana, quien indicó a Eneas el camino hasta el infierno. Pueden citarse para indicar la facilidad con la que se puede morir, como para señalar que el inicio de una empresa es fácil, pero luego aparecen las dificultades.

812. FACILIUM EST CAMELUM PER FORAME ACULUM TRANSIRE, QUAM DIVITEM INTRARE IN REGNUM CAELORUM. *Es más fácil que un camello pase por el ojo de la aguja que un rico entre en el reino de los cielos.*

(Mateo, 19, 24)

Frase muy famosa citada para indicar la dureza de corazón y el apego a los bienes mundanos.

813. FACILIUS EST ENIM CURRENTEM, UT AIUNT, INCITARE, QUAM COMMOVERE LANGUENTEM. *Es más fácil animar a aquel que corre que mover a aquel que está abandonado a la pereza.*

(Cicerón, *De oratore*, 2, 44, 186)

Expresión que previene contra la vanidad de exhortar al trabajo a quien lo está realizando.

814. FACILIUS INTER PHILOSOPHOS QUAM INTER HOROLOGIA CONVENIET. *Es más fácil avenirse entre filósofos que entre relojes.*

(Séneca, *Ludus*, 2, 3)

815. FACILIUS PER PARTES IN COGNITIONEM TOTIUS ADDUCIMUR. *Por partes conseguimos conocer mejor el todo.*

(Séneca, *Cartas*, 89, 1)

Expresión que indica un conocido principio pedagógico.

816. FACIS DE NECESSITATE VIRTUTEM. *Haz de la necesidad virtud.*

(San Jerónimo, *Epistula adversus Rufinum*, 3, 2)

Locución famosa que indica aceptar pacientemente aquello a lo que se está obligado.

817. FACIT INDIGNATIO VERSUM. *La indignación hace poesía.*

(Juvenal, *Sátiras*, 1, 79)

La poesía satírica suele inspirarse en el desdén y en la indignación antes que en las veleidades literarias.

818. FACIUNT FAVOS ET VESPAE. *Incluso las avispas hacen panales.*

(Tertuliano, *Adversus Marcionem*, 4, 5)

Pero los panales de las avispas, aunque son iguales a los de las abejas, están vacíos. La expresión se cita por lo tanto como amonestación para saber distinguir lo que es bueno de lo que no lo es.

819. FAC SI FACIS. *Si lo haces, hazlo enseguida.*

(Marcial, 1, 46, 1; Séneca, *De beneficis*, 3, 36, 2; Juan, 13, 27)

Lema muy extendido para indicar la conveniencia de comenzar el trabajo cuanto antes.

820. FACTIS ESTIS QUIBUS LACTE OPUS SIT, NON SOLIDO CIBO. *Ahora necesitáis leche y no comida sólida.*

(San Pablo, *Epístola a los hebreos*, 5, 12)

Expresión citada para designar la inmadurez de una persona, puesto que alimentarse con leche es típico de la infancia.

821. FACTIS NON VERBIS SAPIENTIA SE PROFITETUR. *La sabiduría se aprovecha de los hechos, no de las palabras.*

(Abelardo, *Ad Astrolabium*, 43)

Lema que recupera el motivo de que la obra debe realizarse no con las palabras sino con los hechos. Se ha sintetizado en el más común *facta non verba* («hechos y no palabras»).

822. FACTUM ABIIT, MONIMENTA MANENT. *Los hechos desaparecen, los monumentos se conservan.*

(Ovidio, *Fastos*, 4, 709)

La expresión se utiliza con el significado de que las personas y sus empresas o acciones desaparecen, pero sus enseñanzas se conservan.

823. FACTUM EST ILLUD; FIERI INFECTUM NON POTEST. *El hecho es ese, y no puede ser que no se haga.*

(Plauto, *Aulularia*, 4, 10, 11)

La expresión indica una cosa que es así y no puede ser distinta o bien que algo que haya sucedido ya no puede cambiarse.

824. FALCO MEIS SED TALPA TUIR ERRORIBUS EXTAS. *Eres un halcón con mis errores y un topo con los tuyos.*

(Proverbio medieval)

Expresión basada en el contraste entre la aguda vista del halcón y la ceguera del topo, y que recupera en clave metafórica el tópico según el cual vemos más los defectos ajenos que los nuestros.

825. FALLACES SUNT RERUM SPECIES. *El aspecto exterior engaña.*

(Séneca, *De beneficiis*, 4, 34)

Lema que corresponde exactamente al dicho «las apariencias engañan».

826. FALLACIA ALIA ALIAM TRUDIT. *Un engaño atrae [o persigue] al otro.*

(Terencio, *Andria*, 778)

La expresión se cita todavía en la actualidad con el sentido de que aquel que empieza a decir mentiras o a engañar ya no se detiene.

827. FALLERE QUI SATAGIT FALLITUR ARTE SUA. *Aquel que se apresura a engañar, se engaña con sus propias artes.*

(Proverbio medieval)

828. FALLITUR AUGURIO SPES BONA SAEPE SUO. *Una gran esperanza a menudo no mantiene las promesas.*

(Ovidio, *Heroides*, 17, 236)

La expresión puede citarse como advertencia para no hacerse demasiadas ilusiones o para no creer ciegamente en una cosa.

829. FAMA BONA LENTE VOLAT, MALA FAMA REPENTE. *Las buenas noticias vuelan lentas, las malas rápidamente.*

(Proverbio medieval)

830. FAMA CRESCIT EUNDO. *La fama crece con el andar.*

(Virgilio, *Eneida*, 4, 174)

Lema famoso y todavía en uso para indicar que la fama aumenta a medida que se extiende, si bien a la vez agiganta y deforma los hechos.

831. FAMA IN NOVIS COEPTIS VALIDISSIMA EST. *En las nuevas empresas tiene una gran eficacia la opinión pública.*

(Tácito, *Anales*, 13, 8)

La opinión de la gente es la que decreta el éxito o el fracaso de una cosa.

832. FAMA, MALUM QUA NON ALIUD VELOCIUS ULLUM. *La fama, un mal del cual ningún otro es más rápido.*

(Virgilio, *Eneida*, 4, 174)

La expresión se basa en el antiguo tópico de la fama como mal veloz.

833. FAMA [...] NULLA STRINGITUR MORA. *La fama no se deja bloquear por ningún retraso.*

(Rosvita, *Pafnuzio*, 6, 2)

Lema que recupera el tópico de la velocidad de la fama.

834. FAMA SUPER AETHERA NOTUS. *Conocido por la fama hasta las estrellas.*

(Virgilio, *Eneida*, 1, 135)

Locución citada a propósito de personas muy famosas.

835. FAMILIARIS DOMINUS FATUM NUTRIT SERVUM. *El amo afable hace que los siervos sean ociosos.*

(Faselius, *Latium*, 3, 84)

Expresión citada a propósito de quien tiende a ser demasiado condescendiente con las personas queridas.

836. FAS EST ET AB HOSTE DOCERI. *Es lícito aprender incluso del enemigo.*

(Ovidio, *Metamorfosis*, 4, 428)

En Ovidio la expresión se refiere a la venganza y al uso contra el enemigo de sus mismas armas. También puede leerse en clave positiva para indicar que incluso se puede aprender algo del enemigo y hacer que nos sea favorable.

837. FATA TRAHUNT. *El destino conduce.* Locución citada para indicar la inevitabilidad de la suerte (véase el n.º 653).

838. FATA VIAM INVENIENT. *El hecho encontrará su propio camino.*

(Virgilio, *Eneida*, 10, 113)

Lo inevitable sucederá a pesar de las dificultades y los impedimentos que puedan encontrarse.

839. FAUCIBUS TENEOR. *Estoy atrapado por el cuello.*

(Plauto, *Casina*, 943)

La expresión se refiere a una persona a la que se ha puesto un cuchillo en el cuello y que, en consecuencia, poco puede hacer.

840. FAVETE LINGUIS! *¡Callaos!*

(Horacio, *Odas*, 3, 1, 2)

Se trata de una fórmula ritual con la que el sacerdote invitaba al silencio. Horacio la recupera para invitar al público a escuchar el canto del poeta y actualmente se cita en ámbitos eruditos para acallar a una muchedumbre que grita.

841. FELICITATIS EST QUANTUM VELIS POSSE, SIC MAGNITUDINIS VELLE QUANTUM POSSIS. *Es propio de la fortuna poder cuanto se desea y de la magnanimidad desear cuanto se puede.*

(Plinio el Joven, *Panegírico de Trajano*, 61)

Expresión que contrapone la fortuna, tan accidental e inestable, a la magnanimidad y a la voluntad, más seguras, aunque permiten alcanzar sólo lo que permiten nuestras capacidades.

842. FELIX ALTERIUS CUI SUNT DOCUMENTA, FLAGELLA. *Afortunado aquel para el que las desgracias ajenas son una enseñanza.*

(San Columbano, *Carmen monastichum*, 3, 249, 19)

Expresión que recupera el tópico de aprender de los sucesos ajenos.

843. FELIX QUI DIDICIT CONTENTUS VIVERE PARCO. *Feliz es aquel que se dice contento de vivir sencillamente.*

(Binder, *Novus thesaurus adagiorum latinorum*, p. 123)

Lema que exalta una vida sencilla y tranquila.

844. FELIX QUI POTUIT RERUM COGNOSCERE CAUSAS. *Dichoso aquel que puede conocer las causas de las cosas.*

(Virgilio, *Geórgicas*, 2, 490)

Virgilio se refiere al filósofo que, al conocer el origen de las cosas, no está atormentado por temores supersticiosos. Con el paso de los siglos el verso ha pasado a indicar la ansiedad del conocimiento y la envidia para aquel que ya lo ha obtenido, y se utiliza actualmente en clave irónica para referirse a la imposibilidad de conocerlo todo.

845. FEMINA MOBILIOR VENTIS. *La mujer es más variable que los vientos.*

(Calpurnio Sículo, *Églogas*, 3, 10)

Verso muy famoso que aparece incluso en una famosa ópera lírica.

846. FEMINIS LUGERE HONESTUM EST, VIRIS MEMINISSE. *A las mujeres les conviene llorar, a los hombres recordar.*

(Tácito, *De moribus Germaniae*, 28)

Las mujeres lloran incluso sobre las injurias sufridas, pero los hombres las recuerdan y se vengan. Una frase que se puede citarse en discursos patrióticos.

847. FERAS NON CULPES QUOD MUTARI NON POTEST. *Soporta y no te quejes de lo que no puede cambiarse.*

(Publilio Siro, F 11)

La máxima obliga a aceptar serenamente los momentos tristes de la vida.

848. FERE LIBENTER HOMINES ID, QUOD VO-LUNT CREDUNT. *Normalmente, los hombres creen en lo que querrían que fuera.*

(César, *De bello gallico,* 3, 18)

Frase utilizada para indicar que no siempre se consigue ser objetivo o que tampoco se desea aceptar en todo momento la evidencia de los hechos.

849. FERE TOTUS MUNDUS EXERCET HISTRIONEM. *Casi todo el mundo actúa.*

(Petronio, *Satiricón,* 673)

Expresión que recupera el tópico de la vida como actuación y de los hombres como actores.

850. FERIUNTQUE SUMMOS FULGURA MONTES. *Los rayos afectan a los montes más altos.*

(Horacio, *Odas,* 2, 10, 11)

La invitación a la moderación de Horacio se cita actualmente para indicar que aquella persona que ocupa posiciones elevadas está más expuesta a los peligros, a la envidia y a las adversidades de la fortuna.

851. FERRE IUGUM PARITER. *Soportar juntos el yugo.*

(Horacio, *Odas,* 1, 35, 28)

Expresión que se refiere a dos personas que soportan las mismas adversidades o que las soportan juntos.

852. FERRUM RUBIGO CONSUMIT. *La herrumbre corroe el hierro.*

(Quinto Curcio Rufo, *Historia de Alejandro Magno,* X, 7, 8, 15)

Incluso lo más fuerte que existe puede ser corrompido.

853. FERRUM NATARE DOCES. *Enseñas a un pedazo de hierro a navegar.*

(Proverbio medieval)

El dicho procede de una locución griega y es uno de los muchos que indican acciones absurdas e imposibles.

854. FERTILIOR SEGES EST ALIENIS SEMPER IN AGRIS. *La cosecha en los campos ajenos es siempre más abundante.*

(Ovidio, *Arte de amar,* 1, 349)

Constatación de que el hombre siente envidia de los bienes ajenos y cree que la hierba del vecino es siempre más verde.

855. FERVET OLLA, VIVIT AMICITIA. *Hierve el cazo, vive la amistad.*

(Erasmo, *Adagios,* 190)

Locución que puede indicar tanto una amistad interesada como la alegría de estar juntos conviviendo felices.

856. FERVET OPUS. *Arde el trabajo.*

(Virgilio, *Eneida,* 1, 436)

Expresión en la que la laboriosidad de los cartagineses se compara con la de las abejas. Se cita en la actualidad para indicar laboriosidad y presteza.

857. FESTINA LENTE. *Apresurados con lentitud.*

(Suetonio, *Vida de Augusto,* 25, 4)

Se trata de una invitación para hacer las cosas sin demora pero con calma y ponderación.

858. FIAT IUSTITIA ET PEREAT MUNDUS! *¡Que se haga justicia y que perezca el mundo!*

(Lema de Fernando I de Ausburgo)

El dicho no es de origen clásico, pero todavía se utiliza para indicar a alguien que quiere hacerse defensor de una causa justa a cualquier precio.

859. FIAT VOLUNTAS TUA. *Hágase tu voluntad.*

(Mateo, 6, 10)

Frase muy famosa del *Pater noster* citada actualmente para indicar una obediencia resignada.

860. FIDES TUA, TE SALVAM FECIT: VADE IN PACE. *Tu fe te ha salvado: vete en paz.*

(Lucas, 7, 50)

Famosas palabras dirigidas por Jesús a María Magdalena.

861. FIET UNUM OVILE ET UNUS PASTOR. *Que haya un único redil y un único pastor.*

(Juan, 10, 16)

Frase sobre la que se basa el dogma de la Iglesia católica.

862. FIGULUS FIGULO, FABER FABRO INVIDET. *El vasallo envidia al vasallo, el herrero al herrero.*

(Tertuliano, *Ad nationes*, 1, 19)

Véase el n.º 185.

863. FILIUM MARCI CICERONIS POPULUS ROMANUS NON AFNOSCEBAT LOQUENTEM. *El pueblo romano no reconocía al hijo de Marco Cicerón cuando hablaba.*

(Sidonio Apolinar, *Epístolas*, 7, 14, 7)

La frase es el contrario exacto de *qualis pater talis filius* (véase el n.º 1.971) e indica que no siempre los hijos poseen las mismas cualidades que los padres.

864. FINIS CORONAT OPUS. *El resultado es el coronamiento de la obra.*

(Proverbio medieval)

Este dicho recupera el motivo según el cual las acciones se juzgan a la luz de su conclusión.

865. FIRMISSIMA EST INTER PARES AMICITIA. *La amistad entre semejantes es muy fuerte.*

(Quinto Curcio Rufo, *Historia de Alejandro Magno*, X, 7, 8, 27)

Para que la amistad sea fuerte y duradera, es necesario una igualdad de ideas, de principios, sentimientos, opiniones, etc.

866. FISTULA DULCE CANIT, VOLUCREM CUM DECIPIT AUCEPS. *El reclamo suena suavemente mientras el cazador atrapa al pájaro.*

(Catón, *Dísticos*, 1, 27, 2)

El motivo del pájaro capturado con el canto estaba muy extendido en la Antigüedad. El lema se utiliza actualmente para prevenir de charlatanes que llevan al engaño con palabras bonitas.

867. FIT ENIM AD PORTANDUM FACILIS SARCINA, QUAM MULTORUM COLLA SUSTEN-

TANT. *El equipaje que está sujeto por diversos puntos es fácil de llevar.*

(Ennodio, 342, 4)

La expresión se utiliza para indicar que al ser muchos o estar unidos, incluso las acciones más duras y pesadas se vuelven más sencillas.

868. FLAMMA FUMO EST PROXUMA. *La llama está inmediatamente cercana al humo.*

(Plauto, *Curculio*, 53)

De un elemento positivo puede derivar otro negativo. Se trata, por lo tanto, de una advertencia que no debe ignorarse.

869. FLETUS AERUMNAS LEVAT. *El llanto aligera los dolores.*

(Séneca, *Troades*, 765)

Véase también el n.º 728.

870. FLOREM DECORIS SINGULI CARPUNT DIES. *Cada día que pasa rapta una flor a la belleza.*

(Séneca, *Octavia*, 12, 41)

La expresión describe con una imagen muy poética y elegante la decadencia de la belleza. Se trata de una frase muy adecuada para un texto o una conversación doctos.

871. FLUCTUAT NEC MERGITUR. *La han arrojado a las olas, pero no se sumerge.*

Lema que aparece sobre el escudo de la ciudad de París, en el cual figura un barco en el mar durante una tormenta. Puede citarse con un significado análogo a *frangar, non flectar* (véase el n.º 899).

872. FLUMINA PAUCA VIDES DE MAGNIS FONTIBUS ORTA, / PLURIMA COLLECTIS MULTIPLICANTUR AQUIS. *Existen pocos ríos que nazcan de grandes manantiales; muchos se ensanchan recogiendo agua.*

(Ovidio, *Remedia amoris*, 97)

Las grandes cosas están formadas a su vez por otras más pequeñas. Es bueno tener siempre en cuenta nuestros orígenes, por muy humildes y sencillos que sean.

873. FLUMINE VICINO STULTUS SITIT. *El bobo sufre la sed cerca de un río.*

(Petronio, *Satiricón*, 45, 5)

La expresión se utiliza a propósito de esas personas que no notan ni siquiera las cosas más evidentes.

874. FLUMINIBUS AQUAS TRANSMITTERE. *Llevar agua a los ríos.*

(Sidonio Apolinar, *Epístolas*, 7, 3, 1)

El autor utiliza esta metáfora para designar a la persona arrogante. No indica una acción absurda, sino más bien cómo el entusiasmo y la perseverancia acaban convirtiéndose en una ceguera contumaz.

875. FOEDUM INCEPTU, FOEDUM EXITU. *A mal principio, mal fin.*

(Tito Livio, *Historias*, 10)

Lema utilizado para indicar que una cosa mal empezada no puede tener un resultado positivo.

876. FOENUM HABET IN CORNU; LONGE FUGE! *¡Tiene heno en los cuernos; escapa!*

(Horacio, *Sátiras*, 1, 4, 34)

En la antigua Roma era típico cubrir con heno los cuernos de los toros irritables. Con esta expresión se señala a personas aparentemente inofensivas pero de lengua viperina.

877. FOLIA NUNC CADUNT, / PRAEUT SI TRIDUOM HOC HIC ERIMUS: TUM ARBORES IN TE CADENT. *Ahora caen las hojas, pero si estamos aquí todavía tres días, nos caerán encima los árboles.*

(Plauto, *Menaechmi*, 375)

Imagen muy expresiva para indicar los inicios de algo que no promete nada de bueno y que es mejor dejar estar.

878. FONTES IAM SITIUNT. *Los manantiales ya tienen sed.*

(Cicerón, *Epístolas*, 3, 1, 11)

La expresión, utilizada por el orador en una carta a su hermano Quinto, indica la aridez de su vena poética.

879. FORMA BONUM FRAGILE EST. *La belleza es un bien frágil.*

(Ovidio, *Arte de amar*, 2, 113)

Expresión sencilla y concisa que indica la caducidad de la belleza.

880. FORMOSA FACIES MUTA COMMENDATIO EST. *Un buen aspecto es una muda recomendación.*

(Publilio Siro, F 4)

Debido a que a menudo la primera impresión es la que cuenta.

881. FORMOSA VIRGO EST: DOTIS DIMIDIUM VOCANT. *Se trata de una bonita muchacha: dicen que es mitad dote.*

(Afranio, 156)

La frase, que quizás hoy ya no es significativa, permite reflexionar acerca de la belleza, el interés y el amor.

882. FORSAN ET HAEC OLIM MEMINISSE IUVABIT. *Quizás un día será bonito recordar incluso esto.*

(Virgilio, *Eneida*, 1, 203)

Estas palabras de ánimo que dirigió Eneas a sus compañeros se citan todavía en la actualidad para arrostrar un momento difícil.

883. FORTIS ENIM NON MODO FORTUNA ADIUVAT [...] SED MULTO MAGIS RATIO. *No sólo la fortuna ayuda a los fuertes, sino mucho más el raciocinio.*

(Cicerón, *Tusculanas*, 2, 4, 11)

Cicerón remarca el hecho de que también es fuerte aquel que dispone de discernimiento y ponderación además de fuerza física.

884. FORTIS EST UT MORS DILECTIO. *El amor es fuerte como la muerte.*

(Cantar de los cantares, 8, 6)

La expresión describe de forma muy sencilla y poética la fuerza del amor.

885. FORTITER IN RE, SUAVITER IN MODO. *Fuertemente en la acción, suavemente en la forma.*

Se trata de un famoso lema de los jesuitas que indica un comportamiento dócil pero enérgico cuando sea necesario.

886. FORTITER MALUM QUI PATITUR IDEM POST POTITUR BONUM. *Aquel que soporta con fuerza un mal, a continuación adquiere un bien.*

(Plauto, *Asinaria*, 324)

La expresión corresponde al dicho «quien la sigue la consigue».

887. FORTUNA CAECA EST. *La fortuna es ciega.*

(Cicerón, *De amicitia*, 15, 54)

La expresión es muy famosa y está bastante extendida. Veáse también el n.º 1.642.

888. FORTUNA FAVET FATUIS. *La fortuna ayuda a los tontos.*

(Proverbio medieval)

La expresión, contraria a *audaces fortuna iuvat* (n.º 215), significa que la fortuna interviene allí donde los tontos no llegan con el intelecto.

889. FORTUNA IN HOMINE PLUS QUAM CONSILIUM VALET. *Para el hombre la fortuna tiene mayor importancia que el juicio.*

(Publilio Siro, F 27)

La sentencia indica que nada se puede hacer contra la fortuna y la suerte.

890. FORTUNA MISERRIMA TUTA EST: / NAM TIMOR EVENTU DETERIORIS ABEST. *La suerte más miserable da seguridad, / de hecho, no existe el miedo al empeoramiento.*

(Ovidio, *Cartas desde el Ponto*, 2, 2, 31)

La expresión recupera el tópico de que quien posee poco vive tranquilo y libre de las preocupaciones de la riqueza.

891. FORTUNA MULTIS DAT NIMIS, SATIS NULLI. *La fortuna da a muchos demasiado y a nadie suficiente.*

(Marcial, *Epigramas*, 12, 10, 2)

La expresión se refiere a las personas inconformistas que creen que los demás son más afortunados.

892. FORTUNA NIMIUM QUEM FOVET STULTUM FACIT. *La fortuna vuelve tonto a aquel que ayuda demasiado.*

(Publilio Siro, F 8)

Véase el n.º 888.

893. FORTUNA OBESSE NULLI CONTENTA EST SEMEL. *La fortuna no se conforma oponiéndose a alguien una única vez.*

(Publilio Siro, F 18)

La expresión puede citarse en lugar del dicho «los males nunca vienen solos».

894. FORTUNA OPES AUFERRE, NON ANIMUM, POTEST. *La fortuna puede robarnos la riqueza, pero no el alma.*

(Séneca, *Medea*, 176)

895. FORTUNA PARVIS MOMENTIS MAGNAS RERUM COMMUTATIONES EFFICIT. *En un breve instante la fortuna cambia el resultado de grandes acontecimientos.*

(Cesare, *Sobre la guerra civil*, 3, 68)

896. FORTUNA VITREA EST: TUM CUM SPLENDET FRANGITUR. *La fortuna es de cristal: precisamente cuando brilla se rompe.*

(Publilio Siro, F 24)

897. FORTUNA VOLUBILIS ERRAT. *La fortuna es voluble y errante.*

(Ovidio, *Tristia*, 5, 8, 15)

898. FRACTA NAVI, DE MERCIBUS DISPUTARE. *Disputarse las mercancías después del naufragio.*

La expresión indica el esforzarse inútilmente con una situación a la que no es posible poner remedio.

899. FRANGAR, NON FLECTAR. *Me romperé, pero no me doblagaré.*

Lema utilizado frecuentemente para referirse a personas íntegras.

900. FRANGAS ENIM CITIUS QUAM CORRIGAS QUAE IN PRAVUM INDURUERUNT. *Lo que se ha endurecido en el mal, es más fácil romperlo que corregirlo.*

(Quintiliano, *Instituciones oratorias*, 1, 3, 12)

La expresión indica la dificultad de corregir vicios o defectos ya arraigados.

901. FRAUS SUBLIMI REGNAT IN AULA. *El fraude reina en los palacios sublimes.*

(Séneca, *Fedra*, 982)

La expresión indica que a menudo son los más poderosos los que se sirven de engaños y conspiraciones para mantener su poder.

902. FRONTE CAPILLATA POST HAEC OCCA-
SIO CALVA. *La ocasión tiene la frente cubierta
de cabellos y la nuca calva.*

(Catón, *Dísticos*, 2, 26)

Este curiosa locución se remonta a la antigua tradición según la cual la ocasión se
personificaba en una mujer que tenía los
cabellos frondosos sobre la frente para ser
atrapada cuando se presentaba y la nuca
calva para no ser retomada cuando ya se
había escapado.

903. FRUGES CONSUMERE NATI. *Nacidos
para comer forraje.*

(Horacio, *Epístolas*, 1, 2, 27)

Esta expresión se cita todavía en la actualidad tanto para indicar la miseria de la condición humana como para designar personas dedicadas sólo a los bienes materiales y
privadas de ideales.

904. FUGIT AD SALICES ET SE CUPIT ANTE VI-
DERI. *Huye hacia los sauces, pero primero desea ser vista.*

(Virgilio, *Bucólicas*, 3, 65)

Los versos se refieren a las astucias seduc-
toras de las mujeres que fingen ser esqui-
vas, pero que en realidad desean ser admi-
radas.

905. FUGIT INREPARABILE TEMPUS. *El tiempo escapa irremediablemente.*

(Virgilio, *Geórgicas*, 3, 284)

La expresión se refiere al rústico que, ocupado en sus labores, no se da cuenta del
paso del tiempo. A menudo se cita para indicar la transitoriedad de la vida y de las
cosas.

906. FULMENTA LECTUM SCADUNT. *Los
montantes se suben a la cama.*

(Varrón, *Sátiras menipeas*, 586)

Expresión que indica una situación adversa
en la cual quien dirige está sometido y
quien debería obedecer tiene el poder en
sus manos.

907. FUMO PERIIT QUI FUMUM VENDIDIT.
Aquel que vende humo muere de humo.

(Proverbio medieval)

El dicho significa que aquel que engaña es
a su vez engañado.

908. FUR COGNOSCIT FUREM, LUPUS LUPUM.
El ladrón conoce al ladrón y el lobo al lobo.

(Proverbio medieval)

Traducción directa del griego que se utiliza
actualmente para indicar que cada uno conoce bien a sus semejantes y sabe, por lo
tanto, cuál es la mejor manera de tratarlos.

909. FURES PRIVATORUM IN NERVO ATQUE
IN COMPENDIBUS AETATEM AGUNT, FURES
PUBLICI IN AURO ATQUE IN PURPURA. *Los ladrones de bienes privados viven en la cárcel y
con cadenas; los ladrones de bienes públicos
viven en medio del oro.*

(Catón, *De praeda militibus dividenda*, 1, 69)

Amarga reflexión que por desgracia posee
vigencia en todas las épocas.

910. FUROR FIT LAESA SAEPIUS PATIENTIA.
*La paciencia provocada se convierte a menudo
en ira furibunda.*

(Publilio Siro, F 13)

El lema es bastante similar a la locución «la
paciencia tiene un límite».

G

911. GALEATUM SERO DUELLI / PAENITET. *Aquel que ya tiene el yelmo, se arrepiente tarde del duelo.*

(Juvenal, *Sátiras*, 1, 169)

La expresión constituye una invitación a la prudencia y a la ponderación antes de tomar una decisión.

912. GALLINA SCRIPSIT. *Lo ha escrito una gallina.*

(Plauto, *Pseudolus*, 30)

Expresión que se puede citar en un ámbito académico o también en el lenguaje común para indicar una grafía poco clara y desmañada.

913. GALLUS IN SUO STERQUILINO PLURIMUM POTEST. *El gallo es muy poderoso en su estercolero.*

(Séneca, *Apocolocynthosis*, 7, 3)

La expresión se refiere al emperador Claudio, quien se encontró en el otro mundo con Hércules y comprendió que nunca podría volver a ser un soberano. El dicho indica que cada persona es poderosa en su propia casa.

914. GAUDEAMUS IGITUR / IUVENES DUM SUMUS. *Así pues, gocemos mientras seamos jóvenes.*

Se trata del inicio de un canto goliárdico que invita a disfrutar de la juventud y se relaciona con el tópico del *carpe diem* (véase el n.º 1.903).

915. GEMINO [...] AB OVO. *Del doble huevo.*

(Horacio, *Epístola a los Pisones*, 147)

La expresión se refiere a los dos huevos que engendró Leda tras juntarse con Júpiter y de los que nacieron Cástor y Pólux. Horacio utiliza este ejemplo para contraponer la narración homérica *in medias res* (véase el n.º 747) a una narración que parte en cambio de orígenes más remotos. Para el significado actual de la locución *ab ovo* véase el glosario.

916. GENUS INRITABILE VATUM. *La irritable estirpe de los poetas.*

(Horacio, *Epístolas*, 2, 2, 102)

De esta forma Horacio designa a los poetas, refiriéndose a su carácter particular y susceptible. La expresión se ha extendido actualmente a todos los artistas e intelectuales.

917. GLADIATOREM IN HARENA CAPERE CONSILIUM. *El gladiador toma la decisión en la arena.*

(Séneca, *Cartas*, 22, 1)

La expresión indica que muchas decisiones pueden tomarse sólo cuando nos encontramos en contacto directo con la situación que debe afrontarse.

918. GLORIA FUGIENTES MAGIS SEQUITUR. *La gloria persigue a quien huye de ella.*

(Séneca, *De beneficiis*, 5, 1, 4)

Véase también el n.º 919.

919. GLORIAM QUI SPREVERIT VERAM HA-
BEBIT. *Aquel que desprecia la gloria obtendrá la verdadera.*

(Tito Livio, *Historias*, 22, 39, 19)

Se trata de una invitación a no buscar la
fama si se quiere realmente obtenerla.

920. GLORIA VIRTUTEM TAMQUAM UMBRA
SEQUITUR. *La gloria sigue la virtud como la
sombra.*

(Cicerón, *Tusculanas*, 1, 45, 109)

La expresión indica que el hecho de perseguir
a la virtud conduce a la gloria, pero se centra
también en la dificultad para alcanzarla.

921. GRACULORUM MORE STREPENTES.
Graznando como cornejas.

(Amiano Marcelino, *Rerum
gestarum libri*, 22, 6, 2)

Expresión que actualmente todavía se utiliza para indicar tanto un tono de voz estri-
dente como una persona charlatana y petu-
lante.

922. GRADUS AD PARNASSUM. *Escalera al
Parnaso.*

El lema no es de origen clásico pero es el título de algunos manuales de poética y está
muy extendido para indicar el aprendizaje
de una disciplina artística.

923. GRAECA MERCARI FIDE. *Mercadear con
fe griega.*

(Plauto, *Asinaria*, 199)

En Roma la expresión indicaba los contratos que se cerraban con dinero en efectivo,
sin fiarse de palabras o promesas.

924. GRAECA PER AUSONIAE FINES SINE
LEGE VAGANTUR. *Las palabras griegas vagan
sin ley por la tierra de Ausonia.*

El dicho se encuentra en el *Regia Parnassi*, un
diccionario de palabras latinas redactado en
el año 1679, y significa que para los nombres
griegos no existen en latín reglas fijas de pro-
sodia. Se cita actualmente para decir que no
existen normas fijas en latín ni en italiano (y,
por extensión, en español) que regulen el
acento en los nombres griegos.

925. GRAECIA CAPTA FERUM VICTOREM CE-
PIT. *La Grecia conquistada conquistó al feroz
vencedor.*

(Horacio, *Epístolas*, 2, 1, 56)

La expresión, todavía de una cierta vigeni-
ca, indica que Grecia, invadida por Roma,
conquistó luego con su propia cultura y su
propio arte al vencedor.

926. GRAECULUS ESURIENS IN CAELUM, IS-
SERIS, IBIT. *El griego codicioso, si quieres, su-
birá incluso al cielo.*

(Juvenal, *Sátiras*, 3, 78)

Los griegos eran considerados por los romanos como descarados y estafadores.
La expresión se refiere por lo tanto a los
intrigantes y a aquellos que están dis-
puestos a todo si con ello obtienen una
ventaja.

927. GRAECUM EST: NON LEGITUR. *Es griego, no se lee.*

La fórmula, conocida también en su forma
graeca non leguntur, fue adoptada por los
glosadores medievales del *Corpus iuris*
para las partes que faltaban de una traducción latina. En la Edad Media, de hecho,
el griego clásico apenas se conocía.

928. GRATA RERUM NOVITAS. *La novedad se
agradece.*

El lema es una vulgarización de un fragmento de Ovidio (véase el n.° 731).

929. GRATATIO CAPITIS FACIT RECORDARE
COSELLAS. *Rascarse la cabeza hace recordar
cosucas.*

Se trata de una divertida expresión goliárdica acuñada en la Edad Media en un latín
macarrónico.

930. GRATIAS AGAMUS DOMINO DEO NOS-
TRO. *Demos gracias a Dios Nuestro Señor.*

Se trata de una fórmula litúrgica, de origen judicial, pronunciada por el cura en el
final de la misa. Actualmente está más extendida la forma *Deo gratias* (véase el glosario).

931. GRATIUS EX IPSO FONTE BIBUNTUR AQUAE. *Más agradables son las aguas bebidas de su manantial.*

(Ovidio, *Cartas desde el Ponto*, 3, 5, 18)

Ovidio se refiere aquí al conocimiento de los poetas, si bien el significado de la expresión se ha extendido y ha pasado a indicar que para obtener informaciones claras y precisas es necesario remontarse a la fuente de información y no basarse en lo que se ha oído decir.

932. GRAVE IPSIUS CONSCIENTIAE PONDUS. *Grave es el peso de la propia conciencia.*

(Cicerón, *Sobre la naturaleza de los dioses*, 3, 85)

Puesto que quien comete un crimen lo hace en general de forma consciente.

933. GRAVIOR ET VALIDIOR EST DECEM VIRORUM BONORUM SENTENTIA, QUAM TOTIUS MULTITUDINIS IMPERITAE. *Es más válido y autoritario el juicio de diez hombres buenos que el de una muchedumbre ignorante.*

(Cicerón, *De officiis*, 1, 65)

934. GRAVIUS MALUM OMNE EST, QUOD SUB ASPECTU LATET. *Es más terrible cualquier mal enmascarado por su aspecto exterior.*

(Publilio Siro, G 5)

La expresión invita a protegerse de los males escondidos o que se presentan bajo aspecto positivo.

935. GREX TOTUS IN AGRIS UNIUS SCABIE CADIT. *Todo un rebaño en el campo está en peligro por la sarna de un único animal.*

(Juvenal, *Sátiras*, 2, 79)

Imagen que indica la capacidad de contagio del mal.

936. GULA PLURES OCCIDIT QUAM GLADIUS. *Mata más la garganta que la espada.*

Proverbio medieval muy famoso que ironiza sobre los golosos, los maledicientes y los cobardes.

937. GUTTA CAVAT LAPIDEM. *La gota horada la piedra.*

(Ovidio, *Cartas desde el Ponto*, 4, 10, 5)

El dicho se refiere a cosas o acontecimientos cuyo efecto es lento y seguro, pero que sólo podrán apreciarse con el paso del tiempo.

H

938. HABENS [...] COR CERVI. *De corazón de ciervo.*

(Fulgencio, *Mitologías*, 3, 3)

La expresión se refiere a las personas miedosas y cobardes, defectos de los que el ciervo ha sido siempre el símbolo.

939. HABENT PARVAE COMMODA MAGNA MORAE. *Pequeños detalles producen grandes ventajas.*

(Ovidio, *Fastos*, 3, 394)

De esta forma Ovidio advierte a aquellos que tienen prisa para contraer matrimonio. La expresión puede citarse como invitación a la prudencia y a no ser impulsivos.

940. HABENT SUA FATA LIBELLI. *Los libros tienen su destino.*

(Terenciano Mauro, *De litteris, syllabis et metris*, 1.286)

La expresión puede indicar que incluso los libros están sometidos a las vicisitudes de la historia, bien que todos los libros están destinados a ser antes o después olvidados, que un libro aparentemente insignificante puede tener un gran valor, etc.

941. HABERE ACETI IN PECTORE. *Tener vinagre en el pecho.*

(Plauto, *Pseudolus*, 739)

La locución equivale más o menos a nuestro «tener sangre en las venas».

942. HABES QUOD ACCUSATORI MAXIME OPTANDUM, CONFITENTEM REUM. *Tienes lo que un acusador más desea: un reo que confiesa.*

(Cicerón, *Pro Ligario*, 1, 2)

La expresión, más conocida en la forma *habemus confitentem reum*, se utiliza en el lenguaje judicial para indicar la confesión de la culpa por parte de un acusado, pero se cita con tono jocoso en el lenguaje común.

943. HABES SOMNUM IMAGINEM MORTIS. *Tienes el sueño, que es imagen de la muerte.*

(Cicerón, *Tusculanas*, 1, 38, 92)

Cicerón utiliza este ejemplo para afirmar que no debemos temer a la muerte, puesto que es como el sueño durante el cual se pierde toda sensibilidad.

944. HABITUS NON FACIT MONACHUM. *El hábito no hace al monje.*

(Proverbio medieval)

Se trata de uno de los proverbios más extendidos y citados en nuestra lengua para indicar que lo mejor es no fiarse de las apariencias.

945. HAC LUPI HAC CANES. *De este lado los lobos, de este otro los perros.*

(Plauto, *Casina*, 971; Horacio, *Sátiras*, 2, 2, 64)

El dicho indica una situación bastante peligrosa y delicada en la que nos encontramos entre dos posibilidades ambas arriesgadas.

946. HAEC DECANTATA ERAT FABULA. *Esta historia se ha contado y recontado.*

(Cicerón, *Cartas a Ático*, 13, 34)

La expresión, que correponde a «cosas trilladas y retrilladas», se refiere a palabras o discursos repetidos sin cesar.

947. HAEC SIT PROPOSITI NOSTRI SUMMA: QUOD SENTIMUS LOQUAMUR; QUOD LOQUI- MUR SENTIAMUS; CONCORDET SERMO CUM VITA. *Que esto sea la suma de nuestra forma de vida: decir lo que pensamos; pensar lo que decimos; que nuestra palabra concuerde con nuestra vida.*

(Séneca, *Cartas*, 75, 4)

Expresión que constituye una invitación a la máxima coherencia entre la forma de hablar y la forma de actuar. Si se desea, puede citarse parcialmente.

948. HANC VENIAM PETIMUSQUE DAMUS- QUE VICISSIM. *Este perdón pedimos nosotros y damos de forma recíproca.*

(Horacio, *Epístola a los Pisones*, 11)

Horacio se refiere aquí a la licencia poética, mientras actualmente la expresión se utiliza para indicar sentimientos de perdón y benevolencia recíprocos.

949. HANNIBALEM IPSUM CAPUA CORRUPIT. *Capua corrompió incluso a Aníbal.*

(Cicerón, *De lege agraria*, 1, 7, 20)

La locución se refiere a una anécdota según la cual Aníbal, durante la segunda guerra púnica, retrasó el ataque a Roma porque se detuvo en Capua, ciudad conocida por sus costumbres relajadas y complacientes.

950. HAUD SEMPER ERRAT FAMA. *La fama no siempre se equivoca.*

(Proverbio latino)

951. HERBA NEC ANTIDOTUM POTERIT DE- PELLERE LETUM; / QUOD TE LIBERET A FATO NON NASCITUR HORTO. *No hay hierba ni antídoto que pueda rechazar la muerte; / no nace en el huerto lo que te puede librar del destino.*

(Proverbio medieval)

952. HEREDIS FLETUS SUB PERSONA RISUS EST. *El llanto del heredero es risa bajo la máscara.*

(Publilio Siro, H 19)

La expresión recupera el tópico del heredero que se muestra triste pero que en su interior está contento.

953. HEU, PATIOR TELIS VULNERA FACTA MEIS. *Oh, ahora sufro por las heridas que me hice con mis propios dardos.* (Ovidio, *Heroides*, 2, 4)

Exclamación de quien se provoca el mal a sí mismo.

954. HEU! QUAM DIFFICILE EST, CRIMEN NON PRODERE VULTU. *Oh, qué difícil es que el delito no aparezca en el rostro.*

(Ovidio, *Metamorfosis*, 2, 447)

955. HIC MANEBIMUS OPTIME. *Aquí estaremos muy bien.*

(Tito Livio, 5, 55, 1)

Lema con el que los senadores de Roma decidieron reconstruir sobre los escombros la ciudad de Veyo, destruida por los galos. La frase está muy extendida actualmente en el uso común para indicar la firme decisión de no trasladarse.

956. HIC NIGER EST, HUNC TU, ROMANE, CA- VETO! *Este es el alma negra romana, ¡protégete de ella!*

(Horacio, *Sátiras*, 1, 4, 85)

El verso se considera una advertencia sobre quien habla mal de los ausentes, no sabe mantener un secreto o desea convertirse en el centro de atención.

957. HIC PORCOS COCTOS AMBULARE. *Aquí pasean los puercos bonitos y cocidos.*

(Petronio, *Satiricón*, 45, 4)

Ciertamente, ese debe de ser la tierra de Jauja.

958. HIC RHODUS HIC SALTA. *Aquí está Rodas. Puedes saltar.*

(Proverbio medieval)

El dicho recupera la historia de un fanfarrón que presumía de haber realizado en Rodas un salto tan alto como un monte. Actualmente se utiliza para poner a prueba a los presumidos.

959. HINC ILLAE LACRIMAE! *¡Este es el motivo de esas lágrimas!*

(Terencio, *Andria*, 126)

Se ha descubierto la verdadera causa de un comportamiento o de un dolor, más allá de las que podían aparecer como motivaciones superficiales.

960. HIRUNDINEM IN DOMUM NON SUSCI-PIENDAM. *No es bueno acoger golondrinas en casa.*

(San Jerónimo, *Contra Rufino*, 39)

La expresión invita a no acoger personas parlanchinas y chismosas, simbolizadas precisamente por las golondrinas.

961. HIS NOS CONSEVIMUS AGROS! *¡Por ellos sembramos los campos!*

(Virgilio, *Bucólicas*, 1, 72)

Se trata del grito del rústico que se siente defraudado. La expresión expresa por lo tanto la desilusión por el trabajo no recompensado y, además, menospreciado.

962. HISTORIA TESTIS TEMPORUM, LUX VE-RITATIS, VITA MEMORIAE, MAGISTRA VITAE, NUNCIA VETUSTATIS. *La historia es testigo de los tiempos: luz de la verdad, vida de la memoria, maestra de vida, nuncia de la Antigüedad.*

(Cicerón, *De oratore*, II, 9, 36)

Expresión que indica la veneración por la historia nutrida por Cicerón. Más a menudo se cita sólo *historia magistra vitae*, para destacar la validez de las enseñanzas obtenidas a partir de la experiencia.

963. HOC ERAT IN VOTIS. *Esto estaba en los auspicios.*

(Horacio, *Sátiras*, 2, 6, 1)

Horacio se refiere a una propiedad en Sabinia que le regaló Mecenas. La locución indica en la actualidad la realización de un deseo conforme a las espectativas.

964. HOC IN OMNI VITAE GENERE TENEA-MUS, UT NOBIS IMPLACABILES SIMUS. *En cualquier circunstancia de la vida seguimos esto: ser implacables con nosotros mismos.*

(Plinio el Joven, *Cartas*,

IX, 8, 22, 3)

Expresión que centra la importancia de no ser nunca indulgentes consigo mismos, sino de ser siempre coherentes y perseverantes.

965. HOC IPSUM NIHIL AGERE ET PLANE CES-SARE DELECTAT. *Este no hacer nada es deleitoso.*

(Cicerón, *De oratore*, 2, 6, 24)

La exaltación del ocio se considera en clave positiva y se ve como un momento de liberación del trabajo cotidiano.

966. HOC MISERAE PLEBIS STABAT COMMU-NE SEPULCRUM. *Para la gente pobre existía esta fosa común.*

(Horacio, *Sátiras*, 1, 8, 10)

La frase se refiere a los esclavos y a los indigentes. De ella deriva la locución *misera plebs* (véase el n.º 1.362).

967. HOC OPUS, HIC LABOR. *Este es el trabajo, este es el cansancio.*

(Virgilio, *Eneida*, 6, 129)

Las palabras de la Sibila Cumana se utilizan actualmente para indicar que nos encontramos ante un punto crucial de una empresa o un trabajo y en el que se debe decidir si el cansancio se adecua al éxito de la empresa.

968. HOC UNUM SCIO, IDEST NIHIL SCIRE. *Yo sólo sé una cosa: no sé nada.*

Se trata de la famosa respuesta de Sócrates al oráculo de Delfos, quien lo había declarado la persona más sabia de Grecia.

969. HOC VOLO, SIC IUBEO: SIT PRO RATIO-NE VOLUNTAS. *Esto quiero, así mando. Que mi voluntad se convierta en ley.*

(Juvenal, *Sátiras*, 6, 223)

El autor hace pronunciar estas palabras a una mujer arrogante frente a su marido. Actualmente se citan para indicar una voluntad muy férrea y sólida.

970. HOMINEM ETIAM GRUGI FLECTIT SAEPE OCCASIO. *A menudo la ocasión doblega incluso al hombre respetable.*

(Publilio Siro, H 26)

Sentencia que corresponde al dicho «la ocasión hace al ladrón».

971. HOMINEM EXPERIRI MULTA PAUPERTAS IUBET. *La pobreza obliga al hombre a buscar muchas salidas.*

(Publilio Siro, H 8)

La expresión recupera el motivo bastante extendido de la pobreza que agudiza el ingenio tanto para lo bueno como para lo malo.

972. HOMINEM FRUGI OMNIA RECTE FACE- RE. *El hombre respetable hace todo con justicia.*

(Cicerón, *Tusculanas*, 4, 16, 36)

La expresión puede utilizarse como exhortación a comportarse de forma correcta.

973. HOMINEM NULLIUS COLORIS. *Hombre de ningún color.*

(Plauto, *Pseudolus*, 1196)

La expresión señalaba originalmente a una persona de la que no se sabía nada. Actualmente ha pasado a designar la ausencia de toda adscripción a una tendencia política o ideológica. También puede referirse a una persona inconsistente que no toma posiciones.

974. HOMINES AMPLIUS OCULIS QUAM AURI- BUS CREDUNT. *Los hombres creen más a los ojos que a las orejas.*

(Séneca, *Cartas*, 6, 5)

La expresión se puede referir tanto a aquellos que no creen si no ven como a las personas que prefieren no creer nada de oídas.

975. HOMINES DUM DOCENT DISCUNT. *Los hombres aprenden mientras enseñan.*

(Séneca, *Cartas a Lucilio*, 7, 8)

Fórmula muy famosa, citada también como *docendo discitur* (véase el glosario), que se refiere al intercambio que a veces se entabla entre el maestro y el alumno.

976. HOMINES SUMUS, NON DEI. *Somos hombres y no dioses.*

(Petronio, *Satiricón*, 75)

Expresión que indica los límites de la naturaleza humana, que tiende al pecado y al error. Puede citarse cuando se quiere expresar que no se es infalible.

977. HOMINIS TOTA VITA NIHIL ALIUD QUAM AD MORTEM ITER EST. *Toda la vida del hombre no es más que un camino hacia la muerte.*

(Séneca, *Consolación a Polibio*, 16, 3)

Expresión pesimista pero verdadera que indica el final último del hombre. Puede citarse en los discursos solemnes en conmemoración de alguna persona apreciada.

978. HOMO DOCTUS IN SE SEMPER DIVITIAS HABET. *El docto tiene siempre en sí mismo sus riquezas.*

(Fedro, 4, 23, 1)

La expresión recupera el tópico de la persona culta y sabia que sabe discernir su verdadera riqueza.

979. HOMO EST ANIMAL BIPES RATIONALE. *El hombre es un bípedo racional.*

(Boecio, *La consolación por la filosofía*, 5, 4)

Famosa definición del ser humano ya presente en los filósofos griegos, que habían localizado en la razón la diferencia entre el hombre y los demás seres vivos.

980. HOMO LEVIOR QUAM PLUMA. *Hombre más ligero que una pluma.*

(Plauto, *Menaechmi*, 487)

La expresión indica una persona sobre la cual se puede confiar muy poco.

981. HOMO LOCUM ORNAT, NON HOMINEM LOCUS. *Es el hombre el que ennoblece el lugar, no el lugar al hombre.*

(Proverbio latino)

El sentido de la expresión es que si una persona es recta o noble influye de forma positiva en el lugar y en el ambiente donde vive; pero si no lo es, no será realmente el lugar o un ambiente noble los que lo mejorarán.

982. HOMO PROPONIT SED DEUS DISPONIT. *El hombre propone y Dios dispone.*

(Tomás de Kempis, *Imitación de Cristo*, 1, 19, 2)

El concepto expresa la confianza en Dios, que es quien decide los acontecimientos humanos. La expresión se cita actualmente quizá con un mayor sentido de resignación, puesto que nuestros deseos y proyectos no siempre llegan a buen puerto.

983. HOMO SACRA RES HOMINI. *El hombre tiene que ser sagrado para el hombre.*

(Séneca, *Cartas*, 95, 33)

El dicho expresa un principio fundamental que sanciona el respeto de todos los demás seres humanos.

984. HOMO SEMPER ALIUD, FORTUNA ALIUD COGITAT. *El hombre siempre piensa algo y la fortuna piensa de forma distinta.*

(Publilio Siro)

La expresión indica que la suerte no coincide siempre con los proyectos del hombre (véase el n.º 982).

985. HOMO SUM: HUMANI NIHIL A ME ALIENUM PUTO. *Soy un hombre: nada de lo que es humano me parece ajeno.*

(Terencio, *Heautontimoroumenos*, 77)

El significado de la expresión, famosa todavía en la actualidad, es que un hombre no puede despreocuparse de lo que le sucede a los demás y no ser solidario con ellos.

986. HOMULLUS EX ARGILLA ET LUTO FICTUS. *Hombrecillo hecho de arcilla y lodo.*

(Cicerón, *In Verrem*, 25, 29)

Expresión que indica una persona mezquina y sórdida.

987. HONESTA MORS TURPI VITA POTIOR. *Una muerte honrosa es preferible a una vida infame.*

(Tácito, *Vida de Agrícola*, 33)

988. HONOS ALIT ARTES. *El honor alimenta las artes.*

(Cicerón, *Tusculanas*, 1, 2, 4)

Expresión extendida para decir que el arte canta o representa grandes empresas o acciones de héroes.

989. HONOS PRAEMIUM VIRTUTIS. *El honor es el premio de la virtud.*

(Cicerón, *Brutus*, 281)

990. HORRESCO REFERENS. *Me horrorizo al explicarlo.*

(Virgílio, *Eneida*, 2, 204)

Eneas lo dice a propósito de la aparición de las dos grandes serpientes que matarán Laocoonte. Actualmente la expresión se pronuncia en un tono jocoso a propósito de cosas que no son agradables de explicar.

991. HOS EGO VERSICULOS FECI: TULIT ALTER HONORES. *Yo escribí estos versos, pero los honores los ha tenido otro.*

(Pseudo Donato, *Vida de Virgílio*, 17, 70)

Expresión que indica la estafa de aquel que se apropia de las obras ajenas o la amarga constatación de que los propios esfuerzos han beneficiado a otros.

992. HOSTES SINT OMNIBUS OMNES. *(Como si) todos fueran enemigos de todos.*

(Lucilio, 1.234)

La expresión se refiere a una época de anarquía y confusión en la que el caos es completo.

993. HOSTIBUS INFESTUS, SUBIECTIS ESTO MODESTUS. *Sé hostil con los enemigos y moderado con los sometidos.*

(Proverbio medieval)

Expresión fácil de recordar gracias a sus aliteraciones y su rima, y que invita a respetar a los enemigos y subordinados (véase el n.º 1.802).

994. HOSTI NON SOLUM DANDAM ESSE VIAM AD FUGIENDUM, SED ETIAM MUNIENDAM. *Al enemigo no se le debe conceder sólo un camino para la huida, sino también hacérsela segura.*

(Frontino, *Stratagemata*, 4, 7, 16)

Lema pronunciado por Escipión para indicar que un enemigo atrapado puede ser muy peligroso y, por lo tanto, es mejor dejar que huya.

995. HOSTIS EST UXOR INVITA QUAE VIRO NUPTUM DATUR. *La mujer casada contra su voluntad es un enemigo.*

(Plauto, *Stichus*, 140)

Puesto que estará siempre tramando insidias.

996. HOSTIUM MUNERA NON SUNT MUNERA. *Los presentes de los enemigos no son presentes.*

(Proverbio medieval)

Puesto que se hacen para obtener algo.

997. HUMANAE VITAE MIMUS. *El drama de la vida humana.*

(Séneca, *Cartas a Lucilio*, 80, 7)

Expresión que recupera el tópico de la vida como obra dramática y que puede citarse en esas circunstancias en las que debemos ocultar nuestros pensamientos y, en cierto modo, interpretar un papel.

998. HUMANAS ACTIONES NON RIDERE, NON LEGERE, NEQUE DETESTARI SED INTELLIGERE. *No burlarse, no compadecerse, no despreciar, sino comprender las cosas humanas.*

(Spinoza, *Tractatus politicus*, 1, 4)

La expresión —citada también en la forma abreviada *neque irasci, neque admirari sed intelligere*— exhorta a la comprensión de los demás y de sus acciones.

999. HUMANUM AMARE EST, HUMANUM AUTEM IGNOSCERE EST. *Es humano amar, pero es todavía más humano perdonar.*

(Plauto, *Mercator*, 319)

La expresión, que parece recorrer las enseñanzas cristianas, exhorta al perdón como máxima manifestación del amor.

1.000. HUMILES LABORANT UBI POTENTES DISSIDENT. *Los débiles están mal cuando los fuertes se pelean.*

(Fedro, 1, 30, 1)

El dicho aparece en la fábula en el que las ranas, al ver que dos toros se pelean, temen que el perdedor les haga daño, y así sucede.

1.001. HUMILIS NEC ALTE CADERE NEC GRAVITER POTEST. *Aquel que se mantiene cerca del suelo, no puede caer ni de arriba ni temer graves consecuencias.*

(Publilio Siro, H 28)

La expresión indica que aquel que lleva una vida humilde y sencilla no debe temer las adversidades.

1.002. HUNC TELO SUO SIBI [...] PELLERE. *Cazar a esos con sus propias armas.*

(Plauto, *Amphitruo*, 269)

El dicho estaba muy extendido en la Antigüedad. Puede utilizarse actualmente para indicar que se paga con la misma moneda.

1.003. HYRCANAEQUE ADMORUNT UBERA TIGRES. *Te ofrecieron los pechos los tigres hircanos.*

(Virgilio, *Eneida*, 4, 367)

Con estas palabras Dido echó en cara a Eneas su crueldad, recuperando una locución según la cual los tigres eran alimentados por personas crueles.

I

1.004. Iam ego me convortam in hirudi- nem atque eorum exsugebo sanguinem. *Me transformaré en sanguijuela y les chuparé la sangre.*

(Plauto, *Epídicus*, 188)

La expresión indica una persona que provoca en los demás graves quebrantos económicos, quitándoles todos sus bienes y dejándolos, precisamente, «desangrados».

1.005. Iam victi vicimus. *Y vencidos hemos vencido.*

(Plauto, *Casina*, 510)

Lema que indica la situación del aquel que pasa de improviso de una derrota a una victoria.

1.006. Ianua pauperibus clausa est, dat census honores, / audet divitibus claudere nemo fores. *La puerta está cerrada para los pobres, pues la riqueza es la que procura los honores. / Nadie se atreve a cerrar la puerta a los ricos.*

(Proverbio medieval)

La expresión resume los conceptos de *curia pauperibus clausa est* (véase el n.º 502) y *dat census honores* (véase el n.º 511).

1.007. Ibi semper est victoria ubi est concordia. *Allí donde hay concordia hay siempre victoria.*

(Publilio Siro, 1, 59)

Expresión que indica la importancia de estar unidos contra un enemigo común y es similar al dicho «la unión hace la fuerza».

1.008. Ibis redibis non morieris in bello. *Irás, volverás, no morirás en la guerra.*

(Alberico delle Tre Fontane, *Chronicon*)

Frase que normalmente se citaba para indicar la ambigüedad de los oráculos. De hecho, colocando una coma antes o después del *non*, el significado cambia completamente. El dicho se cita actualmente para indicar un discurso sibilino o para demostrar la importancia de la puntuación.

1.009. Idem velle atque idem nolle, ea demum firma amicitia est. *Querer y no querer las mismas cosas: en eso consiste una sólida amistad.*

(Salustio, *Sobre la conjuración de Catilina*, 24)

Expresión citada todavía en la actualidad para indicar la igualdad de condiciones en la que debe basarse la amistad.

1.010. Ieiunus raro stomachus vulgaria temnit. *Un estómago raramente en ayunas desprecia los alimentos vulgares.*

(Horacio, *Sátiras*, 2, 2, 38)

La traducción podría ser también *Un estómago en ayunas raramente desprecia los alimentos vulgares*, cambiando completamente de esta forma el sentido de la frase.

1.011. Ieiunus venter non vult cantare libenter. *El vientre en ayunas no canta de buena gana.*

(Proverbio medieval)

Si no se satisfacen las necesidades primarias, no podemos ocuparnos de cosas tan agradables como el canto.

1.012. IGNAVIAM QUOQUE NECESSITAS ACUIT. *La necesidad afecta incluso a los indolentes.*

(Quinto Curcio Rufo, *Historia de Alejandro Magno*, X, 5, 4, 31)

1.013. IGNAVIS SEMPER FERIAE. *Para los indolentes es siempre fiesta.*

(Proverbio medieval)

Puesto que los haraganes y los holgazanes no hacen nada incluso en los días laborables.

1.014. IGNEM GLADIO SCRUTARE. *Avivar el fuego con la espada.*

(Horacio, *Sátiras*, 2, 3, 275)

La expresión indica el hecho de provocar a alguien o de avivar el fuego en situaciones comprometidas.

1.015. IGNIS AURUM PROBAT, MISERIA FORTES VIROS. *El fuego pone a prueba al oro; la miseria a los hombres fuertes.*

(Séneca, *De providentia*, 4, 4)

1.016. IGNORAMUS ET IGNORABIMUS. *No sabemos y no sabremos.*

(Emil Du Bois-Reymond)

El lema inventado por el fisiólogo alemán se cita todavía hoy como ejemplo de la actitud positivista frente a la metafísica y de lo que no se puede indagar según un método científico.

1.017. IGNORANTI QUEM PORTUM PETAT, NULLUS SUUS VENTUS EST. *Aquel que no sabe a qué puerto quiere ir no encuentra nunca el viento favorable.*

(Séneca, *Cartas*, 71, 3)

La expresión se refiere a los eternos indecisos o a aquellos que no tienen un objetivo o una aspiración precisos en la vida.

1.018. IGNOSCITO SAEPE ALTERI, NUMQUAM TIBI. *Perdona a menudo a los demás, nunca a ti mismo.*

(Publilio Siro)

Fórmula que invita a ser indulgentes con los demás y severos consigo mismo.

1.019. IGNOTI VEL EX INOPINATO APPARENTES DE CAELO SUPERVENISSE DICUNTUR. *Los*

desconocidos o aquellos que aparecen de improviso se dice que han caído del cielo.

(Tertuliano, *Apologeticum*, 10, 9)

La expresión «caer del cielo» se utiliza todavía con mucha frecuencia para indicar acontecimientos extraordinarios, como la llegada imprevista de una persona.

1.020. ILIACOS INTRA MUROS PECCATUR ET EXTRA. *Se cometen pecados dentro y fuera de las murallas de Troya.*

(Horacio, *Epístolas*, 1, 2, 16)

Expresión que se utiliza todavía para indicar que nadie en ningún lugar está libre de culpa.

1.021. ILLE DOLET VERE QUI SINE TESTE DOLET. *Se queja de dolor realmente aquel que se queja sin testimonios.*

(Marcial, *Epigramas*, 1, 33, 4)

La expresión indica que el dolor exhibido no siempre es verdadero y profundo.

1.022. ILLE LAVET LATERES QUI CUSTODIT MULIERES. *Lavará ladrillos aquel que hace de guardián de las mujeres.*

(Proverbio medieval)

La expresión *laterem lavare* estaba muy extendida en el mundo latino para indicar una acción absurda e improductiva. El proverbio significa por lo tanto que es imposible mantener a raya a las mujeres.

1.023. ILLE POTEST VACUO FURARI LITORE HARENAS. *Es capaz de robar granos de arena en una playa desierta.*

(Ovidio, *Amores*, 2, 19, 45)

Ovidio se refiere aquí al amor por una mujer a la que no se vigila y que hace por ello el adulterio poco atractivo. En general la expresión indica una acción inútil y absurda porque es demasiado fácil.

1.024. MIHI PRAETER OMNES / ANGULUS RIDET. *Ese ángulo de tierra me sonríe más que cualquier otro.*

(Horacio, *Odas*, 2, 6, 13)

La zona en cuestión es Tarento, exaltada por el clima y por los productos de la tierra. Actualmente la frase se cita para indicar la patria o un lugar particularmente predilecto.

1.025. ILLI POENA DATUR QUI SEMPER AMAT NEC AMATUR. *Sufre mucho aquel que ama siempre sin recibir nada a cambio.*

(Proverbio medieval)

Expresión bromista basada en la rima entre *datur* y *amatur*.

1.026. ILLUD AMICITIAE SANCTUM AC VENE-RABILE NOMEN. *Ese santo y venerable nombre de la amistad.*

(Ovidio, *Tristia*, 1, 8, 15)

Exclamación que exalta el valor sagrado de la amistad.

1.027. IMAGO ANIMI EST SERMO. *El lenguaje es la imagen del alma.*

(Séneca, *De moribus*, 72)

Puesto que la forma de hablar de cada uno está influida por el carácter y por la educación.

1.028. IMAGO ANIMI VULTUS, INDICES OCU-LI. *La cara es la imagen del alma; los ojos nos la revelan.*

(Cicerón, *De oratore*, 3, 59, 221)

La expresión recupera el motivo bastante extendido de la cara y de los ojos que traicionan los pensamientos de una persona.

1.029. IMBREM IN CRIBRUM LEGERE. *Recoger el agua de lluvia con cedazo.*

(Plauto, *Pseudolus*, 102)

La expresión tiene su origen en la pena de las danaides, obligadas a llevar agua con cubos agujereados e indica una acción vana.

1.030. IMBRIBUS OBSCURIS SUCCEDUNT LU-MINA SOLIS. *Después de intensas lluvias vienen días de sol.*

(Proverbio medieval)

La expresión recupera un tópico bastante extendido que indica la alternancia de periodos convulsos y periodos serenos.

1.031. IMMODICA IRA GIGNIT INSANIAM. *La ira desmesurada genera locura.*

(Séneca, *Cartas*, 18, 14)

Puesto que la razón se ofusca y se pueden llevar a cabo acciones insensatas.

1.032. IMMUTANT MORES HOMINIS CUM DANTUR HONORES. *Cambian las ropas de los hombres cuando se les otorgan honores.*

(Proverbio medieval)

La expresión se utiliza para indicar a aquellos que parecen honrados y dotados de sentido común antes de adquirir el poder, pero que luego se sitúan exactamente en el lado opuesto.

1.033. IMPAVIDUM FERIENT RUINAE. *La ruina lo golpearía y él resistiría impávido.*

(Horacio, *Odas*, 3, 3, 7)

La expresión se utiliza actualmente todavía para destacar las cualidades de firmeza e imperturbabilidad de una persona.

1.034. IMPEDIT IRA ANIMUM, NE POSSIT CERNERE VERUM. *La ira impide que el alma vea la verdad.*

(Catón, *Dísticos*, 2, 4)

Quien se deja llevar por la ira jamás comprenderá la situación.

1.035. IMPERARE SIBI MAXIMUM IMPERIUM EST. *Dirigirse a uno mismo es la máxima forma de mando.*

(Séneca, *Cartas a Lucilio*, 113, 30)

Se trata de hecho de la forma más difícil de mando.

1.036. IMPERAT AUT SERVIT COLLECTA PE-CUNIA CUIQUE. *El dinero manda u obedece a quien lo ha acumulado.*

(Horacio, *Epístolas*, 1, 10, 47)

La expresión constituye una invitación a no convertirse en siervos del dinero, sino a saber usarlo en la medida correcta.

1.037. IMPERITIA CONFIDENTIAM, ERUDITIO TIMOREM CREAT. *La ignorancia produce valor, la reflexión demora.*

(San Jerónimo, *Epístolas*, 73, 10)

San Jerónimo traduce casi literalmente un fragmento de Tucídides que se refiere a los espartanos, quienes afirmaban que la reflexión era un intento poco valeroso de resolver los problemas, todo lo contrario de lo que creían los atenienses. Con el paso del tiempo, la frase se utilizó para criticar la arrogancia que nace de la ignorancia.

1.038. IMPIA SUB DULCI MELLE VENENA LATENT. *Bajo la dulce miel se esconden tremendos venenos.*

(Ovidio, *Amores*, 1, 8, 104)

La expresión se refiere a aquellos que hacen discursos engañosos o dan falsos consejos.

1.039. IMPROBE AMOR, QUID NON MORTALIA PECTORA COGIS! *¡Amor cruel, a qué no obligas a los corazones de los mortales!*

(Virgilio, *Eneida*, 4, 412)

El verso se refiere a las acciones temerarias que Dido realizó por amor de Eneas. Se cita todavía en la actualidad para describir el poder del amor.

1.040. IMPROBE NEPTUNUM ACCUSAT QUI ITERUM NAUGRAGIUM FACIT. *Neptuno acusa de forma errónea a quien se equivoca por segunda vez.*

(Publilio Siro, I, 63)

El dicho se cita a propósito de los que se han equivocado una segunda vez y dan la culpa a la suerte o a otros en lugar de a sí mismos.

1.041. IMPROBUS EST HOMO QUI BENEFICIUM SCIT ACCIPERE ET REDDERE NESCIT. *Malvado es aquel que sabe recibir beneficios, pero no darlos.*

(Plauto, *Persa*, 762)

1.042. IN ALIO PEDUCULUM, IN TE RICINUM NON VIDES. *Ves la paja en el ojo ajeno y no ves la viga en el propio.*

(Petronio, *Satiricón*, 57, 7)

La expresión recupera el motivo tan extendido según el cual es más fácil ver los defectos de los demás en lugar de los propios.

1.043. IN AUREM UTRAMVIS DORMIRE. *Dormir sobre las dos orejas.*

(Terencio, *Heautontimoroumenos*, 342; Plauto, *Pseudolus*, 123)

El dicho, que deriva del griego, indica una situación completamente tranquila y segura que permite un sueño profundo.

1.044. IN BIBLIOTHECIS LOQUUNTUR DEFUNCTORUM IMMORTALIS ANIMAE. *En las bibliotecas hablan las almas inmortales de los difuntos.*

(Plinio el Joven, *Epistolarum libri novem*)

No se trata evidentemente de fantasmas sino de las obras de los grandes autores que permanecen vivas en el tiempo y hablarán a sus descendientes.

1.045. IN BONO HOSPITE ATQUE AMICO QUAESTUS EST QUOD SUMITUR. *Es un beneficio lo que se gasta por un huésped o un amigo.*

(Plauto, *Miles gloriosus*, 1.674)

Plauto compara los gastos por los amigos con los gastos por una mala mujer. La expresión se cita actualmente acentuando la reciprocidad de la amistad.

1.046. IN CADUCUM PARIETEM NOS INCLINAVIMUS. *Nos hemos apoyado en una pared débil.*

(*Historia Augusta*, *Vida de Adriano*, 23, 14)

Se trata de una broma de Adriano, quien se dio cuenta de que su hijo, en el que confiaba mucho, tenía una salud enfermiza. El dicho indica actualmente una acción de éxito incierto puesto que se basa en premisas inseguras.

1.047. IN CAUSA FACILI CUIVIS LICET ESSE DISERTO. *En una causa fácil todos pueden ser elocuentes.*

(Ovidio, *Tristia*, 3, 11, 21)

La expresión indica que todos saben hacer las cosas fáciles, pero que es en las cosas difíciles cuando afloran realmente las cualidades de una persona.

1.048. INCEDIS PER IGNES / SUPPOSITOS CINERI DOLOSO. *Caminas sobre carbones encendidos escondidos por las cenizas engañadoras.*

(Horacio, *Odas*, 2, 1, 7-8)

Se trata de una invitación a no dejarse engañar por las falsas apariencias.

1.049. INCERTUM EST QUANDO, CERTUM EST ALIQUANDO MORI. *Es incierto el cuándo, pero es cierto que en un determinado momento se mueve.*

(Proverbio medieval)

1.050. INCIDIT IN FOVEAM QUI PRIMUS FECERAT ILLAM. *Cae en la fosa aquel que la ha excavado.*

(Proverbios, 26, 27)

El sentido es que aquel que comete un engaño se convertirá en su próxima víctima y tendrá un castigo merecido.

1.051. INCIDIS IN SCYLLAM CUPIENS VITARE CHARYBDIS. *Vas hacia Escila al querer evitar a Caribdis.*

(Gautier de Châtillon)

El verso, una traducción exacta del correspondiente griego, se refiere a los peligros del estrecho de Mesina, el remolino Caribdis y el escollo Escila. Actualmente indica una situación delicada y arriesgada entre dos peligros.

1.052. IN CLARIS NON FIT INTERPRETATIO. *En las cuestiones claras no se da pie a interpretaciones.*

(Máxima jurídica)

La fórmula se utiliza todavía en ambientes judiciales para indicar que una cuestión clara no necesita interpretación.

1.053. IN CRASTINUM DIFFERO RES SERIAS. *Dejo para mañana las cosas serias.*

(Cornelio Nepote,
Vida de Pelópida, 3, 3)

Las palabras fueron pronunciadas por Arquias, comandante de los espartanos, quien aplazó al día siguiente la lectura de una carta que le anunciaba un ataque enemigo. Las tropas fueron sorprendidas y vencidas durante la noche. La expresión es por lo tanto una advertencia para no aplazar a mañana lo que se pueda hacer hoy.

1.054. IN CULPA EST ANIMUS, QUI SE NON EFFUGIT UMQUAM. *Sólo el alma culpable no puede huir de sí misma.*

(Horacio, *Epístolas*, 1, 14, 13)

El dicho significa que el remordimiento de una culpa atormentará siempre a quien la ha cometido.

1.055. INDE IRAE ET LACRYMAE. *De ahí proceden iras y lágrimas.*

(Juvenal, *Sátiras*, 1, 168)

La locución se emplea para decir que se ha descubierto la causa de una situación. También se utiliza, aunque de manera impropia, para indicar un dolor.

1.056. IN DIEM VIVERE. *Vivir el presente.*

(Cicerón, *Tusculanas*, 5, 11, 33)

El dicho aparece en las obras de numerosos autores y se refiere a las personas que no se preocupan del mañana.

1.057. INDIGNUS EST QUI ILLI CALCEOS DETRAHAT. *No es digno de quitarle los zapatos.*

(Proverbio medieval)

La locución deriva de un conocido fragmento evangélico (Marcos, 1, 7; Lucas, 1, 16) e indica la inferioridad de una persona respecto a otra.

1.058. INDOCTOS A MUSIS ATQUE A GRATIIS ABESSE. *Los ignorantes están lejos de las musas y de las gracias.*

(Quintiliano, *Instituciones oratorias*, 1, 10, 21)

La expresión corresponde más o menos a nuestro «no recibir el aliento de las musas».

1.059. IN DOMO PETRI. *En la casa de Pedro.*

Expresión de origen vulgar que se emplea para indicar la prisión.

1.060. INEXPERTIS ENIM DULCIS EST PUGNA. *Dulce es la batalla para el inexperto.*

(Vegecio, 3, 12)

La expresión se refiere a aquellos que, inexpertos sobre un argumento o una disciplina, creen que todo es extremadamente sencillo y no ven los peligros y los riesgos.

1.061. INFANDUM REGINA, IUBES RENOVARE DOLOREM. *Oh reina, me ordenas renovar un dolor indecible.*

(Virgilio, *Eneida*, 2, 3)

Verso muy famoso citado a menudo a propósito de un hecho luctuoso que se está obligado a recordar.

1.062. INFANTIOREM QUAM MEUS EST MULIO. *Es más estúpido que mi arriero.*

(Varrón, *Sátiras menipeas*, 367 B)

El autor se refiere a un autor trágico. El mozo de cuadra simboliza una persona ruda y de maneras harto groseras.

1.063. INFIDUM HOMINEM MALO SUO ESSE CORDATUM. *El hombre que no se ilusiona es sensato con su daño.*

(San Agustín, *De vita beata*, 26)

El dicho significa que aquel que no se ilusiona es infeliz porque teme perder lo que tiene.

1.064. INFIMA SUMMIS, SUMMA INFIMIS MUTARE. *Cambiar lo bajo con lo alto y lo alto con lo bajo.*

(Boecio, *La consolación por la filosofía*, 2, 2)

La expresión se refiere a los cambios radicales e indica el poder de Dios.

1.065. INFLAT SE TAMQUAM RANA. *Se hincha como una rana.*

(Petronio, *Satiricón*, 74, 13)

El autor utiliza la famosa fábula de la rana, que para ser grande como el buey se hinchó hasta estallar, para describir a las personas soberbias que se vanaglorian por cualquier nimiedad.

1.066. IN FUGA FOEDA MORS EST, IN VICTORIA GLORIOSA. *La muerte es vergonzosa en la huida, gloriosa en la victoria.*

(Cicerón, *Filípicas*, 14, 32)

La expresión es adecuada para los discursos patrióticos y para la exaltación de los héroes.

1.067. INGENIA HOMINUM LOCORUM SITUS FORMAT. *La región en la que un hombre ha nacido forma la mente.*

(Quinto Curcio Rufo, *Historia de Alejandro Magno*, IX, 8, 9, 31)

El dicho quiere decir que el medio influye sobre el carácter de las gentes que lo habitan.

1.068. INGENIUM MAGNI LIVOR DETRACTAT HOMERI. *La envidia desprecia incluso los méritos del ilustre Homero.*

(Ovidio, *Remedia amoris*, 365)

1.069. INGENIUM MALA SAEPE MOVENT. *A menudo los males alteran el ingenio.*

(Ovidio, *Arte de amar*, 2, 43)

1.070. INGRATA PATRIA, NE OSSA QUIDEM MEA HABES. *Ingrata patria, no tendrás ni siquiera mis huesos.*

(Valerio Máximo, 5, 3, 2b)

Según la tradición, Escipión había hecho escribir estas palabras en su tumba. Actualmente se pronuncian a propósito de grandes personajes que, después de haber empeñado la propia vida al servicio de la patria, no reciben a cambio ni el menor agradecimiento.

1.071. INGRATUS UNUS OMNIBUS MISERIS NOCET. *El ingrato perjudica a todos los infelices.*

(Publilio Siro, 282)

Puesto que impide que quien le ha ayudado ayude también a otros.

1.072. IN HOC SIGNO VINCES. *En este signo vencerás.*

(Eusebio de Cesarea, *Vida de Constantino*, I, 28)

Palabras que Constantino leyó sobre la cruz que se le apareció en el cielo en el año 312, en la vigilia de la batalla contra Mascencio. La expresión se utiliza en la actualidad para referirse a acontecimientos o a signos que parecen vaticinar el éxito de una acción.

1.073. INIMICI HOMINIS DOMESTICI EIUS. *Los enemigos del hombre son sus parientes.*

(Mateo, 10, 36)

Dejando de lado el significado religioso y teológico de esta expresión, puede utilizarse para indicar los sinsabores y las controversias que a menudo surgen entre parientes.

1.074. INIMICUM QUAMVIS HUMILEM DOCTI EST METUERE. *Es típico del sabio temer al enemigo, aunque lo sea desde hace poco.*

(Publilio Siro, I 26)

Expresión que exalta la prudencia del sabio (véase también el n.º 1.978).

1.075. INIQUA NUMQUAM REGNA PERPETUO MANENT. *Los reinos injustos no duran eternamente.*

(Séneca, *Medea*, 196)

Las palabras pronunciadas por Medea indican que un imperio obtenido con la fuerza y la violencia sucumbe enseguida.

1.076. INIQUISSIMA HAEC BELLORUM CONDITIO EST, PROSPERA OMNES SIBI VINDICANT, ADVERSA UNI IMPUTANTUR. *Esto que es tan injusto sucede en cada guerra, pues todos reivindican el mérito de las empresas que han triunfado mientras que las que se han perdido se atribuyen a uno solo.*

(Tácito,*Vida de Agrícola*, 27)

La expresión, de la que a menudo se cita sólo la segunda parte *(prospera omnes sibi vindicant, adversa uni imputantur)*, no se refiere sólo a los acontecimientos bélicos sino también a muchas situaciones de la vida cotidiana.

1.077. INIQUUM EST CONLAPSIS MANU NON PORRIGERE. *Es una injusticia no ayudar a quien ha caído.*

(Séneca el Rétor, *Controversiarum excerpta*, 1, 1, 14)

La expresión se entiende como una invitación a ayudar a los débiles y a aquellos que se encuentran en apuros económicos.

1.078. INIQUUM PETENDUM, UT AEQUUM FERAS. *Es necesario mirar más allá de lo injusto para obtener lo justo.*

(Quintiliano, 4, 5, 16)

El propio Quintiliano recomienda que este precepto no debe convertirse en un pretexto para una audacia desenfrenada.

1.079. IN ISTA VEPRECULA VIPERA EST. *En este césped hay una víbora.* (Pomponio, fragmento)

La expresión se empleaba para advertir a los paseantes de los peligros del bosque.

1.080. INITIUM SAPIENTIAE TIMOR DOMINI. *El inicio de la sabiduría es el temor de Dios.*

(Salmos, 111, 10)

La sabiduría humana debe tener como punto de partida la divinidad. La expresión, como puede apreciarse, es lo suficientemente profunda como para dar pie a largas y enconadas controversias.

1.081. INIURIA IN SAPIENTEM VIRUM NON CADIT. *La injuria no tiene cabida en el hombre sabio.*

(Séneca, *De constantia sapientis*, 7, 2)

Puesto que el sabio es superior y no se preocupa de las ofensas.

1.082. INIURIA NON FIT VOLENTI. *No hay culpa en relación con quien permite.*

Fórmula jurídica de origen desconocido que también se cita todavía como *volenti non fit iniuria.*

1.083. INIURIARUM REMEDIUM EST OBLIVIO. *El remedio para las ofensas es olvidarlas.*

(Publilio Siro, I 21)

El motivo estaba muy extendido, sobre todo entre los autores cristianos que invitan al perdón.

1.084. INIURIAS ACCIPIENDO ET GRATIAS AGENDO. *Recibiendo injurias y agradeciéndolas.*

(Séneca, *De ira*, 2, 33)

Séneca preguntó a una persona cómo consiguió envejecer en la corte y esta le respondió con tales palabras. Por lo tanto, la fórmula puede citarse para indicar a los aduladores y a las personas que intentan adaptarse a los vaivenes del poder.

1.085. IN LAQUEOS AUCEPS DECIDERAT SUOS. *El pajarero había caído en sus propias redes.*

(Ovidio, *Remedia amoris*, 502)

Expresión proverbial que indica que quien realiza demasiadas trampas puede quedar preso en alguna de ellas.

1.086. IN LIMINE PRIMO / QUOS [...] / ABSTULIT ATRA DIES ET FUNERE MERSIT ACERBO. *Aquellos a los que aún en umbral el negro día raptó y sumergió en una muerte prematura.*

(Virgilio, *Eneida*, 427)

La frase, muy poética y conmovedora, se refiere a los niños o a los jóvenes muertos prematuramente y es muy adecuada en los discursos conmemorativos. Nótese la expresión *in limine* («en el umbral») que indica el primer instante de vida.

1.087. IN MAGNIS ET VOLUISSE SAT EST. *En las grandes empresas es suficiente incluso sólo haber querido.*

(Propercio, *Elegías*, 2, 10, 6)

La expresión quiere destacar la importancia de la voluntad respecto al resultado.

1.088. IN MALEFICIIS VOLUNTAS SPECTATUR, NON EXITUS. *En los maleficios se mira la intención y no el efecto.*

(Fórmula jurídica)

La fórmula del derecho romano pretende castigar la intención malvada aunque la acción no haya tenido un éxito negativo o ha ido mal. El ejemplo puede ser el del intento de homicidio.

1.089. IN MALOS TOLLO CORNUA. *Levanto los cuernos contra los malvados.*

(Horacio, 6, 11)

Las expresiones *tollere cornua* o *vertere cornua* significan darse de bruces contra alguien.

1.090. IN MANU ILLIUS PLUMBUM AURUM FIEBAT. *En sus manos el plomo se convirtió en oro.*

(Petronio, 43, 7)

Expresión utilizada para indicar una persona particularmente afortunada.

1.091. IN MEDIO STAT VIRTUS. *La virtud está en el medio.*

(Aristóteles, *Ética a Nicómaco*)

Esta locución es la traducción latina de un proverbio griego que constituía el fundamento de la *Ética a Nicómaco*. El lema está muy difundido todavía en la actualidad como invitación a la moderación y a mantenerse lejos de los extremos.

1.092. IN MOLLE CARNE VERMES NASCUNTUR. *En la carne tierna nacen los gusanos.*

(Petronio, 57, 3)

El significado de la expresión es controvertido. Para algunos estaría en relación con otros dichos sobre el hecho de que incluso los más pacientes se enfadan. Según otros, en cambio, la frase vendría a decir que es necesario ponerse en guardia ante las personas demasiado dóciles.

1.093. IN MULTILOQUIO NON DEERIT PECCATUM. *En un discurso de muchas palabras no faltarán errores.*

(Proverbios, 10, 19)

Expresión que invita a la reserva y a la moderación en el habla.

1.094. IN NECESSARIIS UNITAS, IN DUBIIS LIBERTAS, IN OMNIBUS CHARITAS. *En las cosas necesarias unidad, en las dudosas libertad, y en todas caridad.*

(San Agustín)

La sentencia constituye una invitación a la caridad que permite valorar las cosas con la debida objetividad.

1.095. IN NULLUM AVARUS BONUS EST, IN SE PESSIMUS. *El avaro no es bueno con nadie y pésimo consigo mismo.*

(Publilio Siro, I 15)

Puesto que no conoce ningún bien e intenta impedirlo incluso a los demás.

1.096. IN OCCIPITIO QUOQUE HABET OCULOS. *Tiene ojos incluso en la nuca.*

(Plauto, *Aulularia*, 64)

La expresión indica generalmente la sabiduría y la prudencia de los ancianos respecto a la impulsividad de los jóvenes, pero puede referirse también a personas astutas que saben protegerse las espaldas.

1.097. IN OMNIUM RERUM FUGA VIVITUR. *Se vive en un todo que huye.*

(Símmaco, *Epístolas*, 8, 27, 2)

Expresión sugestiva para designar que nada es eterno para los mortales.

1.098. INOPEM ME COPIA FECIT. *La abundancia me convirtió en pobre.*

(Ovidio, *Metamorfosis*, 3, 466)

Vuelve el motivo de la riqueza como fuente de infelicidades y preocupaciones.

1.099. IN PARTIBUS INFIDELIUM. *En las regiones de los infieles.*
La expresión se empleaba en la edad media para referirse a los obispos de diócesis conquistadas por los sarracenos. En la actualidad se utiliza a propósito de aquellos que se encuentran en apuros económicos y que no pueden obrar.

1.100. IN PRAETORIIS LEONES, IN CASTRIS LEPORES. *En el palacio leones, en el campamento liebres.*

(Sidonio Apolinar, *Epístolas*, 5, 7, 5)
El dicho se refiere a personas valientes de palabra pero que en realidad son cobardes.

1.101. IN PROPRIA NON PELLE QUIESSEM. *No me estaría quieto en mi propia piel.*

(Horacio, *Sátiras*, 1, 6, 22)
De esta forma se expresa Horacio sobre la eventualidad de que él, hijo de un esclavo liberto, aspirara a cargos públicos. La expresión indica el deseo de superar las propias limitaciones.

1.102. INQUIETUM EST COR NOSTRUM, DONEC REQUIESCAT IN TE. *Nuestro corazón está inquieto hasta que el tuyo no se encuentre en paz.*

(San Agustín, *Confesiones*)
La expresión se cita a menudo, incluso sólo su primera parte, para indicar que únicamente en Dios el hombre puede encontrar protección para las angustias.

1.103. IN RE MALA, ANIMO SI BONO UTERE, ADIUVAT. *En una mala situación ayuda mucho tener la moral alta.*

(Plauto, *Captivi*, 202)
La expresión se refiere al motivo recurrente de mantener el ánimo sereno en las adversidades.

1.104. INSANIA SCIRE SE NON POTEST, NON MAGIS QUAM CAECITAS SE VIDERE. *La demencia no puede reconocerse a sí misma, así como la ceguera no puede verse.*

(Apuleyo, *Apología*, 80)

Expresión que se puede citar a propósito de aquellos que no se dan cuenta de los propios defectos o de las propias acciones.

1.105. INSANIS, PAULE; MULTAE TE LITERAE AD INSANIAM CONVERTUNT. *Tu estás loco Pablo; tanto estudio te ha llevado a la demencia.*

(Hechos de los Apóstoles, 26, 24)
La frase se cita a menudo para indicar la contraposición entre fe y razón, considerando la segunda negativamente en tanto que endurece el ánimo.

1.106. IN SCIRPO NODUM QUAERERE. *Buscar un nudo en un junco.*

(Ennio, *Sátiras*, 70)
Un junco no tiene nudos y, por lo tanto, la locución designa una búsqueda imposible. En el mundo cristiano ha adquirido la connotación de querer buscar un error allí donde no existe.

1.107. IN SILVAM [...] LIGNA FERAS. *Llevarías madera a un bosque.*

(Horacio, *Sátiras*, 1, 10, 34)
Se trata de una de las muchas expresiones metafóricas que indican una acción vana y superflua.

1.108. INSIPIENS ESTO CUM TEMPUS POSTULAT IPSUM. *Sé estúpido cuando lo pida la propia situación.*

(Catón, *Dísticos*, 2, 18)
La expresión es una invitación a adaptarse a una situación determinada y fingir que algo no se entiende (véase el n.º 655).

1.109. IN SOLE LUCERNAM ADHIBERE NIHIL INTEREST. *No sirve de nada utilizar la linterna en pleno sol.*

(Cicerón, *De finibus*, 4, 12, 29)
La expresión indica la estupidez del que lleva a cabo acciones inútiles.

1.110. INSTAURARE OMNIA IN CHRISTO. *Fundar todo sobre Cristo.*

(San Pablo, *Epístola a los efesios*, 1, 10)

Famoso precepto de la doctrina cristiana, recuperado como lema programático por Pío X en la encíclica *De supremi apostolatus cathedra*.

1.111. INSTAURATIO FACIENDA AB IMIS FUNDAMENTIS. *La renovación se realiza desde los primeros cimientos.*

(Francis Bacon, *Instauratio magna*)

Con esta obra el autor pretendía reconstruir el conocimiento humano demoliendo los prejuicios escolásticos y aristotélicos. La expresión, utilizada también en la forma *ab imis fundamentis* (véase el glosario), indica una renovación radical a partir de lo más bajo.

1.112. IN STIPULIS MAGNUS SINE VIRIBUS IGNIS. *En la paja arde un fuego grande y débil.*

(Virgilio, *Geórgicas*, 3, 97, 100)

La comparación se refiere a la pasión amorosa de un viejo, mientras que en la actualidad se utiliza para indicar un entusiasmo pasajero.

1.113. IN TACITO COHIBE GAUDIA CLAUSA SINU. *Callando mantienes tu alegría encerrada en tu corazón.*

(Propercio, *Elegías*, 2, 25, 30)

Expresión proverbial, conocida también como *in sinu gaudere* («gozar en el propio corazón»), que invita a mantener para uno mismo la propia alegría para evitar la envidia ajena.

1.114. INTEGER VITAE SCELERISQUE PURUS. *Irreprochable e inmune a los crímenes.*

(Horacio, *Odas*, 1, 22)

Horacio continúa el discurso afirmando que una persona tal no necesita armas; la expresión puede citarse actualmente para definir una persona honrada e intachable.

1.115. INTEGRITATIS FAMA EST ALTERUM PATRIMONIUM. *La fama de integridad es un segundo patrimonio.*

(Publilio Siro, *Sentencias*, 417)

Puesto que se obtendrá siempre el favor de la gente.

1.116. IN TEMPESTATE COGNOSCITUR GUBERNATOR. *El timonel se conoce en la tormenta.*

(Séneca, *De providentia*, 1, 4, 5)

La expresión recupera el tópico recurrente de que en los momentos difíciles emergen las habilidades y las capacidades de una persona.

1.117. IN TENUI LABOR, AT TENUIS NON GLORIA. *El trabajo es suave, pero no dará una gloria suave.*

(Virgilio, *Geórgicas*, 4, 6)

La expresión significa que incluso un trabajo que precisa poco esfuerzo, como en el caso de las *Geórgicas*, un poema sobre la miel y las abejas, si se hace bien y con cuidado puede llevar a la gloria porque su valor depende de la maña del trabajador.

1.118. INTER AVES TURDUS, SI QUID ME IUDICE CERTET; INTER QUADRUPEDES MATTEA PRIMA LEPUS. *Si mi juicio tiene valor, [diré] que el mejor bocado entre los pájaros es el tordo y entre los cuadrúpedos la liebre.*

(Marcial, *Epigramas*, 13, 92)

Epigrama divertido para citar en tono bromista durante las reuniones amistosas.

1.119. INTER CONVIVAS FAC SIS SERMONE MODESTUS, NE DICARE LOQUAX, CUM VIS URBANUS HABERI. *Entre los invitados no hables mucho para no ser considerado un charlatán, si quieres que digan que eres educado.*

(Catón, *Dísticos*, 3, 19)

La expresión recupera el tópico del silencio como símbolo de educación y sabiduría y lo aplica a todos los aspectos de la vida cotidiana.

1.120. INTER DOMINUM ET SERVUM NULLA AMICITIA EST. *Entre siervo y patrón no puede haber amistad.*

(Quinto Curcio Rufo, *Historia de Alejandro Magno*, X, 7, 8, 28)

En el mundo griego y latino se decía de hecho que el esclavo era por naturaleza enemigo del patrón.

1.121. INTER MALLEUM SUNT ET INCUDEM. *Están entre la espada y la pared.*

(San Jerónimo, *Selecta*, 50, 23)

El lema, muy famoso incluso en español, se refiere a una situación en la que se tiene que decidir entre dos soluciones difíciles y arriesgadas.

1.122. INTER OS ET OFFAM MULTA INTERVE-NIRE POSSE. *Entre la boca y el bocado pueden pasar muchas cosas.*

(Catón, *Dísticos*, 6, 7, 3-6)

El proverbio se refiere a la posibilidad que cambios imprevistos puedan producirse incluso en el último instante.

1.123. INTER PRANDENDUM SIT SAEPE PA-RUMQUE BIBENDUM. *Mientras comas bebe a menudo y poco.* (Escuela de Salerno)

1.124. INTER VAPRES ROSAE NASCUNTUR. *Las rosas nacen entre espinas.*

(Amiano Marcelino, *Rerum gestarum libri*, 16, 7, 4)

Lema muy extendido para indicar que los momentos más gratos pueden florecer incluso en medio de grandes adversidades.

1.125. INTOLERABILIUS NIHIL EST QUAM FE-MINA DIVES. *Nada es más insoportable que una mujer rica.*

(Juvenal, *Sátiras*, 6, 460)

Puesto que es malcriada y caprichosa. La expresión se cita naturalmente en tono satírico y bromista, ya que de otro modo podría parecer una ofensa.

1.126. INTRA FORTUNAM DEBET QUISQUE MANERE. *Cada uno tiene que permanecer dentro de los límites del destino.*

(Ovidio, *Tristia*, 3, 4, 25)

La expresión es una invitación a aceptar el propio destino y a no querer cambiarlo cuando no es posible.

1.127. INTRASTI UT VULPIS SUBIISTI, REGNA-BIS UT LEO, MORIERIS UT CANIS. *Entraste (en el papado) como un zorro, reinarás como un león y morirás como un perro.*

Según la tradición se trata de la profecía hecha por Celestino V a Bonifacio VIII, quien murió de rabia después de luchar contra la ciudad de Anagni, en donde nació.

1.128. IN TRISTITIA HILARIS, IN HILARITATE TRISTIS. *Alegre en la tristeza, triste en la hilaridad.*

(Giordano Bruno, *Candelaio*)

El lema se cita actualmente como invitación a saber dominar sentimientos opuestos y excesivos y a encontrar el equilibrio justo entre alegría y dolor.

1.129. INTROIBO AD ALTARE DEI, AD DEUM QUI LAETIFICAT IUVENTUTEM MEAM. *Vendré al altar de Dios, a Dios que alegra mi juventud.*

(Salmos, 43, 4)

El versículo se ha hecho famoso porque el celebrante lo recitaba en la misa en latín. De hecho, *introito* significa en la actualidad el comienzo de un discurso o arenga.

1.130. INTUS EST EQUUS TROIANUS. *El caballo de Troya está dentro.*

(Cicerón, *Pro Murena*, 78)

El caballo de Troya se ha convertido en todas las lenguas en el símbolo de un peligro oculto porque no se reconoce como tal.

1.131. INTUS NERO, FORIS CATO. *Dentro Nerón, fuera Catón.*

(San Jerónimo, *Epístolas*, 125, 18)

El dicho se refiere a las personas falsas que aparentemente parecen buenas y honradas como Catón, pero que esconden un alma cruel como la de Nerón.

1.132. IN UMBRA PUGNABIMUS. *Lucharemos en la sombra.*

(Cicerón, *Tusculanas*, 1, 42, 101)

La expresión se refire a la anécdota según la cual Leónidas respondió a quien le advertía que los dardos de los persas habían oscurecido el sol, que de esta forma podrían luchar a la sombra. La derrota se convirtió, por lo tanto, en una acción heroica.

1.133. IN VIAM [...] VERAM INDUCERE. *Dirigir sobre el camino de la verdad.*

(Marco Aurelio, 51, 18)

1.134. IN VINO VERITAS. *En el vino está la verdad.*

(Proverbio medieval)

La expresión no procede del latín clásico. El dicho es muy famoso e indica la libertad de palabra y la locuacidad que confiere el vino.

1.135. INVISURUM ALIQUEM FACILIUS QUAM IMITATURUM. *Es más fácil envidiar que imitar.*

(Plinio el Viejo, *Historia natural*, 35, 63)

La expresión puede indicar tanto la grandeza de un artista al que no es posible imitar, como el hecho de que es mucho más fácil envidiar a una persona que tomarla como modelo e imitarla.

1.136. INVITIS BOBUS NUMQUAM TRAHITUR BENE CURRUS. *Cuando los bueyes no tienen ganas, el carro no avanza bien.*

(Proverbio medieval)

Cuando no se tienen ganas de hacer una cosa todo es más difícil.

1.137. IN VULGUS MANANT EXEMPLA RE-GENTUM. *El ejemplo de quien gobierna se ve en el pueblo.* (Proverbio medieval)

1.138. IPSA QUIDEM VIRTUS SIBIMET PUL-CHERRIMA MERCES. *El premio más bello es la propia virtud.*

(Silio Itálico, *Punica*, 13, 663)

Véase también el n.º 1.140.

1.139. IPSA SUA MELIOR FAMA. *Mejor que su fama.*

(Ovidio, *Cartas desde el Ponto*, 1, 2, 143)

Se dice de las personas muy eficientes que actúan en la sombra y no gozan de una gran fama.

1.140. IPSA VIRTUS PRETIUM SUI. *La virtud es recompensa de sí misma.*

(Séneca, *De vita beata*, 9, 4, 1)

1.141. IPSE MIHI ASCIAM IN CRUS IMPEGI. *Me he clavado un hacha en una pierna.*

(Petronio, *Satiricón*, 74, 16)

La expresión equivale a nuestra locución «tirar piedras contra el propio tejado» y se cita con referencia a acciones más o menos involuntarias, cuyas consecuencias se vuelven contra uno mismo.

1.142. IRACUNDIAM QUI VINCIT HOSTEM SU-PERAT MAXIMUM. *Aquel que gana a la ira, gana al mayor de los enemigos.*

(Publilio Siro, *Sententiae*, 290)

La expresión se une al tópico de la dificultad de luchar contra uno mismo y contra la ira en particular, que anula todas las facultades racionales.

1.143. IRA FUROR BREVIS EST. *La ira es una breve locura.*

(Horacio, *Epístolas*, 1, 2, 62)

La expresión es muy famosa y Petrarca la incluyó en su *Cancionero*.

1.144. IRASCIMINI ET NOLITE PECCARE. *Irritaos, mas no pequéis.*

(Salmos, 4, 5)

Este verso presenta el lado positivo de la ira, es decir, el irritarse contra los injustos y los pecadores pero sin caer a su vez en el pecado.

1.145. IRATUS CUM AD SE RENDIT SIBI TUM IRASCITUR. *Cuando el airado ha vuelto en sí, entonces se irritará consigo mismo.*

(Publilio Siro, *Sentencias*, 311)

1.146. IRE PER IGNES / ET GLADIOS AUSIM. *Me atrevería a ir a través del fuego y las espadas.*

(Ovidio, *Metamorfosis*, 8, 76)

El dicho indica que se está dispuesto a cualquier riesgo si con ello se obtiene algo.

1.147. IRRETIT MUSCAS, TRANSMITTIT ARA-NEA VESPAS. *Las telas de araña a menudo capturan a las moscas y dejan escapar a las avispas.*

(Plutarco, *Solón*, 5)

Es evidente que hace referencia a la justicia, que a menudo castiga a los pequeños pero no a los grandes.

1.148. IS BONUS EST MEDICUS SUA QUI SIBI VULNERA CURAT. *El buen médico es aquel que sabe curar las propias heridas.*

(Proverbio medieval)

Se trata de una variante medieval del más famoso *Medice cura te ipsum* (véase el n.º 1.300).

1.149. Is minimo eget mortalis qui minimum cupit. *Tiene necesidades menores el hombre que tiene menos deseos.*

(Séneca, *Cartas*, 108, 11)

La expresión se refiere a aquellos que se saben conformar con poco y no codician nada.

1.150. Istuc est sapere, qui ubiquomque opù sit animum possit flectere. *Esto es ser sabio: cambiar de alma según el momento.*

(Terencio, *Hecyra*, 608)

La expresión se refiere a las personas flexibles, capaces de adaptarse a las circunstancias y que, por lo tanto, consiguen ser siempre las más aventajadas.

1.151. Ita amare oportere, ut si aliquando esset osurus. *Es oportuno ser amigos como si antes o después se estuviera destinado a ser enemigos.*

(Cicerón, *De amicitia*, 16, 59)

Cicerón traduce esta expresión del griego para contradecirla a continuación, puesto que piensa que la amistad debe ser eterna. El dicho puede citarse a propósito de personas extremadamente desconfiadas, incluso en relación con los amigos más queridos.

1.152. Ita amicum habeas, posse ut fieri hunc inimicum putes. *Considera al amigo pensando que puede convertirse en un enemigo.*

(Macrobio, *Saturnalia*, 2, 7, 11)

Variante de la cita anterior.

1.153. Ita di <vi>s est placitum voluptatem ut maeror comes consequatur. *A los dioses les ha gustado hacer que el dolor vaya acompañado del placer.*

(Plauto, *Amphitruo*, 635)

1.154. Italicum acetum. *El vinagre itálico.*

(Horacio, *Sátiras*, 1, 7, 32)

La expresión es todavía muy famosa e indica un carácter agudo, mordaz y preparado para la ocurrencia.

1.155. Itinerarium mentis ad deum. *El camino de la mente hacia Dios.*

(Bonaventura de Bagnoregio)

El dicho indica una elevación gradual hacia la divinidad

1.156. Iucundi acti labores. *El cansancio, cuando ya ha pasado, es dulce.*

(Cicerón, *De finibus*, 2, 32, 105)

La locución recupera el tópico según el cual es agradable recordar ansias y fatigas cuando ya han pasado.

1.157. Iudex damnatur ubi nocens absolvitur. *Cuando el culpable es absuelto, se condena al juez.*

(Publilio Siro, I 28)

Puesto que el juez se declara culpable de no haber llevado a cabo su propio deber.

1.158. Iudicis sententiam oportet sequi clementiam. *La sentencia del juez tiene que ser clemente.*

(Proverbio medieval)

1.159. Iurare in verba magistri. *Jurar sobre las palabras del maestro.*

(Horacio, *Epístolas*, 1, 14;

Séneca, *Cartas*, 12, 11)

El dicho es en la actualidad todavía muy común y se utiliza para indicar la actitud del alumno que sigue muy de cerca al maestro.

1.160. Iuris praecepta sunt haec: honeste vivere alterum non laedere, suum cuique tribuere. *Estos son los preceptos del derecho: vivir honradamente, no ofender a los demás, dar a cada uno lo suyo.*

(Ulpiano, *Digesto*, 1, 10, 1)

1.161. Iustum et tenacem propositi virum. *Hombre justo y tenaz en los propósitos.*

(Horacio, 3, 3)

Con estas palabras comienza una oda de Horacio que afirma que un hombre no vacila ni bajo un tirano ni ante el furor de la muchedumbre. Actualmente la frase se cita para indicar una persona de carácter firme y decidido.

1.162. Iustus ut palma florebit. *El justo florecerá como una palma.*

(Salmos, 92, 13)

La frase alaba el triunfo de los justos, si no sobre esta tierra, al menos en el más allá. Gracias a su concisión y a la belleza de la imagen, esta frase se presta a ser citada en conversaciones o escritos cultos.

La expresión se refiere a la impulsividad y al valor típicos de la juventud, que contrastan con el aplomo de la madurez.

1.163. IUVENILE VITIUM EST REGERE NON POSSE IMPETUM. *Es un vicio de la juventud no resistir a los arrebatos del corazón.*

(Séneca, *Troades*, 250)

L

1.164. LABITUR OCCULTE FALLITQUE VOLU-
BILIS AETAS. *Huye y se desliza a escondidas el
tiempo que vuela.*

(Ovidio, *Amores*, 1, 8, 49)

La expresión recupera el tópico del tiempo
que huye.

1.165. LABOR OMNIA VICIT / IMPROBUS. *Un
extenuante trabajo vence cualquier dificultad*

(Virgilio, *Geórgicas*, 1, 145)

Este verso bastante famoso se cita en la actualidad para indicar que con el trabajo y el
ingenio el hombre consigue vencer las adversidades.

1.166. LACHRIMIS IANUA SURDA TUIS. *La
puerta es sorda ante tus lágrimas.*

(Marcial, *Epigramas*, 10, 14, 8)

El verso se refiere a la puerta del Hades, lugar del cual no se puede volver. La expresión también se puede citar en sentido metafórico para indicar a personas que no se
dejan conmover.

1.167. LACONICAE MALO STUDERE BREVITA-
TI. *Prefiero imitar la concisión laconia.*

(Símmaco, *Epístolas*, 1, 14 [8], 1)

Los espartanos, o laconios, tenían fama de
no ser grandes habladores pero de pronunciar una frase incisiva en el momento justo.
El lema se cita a menudo también en la
forma abreviada de *Laconica brevitas* o
Spartana brevitas.

1.168. LAETUS SUM LAUDARI ME ABS TE [...]
A LAUDATO VIRO. *Estoy contento de que me
alabes, un hombre a su vez alabado.*

(Nevio, *Héctor*, 17 R)

Esta famosa expresión se cita para indicar
tanto el orgullo del que es alabado por una
persona apreciada, como el desprecio por
la opinión del vulgo. A veces se oye también la forma abreviada *laudari a laudato
viro*.

1.169. LAEVIUS LAEDIT QUIDQUID PRAEVIDI-
MUS ANTE. *Hiere menos lo que antes ha-
bíamos previsto.*

(Catón, *Dísticos*, 2, 24, 2)

Puesto que ya estamos mentalmente preparados para afrontarlo.

1.170. LAPIDEM [...] OMNEM MOVERE. *Mover todas las piedras.*

(Proverbio medieval)

La locución no proviene del latín clásico
sino que deriva directamente del griego. Se
trata de una exhortación a la tenacidad, a la
perseverancia, y a intentarlo todo antes de
rendirse.

1.171. LAPSUS SEMEL FIT CULPA SI ITERUM
CECIDERIS. *Después de haber resbalado una
vez, es culpa tuya si caes de nuevo.*

(Publilio Siro, L 12)

La sentencia se refiere al tópico del error
humano, que puede ser casual y perdona-
ble, y de la perseverancia en el error.

1.172. LARGITIONEM FUNDUM NON HABE-
RE. *La generosidad no tiene fondo.*

(Cicerón, *De officiis*, 2, 15, 550)

El dicho se refiere al hecho de que quien regala con liberalidad puede también extinguir patrimonios. Cicerón invita por lo tanto a la moderación.

1.173. LASCIVA EST NOBIS PAGINA, VITA PROBA. *Nuestros escritos son lascivos, pero nuestra vida es casta.*

(Marcial, *Epigramas*, 1, 4, 8)

Con este verso Marcial pide al emperador que sea benévolo con él. Actualmente se cita para explicar que la obra literaria no siempre es de carácter autobiográfico.

1.174. LATET ANGUIS IN HERBA. *La serpiente está escondida en la hierba.*

(Virgilio, *Bucólicas*, 3, 93)

Con estas palabras Virgilio invita a los recolectores de fresas y flores a estar atentos. Actualmente la locución se refiere a dones sospechosos o interesados.

1.175. LATIFUNDIA PERDIDERE ITALIAM. *Los latifundios condujeron a Italia a la perdición.*

(Plinio el Viejo, *Historia natural*, 18, 7)

Ya en la época romana el latifundio y las mismas riquezas territoriales se consideraban un mal para la economía y para toda la nación.

1.176. LAUDA PARCE, SED VITUPERA PARCIUS. *Alaba con parquedad, pero critica todavía con mayor parquedad.*

(Séneca, *Cartas*)

Sabia sentencia que invita a no alabar demasiado a una persona para que no se orgullecezca ni a criticarla demasiado para que no se desanime.

1.177. LAUDATO INGENTIA RURA / EXIGUUM COLITO. *Alaba los poderes grandes, / pero cultiva uno pequeño.*

(Virgilio, *Geórgicas*, 2, 412)

Estos versos remiten al tópico del justo medio, que debería tenerse presente en todas las circunstancias de la vida.

1.178. LAUDATOR TEMPORIS ACTI. *Adulador del tiempo pasado.*

(Horacio, *Epístola a los Pisones*, 174)

Esta expresión se cita actualmente no sólo a propósito de un viejo que recuerda los tiempos pasados, sino también en referencia a aquellos que viven de recuerdos y no gozan de las alegrías del presente.

1.179. LAUS NOVA NISI ORITUR, ETIAM VETUS AMITTITUR. *Si no aparece una nueva alabanza, se pierde incluso la vieja.*

(Publilio Siro, L 2)

La sentencia invita a no dormirse en los laureles sino a perseverar si se desea mantener el cariño incluso por lo que ya se posee.

1.180. LECTA POTENTER [...] RES. *Materia escogida según las propias fuerzas.*

(Horacio, *Epístola a los Pisones*, 40)

A veces el dicho se interpreta de forma errónea con el sentido de «estudiar en profundidad». En realidad, el consejo dado por Horacio a los jóvenes poetas consiste en escoger un argumento adecuado a las propias capacidades para evitar un fracaso.

1.181. LECTIO QUAE PLACUIT SEMEL, DEIES REPETITA PLACEBIT. *Una lectura que sea agradable gustará aunque se repita diez veces.*

(Horacio, *Epístola a los Pisones*, 365)

1.182. LECTOREM DELECTANDO PARITERQUE MONENDO. *Divirtiendo al lector y educándolo al mismo tiempo.*

(Horacio, *Epístola a los Pisones*, 343)

La mezcla exacta de utilidad y diversión (véase el n.º 1.749) es según Horacio la tarea principal de la poesía y de la literatura en general.

1.183. LEGATUS NEC COGITUR NEC VIOLATUR. *El mensajero no tiene que verse obligado ni sometido a violencia.*

(Proverbio medieval)

El mensajero no es de hecho responsable del contenido de las misivas. Todavía hoy se emplea la expresión «matar al mensajero» para señalar lo injusto que es inculpar a alguien de actos que no ha cometido.

1.184. LEGEM BREVEM ESSE OPORTET, QUO FACILIUS AB IMPERITIS TENEATUR. *Las leyes tienen que ser concisas para que sean fácilmente comprendidas y recordadas por los inexpertos.*

(Séneca, *Cartas*, 94, 38)

1.185. LEGERE ENIM ET NON INTELLEGERE NEGLEGERE EST. *Leer y no entender es como no leer.*

(Catón, *Dísticos*, 3, 214)

La expresión, muy fácil de retener en la mente, se adapta a ser citada en ambientes académicos.

1.186. LEGES BONAE EX MALIS MORIBUS PROCREANTUR. *Las buenas leyes nacen de las malas costumbres.*

(Macrobio, *Saturnalia*, 3, 17, 10)

1.187. LEGITIMA HEREDITAS EST QUAE AB INTESTATO DEFERTUR. *La herencia legítima es aquella que se otorga sin testamento.*

(Fórmula jurídica)

Intestado es aquel que no ha hecho testamento o aquel que lo ha hecho pero cuya herencia no ha sido acogida. La fórmula se utiliza todavía en la actualidad en el ámbito jurídico para indicar la falta de disposiciones válidas por parte del difunto; en este caso se procede según la norma del haber hereditario legítimo. También está muy extendida la fórmula abreviada *ab intestato* (véase el glosario).

1.188. LENTE PROPERARE MEMENTO. *Recuerda que debes apresurarte despacio.*

(Proverbio medieval)

Se trata de una versión medieval del dicho *festina lente* (véase el n.º 857) que invita a hacer las cosas sin demora pero con ponderación.

1.189. LEONEM MORTUUM ET CATULI MORDENT. *Al león muerto lo muerden incluso los cachorros.*

(Proverbio medieval)

El dicho recupera el tópico del grande y poderoso que después de muerto ya no da miedo.

1.190. LEONIS CATULUM NE ALAS. *No alimentéis a los hijos del león.*

(Erasmo, *Adagios*, 2, 3, 77)

El cachorro de león parece de hecho un animal tierno y gracioso, pero cuando haya crecido se transformará en una bestia feroz.

1.191. LEPORES DUOS INSEQUENS NEUTRUM CAPIT. *Aquel que persigue a dos liebres no consigue atrapar ni siquiera una.*

(Proverbio medieval)

El proverbio deriva directamente del griego y tiene un significado análogo a nuestro «quien mucho abarca poco aprieta».

1.192. LEVE AES ALIENUM DEBITOREM FACIT, GRAVE INIMICUM. *Una pequeña deuda crea un deudor, y una grande un enemigo.*

(Séneca, *Cartas*, 19, 11)

La máxima constituye una advertencia para no conceder demasiados préstamos.

1.193. LEVE FIT QUOD BENE FERTUR ONUS. *La carga es ligera para aquel que sabe soportarla con paciencia.*

(Ovidio, *Amores*, 1, 2, 10)

1.194. LEVEMUS CORDA NOSTRA CUM MANIBUS AD DOMINUM IN COELO. *Alcemos con las manos nuestros corazones a Dios, que está en los cielos.*

(Jeremías, 3, 41)

El verso constituye la fuente de la expresión más conocida *sursum corda* (véase el glosario).

1.195. LEVIS EST DOLOR QUI CAPERE CONSILIUM POTEST. *El dolor que permite tomar una decisión es leve.*

(Séneca, *Medea*, 155)

De todos es sabido que un gran dolor ofusca la mente.

1.196. LEVIS EST FORTUNA: CITO REPOSCIT QUOD DEDIT. *La fortuna es ligera: pide enseguida que se le devuelva lo que ha dado.*

(Publilio Siro, L 4)

Sentencia sobre el tan extendido tópico de la mutabilidad de la fortuna.

1.197. LEX UNIVERSA EST, QUAE IUBET NASCI ET MORI. *La ley que dirige los nacimientos y las muertes es una ley universal.*

(Publilio Siro, L 5)

Máxima que resume un principio universal del que derivan otros motivos entre los cuales se encuentra el de la ineluctabilidad de la muerte.

1.198. LIBERAE ENIM SUNT COGITATIONES NOSTRAE. *Nuestros pensamientos son libres.*

(Cicerón, *Pro Milone*, 29, 79)

El autor invita con estas palabras a abandonarse a la imaginación, si bien la expresión suele citarse para indicar la absoluta libertad de pensamiento.

1.199. LIBERA NOS, DOMINE, A MORTE AETERNA. *Líbranos, oh Señor, de la muerte eterna.*

Invocación famosa pronunciada en la liturgia católica durante los funerales. Actualmente *libera nos, Domine* se cita en tono de broma respecto a algo o a alguien que se quiere evitar.

1.200. LIBERTAS PECUNIA LUI NON POTEST. *No hay suficiente dinero para pagar la libertad.*

(Ulpiano, *Digesto*, 9, 2)

1.201. LIBIDINOSA ET INTEMPERANS ADULESCENTIA EFFETUM CORPUS TRADIT SENECTUTI. *Una adolescencia licenciosa e inmoderada transmite a la vejez un cuerpo gastado y cansado.*

(Cicerón, *Cato Maior seu De senectute*, 9)

1.202. LIBRI FACIUNT LABRA. *Los libros hacen a los labios.*

Se trata de un juego de palabras académico para indicar que el estudio hace al orador y más en general que los libros forman a la persona instruida.

1.203. LIBRI QUOSDAM AD SCIENTIAM QUOSDAM AD INSANIA DEDUXERE. *Los libros hicieron convertirse en doctos a algunos, a otros los hicieron enloquecer.*

(Petrarca, *De remediis utriusque fortunae*, diálogo XLIII)

1.204. LIBRUM SIGNATUM SIGILLIS SEPTEM. *Libro sellado con siete sellos.*

(Apocalipsis, 5, 1)

El verso se refiere al día del Juicio en el que Dios aparece con un libro que contiene los secretos que todavía no se han revelado a la humanidad.

1.205. LICET IPSA VITIO SIT AMBITIO, FREQUENTER TAMEN CAUSA VARTUTUM EST. *Aunque la ambición es vicio, a menudo todavía es causa de virtud.*

(Quintiliano, *Instituciones oratorias*, 1, 2, 21)

Puesto que constituye un estímulo a mejorar siempre la propia condición.

1.206. LIGNUM QUOD TORTUM, HAUD UMQUAM VIDIMUS RECTUM. *Nunca veremos recta una madera torcida.*

(Proverbio medieval)

La expresión destaca la dificultad de corregir a aquel que tiene tendencia a hacer el mal.

1.207. LINGUA DOLIS INSTRUCTA MUCRONE NOCENTIOR IPSA. *La lengua acostumbrada a los engaños es más nociva que la espada.*

(Proverbio medieval)

Dicho que exalta la extraordinaria fuerza de la lengua por su habilidad para hacer presa sobre la opinión pública e influir de esta forma en la vida política y social. Esta tarea actualmente ya no corresponde a los oradores sino a los periodistas.

1.208. LINGUA EST MALILOQUAX MENTIS INDICIUM MALAE. *La lengua que maldice es indicio de una mente malvada.*

(Publilio Siro, *Sentencias*)

La expresión puede citarse a propósito de aquellos que critican todo y a todos de forma continua.

1.209. LINGUA MAGIS STRENUA QUAM FACTIS. *Más valientes con las palabras que con los hechos.*

(Tito Livio, *Historias*, 8, 22, 8)

Con estas palabras la historia define la población de los griegos. Actualmente la expresión se refiere a aquellos que presumen con las palabras, pero los hechos lo desmienten.

1.210. LINQUENDA TELLUS, ET DOMUS, ET PLACENS UXOR. *Es necesario abandonar la tierra, la casa y la amable mujer.*

(Horacio, *Odas,* 2, 14, 21-22)

Este verso se refiere a la muerte que obliga al hombre a dejar lo que más quiere.

1.211. LIPPIS NOTUM ET TONSORIBUS. *Conocido para los legañosos y para los barberos.*

(Horacio, *Sátiras,* 1, 7)

Se dice de una cosa conocida a todos: a los legañosos, que al no ver bien se informan de todo, y a los barberos que, como en aquel entonces, conocen minuciosamente la crónica ciudadana.

1.212. LIS EST CUM FORMA MAGNA PUDICITIAE. *Hay una gran batalla entre belleza y pudor.*

(Ovidio, *Cartas desde el Ponto,* 15, 228)

El contraste entre las dos cualidades, aparentemente opuestas, es un tópico repetitivo.

1.213. LITORE QUOT CONCHAE, TOTO SUNT IN AMORE DOLORES. *Los dolores en amor son tantos como conchas hay en la playa.*

(Ovidio, *Arte de amar,* 2, 512)

La expresión se refiere a las penas de amor que sufren los amantes.

1.214. LITTERA ENIM OCCIDIT, SPIRITUS AUTEM VIVIFICAT. *La letra mata, el espíritu vivifica.*

(San Pablo, *Epístola a los corintios,* II, 3, 6)

La expresión se puede citar en todos esos casos en los que no debe prestarse atención a la interpretación literal de un fragmento, lo cual podría inducir a error, sino que es necesario saber leer entre líneas y captar el sentido principal.

1.215. LITTERAE NON DANT PANEM. *Las letras no dan el pan.*

(Proverbio medieval)

Es difícil obtener beneficios de la literatura o de la poesía, sobre todo si no nos queremos adaptar a los gustos del público o a las exigencias del mercado.

1.216. LITTERAE THESAURUM EST ET ARTIFICIUM NUMQUAM MORITUR. *La cultura es un tesoro y la habilidad no muere nunca.*

(Petronio, 46, 8)

El dicho encierra los dos motivos según los cuales el docto posee una gran riqueza y aquel que conoce un arte o un oficio no es nunca pobre.

1.217. LITTERARUM RADICES AMARAS, FRUCTUS DULCES. *Las raíces de las letras son amargas, pero los frutos son dulces.*

(Julio Rufiniano, *De figuris sententiarum,* 19, 43)

La máxima, atribuida por el autor a Cicerón, significa que el aprendizaje y la cultura cuestan esfuerzo, pero luego dan sus frutos.

1.218. LITUS AMA / [...] ALTUM ALII TENANT. *Ama el litoral, / [...] que otros vayan a alta mar.*

(Virgilio, *Eneida,* 5, 163-4)

La expresión se puede citar como exhortación a no buscar empresas arriesgadas, sino a permanecer cerca de las costas más tranquilas y seguras.

1.219. LITUS MELLE GLADIUS. *La espada untada con miel.*

(San Agustín, *Epístolas,* 82, 1, 2)

El dicho se refiere a las palabras de las personas lisonjeras y embaucadoras.

1.220. LOCORUM ASPERITAS HOMINUM QUOQUE INGENIA DURAVERAT. *La aspereza de los lugares templa la mente de los hombres.*

(Quinto Curcio Rufo, *Historia de Alejandro Magno,*

X, 7, 3, 12, 6)

Puesto que los obliga a inventar técnicas para poder domarlos y cultivarlos.

1.221. LONGA ET CERVINA SENECTUS. *Una vejez larga y de ciervo.*

(Juvenal, *Sátiras,* 14, 251)

En la Antigüedad se creía que el ciervo vivía cuatro veces más que la corneja, que vivía nueve generaciones humanas. La fórmula puede citarse por lo tanto como felicitación.

1.222. LONGE FUGIT QUISQUIS SUOS FUGIT. *Huye lejos aquel que huye de los suyos.*

(Petronio, *Satiricón*, 43)

La expresión significa que aquel que abandona a sus familiares se queda solo.

1.223. LONGIUS AUT PROPIUS MORS SUA QUEMQUE MANET. *Lejos o cerca cada uno espera su muerte.*

(Propercio, *Elegías*, 2, 28, 58)

Grave alusión a la ineluctabilidad de la muerte.

1.224. LONGIUS INSIDIAS CERVA VIDEBIT ANUS. *La cierva vieja verá las insidias de lejos.*

(Ovidio, *Arte de amar*, 1, 766)

La metáfora destaca la prudencia de las personas ancianas y expertas.

1.225. LONGIUS NOCENS UT BASILISCI SEPENTES. *Hacer daño de lejos como los basiliscos.*

(Amiano Marcelino, *Rerum gestarum libri*, 28, 1, 41)

El legendario basilisco era considerado un monstruo temible porque podía matar con la mirada. A pesar de la inexistencia de este animal, la frase ha permanecido en el uso, sobre todo en ambientes académicos.

1.226. LONGO SED PROXIMUS INTERVALLO. *Detrás (de él), pero a larga distancia.*

(Virgilio, *Eneida*, 5, 320)

La frase se refiere a la distancia entre Niso y el segundo en la carrera durante los juegos fúnebres en honor de Anquises. La expresión se puede citar actualmente cuando alguien se distingue claramente en una disciplina o en un arte.

1.227. LONGUM ITER EST PER PRAECEPTA, BREVE ET EFFICAX PER EXEMPLA. *La vida del profesor a través de los preceptos es larga, mas a través de los ejemplos es breve y eficaz.*

(Séneca, *Cartas a Lucilio*, 6, 5)

La expresión, adecuada para el ámbito académico, destaca la importancia de los ejemplos no sólo en el aprendizaje sino también en la educación moral.

1.228. LOQUI QUI NESCIT DISCAT ALIQUANDO RETICERE. *Aquel que no sabe hablar que aprenda de vez en cuando a callar.*

(San Jerónimo, *Epístolas*, 109, 2)

La expresión constituye una advertencia a los chismosos y a aquellos que hablan sin ton ni son.

1.229. LORIPEDEM RECTUS NIGRUM DERIDEAT ALBUS. *El recto se mofa del lisiado, el blanco del negro.*

(Proverbio medieval)

El proverbio deriva de un fragmento las *Sátiras* de Juvenal (2, 23) y significa que puede mofarse o criticar un defecto sólo aquel que no lo tiene.

1.230. LUCRI BONUS EST ODOR EX RE QUALIBET. *El perfume del dinero es bueno sea cual fuere su procedencia.*

(Juvenal, *Sátiras*, 14, 204)

La expresión tiene su origen en una anécdota según la cual Vespasiano hizo olfatear una moneda a su hijo Tito, quien le recriminaba la tasa sobre la orina que utilizaban las lavanderas para sacar las manchas de grasa, preguntándole si apestaba. El dicho se cita actualmente para justificar beneficios de dudosa procedencia.

1.231. LUCRUM SINE DAMNO ALTERIUS FIERI NON POTEST. *No puede haber beneficio que no dañe al prójimo.*

(Publilio Siro, L 6)

La expresión define el sistema que regula un cierto tipo de relaciones económicas por el cual el interés de uno provoca el abuso o el daño del otro.

1.232. LUCUS A NON LUCENDO. *Se dice bosque* (lucus) *porque no tiene luz.*

Se trata de una de las tantas etimologías *a contrariis* de las cuales se complacían los antiguos. La locución se cita actualmente como ejemplo de etimología popular pero inexacta y, en tono irónico, a propósito de etimologías absurdas.

1.233. LUDIS DE ALIENO CORIO. *Juegas sobre la piel ajena.*

(Apuleyo, *El asno de oro*, 7, 11)

Conocida locución que indica un comportamiento irresponsable a expensas de los demás.

1.234. LUDUS BONUS NON SIT NIMIUS. *Un bonito juego dura poco.*

(Proverbio medieval)

1.235. LUGETE O VENERES CUPIDINESQUE. *Llorad oh Venus y Cupido.*

(Catulo, *Carmina*, 3, 1)

Es el inicio de la *Elegía del gorrión*, carmen compuesto por la muerte del gorrión de Lesbia, amada del poeta. El dicho se aplica actualmente a aquellos que lloran o se lamentan por poca cosa.

1.236. LUPOS APUD OVES [...] LINQUERE. *Dejar a los lobos cerca de las ovejas.*

(Plauto, *Pseudolus*, 141)

El dicho puede citarse a propósito de aquel que realiza acciones imprudentes.

1.237. LUPUS EST HOMO HOMINI, NON HOMO. *El hombre es para el hombre lobo y no hombre.*

(Plauto, *Asinaria*, 495)

La expresión, más conocida como *Homo homini lupus*, fue recuperada por el filósofo Thomas Hobbes para darle el significado de que, a pesar de la civilización y del progreso, en el hombre se encuentra siempre presente el instinto y, en consecuencia, no se halla desligado del estado de naturaleza.

1.238. LUPUS OVIUM NON CURAT NUMERUM. *El lobo no se preocupa del número de las ovejas.*

(Virgilio, *Bucólicas*, 7, 51)

El lema está todavía muy extendido para referirse a las personas sin escrúpulos, quienes no suelen ser demasiado sutiles.

1.239. LUPUS PILUM MUTAT NON MENTEM. *El lobo cambia el pelo, pero no el pensamiento.*

(Proverbio medieval)

El dicho corresponde exactamente a nuestro proverbio «muda el lobo los dientes, que no las mientes» e indica que, a pesar de que una persona cambie de aspecto, es muy difícil que mude de temperamento.

M

1.240. MAGIS DEOS MISERI QUAM BEATI COLUNT. *Los dioses gustan más de las personas infelices que de las felices.*

(Séneca el Rétor, *Controversiarum excerpta*, 8, 1, 360, 5)
Véase el n.º 55.

1.241. MAGISTER ARTIS, INGENIQUE LARGITOR VENTER. *El hambre es maestra del trabajo y cultivadora del ingenio.*

(Persio, *Sátiras*, 10)
Este dicho exalta el hambre y la necesidad como estímulos del intelecto.

1.242. MAGISTER PRIORIS POSTERIOR DIES. *El día siguiente es maestro del día anterior.*

(Proverbio latino)
Puesto que aclara los errores cometidos el día antes y muestra las cosas bajo otro punto de vista. La sentencia es exactamente contraria a la de Publilio Siro en el n.º 609.

1.243. MAGNA CURA CIBI, MAGNA VIRTUTIS INCURIA. *Gran cuidado en la comida, gran desidia en la virtud.*

(Amiano Marcelino, 16, 5, 2)
La expresión significa que aquel que se ocupa sólo de cuestiones materiales no suele cultivar la virtud.

1.244. MAGNA EST VIS HUMANITATIS. *La fuerza de la humanidad es grande.*

(Cicerón, *Pro Roscio*, 22, 63)
El término *humanidad* debe interpretarse como sinónimo de caridad y benevolencia.

La expresión puede citarse, por lo tanto, para destacar la fuerza de esta cualidad humana.

1.245. MAGNA FUIT QUONDAM CAPITIS REVERENTIA CANI. *Hace tiempo el respeto por una cabeza encanecida era grande.*

(Ovidio, *Fastos*, 5, 57)
La máxima invita al respeto por las personas ancianas, que en cada época parece siempre disminuir.

1.246. MAGNAM REM PUTA, UNUM HOMINEM AGERE. *Considera importante el hecho de conservar un carácter íntegro e inmutable.*

(Séneca, *Epístolas*, 120)
Expresión que invita a la integridad y a la firmeza de ánimo.

1.247. MAGNA PARENS FRUGUM. *Gran generadora de cosechas.*

(Virgilio, *Geórgicas*, 2, 173)
Con esta palabras Virgilio designa a Italia. Actualmente se citan para indicar prosperidad y abundancia.

1.248. MAGNA PROMISISTI, EXIGUA. *Has prometido mucho y veo poco.*

(Séneca, *Cartas*, 109, 18)
La expresión se refiere a aquellos que hacen grandes promesas que luego no mantienen.

1.249. MAGNA SERVITUS EST MAGNA. *Una gran fortuna es una gran esclavitud.*

(Séneca, *Consolación a Polibio*, 6, 4)

Puesto que las personas adineradas no tienen la libertad de comportamiento que poseen en cambio las personas más humildes.

1.250. MAGNAS INTER OPES INOPS. *Pobre entre grandes riquezas.*

(Horacio, *Odas*, 3, 16, 28)

Es la mejor descripción del avaro, tan ocupado por mantener su riqueza que no consigue ni siquiera disfrutarla.

1.251. MAGNUM VECTIGAL [...] PARSIMONIA. *La parsimonia es un gran capital.*

(Cicerón, *Paradojas de los estoicos*, 4, 3, 49)

La parsimonia es una de las grandes virtudes, puesto que preserva de la irreflexión y evita dilapidar los bienes.

1.252. MAGNUS AB INTEGRO SAECLORUM NASCITUR ORDO. *Se renueva la gran ronda de los siglos.*

(Virgilio, *Églogas*, 4, 5)

El verso es muy famoso puesto que en la Edad Media se consideraba profético del nacimiento de Cristo, pero el joven purificado en esta égloga es en realidad el hijo de Asinio Polión.

1.253. MAIORA CREDI DE ABSENTIBUS. *Las cosas lejanas parecen mayores.*

(Tácito, *Historias*, 2, 83, 1)

Cuando se está lejos, todo se ve de hecho bajo una luz diversa, recordando los aspectos positivos y no los negativos.

1.254. MAIOR E LONGIQUO REVERENTIA. *El amor es mayor en la distancia.*

(Tácito, *Anales*, 1, 47)

Con la lejanía, las cosas y las personas nos parecen mejor de lo que en realidad son, puesto que tendemos a ver sólo las virtudes.

1.255. MAIORES PINNAS NIDO EXTENDERE. *Desplegar las alas más grandes del nido.*

(Horacio, *Epístolas*, 1, 20, 21)

La expresión se aplica a aquellas personas que con el ingenio han conseguido mejorar la condición en la que nacieron —como Horacio, hijo de un liberto— o a aquellas personas que quieren realizar empresas superiores a sus capacidades.

1.256. MAIORI CEDE SED NON CONTEMNE MINOREM. *Retrocede ante quien es más valiente, pero no desprecies a aquel que vale menos.*

(Proverbio medieval)

El dicho recupera el tema del *cedere maiori* (véase el n.º 357).

1.257. MAIOR SUM QUAM CUI POSSIT FORTUNA NOCERE. *Soy demasiado fuerte como para que la fortuna pueda perjudicarme.*

(Ovidio, *Metamorfosis*, 6, 195)

Se trata de las palabras pronunciadas por Níobe, quien presumía de ser muy afortunada y perdió a sus catorce hijos. La expresión se cita actualmente a propósito de aquellos que presumen de no tener mala suerte.

1.258. MAIORUM GLORIA POSTERIS QUASI LUMEN EST. *La gloria de los antepasados es la luz para sus descendientes.*

(Salustio, *La guerra de Yugurta*, 85)

Expresión muy adecuada para discursos conmemorativos que exhorta a seguir el ejemplo de los antepasados ilustres.

1.259. MAIUS AB EXEQUIIS NOMEN IN ORA VENIT. *Después del funeral se hace mayor el nombre en las bocas.*

(Propercio, *Elegías*, 3, 1, 24)

El fragmento recupera un motivo muy extendido en la latinidad según el cual la fama aumenta después de la muerte.

1.260. MALA AUREA IN LECTIS ARGENTEIS, QUI LOCUTUR VERBUM IN TEMPORE SUO. *La palabra dicha a su tiempo es como frutos de oro sobre un recipiente de plata.*

(Proverbios, 25, 11)

El versículo bíblico es una invitación a hablar poco y con sabiduría en el momento oportuno.

1.261. MALAM HERBAM NON PERIRE. *Mala hierba nunca muere.*

(Erasmo, *Adagios*, 3, 2, 99)

Proverbio muy famoso que se pronuncia con una cierta resignación para referirse a personas poco honradas que, como la grama, crecen fácilmente y son difíciles de extirpar.

1.262. MALA TEMPORA CURRUNT! *¡Corren malos tiempos!*
El famoso dicho es de origen vulgar y no aparece en los textos clásicos. Se cita a menudo como lamento o como recomendación en relación con el presente.

1.263. MALE AGITUR CUM DOMINO QUEM VILLICUS DOCET. *Mal van las cosas de ese jefe a quien le hace de maestro el mayordomo mayor.*

(Columela, *De re rustica*,

11, 1, 4)

La expresión designa a las personas incompetentes que tienen que pedir ayuda a los subalternos para concluir sus negocios.

1.264. MALEDICTUS HOMO QUI CONFIDIT IN HOMINEM. *Maldito el hombre que confía en el hombre.*

(Jeremías, 17, 5)

Con estas palabras el profeta invita a confiar en Dios y poner en sus manos su seguridad.

1.265. MALEDICUS A MALEFICO NON DISTAT NISI OCCASIONE. *El maledicente no difiere del malvado si no es por la ocasión.*

(Quintiliano, *Instituciones oratorias*,

12, 9, 9)

Si tuviera la ocasión, el primero estaría preparado para actuar mal. La expresión es por lo tanto una amonestación para protegerse de estas personas.

1.266. MALEFACERE QUI VULT, NUMQUAM NON CAUSAM INVENIT. *Quien quiere hacer el mal nunca echa a faltar el pretexto.*

(Publilio Siro, M 28)

Invectiva contra los malvados que no saben abstenerse de hacer el mal y consiguen siempre encontrar un motivo que lo justifique.

1.267. MALE IMPERANDO SUMMUM IMPERIUM ADMITTITUR. *Mandando mal se pierde toda la autoridad.*

(Publilio Siro, 380)

Una frase que debieran tener en cuenta todos aquellos que ocupen un puesto de responsabilidad y deban ejercer su autoridad sin favoritismos y de manera que no se provoque la enemistad de los subordinados.

1.268. MALE PARTA, MALE DILABUNTUR. *Las cosas mal compradas acaban mal.*

(Cicerón, *Filípicas*,

2, 27, 65)

La expresión, que Cicerón atribuye a Nevio, ha sido muy citada, sobre todo en textos literarios, para criticar las riquezas adquiridas con medios poco ortodoxos.

1.269. MALE VERUM EXAMINAT OMNIS CORRUPTUS IUDEX. *Un juez corrupto averigua mal la verdad.*

(Horacio, *Sátiras*, 2, 2, 8-9)

1.270. MALI CORVI MALUM OVUM. *De cuervo malo, huevo malo.*

(Proverbio medieval)

El proverbio deriva de un dicho griego que se refiere a la no comestibilidad del animal. Actuamente todavía se cita como acepción negativa del más famoso *qualis pater talis filius* (véase el n.º 1.971).

1.271. MALO ARBORIS NODO MALUS CUNEUS REQUIRENDUS EST. *Para un duro nudo de árbol se tiene que buscar una dura cuña.*

(San Jerónimo, *Epístolas*,

69, 5)

El dicho indica que para un error o enfermedad graves es necesario un remedio igualmente fuerte; es decir, «a grandes males, grandes remedios».

1.272. MALO EMERE QUAM ROGARE. *Prefiero comprar en lugar de pedir.*

(Cicerón, *In Verrem actio secunda*,

4, 6, 12)

La expresión exalta el orgullo de aquel que no pide favores e, incluso en la necesidad, intenta salir adelante con sus propias fuerzas, puesto que ningún favor es gratuito.

1.273. MALO HIC ESSE PRIMUS QUAM ROMAE SECUNDUS. *Prefiero ser primero aquí que segundo en Roma.*

(Plutarco, *Vida de César*, 11, 3-4)

El dicho se inspira en una anécdota sobre César, quien tras visitar las regiones alpinas se refirió a la vida en aquellas latitudes con un comentario similar.

1.274. MALO QUOD TENEO QUAM QUOD SPERO. *Prefiero lo que tengo a lo que espero.*

(San Agustín, *Enarrationes in Psalmos*, 123, 10)

La expresión es una invitación a conformarse con lo que se tiene y que correspondería a nuestro dicho «más vale pajaro en mano que ciento volando».

1.275. MALOS FACIUNT MALORUM FALSA CONTUBERNIA. *La compañía de los malvados hace que los hombres sean malos.*

(Floro, *Epítome de Tito Livio*, 416, 2)

1.276. MALO SI QUID BENE FACIAS, ID BENEFICIUM INTERIT. *Si se hace el bien a alguien mezquino, ese beneficio se pierde.*

(Plauto, *Poenulus*, 635)

1.277. MALUM CONSILIUM CONSULTORI PESSIMUMST. *El mal consejo es pésimo para aquel que lo da.*

(Proverbio popular)

El mal que se hace a otra persona se vuelve contra uno mismo.

1.278. MALUM QUIDEM NELLUM ESSE SINE ALIQUO BONO. *No existe ningún mal sin un poco de bien.*

(Plinio el Viejo, *Historia natural*, 23, 7, 9)

La máxima corresponde a nuestro dicho «no hay mal que por bien no venga».

1.279. MALUS MALE COGITAT. *El malvado piensa mal.*

El malvado prepara siempre acciones malas y además cree que todos son de su condición.

1.280. MANDUCEMUS ET BIBAMUS: CRAS ENIM MORIEMUR. *Comamos y bebamos puesto que mañana moriremos.*

(Isaías, 22, 13)

El verso lo recuperará luego san Pablo (Epístola a los corintios, 15, 32) a la luz de la resurrección de Cristo. Por lo tanto, prescindiendo del significado exegético, este verso puede citarse como invitación a disfrutar de las alegrías del presente.

1.281. MANEAT NOSTROS EA CURA NEPOTES. *Que quede al cuidado de nuestros nietos.*

(Virgilio, *Eneida*, 3, 505)

Expresión citada para decir que de una cosa larga o de sus consecuencias se ocuparán las generaciones futuras.

1.282. MANET ALTA MENTE REPOSTUM / IUDICIUM PARIDIS SPRETAEQUE INIURIA FORMAE. *Descansa en lo más profundo del alma la memoria del juicio de Paris y de la injuria realizada a su belleza.*

(Virgilio, *Eneida*, 1, 26-27)

Se trata del resentimiento de Juno contra Paris y su estirpe por la ofensa causada a su belleza en el juicio entre las tres diosas. La expresión puede referirse a personas particularmente quisquillosas y vengativas que guardan durante mucho tiempo el rencor.

1.283. MANIBUS DATE LILIA PLENIS. *Dad lirios a manos llenas.*

(Virgilio, *Eneida*, 6, 883)

Estas palabras se refieren al destino de Marcelo, nieto de Augusto, muerto antes de los veinte años. Por lo tanto, la frase se pronuncia para referirse a muertos prematuros pero también, erróneamente, como manifestación de alegría.

1.284. MANIFESTA HAUD INDIGENT PROBATIONE. *Las cosas evidentes no tienen necesidad de ninguna prueba.*

(Publilio Siro, M 47)

Véase también el n.º 1.052.

1.285. MANUS MANUM LAVAT. *Una mano lava la otra.*

(Petronio, *Satiricón*, 45, 13)

Expresión muy famosa y extendida que indica una relación basada en favores recíprocos.

1.286. MARE VERBORUM GUTTA RERUM. *Mar de palabras, gota de hechos.*

(Lema medieval)

El dicho indica que aquel que habla mucho concluye pocas cosas.

1.287. MARIA MONTISQUE POLLICERI. *Prometer mares y montañas.*

(Salustio, *La conjuración de Catilina*, 23, 3)

El dicho es todavía muy conocido y se pronuncia a propósito de aquel que hace grandes promesas aun sabiendo que no puede mantenerlas.

1.288. MARI TERRAQUE [...] QUAERITAT. *Va buscando por tierra y por mar.*

(Plauto, *Poenulus*, 105)

Locución muy famosa cuyo significado es el de buscar una cosa con vivacidad y no descansar hasta haberla encontrado.

1.289. MATERIEM SUPERABAT OPUS. *El trabajo supera la materia.*

(Ovidio, *Metamorfosis*, 2, 5)

Estas palabras describen el palacio del Sol, obra de Vulcano, cuyas puertas eran de plata muy fina. La frase se cita actualmente para referirse a trabajos de arte muy finos de orfebrería.

1.290. MATER SEMPER CERTA EST, PATER NUMQUAM. *La madre está siempre segura, el padre nunca.*

(Fórmula jurídica)

La fórmula es de origen incierto y expresa el intento de poner reglas fijas al problema de la paternidad legítima. Se cita actualmente en tono jocoso.

1.291. MATREM TIMIDI FLERE NON SOLERE. *La madre del miedoso normalmente no llora.*

(Cornelio Nepote, *Vida de Trasíbulo*, 2, 3)

Una variante del tópico de los sentimientos maternos hacia la guerra.

1.292. MATURA SATIO SAEPE DECIPIT, SERA NUMQUAM QUIN MALA SIT. *La semilla sembrada en el momento justo a menudo desilusiona; la sembrada tarde es siempre mala.*

(Columela, *De re rustica*)

Esta fórmula, adecuada para un texto erudito, constituye una invitación a no atrasar las acciones si se quiere que tengan éxito.

1.293. MATURE FIAS SENEX UT MANEAS DIU. *Hazte pronto viejo para vivir largo tiempo.*

(Proverbio medieval)

El dicho es de origen antiguo y fue atacado por Cicerón, promotor de una vejez laboriosa y activa. El proverbio invita en cambio, en términos actuales, a retirarse lo antes posible.

1.294. MAXIMA DEBETUR PUERO REVERENTIA. *Al joven se le debe el máximo respeto.*

(Juvenal, *Sátiras*, 14, 47)

1.295. MAXIMO PERICULO CUSTODITUR QUOD MULTIS PLACET. *Con gran peligro se guarda aquello que gusta a muchos.*

(Publilio Siro, M 18)

Expresiones similares se repiten en la tradición medieval y se refieren a la custodia de una bonita mujer.

1.296. MAXIMUM REMEDIUM IRAE MORA EST. *El mejor remedio para la ira es la morosidad.*

(Séneca, *De ira*, 3, 39)

De esta forma la ira se calma y deja de nuevo espacio a la razón.

1.297. MAXIMUS IN MINIMIS DEUS. *Dios es grandioso en las cosas más pequeñas.*

El antiguo lema convertido en proverbial provendría de una frase de Plinio el Viejo (*Historia natural*, 11, 1) que se refiere a la naturaleza.

1.298. MEA CULPA, MEA CULPA, MEA MAXIMA CULPA. *Por mi culpa, por mi culpa, por mi grandísima culpa.*

Esta expresión se pronunciaba en el *Confiteor*, en el tiempo en el que la misa se recitaba en latín. Ha permanecido en el uso cotidiano, incluso en la forma abreviada «por mi culpa», para indicar la admisión de una falta.

1.299. ME ALBIS DENTIBUS / [...] DERIDERET. *Se burlaba de mí con sus blancos dientes.*

(Plauto, *Epidicus*, 429)

La expresión se refiere al hecho de reírse de alguien abiertamente y de forma irreverente.

1.300. MEDICE, CURA TE IPSUM! *¡Médico, cúrate a ti mismo!*

(Lucas, 4, 23)

El dicho, que se ha hecho muy famoso, deriva de la *midrash* hebrea.

1.301. MEDICO MALE EST, SI NEMINI MALE EST. *El médico está mal si nadie está mal.*

(Ovidio, *Tristia*, 4, 3, 78)

Lema agudo que se presta a ser citado en frases jocosas.

1.302. MEDICUS CURAT, NATURA SANAT. *El médico cuida, la naturaleza cura.*

(Proverbio medieval)

La curación depende de las capacidades propias de cada persona.

1.303. MEDICUS NIHIL, ALIUD EST QUAM ANIMI CONSOLATIO. *El médico no es más que la consolación del alma.*

(Petronio, *Satiricón*, 42, 5)

Puesto que nada puede contra el más grande de los males, es decir, contra la muerte.

1.304. MEDIO DE FONTE LEPORUM / SURGIT AMARI ALIQUID. *En medio de la dulce fuente de los placeres brota algo amargo.*

(Lucrecio, *Sobre la naturaleza de las cosas*, 4, 1.133)

La expresión recupera el tema de la mezcla entre dulce y amargo. Su belleza poética la hace particularmente adecuada para conversaciones o para cartas de amor.

1.305. MEDIO TUTISSIMUS IBIS. *En el medio irás muy seguro.*

(Ovidio, *Metamorfosis*, 2, 137)

El verso se refiere a la historia según la cual Helios dijo a su hijo Faetón que para conducir su carro de fuego sin peligros debía mantenerse en medio entre la tierra y el cielo. Actualmente la expresión se utiliza para indicar la mitad exacta.

1.306. MEISQUE ME COLORIBUS ESSE PINGENDUM. *Tengo que embellecerme con mis propios colores.*

(San Jerónimo, *Contra Rufino*, 3, 41)

Se trata del contrario de *alienis me coloribus adornare* (véase el n.º 84).

1.307. MEL IN ORE, VERBA LACTIS, / FEL IN CORDE, FRAUS IN FACTI. *Miel en el corazón, palabras de leche, / hiel en el corazón, fraude en los hechos.*

(Proverbio medieval)

Proverbio basado en la contraposición entre la miel y la hiel.

1.308. MELIORA SUNT EA QUAE NATURA, QUAM ILLA QUAE ARTE PERFECTA SUNT. *Las cosas generadas por la naturaleza son mejores que las producidas por el arte.*

(Cicerón, *Sobre la naturaleza de los dioses*, 2, 87)

La contraposición entre naturaleza y arte es un tema que ha dado pie, y dará, a largas y densas disquisiciones. La frase puede citarse de todos modos en las conversaciones sobre esta polémica.

1.309. MELIORA SUNT VULNERA DILIGENTIS QUAM FRAUDULENTA ODIENTIS OSCULA. *Son mejores las heridas de un amigo que los besos fraudulentos de un enemigo.*

(Proverbios, 27, 6)

Es mejor buscar relaciones francas y leales que relaciones basadas en la falsedad y el engaño.

1.310. MELIOREM [...] NEQUE SOL VIDET. *Ni siquiera el sol puede ver uno mejor.*

(Plauto, *Stichus*, 110)

1.311. MELIOR EST CANIS VIVUS LEONE MORTUO. *Mejor un perro vivo que un león muerto.*

(Eclesiastés, 9, 4)

Esta expresión se cita actualmente con un sentido que sobrepasa en parte el del original, ya que se emplea como una invitación a no esforzarse tanto.

1.312. MELIORIBUS UTERE FATIS. *Te deseo una fortuna mejor.*

(Virgilio, *Eneida*, 6, 546)

Fórmula que se puede dirigir como deseo a amigos que se encuentran en un momento difícil.

1.313. MELIOR TUTIORQUE EST CERTA PAX QUAM SPERATA VICTORIA. *Una paz cierta es mejor y más segura que una victoria esperada.*

(Tito Livio, *Ab urbe condita*, 30, 30, 19)

La frase fue pronunciada por Aníbal y debe entenderse no tanto como una alabanza de la paz, sino como una invitación a la prudencia, ya que nunca es recomendable arriesgar todo cuanto se posee si no se tiene la completa certeza de lograr el éxito.

1.314. MELIUS DUO DEFENDUM RETINACULA NAVIM. *Dos amarras protegen mejor el barco.*

(Propercio, 2, 22, 41)

La expresión es una invitación a mantener siempre preparada una solución de reserva.

1.315. MELIUS EST ABUNDARE QUAM DEFICERE. *Es mejor abundar que escasear.*

(Proverbio medieval)

La expresión es muy famosa y se utiliza normalmente, tanto en el lenguaje cotidiano como en los ámbitos más cultos, para indicar que cuando no se está seguro de alcanzar el nivel adecuado es mejor superarlo.

1.316. MELIUS EST NOMEN BONUM QUAM DIVITIAE MULTAE. *Un buen nombre es mejor que muchas riquezas.*

(Proverbio medieval)

1.317. MELIUS EST NUBERE QUAM URI. *Es mejor casarse que arder.*

(San Pablo, *Epístolas a los corintios*, I, 7, 9)

1.318. MELIUS EST VOCARE AD HOLERA CUM CARITATE QUAM AD VITULUM SAGINATUM CUM ODIO. *Mejor dar hospitalidad con legumbres, pero con amistad, que preparar una ternera con odio.*

(Proverbios, 15, 17)

La expresión recupera el tópico de que no es importante lo que se da, sino cómo se da.

1.319. MELIUS NIL CAELIBE VITA. *Nada es mejor que la vida de soltero.*

(Horacio, *Epístolas*, 1, 1, 88)

El tema aparece en muchos proverbios jocosos en varias lenguas.

1.320. MEL NULLIS SINE FELLE DATUR. *A nadie se le da la miel sin hiel.*

(Proverbio medieval)

Expresión utilizada en el habla común para indicar que no existe alegría sin dolor.

1.321. MEMENTO AUDERE SEMPER. *Recuerda que debes atreverte siempre.*

Lema inventado por D'Annunzio a raíz de la sigla MAS (Motora Antisumergible).

1.322. MEMENTO CITA MORS VENIT. *Recuerda que la muerte viene rápidamente.*

(Proverbio medieval)

Se trata de una de las numerosas expresiones que están relacionadas con el tópico del *memento mori* (véase el glosario).

1.323. MEMENTO HOMO QUIA PULVIS ES ET IN PULVEREM REVERTERIS. *Recuerda, hombre, que eres polvo y en polvo te convertirás.*

(Génesis, 3, 19)

El fragmento es muy famoso porque se repite en el ritual de la liturgia católica el miércoles de ceniza, si bien se trata de las palabras pronunciadas por Dios cuando expulsó del Paraíso a Adan y Eva. Actualmente está muy extendida también la locución popular «recitar el *memento*».

1.324. MEMENTO NOVISSIMORUM. *Recuerda los últimos tiempos.*

(Zacarías, 38, 20)

1.325. MEMINISSE DULCE EST QUOD FUIT DURUM PATI. *Es dulce recordar lo que fue difícil de soportar.*

(Proverbio medieval)

El dicho recupera el tema del recuerdo de las adversidades pasadas. Véase también el n.º 882.

1.326. MEMORIS MINUITUR NISI EAM EXERCEAS. *La memoria disminuye si no se ejercita.*

(Cicerón, *De senectute*, 7, 21)

Famoso precepto que destaca la importancia de ejercitar la memoria.

1.327. MENDACEM MEMOREM ESSE OPORTERE. *El embustero necesita tener buena memoria.*

(Quintiliano, *Instituciones oratorias*, 4, 2, 91)

Para tener siempre presente las mentiras que ha contado y no delatarse.

1.328. MENDACES AIUNT FURIBUS ESSE PARES. *Se dice que los mentirosos son similares a los ladrones.*

(Proverbio medieval)

Forma discursiva del más conciso *mendax et furax* («mentiroso y ladrón») que identifica a ladrones con mentirosos.

1.329. MENDACIA CURTA SEMPER HABENT CRURA. *Las mentiras tienen siempre las piernas cortas.*

(Proverbio medieval)

La expresión, muy famosa, la encontramos ya en Fedro e indica que las mentiras antes o después se descubren.

1.330. MENDACI NE VERUM QUIDEM DICENTI CREDITUR. *Del mentiroso se duda incluso cuando dice la verdad.*

(Cicerón, *De divinatione*, 2, 146)

1.331. MENDACIUM NULLUM SENESCIT. *Ninguna mentira envejece.*

(Proverbio medieval)

Puesto que se descubre enseguida.

1.332. MENDICI PERA NON IMPLETUR. *La alforja del mendigo no está nunca llena.*

(Proverbio medieval)

El proverbio se refiere a las personas insaciables o a aquellas que no saben administrar bien lo poco que poseen.

1.333. MENS AGITAT MOLEM. *Una mente mueve toda la masa.*

(Virgilio, *Eneida*, 6, 727)

Son las palabras que Anquises dirigió a Eneas, que bajó al Hades, respecto a una mente superior que regula el curso del universo. La expresión se utiliza actualmente para designar la inteligencia y la omnipotencia divinas o, en tono jocoso, para decir que se está meditando sobre algo importante.

1.334. MENS IMMOTA MANET, LACRIMAE VOLVUNTUR INANES. *Permanece inmutable en su pensamiento y deja correr inútilmente las lágrimas.*

(Virgilio, *Eneida*, 4, 449)

Eneas no dio importancia al llanto de Dido y mantuvo su propósito de irse. La expresión puede citarse a propósito de personas muy firmes, capaces de sacrificar los propios sentimientos para alcanzar sus objetivos.

1.335. MENS SANA IN CORPORE SANO. *Mente sana en un cuerpo sano.*

(Juvenal, *Sátiras*, 10 356)

Se trata de uno de los dichos latinos más en uso en el lenguaje común. Ello indica la importancia de la educación física al lado de la intelectual y se cita a menudo como invitación a no cansarse demasiado en el estudio en detrimento de la salud.

1.336. MENTEM PECCARE, NON CORPUS. *La mente peca y no el cuerpo.*

(Tito Livio, *Ab urbe condita*, 1, 58, 9)

La expresión afronta el tema de la intencionalidad o no de la culpa.

1.337. MENTIO SI FIET, SAEPE LUPUS VENIET. *El lobo vendrá a menudo si se menciona.*

(Proverbio medieval)

La expresión trata el tema del famoso dicho *lupus in fabula* (véase el glosario).

1.338. MENTIS GRATISSIMUS ERROR. *Grato error de la mente.*

(Horacio, *Epístolas*, 2, 2, 140)

Fórmula aplicable a los ignorantes que piensan en cambio que saben todo.

1.339. MEO IUDICIO PIETAS FUNDAMENTUM EST OMNIUM VIRTUTUM. *El afecto hacia los padres es el fundamento de cualquier virtud.*

(Cicerón, *Pro Plancio*, 29)

El concepto de *pietas* es muy vasto y corresponde más o menos a nuestro concepto de caridad y amor.

1.340. MERCET SINE ADVERSARIO VIRTUS. *El valor sin adversario produce estancamiento.*

(Séneca, *De providentia*, 2, 4)

El lema se cita a menudo para indicar que en la lucha y en las adversidades emergen las cualidades de una persona o que disminuyen si no se ejercitan.

1.341. MESSIS IN HERBA EST. *La cosecha todavía no está madura.*

(Ovidio, *Heroidas*, 17, 265)

La expresión se cita para indicar algo que se encuentra todavía en ciernes y que no está maduro.

1.342. MERITI SE QUEMQUE SUO MODULO AC PEDE VERUM EST. *Cada uno debe regularse según su medida y su pie.*

(Horacio, *Epístolas*, 1, 7, 98)

Se trata de una invitación a no estirar «el brazo más que la manga», a vivir según las propias posibilidades y a actuar siempre según las propias capacidades.

1.343. METRIFICANT QUONIAM GAUDENT BREVITATE MODERNI. *Los modernos hacen versos porque a ellos les gusta la brevedad.*

(Proverbio medieval)

El dicho recupera el tópico de la *brevitas* y compara el género narrativo, largo y discursivo, con la brevedad de la poesía. Generalmente se emparejaba con el verso de Hora-

cio *aut prodesse volunt aut delectare poetae* (véase el n.º 248).

1.344. METUERE IN TRANQUILLITATE NAUFRAGIUM. *Temer el naufragio incluso estando seguro.*

(San Jerónimo, *Contra Pelagio*, 1, 12)

La expresión puede entenderse como una invitación a estar atentos o a despreocuparse cuando se está tranquilo y bien seguro.

1.345. METU INTERPRETE SEMPER IN DETERIORA INCLINATO. *El miedo es un intérprete que tiende siempre al peor sentido.*

(Tito Livio, *Ab urbe condita*, 27, 44, 10)

La expresión se refiere al hecho de que el miedo ofusca la mente y aumenta el tamaño de los pequeños obstáculos.

1.346. MIHI HERI ET TIBI HODIE. *Ayer a mí, hoy a ti.*

(Zacarías, 38, 22)

La expresión se refiere a la inevitabilidad de la muerte y constituye tanto una invitación a no abandonarse a la tristeza por la muerte de alguien como una advertencia para aquel que goza de las desgracias ajenas.

1.347. MIHI PINNAS INCIDERANT. *Me habían cortado las alas.*

(Cicerón, *Cartas a Ático*, 4, 2, 5)

La expresión indica en Cicerón boicot y traición, pero actualmente la citan también aquellos que se sienten oprimidos material o psicológicamente y no pueden desarrollarse.

1.348. MIHI RES, NON ME REBUS SUBIUNGERE CONOR. *Me dedico no a servir a las cosas sino a hacer que sean mis siervas.*

(Horacio, *Epístolas*, 1, 1, 19)

La máxima invita a tener una relación justa con las cosas; sólo de esta forma se podrá ser realmente libre.

1.349. MILVO VOLANTI POTERAT UNGUES RESECARE. *Podía cortar las uñas a un milano en vuelo.*

(Petronio, *Satiricón*, 45, 9)

La expresión hiperbólica puede citarse a propósito de personas muy hábiles en realizar determinadas acciones.

1.350. MINIMA COMMODA NON MINIMO SECTANTES DISCRIMINE SIMILES AIEBAT ESSE AUREO HAMO PISCANTIBUS. *Aquellos que persiguen mínimas ventajas con un riesgo grande son como aquellos que pescan con un anzuelo de oro.*

(Suetonio, *Vida de Augusto*, 25, 4)

La expresión es una invitación a calcular bien antes de emprender una acción.

1.351. MINIME SIBI QUISQUE NOTUS EST, ET DIFFICILLIME DE SE QUISQUE SENTIT. *Cada uno de nosotros conoce poco sobre sí mismo y bastante difícilmente sabe juzgarse.*

(Cicerón, *De oratore*, 3, 9, 33)

La expresión, adecuada para conversaciones de carácter filosófico o psicológico, recupera el tema del *nosce te ipsum* (véase el n.º 1.656).

1.352. MINIME SUNT MUTANDA QUAE INTERPRETATIONEM CERTAM SEMPER HABUERUNT. *No se tiene que cambiar aquello que ha sido interpretado fielmente.*

(*Digesto*, 1, 3, 23)

Fórmula jurídica que expresa el concepto por el cual es válida la interpretación habitual para una ley clara.

1.353. MINIME VERO VERITATI PRAEFERENDUS EST VIR. *Por ningún motivo se tiene que preferir un hombre a la verdad.*

(Lutero, *De servo arbitrio*, 18, 610)

Variación sobre el tema de la importancia de la verdad por encima de todo (véase también el n.º 128).

1.354. MINIMIS EX VERBIS LIS SAEPE MAXIMA CRESCIT; / EX MINIMA MAGNUS SCINTILLA NASCITUR IGNIS. *A partir de pequeñísimas palabras surge a menudo una gran pelea; a partir de una pequeñísima chispa nace un enorme fuego.*

(Proverbio medieval)

La expresión se puede citar como advertencia a prestar atención a las consecuencias de acciones aparentemente insignificantes.

1.355. MINIMUM DECET LIBERE CUI MULTUM LICET. *Tiene que querer poco aquel que puede mucho.*

(Séneca, *Troades*, 336)

Puesto que es capaz de satisfacer todos sus deseos.

1.356. MINIMUM ERIPIT FORTUNA CUI MINIMUM DEDIT. *La fortuna arrebata muy poco a quien ha dado muy poco.*

(Publilio Siro, M 44)

Se repite el motivo de la fortuna que recupera lo que ha dado.

1.357. MINUIT PRAESENTIA FAMAM. *La presencia disminuye la fama.*

(Claudiano, *De bello Gildonico*, 385)

La sentencia indica que las cosas vistas de cerca hacen menor efecto de lo que la fama y la distancia habían hecho imaginar.

1.358. MIRABILE VIDETUR, QUOD NON RIDEAT ARUSPEX, CUM HARUSPICEM VIDERIT. *Se maravillaba de que un adivino, cuando veía a otro adivino, no se pusiera a reír.*

(Cicerón, *Sobre la naturaleza de los dioses*, 1, 26, 71)

Expresión satírica en relación con los adivinos, quienes decían que sus colegas eran poco serios.

1.359. MIRANDA CANUNT SED NON CREDENDA POETAE. *Los cantos de los poetas deben admirarse pero no deben creerse.*

(Catón, *Dísticos*, 3, 18)

El dicho recupera un tema muy extendido en la cultura griega según el cual los poetas cuentan cosas maravillosas pero falsas para fascinar e implicar a los oyentes. Por lo tanto, la expresión puede utilizarse en tono jocoso a propósito de aquellos a los que les gusta explicar historias para ser el centro de atención.

1.360. MIRATURQUE NIHIL, NISI QUOD LI-BITINA SACRAVIT. *Nada se admira si la muerte no lo ha consagrado.*

(Horacio, *Epístolas*, 2, 1, 49)

Expresión adecuada para un texto erudito que recupera el tópico según el cual se es más apreciado después de la muerte.

1.361. MISCENTUR TRISTITIA LAETIS. *Las cosas tristes se mezclan con las alegres.*

(Ovidio, *Fastos*, 6, 463)

El breve verso, que se puede citar en cualquier situación, recupera el tópico muy extendido de la mezcla de alegría y dolor en la vida humana.

1.362. MISERA [CONTRIBUENS] PLEBS. *La pobre plebe [que paga].*

La locución deriva de un fragmento de las *Sátiras* de Horacio (véase el n.º 966) y se cita todavía en la actualidad para indicar a personas necesitadas y de condición humilde. La variante con *contribuens* se refiere además al hecho de que son siempre los pobres quienes pagan tasas e impuestos más altos.

1.363. MISER CATULLE, DESINAS INEPTIRE / ET QUOD VIDES PERISSE PERDITUM DUCAS. *Miserable Catulo, deja de hacer el tonto y lo que veas perdido considéralo perdido.*

(Catulo, *Carmina*, 8, 1)

Catulo llora el abandono de la mujer amada. La frase puede citarse por lo tanto como compasión por un bien que se ha perdido y como una exhortación a pasar la página.

1.364. MISERUM EST OPUS / [...] FODERE PUTEUM, UBI SITIS FAUCES TENET. *Es un triste trabajo excavar un pozo cuando la garganta está atenazada por la sed.*

(Plauto, *Mostellaria*, 379)

Hay veces que nos damos cuenta demasiado tarde de que una acción ha sido equivocada o imprudente.

1.365. MOLLITER OSSA CUBENT. *Descansen dulcemente los huesos.*

(Ovidio, *Tristia*, 3, 3, 76)

Expresión que solía esculpirse en los sepulcros.

1.366. MORA COGITATIONIS DILIGENTIA EST. *El pensar a largo plazo es diligencia.*

(Publilio Siro, *Sentencias*, 390)

La máxima invita a pensar largo tiempo antes de decidir.

1.367. MORA OMNIS ODIO EST SED FACIT SAPIENTIAM. *Cada demora es odiosa pero nos hace ser más sabios.*

(Publilio Siro, M 3)

La expresión propone una interpretación positiva de la demora e invita a tener paciencia mientras se espera que una situación se resuelva.

1.368. MORE ANDABATARUM GLADIUM IN TENEBRIS VENTILANS. *Como unos gladiadores que empuñan la espada en la oscuridad.*

(San Jerónimo, *Contra Helvidio*, 5)

El *andabatum* era un gladiador que combatía con los ojos vendados. El dicho indica por lo tanto una acción inútil o varios intentos que han acabado mal.

1.369. MORES MALI / QUASI HERBA INRIGUA SUCCREVERE UBERRUME. *Las malas costumbres son como la hierba de regadío que crece con viveza.*

(Plauto, *Trinummus*, 30)

Amarga constatación sobre la dificultad de eliminar las malas costumbres.

1.370. MORIATUR ANMA MEA CUM PHILIS-TIM. *Muera Sansón con los filisteos.*

(Jueces, 16, 30)

El dicho, que se ha vuelto proverbial, puede citarse en esas situaciones en las que una persona se sacrifica por el bien de la comunidad.

1.371. MORIATUR ANIMA MEA MORTE IUSTO-RUM. *Que muera mi alma con la muerte de los justos.*

(Jueces, 23, 10)

Alguien, se cree que fue Averroes, sustituyó la palabra *iustorum* por *philosophorum* deseándose una muerte sin prácticas religiosas.

1.372. MORIBUS ANTIQUIS RES STAT ROMANA VIRISQUE. *El estado romano se basa en las costumbres antiguas y en los hombres fuertes.*

(Ennio, *Anales*, 156)

El verso se cita sobre todo en ámbitos eruditos para indicar los principios sobre los que se basaba el antiguo estado romano.

1.373. MORIEMUR INULTAE! / SED MORIAMUR, AIT. *¡Moriremos impunes! Pues muramos, dijo.*

(Virgilio, *Eneida*, 4, 658-9)

Las palabras pronunciadas por Dido a punto de morir se prestan a ser citadas en los discursos conmemorativos o patrióticos para referirse a quienes han caído valientemente.

1.374. MORS CUIVIS CERTA, NIHIL EST INCERTIUS HORAT. *La muerte es cierta para todos, pero nada es más incierto que su hora.*

(Proverbio medieval)

Expresión que recupera el tema de la inevitabilidad de la muerte y de su inesperada llegada.

1.375. MORS ET FUGACEM PERSEQUITUR VIRUM. *La muerte alcanza también al hombre que huye.*

(Horacio, *Odas*, 3, 2, 14)

La expresión se utiliza actualmente para decir que no se puede huir de la muerte. Pero Horacio pretendía afirmar que en la lucha tanto el cobarde como el valiente corren el mismo peligro.

1.376. MORS NON CURAT MUNERA. *La muerte no se preocupa de los presentes.*

(Proverbio medieval)

El dicho indica la absoluta inflexibilidad de la muerte.

1.377. MORS OMNIA SOLVIT. *La muerte todo lo disuelve.*

(Justiniano, *Corpus iuris civilis*, 22, 30)

Fórmula jurídica con la que se entiende la decadencia de cualquier *status* jurídico después de la muerte. A veces se utiliza en la acepción más banal de la muerte como fin de todos los males.

1.378. MORS TUA VITA MEA. *Muerte tuya vida mía.*

La expresión es de origen desconocido y se refiere a la crueldad de las relaciones humanas para las que la muerte de una persona puede convertirse en la salvación de otra.

1.379. MORS ULTIMA LINEA RERUM EST. *La muerte es el límite extremo de las cosas.*

(Horacio, *Epístolas*, 1, 16, 79)

Puesto que según una cierta línea de pensamiento, con ella todo acaba.

1.380. MORTALIS NEMO EST, QUEM NON ATTINGAT DOLOR MORBUSQUE. *No hay mortal que no se vea afectado por el dolor y por los males.*

(Cicerón, *Tusculanas*, 3, 59)

Expresión que destaca la inevitabilidad del dolor.

1.381. MORTIS IMAGO IUVAT SOMNUS, MORS IPSA TIMETUR. *El sueño, imagen de la muerte, es agradable, mas la propia muerte da miedo.*

(Anónimo)

Cicerón utilizaba la imagen del sueño para decir que no era necesario temer a la muerte (véase el n.º 943). Esta expresión parece contradecir en tonos más reales las reflexiones del orador.

1.382. MORTIS VICINAE VIS VINCET VIM MEDICINAE. *La fuerza de la muerte cercana ganará a la fuerza de la medicina.*

(Proverbio medieval)

Proverbio que expresa la impotencia de los remedios humanos contra la muerte (véase el n.º 418). Obsérvese la interesante aliteración.

1.383. MOTA QUIETARE, QUIETA NON MOVERE. *Detened lo que se mueve, no mováis lo que está quieto.*

El dicho es la traducción de un proverbio griego. Se cita todavía, a veces sólo en su segunda parte, como exhortación a dejar las cosas como están, ya que de otro mo-do podrían padecerse consecuencias negativas.

1.384. MOTUS INFINE VELOCIOR. *El movimiento se hace más rápido hacia el final.*

(Proverbio medieval)

El dicho no procede del latín clásico, pero de todos modos estuvo muy extendido. Se empleaba para indicar que cuando se llega al final de una operación el tiempo parece pasar más rápidamente, como si desease que todo acabase cuanto antes.

1.385. MULIEBRIS LACRIMA CONDIMENTUM EST MALITIAE. *Las lágrimas de la mujer son el condimento de la malicia.*

(Publilio Siro, M 35)

El lema recupera el tópico de la falsedad del llanto de la mujer.

1.386. MULIER CUM SOLA COGITAT, MALE COGITAT. *La mujer cuando piensa por sí sola piensa mal.*

(Publilio Siro, M 335)

El proverbio indica la consideración y la estima de la que gozaban tiempo atrás las mujeres.

1.387. MULIER CUPIDO QUOD DICIT AMANTI / [...] RAPIDA SCRIBERE OPORTET AQUA. *Lo que la mujer dice al ansioso amante es necesario escribirlo sobre el agua que fluye.*

(Catulo, *Carmina*, 70, 3)

Los versos recuperan el tema de la volubilidad de los juramentos de los enamorados y el de la informalidad de las mujeres. La frase se adapta a aquellas personas que han sufrido una desilusión amorosa.

1.388. MULIEREM ORNAT SILENTIUM. *Una de las mejores alhajas de las mujeres es el silencio.*

(Servio, *Comentario a la «Eneida»*, 1, 561)

El silencio es una cualidad siempre alabada por los latinos por ser señal de sabiduría y todavía más si procedía de las mujeres.

1.389. MULIERES IN ECCLESIIS TACEANT. *Las mujeres se callan en las asambleas.*

(San Pablo, *Epístola a los corintios*, 1, 14, 34)

La prohibición de San Pablo estaba relacionada con el contexto social de la época. Esta y otras afirmaciones han hecho que la mujer haya tenido un papel marginal en el interior de la Iglesia.

1.390. MULIER RECITE OLET, UBI NIHIL OLET. *Huele bien la mujer que no lleva perfume.*

(Plauto, *Mostellaria*, 273)

El verso alaba a la mujer que emplea tan sólo agua y jabón, y no utiliza cosméticos para parecer más bonita.

1.391. MULTAE GUTTAE IMPLENT FLUMEN. *Muchas gotas llenan un río.*

(San Agustín, *Comentario a la primera epístola de San Juan*, 1, 6)

La locución recupera la idea de que las grandes cosas están formadas por otras muchas más pequeñas, lo cual no les resta importancia.

1.392. MULTAE INSIDIAE SUNT BONIS. *Muchas son las insidias para los buenos.*

(Accio, *Tiestes*, 214)

Sobre todo porque, al no ser sospechoso, el bueno no se da cuenta de los engaños de los demás. La frase se puede citar por lo tanto como una exhortación a estar en guardia.

1.393. MULTA FIERI NON POSSE PRIUSQUAM SINT FACTA IUDICANTUR. *Muchas cosas se consideran imposibles de hacer antes de que se hayan hecho.*

(Plinio el Viejo, *Historia natural*, 7, 1, 1)

Una exhortación a no retroceder nunca ante la adversidad, puesto que a veces las dificultades no son tan insuperables como parece.

1.394. MULTA MAGIS QUAM MULTORUM LECTIONE FORMANDA MENS. *La mente se tiene que formar leyendo mucho y no leyendo muchas cosas.*

(Quintiliano, 10, 1, 59)

Lo que cuenta es la calidad y no la cantidad de los libros estudiados.

1.395. MULTAM ENIM MALITIAM DOCUIT OTIOSITAS. *El ocio enseña muchas canalladas*

(Zacarías, 33, 29)

Nosotros decimos «el ocio es el padre de los vicios» (véase el n.º 613).

1.396. MULTA NON QUIA DIFFICILIA SUNT AUDEMUS, SED QUIA NON AUDEMUS SUNT DIFFICILIA. *No nos atrevemos a muchas cosas porque son difíciles, pero son difíciles porque no nos atrevemos.*

(Séneca, *Cartas*, 104, 26)

La expresión, bastante complicada, es muy adecuada para escritos eruditos. Su significado, en cambio, es bastante sencillo, ya que expresa el miedo a tomar alguna iniciativa.

1.397. MULTA PRAETER SPEM SCIO MULTIS BONA EVENISSE. *Sé que muchos han gozado de mucha más fortuna de la que han esperado nunca.*

(Plauto, *Rudens*, 400)

El tópico de la buena fortuna súbita está muy extendido en la literatura latina. La frase se puede citar como deseo de que pueda sucedernos también a nosotros y a nuestros seres queridos.

1.398. MULTA RENASCENTUR QUAE IAM CECIDERE, CADENTQUE / QUAE NUNC SUNT IN HONORE VOCABULA. *Volverán a estar de moda palabras ya en desuso y caerán en desuso palabras actualmente en uso.*

(Horacio, *Epístola a los Pisones*, 70)

La expresión es adecuada para ser citada en los discursos de lingüistas y filólogos. En el uso común ha permanecido en cambio *multa renascentur* en referencia a las «vueltas y revueltas» de la historia, de los usos y de las modas.

1.399. MULTA TULIT FECITQUE PUER, SUDAVIT ET ALSIT. *Soportó e hizo mucho mientras fue joven; sudó y sufrió frío.*

(Horacio, *Epístola a los Pisones*, 413)

La frase se utiliza actualmente a propósito de las personas que de jóvenes han hecho un largo y difícil aprendizaje.

1.400. MULTI AUTEM ERUNT PRIMI NOVISSIMI ET NOVISSIMI PRIMI. *Muchos de los primeros serán los últimos y los últimos serán los primeros.*

(Mateo, 19, 30)

Expresión muy famosa, citada también en la forma abreviada *erunt primi novissimi*, utilizada en el lenguaje común como consolación por alguna derrota sufrida. El significado teológico es en cambio bastante profundo y refiere a la redención en la otra vida.

1.401. MULTI ENIM SUNT VOCATI, PAUCI VERO ELECTI. *Muchos son los llamados, pero pocos los elegidos.*

(Mateo, 22, 14)

También este verso es de gran profundidad teológica. Sin embargo, ha entrado en el uso común a propósito de concursos, competiciones, etc., que se ganan después de haber superado una dura selección.

1.402. MULTI MODII SALIS SIMUL EDENDI SUNT, UT AMICITIAE MUNUS EXPLEATUR. *Es necesario comer juntos muchos moyos de sal para satisfacer el don de la amistad.*

(Cicerón, *De amicitia*, 19, 67)

El proverbio quiere decir que la amistad, para ser realmente tal, tiene que cultivarse largo tiempo con una asidua frecuencia.

1.403. MULTIS ILLE BONIS FLEBILIS OCCIDIT. *Murió aquel que podía ser llorado por muchos buenos.*

(Horacio, *Odas*, 1, 2, 49)

Horacio se refiere a la muerte de Quintiliano Varo. La expresión no está muy extendida pero se presta a ser citada en conmemoración de alguna persona que lo merezca.

1.404. MULTITUDO NON EST SEQUENDA. *No se debe seguir a la multitud.*

(San Agustín, *Enarrationes in Psalmos*, 39)

Expresión de significado bastante profundo, adecuado sobre todo a un ámbito educativo como invitación a no adecuarse pasivamente a las ideas o a las modas que sigue la mayoría.

1.405. MULTO GRATIUS VENIT QUOD FACILI, QUAM QUOD PLENA MANU DATUR. *Es mucho más agradecido lo que das de forma espontánea que lo que das de forma abundante.*

(Séneca, *De beneficiis*, 1, 7, 2)

El pensamiento destaca que es más importante la disposición de ánimo con la que se da que la cantidad.

1.406. MULTO SE IPSUM QUAM HOSTEM SUPERARE OPEROSIUM EST. *El haberse vencido a uno mismo es mucho más glorioso que haber vencido a un enemigo.*

(Valerio Máximo, *Factorum et dictorum memorabilium libri*, 4, 1, 2)

Véase el n.º 290.

1.407. MULTOS TIMERE DEBET QUEM MULTI TIMENT. *Tiene que tener miedo de muchos aquel al que muchos temen.*

(Publilio Siro, M 30)

La máxima es una invitación para aquellos que ocupan lugares de responsabilidad y poder a que se comparten correctamente si no quieren que los demás antes o después se resarzan con ellos.

1.408. MULTUM CLAMORIS PARUM LANAE. *Tanto ruido y poca lana.*

(Proverbio medieval)

La expresión corresponde a nuestra «tanto ruido y pocas nueces».

1.409. MULTUM LEGENDUM ESSE NON MULTA. *Es necesario leer mucho y no muchas cosas.*

(Plinio el Joven, *Cartas*, IX, 7, 9)

Véase el n.º 1.394.

1.410. MULTUM LOQUI ET VERUM DICERE, SEMPER DIFFICILE EST. *Es siempre difícil hablar poco y decir la verdad.*

(Sutor, *Latinum Chaos*, 474)

A los charlatanes, de hecho, les gusta llenar sus cuentos con detalles que no son verdaderos.

1.411. MULTUM [...] VIVA VOX FACIT. *La eficacia de la viva voz es grande.*

(Séneca, *Cartas*, 33, 9)

El lema tiende a devaluar la palabra escrita a favor de la hablada. Se cita sobre todo a propósito de alguien cuyas palabras son particularmente instructivas.

1.412. MUNDAE VESTIS ELECTIO ADPETENDA EST HOMINI. *Al hombre le conviene siempre la elección de una vestimenta sencilla.*

(Séneca, *Cartas*, 92, 11)

1.413. MUNDUS EST INGENS DEORUM TEMPLUM. *El mundo es un inmenso templo de todos los dioses.*

(Séneca, *Cartas*, 90, 29)

Dioses del bien y dioses del mal y el hombre está expuesto a su voluntad. La expresión se puede citar por lo tanto como amarga constatación sobre el destino del mundo y de la humanidad.

1.414. MUNERA CAPIUNT HOMINESQUE DEOSQUE. *Los dones capturan hombres y dioses.*

(Ovidio, *Arte de amar*, 3, 653)

El tema de la vulnerabilidad de los dioses frente a los presentes estaba muy extendido ya en la antigua Grecia. La expresión se puede citar cono benévola justificación de la corruptibilidad humana.

1.415. MURI NULLA SALUS CUI PERVIUS EST CAVUS UNUS. *El ratón que sólo puede realizar un agujero no tiene ninguna posibilidad de escapatoria.*

(Proverbio medieval)

El proverbio es una invitación a la prudencia y a mantenerse siempre abierto a una segunda posibilidad.

1.416. MUTARE QUOD NON POSSIS, UT NATUM EST, FERAS. *Soporta aquello que no puedes cambiar de tal como era cuando naciste.*

(Publilio Siro, M 62)

Véase el n.º 847.

1.417. MUTATO NOMINE DE TE / FABULA NARRATUR. *La historia habla de ti con un nombre distinto.*

(Horacio, *Sátiras*, 1, 1, 69)

La expresión se refiere al suplicio de Tántalo obligado a pasar hambre y a no poder comer lo que tenía delante. Actualmente se cita para indicar una obra o un acontecimiento que pueda servir como enseñanza para todos.

1.418. Mutua qui dederat repetens sibi comparat hostem. *Aquel que ha dado algo en préstamo, al pedirlo de nuevo se crea un enemigo.*

(Proverbio medieval)

Puesto que disminuye la relación de amistad y se crea una relación de dependencia.

1.419. Mutuum muli scabunt. *Los mulos se rascan de forma recíproca.*

(Varrón, *Sátiras menipeas*)

El dicho se utiliza en tono de broma para indicar ayuda recíproca (véase también el n.º 205).

N

1.420. NABIS SINE CORTICE. *Nadarás sin corcho.*

(Horacio, *Sátiras*, 1, 4, 120)

Horacio recuerda el método educativo del padre que solía repetirle que lo acompañaría hasta que hubiera estado en grado de nadar sin salvavidas, es decir, de salir por sí solo de las dificultades de la vida. Con este significado se cita todavía en la actualidad esta frase.

1.421. NAM HOSPES NULLUS TAM IN AMICI HOSPITIUM DEVORTI POTEST, / QUIN, UBI TRIDUUM CONTINUUM FUERIT, IAM ODIOSUS SIET. *No es posible hacerse alojar por alguien que, aunque amigo, si permanecemos durante tres días seguidos le resultamos odiosos.*

(Plauto, *Miles gloriosus*, 741)

El motivo del invitado que tiene que quedarse poco tiempo está muy extendido también en español con la conocida comparación entre el huésped y el pez: los dos, después de tres días, huelen mal.

1.422. NAMQUE SOLENT, PRIMO QUAE SUNT NEGLECTA, NOCERE. *De hecho, las cosas descuidadas al principio, al final acaban perjudicando.*

(Catón, *Dísticos*, 4, 9, 2)

El proverbio indica que las cosas negativas se bloquean desde un principio, antes de que produzcan daños irremediables.

1.423. NAM VITIIS NEMO SINE NASCITUR. *Nadie nace sin vicios.*

(Horacio, *Sátiras*, 1, 3, 68)

Por lo tanto, es óptimo aquel que posee pocos. La expresión contiene sin embargo una implícita invitación a no juzgar o a ser comprensivos frente a los defectos ajenos.

1.424. NARRARE FABELLAM SURDO. *Explicar una historia a un sordo.*

(Terencio, *Heautontimoroumenos*, 222)

Significa hablar sin ser escuchados, hablar al viento.

1.425. NASCENTES MORIMUR, FINISQUE AB ORIGINE PENDET. *Al nacer morimos y el final depende del principio.*

(Manilio, *Astronomicon*, 4, 16)

La expresión constituye una variación sobre el tema del nacimiento como momento de muerte. Según esta fórmula, cada muerte es un nacimiento y cada fin un nuevo principio.

1.426. NASCIMUR UNO MODO, MULTIS MORIMUR. *Nacemos de una única forma, pero morimos de muchas.*

(Séneca el rétor, *Controversiarum excerpta*, 7, 1, 9)

1.427. NASCITUR EXIGUUS SED OPES ADQUIRIT EUNDO, / QUAQUE VENIT, MULTAS ACCIPIT AMNIS AQUAS. *El río nace pequeño, pero adquiere vigor mientras avanza y recibe más agua.*

(Ovidio, *Arte de amar*, 2, 341)

Variación sobre el tema de las grandes cosas que antes eran pequeñas.

1.428. NATURA ABHORRET VACUUM. *La naturaleza siente horror del vacío.*

La frase deriva de la escuela aristotélica que buscaba explicar con el principio del *horror vacui* (véase el glosario) algunos fenómenos físicos, en contraposición con la escuela tomista, que admitía la existencia de espacios vacíos.

1.429. NATURAE SEQUITUR SEMINA QUISQUE SUAE. *Cada uno sigue las inclinaciones que tuvo de la naturaleza.*

(Propercio, *Elegías*, 3, 9, 20)

La expresión se presta a ser citada como consejo, en el momento de tomar decisiones importantes (escuela, curso de estudios, trabajo, etc.), a seguir las propias inclinaciones y no querer hacer a toda costa aquello para lo que no se está dotado.

1.430. NATURALE EST MAGIS NOVA QUAM MAGNA MIRARI. *Es natural que nos sorprendan más las cosas nunca vistas que no las grandes.*

(Séneca, *Cuestiones naturales*, 7, 1)

La frase se puede citar a propósito de aquellos que aman visitar países lejanos sin apreciar las grandes obras presentes en su país.

1.431. NATURALIA NON SUNT TURPIA. *Las cosas naturales no son infames.*

El lema no proviene del latín clásico pero está igualmente muy extendido para indicar una visión optimista y quizás un poco restrictiva de la naturaleza.

1.432. NATURA MAXIME MIRANDA IN MINIMIS. *La naturaleza se puede admirar mayormente en las cosas más pequeñas.*

(Plinio el Viejo, *Historia natural*, 11, 1)

En los fenómenos más insisgnificantes o menos evidentes se manifiesta la grandeza y la perfección de la naturaleza. Es la filosofía de las pequeñas cosas.

1.433. NATURAM EXPELLAS FURCA, TAMEN USQUE RECURRENT. *Puedes expulsar a la naturaleza con un bieldo, pero volverá de nuevo.*

(Horacio, *Epístolas*, 1, 10, 24)

La frase de Horacio se refiere al hecho de que la naturaleza, la vida de campo, está siempre presente incluso en las ciudades, pues en los lujosos palacios se cultivan jardines y bosques. La máxima ha entrado a formar parte del uso común con referencia a la índole natural, al carácter de una persona que permanece inmutable.

1.434. NATURAM NON MATREM ESSE HUMANI GENERIS, SED NOVERCAM. *La naturaleza no es madre sino madrastra del género humano.*

(Lactancio, *De opificio Dei*, 3, 1)

La expresión se refiere al hecho que la naturaleza ha dotado de instrumentos de defensa a todas las especies animales menos al hombre. El dicho se ha hecho muy famoso puesto que se repite en el pensamiento de Leopardi.

1.435. NATURA NIHIL FACIT FRUSTRA, NON DEFICIT IN NECESSARIIS, NEC ABUNDAT IN SUPERFLUIS. *La naturaleza no hace nada inútilmente, no prescinde de las cosas necesarias y no tiene un exceso de las superfluas.*

(Aristóteles, *De anima*, 3, 45)

La expresión puede ser una invitación a imitar la naturaleza incluso en la vida cotidiana.

1.436. NATURA NON FACIT SALTUS. *La naturaleza no avanza a saltos.*

(Linneo, *Philosophia botanica*, 27)

En la naturaleza de hecho todo se desarrolla mediante grandes y lentas transformaciones, La máxima es por lo tanto una invitación a no querer actuar de forma impulsiva, sino a hacer las cosas en el momento adecuado, sin «quemar las etapas».

1.437. NAVEM PERFORARE IN QUA IPSE NAVIGET. *Hacer un agujero en el barco en el que se navega.*

(Quintiliano, *Instituciones oratorias*, 8, 6, 47)

La expresión indica una acción absurda y perjudicial para quien la realiza.

1.438. NAVIGARE NECESSE, VIVERE NON EST NECESSE. *Es necesario navegar, no es necesario vivir.*

(Plutarco, *Vida de Pompeyo*, 50)

La expresión se ha convertido en el lema de las ciudades hanseáticas alemanas. Actualmente se utiliza como exhortación a la valentía y a la abnegación, sobre todo con referencia a la patria.

1.439. NE ALIIS DE SE QUISQUAM PLUS QUAM SIBI CREDAT. *Nadie, por lo que a él se refiere, debe creer más en los demás que en sí mismo.*

(Persio, *Sátiras*, 4, 46)

La expresión invita a ser críticos en relación con las palabras de los demás y a actuar como nos dé la gana.

1.440. NEC AD CAELUM NEC AD TERRAM PERTINET. *No se refiere ni al cielo ni a la tierra*

(Petronio, *Satiricón*, 44, 1)

La expresión se utiliza con referencia a un discurso que no es para nada pertinente con el argumento del que se está hablando.

1.441. NEC CAPUT NEC PES SERMONI APPARET. *El discurso no tiene ni pies ni cabeza.*

(Plauto, *Satyricon*, 44, 1)

Expresión famosa también en italiano, citada con referencia a discursos privados de coherencia lógica.

1.442. NEC CENSUS NEC CLARUM NOMEN AVORUM / SED PROBITAS MAGNOS INGEGNUNQUE FACIT. *Ni las riquezas ni la fama de los antepasados los hacen grandes sino su honestidad y su ingenio.*

(Ovidio, *Cartas desde el Ponto*, 1, 9, 39)

Por su solemnidad y su incisividad la expresión se adecua sobre todo a discursos encomiásticos.

1.443. NECESSARIA PRAETERMISSA IMMINUUNT CONTRACTUS ET TESTATORIS OFFICIUNT VOLUNTATI, NON ABUNDANS CAUTELA. *La omisión de elementos necesarios y no su prudente exceso perjudica el valor del*

contrato *y obstaculiza la voluntad del testador.*

(Justiniano, *Corpus iuris civilis*, 6, 23, 17)

Se trata de una norma del derecho testamentario en la que se afirma en sustancia que la abundancia de elementos no perjudica tanto como la ausencia de los necesarios. De este dicho deriva el más usual *melius abundare quam deficere* (véase el n.º 1.315).

1.444. NECESSE EST ENIM UT VENIANT SCANDALA. *De hecho es necesario que se verifiquen los escándalos.*

La fuente es Mateo 18, 7. Sin embargo la frase se utiliza actualmente para indicar que a veces los escándalos son necesarios para desbloquear una situación estancada.

1.445. NECESSE EST FACERE SUMPTUM, QUI QUAERIT LUCRUM. *Para aquel que intenta ganar es necesario gastar.*

(Plauto, *Asinaria*, 217)

En toda actividad es necesario invertir bienes, tiempo y fuerzas. La persona avarienta nunca consigue nada.

1.446. NECESSE HABENT CUM INSANIENTIBUS FURERE. *Con los locos tienen que enloquecer necesariamente.*

(Petronio, *Satiricón*, 3, 2)

El dicho puede significar que cuando se frecuenta durante mucho tiempo a una persona se acaba por adoptar sus costumbres.

1.447. NECESSITAS AB HOMINE QUAE VULT IMPETRAT. *La necesidad obtiene del hombre lo que quiere.*

(Publilio Siro, n.º 27)

El tema de la *necessitas* se escuchaba mucho en la época latina. Se consideraba una fuerza que imponía elecciones obligadas y que ni siquiera los dioses son capaces de contrastar.

1.448. NECESSITAS DAT LEGEM, NON IPSA ACCIPIT. *La necesidad impone la ley, no la recibe.*

(Publilio Siro, N 23)

Puesto que a la *necessitas* sólo se la puede obedecer.

1.449. NECESSITAS FACIT IUS. *La necesidad crea la ley.*

(*Digesto*, 40, 1, 13)

La locución es conocida actualmente como fórmula jurídica.

1.450. NECESSITAS FERIIS CARET. *La necesidad no tiene días de fiesta.*

(Paladio, *De agri cultura*, 1, 6, 7)

La expresión se adapta no sólo a la agricultura, sino a todas esas situaciones en las que, por cuestiones de trabajo, de estudio, etc., no es posible concederse días de descanso.

1.451. NECESSITAS PLUS POSSE QUAM PIETAS SOLET. *La necesidad normalmente tiene más fuerza que el afecto.*

(Séneca, *Troades*, 581)

Muchas veces de hecho la necesidad impone sacrificar los afectos más queridos.

1.452. NECESSITATEM ETIAM TIMIDOS FORTIS FACIT. *Ni siquiera los dioses son más fuertes que la necesidad.*

(Proverbio medieval)

1.453. NECESSITUDO ETIAM TIMIDOS FORTIS FACIT. *La necesidad hace fuertes incluso a los miedosos.* (Salustio, *La conjuración de Catilina*, 58, 19)

Puesto que obliga a esforzarse para la supervivencia.

1.454. NEC FRONDES IN SILVIS [...] / [...] NEC PLENO FLUMINE CERNIT AQUAS. *No ve ni el follaje en los bosques, ni el agua en un río lleno.*

(Ovidio, *Tristia*, 5, 4, 9)

Con esta expresión se define generalmente una persona que no ve o ni siquiera entiende las cosas más evidentes.

1.455. NEC MINOR EST VIRTUS QUAM QUAERERE PARTA TUERI. *El defender lo que ya se ha alcanzado no es menos válido que el intentar obtenerlo.*

(Ovidio, *Arte de amar*, 2, 13)

Expresión que alaba e invita al ahorro como fuente de beneficio. Puede citarse con orgullo cuando los ahorros, sean grandes o pequeños, dan sus frutos.

1.456. NEC MORI COGAT NEC VIVERE. *No haga morir y no permita vivir.*

(Vincent de Lerins, *Commonitorium*, 20, 25)

La expresión, similar a nuestra «quedarse estancado», indica una situación de punto muerto y de incertidumbre.

1.457. NEC MULIERI NEC GREMIO CREDI OPORTERE. *No se debe confiar nada ni a la mujer ni al regazo.*

(Festo, *Breviarum rerum gestarum populi romani*, 160, 29-32)

Otra expresión negativa sobre la fiabilidad de las mujeres. Recordamos que las cosas colocadas en el regazo pueden caer.

1.458. NEC PIGEAT MENTO SUPPOSUISSE MANUM. *No sientas haber colocado tu mano bajo la barbilla.*

(Ovidio, *Cartas desde el Ponto*, 2, 6, 14)

Ovidio se refiere al salvamento de un náufrago. La expresión se puede citar por lo tanto como invitación a ayudar a las personas que están en dificultad.

1.459. NEC QUAE PRAETERIIT HORA REDIRE POTEST. *La hora que ha pasado no puede volve*

(Ovidio, *Arte de amar*, 3, 63)

Debido a que el tiempo pasado no puede volver atrás, la expresión invita a acoger cuando es posible las alegrías y los momentos alegres de la juventud.

1.460. NEC SCIRE FAS EST OMNIA. *No se concede saber todo.*

(Horacio, *Odas*, 4, 4, 22)

La locución se puede citar en el lenguaje común como justificación por no saber algo.

1.461. NEC SCIRE UTRUM SIS ALBUS AN ATER HOMO. *No (me interesa) saber si eres blanco o negro.*

(Catulo, *Carmina*, 93, 2)

Con estas palabras Catulo expresa el propio desinterés en relación con César, donde el blanco y el negro se refieren probablemente a la contraposición entre el bien y el mal.

1.462. NEC SEMPER FERIET QUODCUMQUE MINABITUR ARCUS. *No siempre el arco conseguirá afectar a lo que amenaza.*

(Ovidio, *Arte de amar*, 350)

El verso indica que no siempre el dominio de la técnica permite alcanzar el resultado esperado. Por lo tanto, puede citarse como consolación o ánimo para reintentarlo.

1.463. NEC SINE TE NEC TECUM VIVERE POSSUM. *No puedo vivir contigo ni sin ti.*

(Ovidio, *Amores*, 3, 11, 39)

El verso es muy famoso y todavía se utiliza en la actualidad para indicar los sentimientos extremados de los amantes.

1.464. NEC SPE NEC METU. *Ni con esperanza ni con miedo.*

(Isabel de Este)

El dicho se cita a propósito de aquellos que saben mantenerse a distancia tanto de la esperanza, y por lo tanto no se hacen ilusiones, como del miedo y afrontan entonces con valentía las dificultades de la vida.

1.465. NEC TE EQUO MAGIS EST EQUOS ULLUS SAPIENS. *Ningún caballo es más sabio que un caballo como tú.*

(Plauto, *Asinaria*, 704)

El caballo se considera aquí como un animal estúpido, por lo que la frase asume el tono de un cumplido irónico.

1.466. NEC TIBI NOBILITAS POTERIT SUCCURRERE AMANTI. *La estirpe noble no puede ayudarte cuando amas.*

(Propercio, *Elegías*, 1, 5, 23)

El verso retoma el tema de la igualdad de los hombres frente al amor, sentimiento por el cual las diferencias sociales no son un obstáculo.

1.467. NEC VINCERE POSSIS FLUMINA, SI CONTRA QUAM RAPIT UNDA NATES. *No puedes vencer a los ríos si nadas contra el ímpetu de las olas.*

(Ovidio, *Arte de amar*, 2, 181)

El motivo del ir contra corriente se refiere aquí a personas que intentan resolver las dificultades partiendo del lado equivocado y de esta forma crean otras nuevas.

1.468. NEC VI NEC CLAM NEC PRECARIO. *Ni con la violencia ni a escondidas ni de forma revocable.*

(Fórmula jurídica)

Fórmula del derecho romano que establece las características que debería tener una posesión para ser definida como tal: no se tiene que haber adquirido ni con la violencia ni con el fraude ni como consecuencia de una donación con derecho de anulación.

1.469. NEC VIOLAE SEMPER NEC HIANTIA LILIA FLORENT, / ET RIGET AMISSA SPINA RELICTA ROSA. *Las violetas y los lirios blancos no están siempre en flor y, de la rosa, después de marchitarse, permanece sólo la dura espin*

(Ovidio, *Arte de amar*, 2, 115)

Estos versos famosos indican que en las alegrías y en los momentos alegres se alternan dolores y momentos tristes.

1.470. NEC VIXIT MALE QUI NATUS MORIENSQUE FEFELLIT. *No vio mal que naciera y muriera en la oscuridad.*

(Horacio, *Epístolas*, 1, 17, 10)

El dicho alaba a la persona modesta y reservada (véase el n.º 282).

1.471. NEGANDI CAUSA AVARUM NUNQUAM DEFICIT. *Al avaro no le faltan nunca los pretextos para negar.*

(Publilio Siro, *Sententiae*, 431)

1.472. NEGANTI INCUMBIT PROBATIO. *El honor de la prueba le corresponde a quien niega.*

Fórmula jurídica sin antecedentes, probablemente goliárdica, opuesta a *affirmanti in-*

cumbit probatio (el honor de la prueba corresponde a quien afirma).

1.473. NEGLECTIS URENDA FILIX INNASCITUR AGRIS. *El helecho para quemar crece en los campos no cultivados.*

(Horacio, *Sátiras*, 1, 3, 37)

Con esta comparación Horacio explica que los vicios nacen por negligencia y no son naturales. La comparación se puede citar por lo tanto para indicar que una cosa que interesa se tiene que cuidar si se quieren obtener de ella buenos frutos.

1.474. NEMINEM PECUNIA DIVITEM FECIT. *El dinero no ha hecho rico nunca a nadie.*

(Séneca, *Cartas*, 119, 9)

1.475. NEMINI NIMIUM BENE EST. *A nadie le está bien el demasiado.*

(Afranio, 78 R)

Fórmula que invita a evitar los excesos. Véase también *ne quid nimis* (véase el glosario).

1.476. NEMO ATHLETA SINE SUDORIBUS CORONATUR. *Ningún atleta conquista la corona sin esfuerzo.*

(San Jerónimo, *Epístolas*, 14, 10)

San Jerónimo recupera una imagen conocida en el ámbito cristiano para indicar que no se obtiene ningún éxito sin esfuerzo.

1.477. NEMO BENEFICIA IN CALENDARIO SCRIBIT. *Nadie escribe los beneficios sobre el calendario.*

(Séneca, *De beneficiis*, 1, 2, 3)

Los beneficios tienen que ser de hecho desinteresados. Sin embargo, la expresión se puede entender también en el sentido de que de los beneficios recibidos nos olvidamos enseguida y no demostramos reconocimiento.

1.478. NEMO CONTRA DEUM NISI DEUS IPSE. *Nadie puede enfrentarse a Dios si no es el propio Dios.*

Máxima de origen desconocido. El concepto de la lucha contra la divinidad estaba muy extendido en las culturas griega,

latina y cristiana. Actualmente se cita para indicar que no es posible oponerse al destino.

1.479. NEMO ENIM OMNIA POTEST SCIRE. *Nadie puede saberlo todo.*

(Varrón, *De re rustica*, 2, 1, 2)

Véase también el n.º 1.460.

1.480. NEMO EST TAM SENEX QUI SE ANNUM NON PUTET POSSE VIVERE. *Nadie es tan viejo como para pensar que no podrá vivir todavía un año.*

(Cicerón, *De senectute*, 7, 24)

Se piensa de hecho que la muerte está siempre lejos.

1.481. NEMO FELI TINTINNABULUM ANNECTERE VULT. *Nadie quiere colgarle el cascabel al gato.*

(Faselius, *Latium*, 86)

La expresión deriva de la fábula en la que un ratón propone atarle un cascabel al gato para oírle cuando llega, pero nadie tiene el valor de hacerlo. Se aplica a aquellos que son valientes con las palabras pero no con los hechos.

1.482. NEMO LIBER EST QUI CORPORI SERVIT. *Nadie es libre mientras sirve al cuerpo.*

(Séneca, *Cartas*, 92, 33)

La expresión invita a no ser esclavos de los bienes materiales y de las exigencias del cuerpo.

1.483. NEMO MALUS FELIX. *No existe un malvado feliz.*

(Juvenal, *Sátiras*, 4, 8)

1.484. NEMO OCCIDATUR UNO CONTRA SE DICENTE TESTIMONIUM. *No se debe condenar a muerte basándose en la declaración de un único testimonio.*

(Deuteronomio, 18, 6)

Véase también *Testis unus, testis nullus* (n.º 2.328).

1.485. NEMO POTEST DUOBUS DOMINIS SERVIRE. *Nadie puede servir a dos amos.*

(Mateo, 6, 24)

NE PUDEAT, QUAE NESCIERIS,...

Con estas palabras Jesús invitó a despreocuparse de los bienes terrenales para no convertirse en esclavos de la riqueza. La expresión se cita en la actualidad con este mismo valor así como para indicar que no se desea adquirir compromisos.

1.486. NEMO POTEST PERSONAM DIU FERRE. *Nadie puede llevar por largo tiempo una máscara.*

(Séneca, *De clementia*, 1, 1)

El dicho significa tanto que nadie puede mentir durante largo tiempo como que es difícil no poder ser uno mismo y tener que llevar una máscara impuesta por las circunstancias.

1.487. NEMO PRO PARTE TESTATUS PRO PARTE INTESTATUS DECEDERE POTEST. *Nadie puede morir habiendo hecho en parte testamento y en parte no habiéndolo hecho.*

(*Digesto*, 50, 17, 7)

Según esta regla del derecho romano, si se ha nombrado a un único heredero y por una única parte del patrimonio, ese heredero se convierte automáticamente en heredero universal.

1.488. NEMO PROPHETA ACCEPTUS EST IN PATRIA SUA. *Ningún profeta es aceptado en su patria.*

(Lucas, 4, 24)

El dicho evangélico se utiliza a menudo con personas que, en el ámbito familiar o por lo menos en un ambiente conocido, no son escuchadas.

1.489. NEMO QUICQUAM FACILE CREDIT QUO CREDITO DOLENDUM SIT. *Nadie cree fácilmente en aquello por lo que debería afligirse.*

(Séneca el rétor, *Controversiarum excerpta*, 5, 2)

La expresión observa con agudeza que a menudo rechazamos creer en las cosas negativas o en las malas noticias.

1.490. NEMO REGERE POTEST, NISI QUI ET REGI. *Nadie puede reinar si no puede ser también súbdito.*

(Séneca, *De ira*, 2, 15, 4)

La expresión recupera el tema del buen comandante que también tiene que saber obedecer (véase el n.º 634).

1.491. NEMO REPENTE FUIT TURPIS SIMUS. *Nadie, de pronto, se convierte en un infame.*

(Juvenal, *Sátiras*, 2, 83)

El verso indica que las personas no cambian de pronto e implícitamente, por lo tanto, que las malas cualidades son innatas.

1.492. NEMO SAPIENS NISI PATIENS. *Nadie se hace sabio si no es paciente.*

(Proverbio medieval)

El lema reúne la sabiduría y la paciencia, las dos virtudes típicas del sabio.

1.493. NEMO SCIT UBI CALCEUS URAT, NISI QUI EUM PORTET. *Sólo aquel que lleva el zapato sabe dónde le hace daño.*

(Proverbio medieval)

El proverbio significa que las apariencias engañan. Un zapato puede parecer de hecho bonito pero el que lo lleva sabe que no es así.

1.494. NEMO SIBI TANTUMMODO ERRAT, SED ALIENI ERRORIS EST CAUSA ET AUCTOR EST. *Aquel que se equivoca no sólo se equivoca para sí, sino que es causa y origen de error para los demás.*

(Séneca, *De vita beata*, 1, 4)

Fórmula de alto contenido moral adecuada sobre todo para discursos y conversaciones eruditas.

1.495. NEMO SILENS PLACUIT, MULTI BREVITATE LOQUENDI. *Nadie gusta con el silencio, muchos en cambio (gustan) con el laconismo.*

(Proverbio medieval)

El dicho recupera un verso de Ausonio que exalta la *brevitas* respecto a la prolijidad.

1.496. NE PUDEAT, QUAE NESCIERIS, TE VELLE DOCERI. / SCIRE ALIQUID LAUS EST, CULPA EST NIL DISCERE VELLE. *No te avergüences de que se te enseñe lo que no sabes. Saber algo* *es fuente de alabanza, mientras que es una culpa no querer aprender nada.*

(Catón, *Dísticos*, 4, 29)

Sabia expresión, particularmente adecuada para los estudiantes o para los aprendices, que invita a no avergonzarse de preguntar cuando no se sabe o no se entiende algo. Las dos frases pueden incluso citarse de forma separada.

1.497. NEQUE AMORE QUISQUAM ET SINE ODIO DICENDUM EST. *Nadie tiene que ser representado con amor ni con odio.*

(Tácito, *Historias*, 1, 1, 3)

Con estas palabras Tácito expresa la propia intención de narrar los hechos de forma objetiva, sin dejarse influir por sentimientos de simpatía o antipatía por los personajes implicados.

1.498. NEQUE AQUA AQUAE NEC LACTE EST LACTIS [...] SIMILIUS. *El agua no es más similar al agua y la leche a la leche.*

(Plauto, *Menaechmi*, 1089)

La expresión indica una comparación entre dos cosas similares y corresponde a nuestro dicho «iguales como dos gotas de agua».

1.499. NEQUE EGO HOMINES MAGIS ASINOS NUNQUAM VIDI. *No he visto nunca a personas más burras.*

(Plauto, *Pseudolus*, 136)

Ya en la Antigüedad el burro se consideraba un símbolo de estupidez, como lo demuestran las numerosas expresiones al respecto.

1.500. NEQUE HABET PLUS SAPIENTIAE QUAM LAPIS. *No es más inteligente que una piedra.*

(Plauto, *Miles gloriosus*, 236)

La piedra es símbolo de estupidez puesto que está siempre inmóvil, es dura e insensible. De aquí derivan las distintas comparaciones para indicar a personas particularmente duras de corazón o de cerviz.

1.501. NEQUE IMBELLEM FEROCES / PROGENERANT AQUILAE COLUMBAM. *Las feroces*

águilas no engendran nunca una pacífica paloma

(Horacio, *Odas,* 4, 4, 31)

El verso de Horacio se basa en la conocida contraposición entre águilas y palomas e indica que de una cosa mala difícilmente puede nacer una buena.

1.502. NEQUE LAUS IN COPIA, NEQUE CULPA IN PENURIA CONSISTIT. *No se tienen méritos en la abundancia ni culpas en la pobreza.*

(Apuleyo, *Apologia*, 20)

La expresión se refiere a los bienes materiales, exteriores, considerados secundarios; no es necesario por lo tanto alabar a aquel que los posee o hacer sentir en culpa a aquel que no los tiene.

1.503. NEQUE ME VERO PAENITET MORTALIS INIMICITIAS, SEMPITERNAS AMICITIAS HABERE. *No me arrepiento de tener amistades mortales y enemistades eternas.*

(Cicerón, *Pro Rabirio Postumo*, 9, 32)

Expresión que recupera el tema de la eternidad de la amistad.

1.504. NEQUE MITTATIS MARGARITAS VESTRAS ANTE PORCOS. *No tiréis vuestras perlas delante de los puercos.*

(Mateo, 7, 6)

El verso pretende exhortar a no hacer partícipe de lo sagrado a aquellos que no lo saben apreciar. Actualmente se cita para invitar a no malgastar las propias cualidades en ambientes o con personas inadecuadas.

1.505. NEQUE [...] MU FACERE AUDENT. *No se atreven ni a decir «mu».*

(Ennio, fragmento 10; Lucilio, 11, 16) .

La locución, que recuerda los sonidos inarticulados de los lactantes, indica un enmudecimiento completo, que se produce como consecuencia de un *shock* o frente a una persona que inspira miedo.

1.506. NEQUE NULLIS SIC AMICUS, NEQUE MULTIS. *No debes estar sin amigos, pero ni siquiera tener muchos.*

(Proverbio medieval)

El dicho es una invitación a escoger pocos amigos pero realmente de fiar.

1.507. NEQUE QUIES GENTIUM SINE ARMIS, NEQUE ARMA SINE STIPENDIIS, NEQUE STIPENDIA SINE TRIBUTIS HABERE QUERUNT. *Los pueblos no tendrán paz sin las armas, y no puede haber armas sin gastos, ni gastos sin tributos.*

(Tácito, *Historiae*, 4, 74)

La expresión describe claramente el círculo vicioso de los gastos bélicos.

1.508. NEQUE STUDERE, NEQUE ODISSE, SED MINIME IRASCI DECET. *No es digno dejarse implicar ni por la pasión ni por el odio ni siquiera por la ira.*

(Salustio, *La conjuración de Catilina*, 51, 13)

La frase indica que las personas que ocupan determinadas posiciones, como por ejemplo los jueces, no deben dejarse llevar por las pasiones, sino saber mantener una cierta distancia (véase el n.º 1.497).

1.509. NEQUIOR ET INIQUIOR VERRE. *Más triste y más injusto que Verro.*

(Cicerón, *In Verrem*, 1, 46, 121)

Verro, que se enriqueció saqueando Sicilia, era considerado el peor de los ladrones. La expresión se refiere por lo tanto a personas extremadamente deshonestas.

1.510. NEQUITIA IPSA SUI POENA EST. *La maldad es el castigo de sí misma.*

(Pseudo Séneca, *Monita*, 64)

Porque a menudo los males se giran y afectan a quienes los cometen.

1.511. NERVUS GERENDARUM RERUM PECUNIA. *El dinero es el elemento fundamental de las empresas.*

(Plutarco, *Vida de Cleómenes*, 27, 1)

Expresión utilizada para decir que el dinero es el motor de todo.

1.512. NESCIAT SINISTRA TUA QUID FACIAT DEXTERA. *Que no sepa tu izquierda lo que hace tu derecha.*

(Mateo, 6, 3)

El verso expresa la invitación a dar sin buscar una alabanza inmediata. Se cita además como simple invitación a mantener un comportamiento reservado.

1.513. NESCIEBAMUS SEMEL UNUM SINGULUM ESSE. *No sabíamos que uno por uno es igual a uno.*

(Varrón, *Sátiras menipeas*, 345 B)

La expresión se cita para indicar una profunda ignorancia y es similar al dicho «no saber que dos y dos son cuatro».

1.514. NESCIO CARNEADES ISTE QUI FUERIT. *No sé quien ha sido este Carnéades.*

(San Agustín, *Contra academicos*, 3, 7)

Carnéades de Cirene fue un gran filósofo del siglo II a. de C. Durante su estancia en Roma como embajador, se hizo famoso por sus discursos, en los cuales hacía gala de su saber sofístico. Sin embargo, con el paso del tiempo, su nombre desapareció.

1.515. NESCIRE QUI ANTE QUAM NATUS SIS ACCIDERIT, ID EST SEMPER ESSE PUERUM. *Ignorar lo que ha sucedido antes de haber nacido es como permanecer siempre siendo adolescente.*

(Cicerón, *Epistulae ad Brutum*, 34, 120)

La expresión denota la gran veneración de Cicerón por la historia y como invitación a la profundización de esta disciplina se puede citar en un ámbito erudito o escolástico.

1.516. NESCIS QUID VESPER SERUS VEHAT. *No sabes lo que nos traerá el final de la tarde.*

(Varrón, *Sátiras menipeas*, 218 B)

El autor revisa en clave satírica el motivo de la incerteza del futuro y el de la situación humana.

1.517. NESCIT VOX MISSA REVERTIT. *La palabra dicha ya no puede retroceder.*

(Horacio, *Epístola a los Pisones*, 390)

El dicho puede utilizarse en todas esas situaciones en las que se escapa una palabra de más.

1.518. NE SERO VENIAM DEPUGNATO PROELIO. *Que no llegue tarde, con la batalla ya acabada.*

(Plauto, *Menaechmi*, 989)

Expresión bastante similar a *coena comesa veni* (véase el n.º 391), pero de sentido un poco distinto. Aquí de hecho nos referimos a una persona que tiende a evitar las dificultades y a presentarse cuando ya han pasado.

1.519. NE SUTOR SUPRA CREPIDAM IUDICARET. *Que el zapatero no juzgue más allá de los zapatos.*

(Plinio el Viejo, *Historia natural*, 35, 36, 85)

Según la leyenda se trataría de la respuesta del pintor Apeles a un zapatero remendón que criticaba no sólo la forma en la que este había pintado los zapatos, sino todo el cuadro. La expresión se utiliza por lo tanto como exhortación a pronunciarse sólo sobre las cosas de las que se es realmente competente.

1.520. NE ULLUM PILUM BONI VIRI HABERE DICATUR. *Para que no se diga que no tiene ni siquiera un pelo de persona honesta.*

(Cicerón, *Pro Roscio*, 7, 20)

La expresión «no valer un pelo» estaba muy extendida en la Antigüedad para indicar una cantidad irrisoria.

1.521. NIHIL AEQUE SANITATEM IMPEDIT QUAM REMEDIORUM CREBRA MUTATIO. *Nada representa un impedimento mayor para la curación que el cambiar a menudo los remedios.*

(Séneca, *Cartas*, 2, 3)

El dicho se puede extender incluso a la corrección de los defectos humanos o a las situaciones en las que se procede a la solución por intentos así como buscando seguir un método preciso.

1.522. NIHIL AGENDO HOMINES MALE AGERE DISCUNT. *Sin hacer nada los hombres aprenden a hacer el mal.*

(Catón, *Dísticos*, 1, 2, 2)

Véase también el n.º 613.

1.523. NIHIL ALIUD BENE ET BEATE VIVERE NISI HONESTE ET RECTE VIVERE. *Vivir felizmente no es más que vivir con honestidad y rectitud.*

(Cicerón, *Paradoxa stoicorum*, 15)

Expresión adecuada para conversaciones o discursos de carácter moral.

1.524. NIHIL ENIM LACRIMA CITIUS ARESCIT. *Nada, de hecho, se seca más rápidamente que las lágrimas.*

(*Rhetorica ad Herennium*, 2, 31, 50)

La expresión indica que muchas veces se llora por nada y que este tipo de dolor se olvida rápidamente.

1.525. NIHIL ESSE QUOD DEUS EFFICERE NON POSSIT. *No hay nada que la divinidad no pueda hacer.*

(Cicerón, *Sobre la naturaleza de los dioses*, 3, 39)

El tópico de la omnipotencia divina, fue muy repetido en la literatura latina.

1.526. NIHIL ESSE UTILIUS SALE ET SOLE. *Nada más útil que la sal y el sol.*

(Plinio el Viejo, *Historia natural*, 31, 102)

Comentario realizado por Plinio obserbando la piel de los marineros, citado actualmente por los fanáticos del bronceado.

1.527. NIHIL EST AB OMNI PARTE BEATUM. *Nada es feliz en todos sus aspectos.*

(Horacio, *Odas*, 2, 16, 27)

La expresión, todavía famosa, indica que en nada encontramos la felicidad completa, sino que sólo puede ser parcial y referirse a algunos ámbitos de la vida.

1.528. NIHIL EST IN EFFECTU QUOD NON SIT IN CAUSA. *No hay nada en el efcto que no se encuentre también en la causa.*

El dicho deriva de la filosofía escolástica y se cita actualmente para indicar que nada sucede sin ser provocado (véase también el n.º 1.545).

1.529. NIHIL EST QUOD TIMEAS, SI INNOCENS ES. *No debes temer nada si eres inocente.*

(Quintiliano, *Declamationes maiores*, 294)

El dicho puede citarse para animar a aquellos que tienen que sufrir un proceso o también sencillamente que tienen que disculparse de alguna acusación.

1.530. NIHIL EST QUOD STUDIO ET BENEVOLENTIA VEL AMORE POTIUS EFFICI NON POSSIT. *No hay nada que con el empeño, la bondad y sobre todo con el amor no se pueda hacer.*

(Cicerón, *Epistulae ad familiares*, 3, 9, 1)

La máxima destaca la importancia de algunas cualidades fundamentales tanto para el buen éxito de las acciones cotidianas como por la consecución de los objetivos más importantes.

1.531. NIHIL GRAVIUS QUAM DESTITUTAE SPES TORQUET. *Nada apena mayormente los ánimos que las esperanzas frustradas.*

(Quintiliano, *Declamationes maiores*, 12, 17)

1.532. NIHIL HUMILI PEIUS, CUM SE SORS AMPLIAT EIUS. *Nada es peor que una persona humilde cuando la suerte lo enriquece.*

(Proverbio medieval)

Variación sobre el tema de las personas enriquecidas.

1.533. NIHIL INIMICIUS QUAM SIBI IPSE. *No hay nada más enemigo que uno mismo.*

(Cicerón, *Epistulae ad Atticum*, 10, 12, 3)

Porque muchas veces el hombre quiere el propio mal y llega incluso a autodestruirse. Véase el n.º 1.943, que expresa un concepto diametralmente opuesto.

1.534. NIHIL MINUS EXPEDIT QUAM AGRUM OPTIME COLERE. *Nada es más perjudicial que cultivar el campo demasiado bien.*

(Plinio el Viejo, *Historia natural*, 18, 6)

El fragmento se puede citar con referencia a los errores cometidos por exceso de celo.

1.535. NIHIL OBSTAT QUONIAM IMPRIMATUR. *Nada impide que sea impreso.*

Fórmula que se coloca sobre los libros impresos con autorización eclesiástica después de la revisión del censor. También se citan por separado las locuciones *nihil obstat* e *imprimatur* (véase el glosario).

1.536. NIHIL ORDINATUM EST QUOD PRECIPITATUR ET PROPERAT. *Nada puede estar ordenado cuando se hace con prisas y con furia.*

(Séneca, *Cartas*, 40, 2)

Invitación a hacer las cosas sin dejar que la prisa nos haga correr.

1.537. NIHIL RECTE SINE EXEMPLO DOCETUR. *Nada se enseña bien sin ejemplos.*

(Columella, *De re rustica*, 11, 1, 4)

El dicho recupera el conocido precepto didáctico de la importancia de los ejemplos en la enseñanza.

1.538. NIHIL RERUM HUMANARUM SINE DEORUM NUMINE GERI. *Ningún hecho humano se realiza sin el consentimiento divino.*

(Cornelio Nepote, *Vida de Timoleonte*, 4, 4)

El dicho expresa una aceptación fatalista de la voluntad divina como motor de las acciones humanas y corresponde a nuestro «no se mueve la hoja del árbol si Dios no lo quiere».

1.539. NIHIL SUB SOLE NOVUM. *Nada nuevo bajo el sol.*

(Eclesiastés, 1, 9)

En el texto bíblico el dicho expresa la concepción pesimista sobre las posibilidades del hombre de descubrir la intervención de Dios en el mundo. Actualmente se utiliza sencillamente para decir que hace ya un tiempo que no se han verificado novedades.

1.540. NIHIL TAM ABSURDE DICI POTEST QUOD NON DICATUR AB ALIQUO PHILOSOPHORUM. *No se puede decir nada tan absurdo que no esté apoyado por algún filósofo.*

(Cicerón, *De divinatione*, 2, 58)

Esta máxima, recuperada también por Montaigne y Pascal, es una feliz referencia a la relatividad y a la variedad de las opiniones filosóficas.

1.541. NIHIL TAM SANCTUS QUOD NON VIOLARI, NIHIL TAM MONITUM QUOD NON EXPUGNARI PECUNIA POSSIT. *No hay nada tan sagrado que no pueda ser violado ni nada tan fortificado que no pueda ser vencido con el dinero.*

(Cicerón, In Verrem, 1, 4)

Cicerón se refiere a la corrupción y a la avidez para las que no existen límites ni religiosos ni morales.

1.542. NIL ACTUM CREDE, SI QUID SUPEREST AGENDUM. *Tienes que pensar que no has hecho nada si has dejado algo por hacer.*

(Lucano, Farsalia, 2, 6, 57)

La expresión invita a la constancia en el trabajo y a realizarlo completamente.

1.543. NIL DIFFICILE AMANTI PUTO. *Nada es difícil para el que ama.*

(Cicerón, De oratore, 10, 33)

De todos es sabido de hecho que por amor se llega incluso a realizar empresas imposibles.

1.544. NIL EGO CONTULERIM IUCUNDO SANUS AMICO. *Nada podré comparar, mientras tenga la mente sana, con un agradable amigo.*

(Horacio, Sátiras, 1, 5, 44)

Exclamación llena de entusiasmo que expresa el valor de la amistad.

1.545. NIL EST IN INTELLECTU QUOD NON FUERIT PRIUS IN SENSU. *No hay nada en el intelecto que antes no haya estado en los sentidos.*

(Santo Tomás de Aquino, Quaestiones disputatae de veritate, 2, 3, 19)

La fórmula se utiliza actualmente todavía en el ámbito filosófico para indicar la concepción sensista y empírica según la cual las ideas proceden de los sentidos. A veces se utiliza para indicar que una obra filosófica deriva de un escrito anterior sustituyendo *intellectu* y *sensu* por los nombres de los dos autores.

1.546. NIL EST TAM FACILE QUOD NON FIAT DIFFICILE SI INVITUS FACIAS. *Nada es tan fácil que no sea difícil si se hace con desgana.*

(Terencio, Heautontimoroumenos, 805; Pseudo Beda, Liber proverbiorum, 90, 103)

El dicho se centra en el hecho de que lo que se hace con desgana es más difícil y pesado de hacer.

1.547. NIL MAGIS AMAT CUPIDITAS QUAM QUOD NON LICET. *Al deseo nada le gusta más que aquello que no es lícito.*

(Publilio Siro, N 17)

Esta máxima pone en evidencia cómo ya nuestros antepasados habían descubierto un comportamiento, es decir, la atracción por lo prohibido, que actualmente se estudia a través de la psicología y el psicoanálisis.

1.548. NIL NON AUT LENIT AUT DOMAT DIUTURNITAS. *No hay nada que el tiempo no atenúe o supere.*

(Publilio Siro, N 46)

La expresión se refiere en particular al dolor que se atenúa con el tiempo.

1.549. NIL PERPETUUM, PAUCA DIUTURNA SUNT. *Nada es perpetuo; pocas cosas duran durante mucho tiempo.*

(Séneca, Consolationes, 1, 1)

La frase es por lo tanto una invitación implícita a disfrutar de las cosas que se poseen y de las alegrías en el momento en el que llegan.

1.550. NIL SINE MAGNO / VITA LABORE DEDIT MORTALIBUS. *La vida no ofrece nada a los mortales sin grandes esfuerzos.*

(Horacio, Sátiras, 1, 9, 59)

La expresión se encuentra en la famosa sátira del «pelmazo» y recupera un tema muy extendido en el mundo latino, es decir, que sin esfuerzo no se obtiene nada.

1.551. NIMIA FAMILIARITAS PARIT CONTEMPTUM. *El exceso de familiaridad provoca el rechazo.*

(San Agustín, Scala Paradisi, 8)

La fórmula destaca la importancia de la moderación incluso en la amistad.

1.552. NIMIUM BONI EST, CUI NIHIL EST MALIS. *Aquel que no tiene ningún mal tiene muchos bienes.*

(Cicerón, De finibus, 2, 41)

La expresión invita a apreciar el don de la salud o el hecho de tener pocas preocupaciones.

1.553. NISI INTER OMNES POSSIBILES MUNDOS OPTIMUM ESSET, DEUS NULLUM PRODUXISSET. *Si no hubiera sido el mejor de los mundos posibles, Dios no lo habría creado.*

(Leibniz, Theodicea)

Expresa el optimismo de la concepción de Leibniz de Dios y del mundo.

1.554. NISI QUI IPSAE AMAVIT, AEGRE AMANTIS INGENIUM INSPICIT. *Aquel que no ha amado nunca, comprende mal las cosas de amor.*

(Plauto, Miles gloriosus, 639)

La expresión es adecuada a personas ariscas y solitarias que no comprenden los sentimientos de los enamorados.

1.555. NITIMUR INVETITUM SEMPER CUPIMUSQUE NEGATA. *Siempre anhelamos las cosas prohibidas y deseamos aquellas que se nos niegan.*

(Ovidio, Amores, 3, 4, 17)

Véase también el n.º 1.547.

1.556. NIVE CADENTE SCHOLA VACANTE. *Cuando cae la nieve la escuela está vacía.*

(Proverbio latino)

El dicho es de origen desconocido y se utiliza para explicar ausencias injustificadas.

1.557. NOBILIS EQUUS UMBRA QUOQUE VIRGAE REGITUR. *El buen caballo se guía sólo con la sombra del bastón.*

(Quinto Curcio Rufo, Historia de
Alejandro Magno, 7, 4, 18)

El significado es similar a aquel de *intelligenti pauca* e indica que no es necesario el uso de la fuerza o de la violencia con personas obedientes e inteligentes.

1.558. NOBILIS EST ILLE QUEM NOBILITAT SUA VIRTUS. *Es noble aquel al cual la virtud le hace ser noble.*

(Proverbio medieval)

La expresión afirma por lo tanto el concepto de la nobleza por méritos y no por nacimiento.

1.559. NOBILIS EST RUTA QUIA LUMINA REDDIT ACUTA. *La ruda es una hierba noble porque aclara la vista.*

(Escuela de Salerno)

El lema se refiere a las propiedades de esta planta.

1.560. NOBILITAS SOLA EST ANIMUM QUAE MORIBUS ORNAT. *La única nobleza es la que adorna el alma con las buenas costumbres.*

(Proverbio medieval)

Véase también el n.º 1.558.

1.561. NOBILITAS SUB AMORE IACET. *La nobleza está sometida al amor.*

(Ovidio, Heroídas, 4, 161)

Las palabras las pronuncia Fedra, enamorada de Hipólito, cuando se da cuenta de que ha perdido el pudor y la discreción acordes a su alto linaje. La expresión se utiliza actualmente para indicar la fuerza del amor.

1.562. NOCERE CASUS NON SOLET CONSTANTIAE. *El caso no es normalmente perjudicar a la constancia.*

(Publilio Siro, Sententiae, 450)

La expresión significa que una persona coherente y perseverante difícilmente se encuentra impreparada frente a acontecimientos imprevistos.

1.563. NOLI AFFECTARE QUOD TIBI NON EST DATUM, DELUSA NE SPES AD QUERELAM RECIDAT. *No desees aquello que no puedes tener para que la esperanza frustrada no se convierta en llanto.*

(Fedro, Fábulas, 3, 18, 14-15)

Los versos resumen el contenido de numerosas máximas sobre los deseos irrelizables y sobre la esperanza frustrada.

1.564. NOLI ESSE IUSTUS MULTUM. *No ser justo en gran medida.*

(Eclesiastés, 17, 8)

Prescindiendo del significado teológico y del contexto, el verso se puede citar como invitación a no aplicar regurosamente la justicia, sino a valorar las distintas situaciones con versatilidad.

1.565. NOLI HOMINES BLANDO NIMIUM SERMONE PROBARE. *No dar fe al suave sonido de la alabanza.*

(Catón, *Dísticos*, 1, 27, 2)

El dístico, que se acaba con el verso citado en el n.º 866, es una invitación a no escuchar las falsas alabanzas de la gente.

1.566. NOLI ME TANGERE! *¡No me toques!*

(Juan, 20, 17)

Son las palabras que Cristo, cuando resucitó, dijo a María Magdalena. La expresión es actualmente muy famosa y se utiliza tanto a propósito de personas susceptibles o vanidosas como en medicina en los casos en los que se desaconseja la intervención.

1.567. NOLI ROGARE QUOM IMPETRARE NOLUERIS. *No pidas cuando no quieras obtener.*

(Séneca, *Cartas*, 95, 1)

Se trata de un verso cómico anónimo que el propio Séneca sugiere como expresión muy extendida.

1.568. NOLITE ERGO SOLLICITI ESSE IN CRASTINUM. *No sintáis pena por el mañana.*

(Mateo, 6, 34)

El dicho evangélico invita a no preocuparse por el mañana y a abandonarse a la providencia divina.

1.569. NOLITE IUDICARE UT NON IUDICEMINI. *No juzguéis para no ser juzgados.*

(Mateo, 7, 1)

Cristo advierte a los fariseos exhortándolos a no juzgar basándose sobre el hecho en sí mismo, sino a intentar comprender las motivaciones que han llevado a una persona a actuar de una determinada forma, puesto que sólo Dios puede juzgar el ánimo humano. La frase se utiliza en la actualidad como invitación a la comprensión.

1.570. NOLI TU QUAEDAM REFERENTI CREDERE SEMPER: / EXIGUA EST TRIBUENDA FIDES, QUI MULTA LOCUNTUR. *No creas siempre en quien te da noticias: se debe tener poca confianza en quien habla mucho.*

(Catón, *Dísticos*, 2, 20)

Catón recupera el motivo según el cual aquel que habla mucho no cuenta noticias verdaderas. El dístico puede utilizarse para avisar a los ingenuos de las historias de los chismosos.

1.571. NOLI TURBARE CIRCULOS MEOS! *¡No borréis mis círculos!*

(Valerio Máximo, 8, 7)

Son las palabras que Arquímedes, que estaba realizando señales por el suelo para resolver un problema, le dijo a uno de los soldados durante el saqueo de Siracusa del 212 a. de C. El dicho se cita actualmente a propósito de los científicos con la cabeza entre las nubes o también sencillamente para decir que no se debe molestar.

1.572. NOLO MORTEM IMPII, SED UT CONVERTATUR IMPIUS A VIA SUA ET VIVAT. *No quiero la muerte del sacrílego, sino que se convierta y que viva.*

(Ezequiel, 33, 11)

El dicho expresa sentimientos de tolerancia y de perdón en relación con los sacrílegos que anuncian la abolición, por parte de Cristo, de la ley basada en la venganza.

1.573. NOLUISSES DE MANU ILLIUS PANEM ACCIPERE. *No hubieras querido recibir el pan de su mano.*

(Petronio, *Satiricón*, 37, 3)

El dicho indica a una persona tan malvada que de sus manos no se aceptaría ni siquiera el pan y con la que no se quiere tener ninguna relación.

1.574. NOMEN OMEN. *El nombre es un presagio.*

(Plauto, *Perses*, 625)

La locución se utiliza para indicar una correspondencia entre el nombre y las cualidades o las vivencias de la persona que lo lleva (por ejemplo Felicidad).

1.575. NOMINA SUNT CONSEQUENTIA RERUM. *Los nombres son los correspondientes de las cosas.*

(Justiniano, *Institutiones*, 2, 7, 3)

Se trata de una fórmula jurídica que expresa la exigencia de que los nombres correspondan exactamente a las cosas que designan. El dicho lo recuperó Dante para decir que a un nombre dulce como «amor» sólo le pueden corresponder cosas dulces.

1.576. NOMINE POLLA VOCOR QUIA POLLEO MORIBUS ALTIS. *Me llamo Pola porque soy rica (polen) de costumbres elevadas.*

(Ricardo da Venosa,
Historia de Paulino y Pola, 412)

El juego de palabras recupera de forma graciosa el tema del *nomen omen*.

1.577. NON ABLATUS EST SED DILATUS. *No fue eliminado sino aplazado.*

(Pedro Crisólogo, *Sermones*, 86, 1)

El dicho recupera un famoso tópico según el cual nada se pierde para siempre, sólo se aplaza.

1.578. NON AETATE VERUM INGENIO APISCITUR SAPIENTIA. *La sabiduría no se adquiere con la edad sino gracias al carácter.*

(Plauto, *Trinummus*, 367)

La expresión se contrapone a las que exaltan la mayor experiencia de la vejez.

1.579. NON AGNOSCETUR IN BONIS AMICUS ET NON ABSCONDETUR IN MALIS INIMICUS. *No se reconocerá al amigo en la prosperidad y no se esconderá al enemigo en las adversidades.*

(Zacarías, 12, 8)

La expresión recupera el tema de la verdadera amistad que emerge en las adversidades.

1.580. NON AMO NIMIUM DILIGENTES. *No amo a las personas demasiado diligentes.*

(Cicerón, *De oratore*, 2, 67)

Parece ser que Escipión *el Africano* dijo estas palabras a un soldado que pedía excusas por no haber tomado parte en la batalla y haber permanecido en el campamento para defenderlo.

1.581. NON ANIMADVERTIS (INQUIT) TE SUPRA MELLEUM LOQUI? *¿No te das cuenta, dijo, de que hablas de cosas que están por encima del martillo?*

(Erasmo, *Apophtegmata*, 6, 18)

De esta forma respondió el citarista Estratónico al zapatero Mínaco, quien quería discutir de música.

1.582. NON AQUA NON IGNI LOCIS PLURIBUS UTIMUR QUAM AMICITIA. *En muchas circunstancias el agua y el fuego nos son menos útiles que la amistad.*

(Cicerón, *De amicitia*, 6, 22)

El sentido de la expresión es que sin amigos, aunque si se conservan todos los demás bienes, no se podría vivir.

1.583. NON BENE CUM SOCIIS REGNA VENUSQUE MANENT. *Reinos y amor no van bien juntos.*

(Ovidio, *Arte de amar*, 3, 564)

Puesto que los dos pueden ser objeto de celos y de envidias. El dicho puede querer decir también que una cosa excluye a la otra.

1.584. NON BENE OLET QUI BENE SEMPER OLET. *No siempre tiene un buen perfume aquel que perfuma siempre bien.*

(Marcial, *Epigramas*,
2, 12, 4)

El perfume sirve a veces para enmascarar los malos olores. El verso puede utilizarse por lo tanto para poner en guardia de las falsas apariencias.

1.585. NON BENE PRO TOTO LIBERTAS VENDITUR AURO. *No hay oro suficiente para pagar la libertad.*

(Fedro, *Fábulas*, 3, 7)

La frase se encuentra en la fábula del lobo y el perro, en la que el lobo prefiere sufrir hambre en lugar de dejarse poner el collar.

1.586. NON COMMOVEBITUR. *No se moverá.*

(*Salmos*, 46,
6; 116, 6)

La locución bíblica estaba muy extendida en el 800, cuando asumió una precisa connotación política (filoaustriaca). Actualmente se cita para indicar a personas particularmente tenaces y que se conmueven difícilmente.

1.587. NON CONVALESCIT PLANTA QUAE SAEPE TRANSFERTUR. *No adquiere vigor la planta que se transplanta a menudo.*

(Séneca, *Cartas*, 2, 3)

La expresión es una metáfora para decir que no es bueno desplazarse a menudo.

1.588. NON CREDAS VULGO, VULGUS MUTATUR IN HORA. *No creas en el pueblo, el pueblo cambia cada hora.*

(Proverbio medieval)

El dicho recupera el motivo según el cual el pueblo no juzga racionalmente sino según el humor del momento y por esta razón es peligroso.

1.589. NON CUIVIS HOMINI CONTINGIT ADIRE CORINTHUM. *No todos pueden permitirse ir a Corinto.*

(Horacio, *Epístolas*,
1, 17, 36)

Corinto era una ciudad dedicada al lujo y a los placeres e ir allí significaba gastarse mucho dinero. La expresión se cita actualmente con el significado de que no todos pueden alcanzar los objetivos esperados.

1.590. NON DAT NATURA VIRTUTEM, ARS EST BONUM FIERI. *La virtud no proviene de la naturaleza; es un mérito hacer de ella un bien.*

(Séneca, *Cartas*, 90, 44)

La expresión, adecuada a un ámbito erudito, indica que la virtud no es innata sino que se debe cultivar.

1.591. NON DEBES [...] ADRIPERE MALEDICTUM EX TRIVIO. *No debes aprender ninguna palabrota del lenguaje de la calle.*

(Cicerón, *Pro Murena*, 6, 13)

Los corrillos y las conversaciones del pueblo se consideraban una fuente de vulgaridad que Cicerón invita vivamente a evitar.

1.592. NON DECET TOTA NOCTE DORMIRE CONSILIATOREM VIRUM. *El consejero no puede dormir toda la noche.*

(Fulgencio, *Mythologiae*, 3, 1)

Aquel que tiene responsabilidades tiene que estar siempre atento y no puede permitirse descansar mucho. La expresión se puede citar como advertencia para aquellos que no cumplirán las propias responsabilidades.

1.593. NON DESINIS OCULOS [...] MIHI APERIRE. *No dejes de abrirme los ojos.*

(Marco Aurelio, *Meditaciones*,
51, 19)

De esta forma se describe el efecto de la enseñanza del maestro. La expresión está todavía muy extendida para indicar el aprendizaje de nuevas cosas o el verlas, gracias a otra persona, desde un punto de vista distinto.

1.594. NON DOMUS ET FUNDUS, NON AERIS ACERVOS ET AURI / AEGROTO DOMINI DEDUXIT CORPORE FEBRES. *No existen casa ni poder ni acumulación de bronce y de oro que puedan expulsar el mal de un cuerpo infernal.*

(Horacio, *Epístolas*,
1, 2, 47-48)

La expresión recupera el tema de la inutilidad de las riquezas frente a la enfermedad y la muerte.

1.595. NON EADEM TELLUS FERT OMNIA: VITIBUS ILLA / CONVENIT, HAEC OLEIS, HIC BENE FARRA VIRENT. *No todo produce la misma tierra: una es adecuada para la vid, otra para el olivo y otro para los cereales.*

(Proverbio medieval)

El dicho, que se puede citar incluso sólo en su primera parte, significa que no todos tenemos las mismas capacidades y que por lo tanto es justo aprovechar de la mejor manera posible las cualidades que poseen.

1.596. NON ENIM COITUS MATRIMONIUM FACIT SED MARITALIS AFFECTIO. *No es la relación sexual la que hace el matrimonio sino el afecto entre los cónyuges.*

(*Digesto*, 24, 1, 32, 13)

El *affectio maritalis* no es sólo el sentimiento que une a los cónyuges sino el instinto jurídico base del matrimonio.

1.597. NON ENIM POSSUMUS QUAE VIDIMUS ET AUDIVIMUS NON LOQUI. *No podemos de hecho callar lo que hemos visto y oído.*

(Hechos de los Apóstoles, 4, 20)

De este dicho deriva la fórmula *non possumus*, utilizada para indicar que no podemos absolutamente abandonar un deber.

1.598. NON ERAT HIC LOCUS. *No era el momento.*

(Horacio, *Epístola a los Pisones*, 19)

Horacio se refiere al poeta que intenta cantar poesías solemnes en situaciones inoportunas. La expresión se utiliza por lo tanto a propósito de algo que se dice o que se hace fuera de lugar.

1.599. NON ERIT IMPOSSIBILE APUD DEUM OMNE VERBUM. *Ninguna palabra será imposible cerca de Dios.*

(Lucas, 1, 37)

Son las palabras del ángel a María después de la anunciación.

1.600. NON EST AD ASTRA MOLLIS E TERRIS VIA. *No es fácil el camino para llegar de la tierra a los astros.*

(Séneca, *Hercules furens*, 437)

Se trata de una de las numerosas expresiones que indican la dificultad de alcanzar los objetivos que nos proponemos (véase también el n.º 1.847).

1.601. NON EST ANTE EDENDUM QUAM FAMES IMPERET. *No se debe comer antes de que el hambre nos lo diga.*

(Séneca, *Cartas*, 123, 2)

Además de ser una norma saludable, el dicho constituye una invitación a hacer las cosas en el momento oportuno.

1.602. NON EST ARS, QUAE AD EFFECTUM CASU VENIT. *No es arte la que obtiene un efecto por casualidad.*

(Séneca, *Cartas*, 29, 3)

El arte de hecho no procede por intentos sino que está hecho de técnica y estudio.

1.603. NON EST BONUM ESSE HOMINEM SOLUM. *No es bueno que el hombre esté solo.*

(Génesis, 2, 18)

Son las palabras pronunciadas por Dios en el momento de la creación de Eva y se citan actualmente a propósito de matrimonios.

1.604. NON EST, CREDE MIHI, SAPIENTEM DICERE «VIVAM». *No es de sabios, créeme, decir «viviré».*

(Marcial, *Epigramas*, 1, 16, 11-12)

Puesto que mañana podría ser ya demasiado tarde. El verso invita por lo tanto a recoger las alegrías del presente.

1.605. NON EST DE SACCO ISTA FARINA. *Esta no es harina de tu saco.*

Se trata de un dicho medieval, probablemente una broma escolástica, de origen desconocido. Está muy extendido para indicar que se ha copiado algo.

1.606. NON EST MAGNI ANIMI, QUI DE ALIENO LIBERALIS EST. *No es magnánimo aquel que es generoso con las cosas ajenas.*

(Séneca, *De clementia*, 1, 20, 3)

La expresión se cita a menudo con valor irónico y recupera el tema según el cual es fácil ser generosos con los bienes ganados por otro.

1.607. NON EST OPTIMUS CONSOLATOR QUEM PROPRII VINCUNT GEMITUS. *No es un consolador óptimo aquel que solloza.*

(San Jerónimo, *Epístolas*, 39, 2)

Es difícil consolar a los demás cuando se está sufriendo al mismo tiempo.

1.608. NON EST ORNAMENTUM VIRILE CONCINNITAS. *El refinamiento no es un ornamento viril.*

(Séneca, *Cartas*, 115, 3)

La *concinnitas*, que en la oratoria indicaba

el gusto por el ornamento, se advertía casi como feminismo y por lo tanto se despreciaba.

1.609. NON EST VIR FORTIS AC STRENUUS QUI LABOREM FUGIT. *No es un hombre fuerte y valiente aquel que huye del esfuerzo.*

(Séneca, *Cartas*, 22, 7)

1.610. NON EVENTUS IMPUTARI DEBET CUISQUE REI SED CONSILIUM. *De cualquier cosa no se debe criticar el éxito sino la idea.*

(Séneca el rétor, *Controversiarum*

excerpta, 5, 342)

La expresión se puede citar como comentario a algo que no ha salido como se esperaba e indica que la causa del fracaso se tiene que buscar en la raíz.

1.611. NON EX OMNI LIGNO MERCURIUS EXCULPI. *No se tiene que obtener de cada madera un Mercurio.*

(Apuleyo, *Apologia*, 43)

El dicho indica que no todos son adecuados para el poder y para los honores, como no todas las maderas son adecuadas para ser esculpidas.

1.612. NON FLERE, NON INDIGNARI, SED INTELLIGERE. *No se debe llorar ni indignarse, sino comprender.*

(Spinoza, *Brevis tractatus de Deo,*

de homine et de salute)

Prescindiendo de su significado filosófico y moral, el dicho puede citarse como exhortación a la reflexión y a la comprensión de los acontecimientos para evitar afrontarlos de forma equivocada.

1.613. NON FORTUNA HOMINES AESTIMABO SED MORIBUS. *No juzgo a los hombres por su fortuna sino por sus costumbres.*

(Macrobio, *Saturnalia*, 1, 1)

La fortuna de hecho está determinada por la casualidad mientras que cada uno se crea las propias costumbres.

1.614. NON HABET ANGUILLAM PER CAUDAM QUI TENET ILLAM. *No tendrá la anguila*

aquel que la coge por la cola.

(Proverbio medieval)

La anguila, por su piel resbaladiza, se ha convertido en un símbolo de personas poco sinceras que se escabullen ante el menor compromiso.

1.615. NON IGNARA MALI MISERIS SUCCURRERE DISCO. *No ignorante de las desgracias, he aprendido a socorrer a los desgraciados.*

(Virgilio, *Eneida*, 1, 630)

Son las palabras con las que Dido acoge a Eneas después del naufragio. La expresión se puede citar a propósito de aquellos que se consagran en la ayuda de los que sufren, al haber sentido el mismo dolor.

1.616. NON IN SOLO PANE VIVIT HOMO. *No sólo de pan vive el hombre.*

(Mateo, 4, 4; Lucas, 4, 4)

La expresión es muy conocida e invita a no ocuparse en exceso de los bienes materiales, sino a buscar incluso la nutrición espiritual.

1.617. NON LECTORE TUIS OPUS EST SED APOLINE LIBRIS. *Tus libros no necesitan un lector sino a Apolo.*

(Marcial, *Epigramas*, 10, 21, 3)

Marcial se refiere a las oscuras poesías de Sestio. La expresión se puede utilizar a propósito de textos, cartas, manuales de instrucción, etc., poco claros o incomprensibles.

1.618. NON MALE RESPONDIT, MALE ENIM PRIOR ILLE ROGARAT. *No ha contestado mal, el otro había de hecho planteado mal la pregunta.*

(Quintiliano, *Instituciones oratorias*,

5, 13, 42)

El dicho se refiere a disertaciones retóricas según las cuales la respuesta está proporcionada a la pregunta. Actualmente se puede citar en ocasiones como exámenes o interrogaciones.

1.619. NON METUIT MORTEM QUI SCIT CONTEMNERE VITAM. *No teme la muerte aquel que aprendió a despreciar la vida.*

(Catón, *Dísticos*, 4, 22)

1.620. NON ME [...] VINCANT IN AMORE CO-LUMBAE. *En amor no me podrían superar las palomas.*

(Propercio, *Elegías*, 1, 9, 5)

Al ser muy queridas por Venus, las palomas, son todavía en la actualidad, el símbolo del amor y de la ternura.

1.621. NON MINUS INTERDUM ORATORIUM ESSE TACERE QUAM DICERE. *A veces no es menos elocuente el callar que el hablar.*

(Plinio el Joven, *Epistolarum*,

IX, 7, 6, 7)

La expresión se une al tópico de la importancia del silencio respecto a la palabra inútil.

1.622. NON NOBIS SOLUM NATI SUMUS. *No hemos nacido sólo por nosotros.*

(Cicerón, *De officiis*, 1, 7, 22)

El dicho se presta a ser citado tanto como advertencia graciosa en relación con personas egoístas como constatación en las conversaciones de carácter moral.

1.623. NON OMNES QUI HABENT CITHARAM SUNT CITHAROEDI. *No todos aquellos que tienen una cetra son citaredos.*

(Varrón, *De re rustica*, 2, 1, 3)

El dicho exhorta a no juzgar según las apariencias.

1.624. NON OMNIA POSSUMUS OMNES. *No todos podemos hacer todo.*

(Virgilio, *Bucólicas*, 8, 63)

El dicho destaca los límites de la naturaleza humana y sostiene implícitamente que cada uno tiene que actuar según las propias capacidades. Se puede utilizar también como exclamación cuando el trabajo nos abruma.

1.625. NON OMNIBUS AEGRIS EADEM AUXILIA CONVENIUNT. *No a todos los enfermos convienen las mismas medicinas.*

(Celso, *De re maedica*, 3, 1)

La expresión se cita también en sentido metafórico para indicar que no son adecuados para todos los mismos métodos o los mismos consejos.

1.626. NON OMNIBUS DORMIO. *No duermo para todos.*

(Lucilio, 1223; Plutarco, *Amatorius*,

759f-760a)

El proverbio se refiere a una anécdota en la que el marido fingía dormir hasta que la mujer se encontraba con el amante, esperando de esta forma conseguir ventaja de la situación. Actualmente se cita con el significado de «no dejarse engañar por todos».

1.627. NON OMNIS MORIAR. *No morir todo.*

(Horacio, *Odas*, 3, 30, 36)

De esta forma Horacio concluye su recopilación de odas para indicar que la poesía le sobrevivirá. El dicho se utiliza actualmente para personas que se han distinguido incluso en ámbitos distintos del literario, o sencillamente para personas queridas que permanecerán siempre en la memoria.

1.628. NON POTES SUCCESSOREM TUUM OCCIDERE. *No puedes matar a tu sucesor.*

(Dión Casio, *Storia Romana*, 61, 18)

Con estas palabras Séneca convenció a Nerón de la inutilidad de oponerse al destino.

1.629. NON POTEST INVENIRI VITA HOMINIS CARENS MOLESTIA. *No es posible encontrar la vida de un hombre sin dolor.*

(Prisciano, *Praexercitamina*, 433 K)

La expresión recupera el tema de la inevitabilidad del dolor.

1.630. NON QUERAS NOMEN CUI GRATIA CONTULIT OMEN. *No se puede pedir el nombre a quien la gracia concedió ser un presagio.*

(Proverbio medieval)

El dicho recupera el concepto del *nomen omen* (véase el n.º 1.574).

1.631. NON QUOD INTRAR IN OS, COINQUINAT HOMINEM, SED QUOD PROCEDIT EX ORE, HOC COINQUINAT HOMINEM. *Lo que entra en la boca del hombre no lo hace impuro, sino que es lo que sale de su boca.*

(Mateo, 15, 11)

Cristo se dirige a los fariseos que critican a sus discípulos porque no se lavan las manos antes de comer. Por lo tanto, no son importante los gestos exteriores sino las palabras y los hechos.

1.632. NON REFERT QUAM MULTOS LIBROS, SED QUAM BONOS HABEAS. *No importa que tengas muchos libros sino [que sean] buenos.*

(Séneca, *Cartas*, 45, 1)

La expresión recupera el tópico de la superioridad de la calidad respecto a la cantidad.

1.633. NON RELIQUETUR HIC LAPIS SUPER LAPIDEM QUI NON DESTRUATUR. *No permanecerá aquí piedra sobre piedra que no sea derribada.*

(Mateo, 24, 2)

De este verso deriva la expresión «no quedar piedra sobre piedra» para indicar una cosa destinada a disolverse.

1.634. NON REMPUBLICAM SUAM ESSE, SED SE REIPUBLICAE. *La república no le pertenecía sino que él pertenecía a la república.*

(Séneca, *De clementia*, 1, 19)

La fórmula puede citarse a propósito de hombres políticos y de aquellos que tienen el poder.

1.635. NON RESISTERE MALO SED SI QUIS TE PERCUSSERIT IN DEXTERAM MAXILLAM TUAM, PRAEBE ILLI ET ALTERAM. *No te opongas al malvado: incluso si uno te golpea en la mejilla derecha debes presentarle también la otra.*

(Mateo, 5, 39)

La expresión no se interpreta a la letra sino como exhortación al perdón. Se cita a menudo incluso frente a personas sumisas que aceptan pasivamente las ofensas.

1.636. NON SATIS EST REPREHENDISSE PECCANTEM, SI NON DOCEAS RECTI VIAM. *No basta con reñir a quien se equivoca si no se le muestra el camino correcto.*

(Columela, *De re rustica*, 11, 1, 9)

Expresión adecuada a un ámbito académico o educativo.

1.637. NON SEMEL ASCIA DAT, QUERCUS UT ALTA CADAT. *El hacha no golpea una única vez para hacer caer el roble.*

(Proverbio medieval)

El sentido es el que dice que para obtener un objetivo es necesario esforzarse mucho tiempo o que una persona fuerte y robusta difícilmente puede vacilar.

1.638. NON SEMPER SATURNALIA ERUNT. *No siempre será carnaval.*

(Séneca, *Apocolocynthosis*, 12, 2)

Los saturnales eran una fiesta en honor de Saturno, que se celebraba en la segunda mitad de diciembre y que, por su transgresividad y su alegría, pueden compararse con nuestro carnaval. La expresión indica por lo tanto que no siempre disfrutaremos de momentos felices.

1.639. NON SEMPER TEMERITAS EST FELIX. *No siempre la temeridad tiene éxito.*

(Tito Livio, *Ab urbe condita*, 28, 42)

La excesiva audacia a veces puede llevar a consecuencias negativas por lo que es mejor ser prudentes.

1.640. NON SIC PUGNO TAMQUAM AERA CAEDENS. *De esta forma lucho como si desplumara el aire.*

(San Agustín, *De sermone Domini in monte*, 6, 17)

La expresión se utiliza para indicar una lucha inútil contra un adversario inexistente.

1.641. NON SIT TIBI CURAE DE MAGNI NOMINIS UMBRA. *No te preocupes de la sombra de una gran fama.*

(Tomás de Kempis, *La imitación de Cristo*, 3, 24, 2)

La expresión se tiene que entender como una advertencia a no dormirse en los laureles.

1.642. NON SOLUM IPSA FORTUNA CAECA EST, SED EOS ETIAM PLERUMQUE EFFICIT CAECOS QUOS COMPLEXA EST. *No sólo la fortuna es ciega, sino que vuelve ciegos incluso a aquellos a los que abraza.*

(Cicerón, *De amicitia*, 15, 54)

1.643. NON SUM PROPHETA ET NON SUM FILIUS PROPHETAE. *No soy profeta ni hijo de profeta.*

(Amós, 7, 14)

La expresión se puede citar en tono irónico cuando se nos dirigen preguntas indiscretas y capciosas.

1.644. NON TALI AUXILIO NEC DEFENSORI-BUS ISTIS / TEMPUS EGET. *No necesitamos ayudas ni defensores de este tipo.*

(Virgilio, *Eneida*, 2, 521)

La expresión se puede citar a propósito de ayudas inoportunas o inútiles.

1.645. NON TENTANDA QUAE EFFICI OMNI-NO NON POSSINT. *No se debe intentar hacer lo que no es posible realizar.*

(Quintiliano, *Instituciones oratorias*, 4, 5, 17)

Véase también el n.º 43.

1.646. NONUMQUE PREMATUR IN ANNUM. *Manténgalo escondido durante nueve años.*

(Horacio, *Epístola a los Pisones*, 388)

Horacio pretende decir que la obra de arte tiene que meditarse largo tiempo antes de ser publicada o expuesta. La frase se cita actualmente para indicar una cosa que se elabora durante largo tiempo.

1.647. NON UNIUS TERRAE, SED TOTIUS NA-TURAE INTERPRETES SUMUS. *No somos intérpretes de un único lugar sino de toda la naturaleza.*

(Plinio el Viejo, *Historia natural*, 18, 214)

Podremos utilizar la frase ratificando el concepto de que de la naturaleza necesitamos sentirnos intérpretes y no padrones.

1.648. NON UT EDAM VIVO, SED UT VIVAM EDO. *No vivo para comer sino que como para vivir.*

(Quintiliano, *Instituciones oratorias*, 9, 3, 85)

Véase también el n.º 715.

1.649. NON VIDEBIS ANNOS PETRI. *No alcanzarás los años de Pedro.*

El pontificado de san Pedro duró veinticinco años. La fórmula se puede utilizar para indicar la duración de una carga por un período de tiempo largo.

1.650. NON VIDEMUS MANTICAE QUOD IN TERGO EST. *No vemos lo que se encuentra en la mochila sobre los hombros.*

(Catulo, *Carmina*, 22, 21)

El dicho recupera el tema de los vicios que vemos en los otros pero no en nosotros.

1.651. NON VITAE SED SCHOLAE DISCI-MUS. *No aprendemos por la vida sino por la escuela.*

(Séneca, *Cartas a Lucilio*, 106, 12)

Séneca constata amargamente la diferencia entre un aprendizaje fruto de la experiencia y un aprendizaje escolástico sólo teórico y pasivo.

1.652. NON VIVERE SED VALERE VITA EST. *La vida no es vivir sino estar bien.*

(Marcial, *Epigramas*, 6, 70, 15)

Ya los antiguos destacaban la importancia del bienestar físico (véase el n.º 1.335).

1.653. NON VOS ELEGISTIS ME, SED EGO ELEGI VOS. *No me habéis escogido vosotros a mí, sino yo a vosotros.*

(Juan, 15, 16)

Son las palabras pronunciadas por Cristo en el momento de enviar a los discípulos por el mundo.

1.654. NOS BEATAM VITAM IN ANIMI SECURI-TATE PONIMUS. *Hemos situado nuestra tranquilidad en la seguridad del ánimo.*

(Cicerón, *Sobre la naturaleza de los dioses*, 1, 53)

Vuelve el tema de la fortaleza de ánimo que permite afrontar serenamente las adversidades de la vida.

1.655. NOSCENDA EST MENSURA SUI SPEC-TANDAQUE REBUS IN SUMMIS MINIMISQUE. *Cada uno debe conocer la propia medida y adecuar a las propias fuerzas tanto las grandes como las pequeñas cosas.*

(Juvenal, *Sátiras*, 11, 35)

La expresión amplía y aclara el tema del *Nosce te ipsum* (véase el n.º 1.656).

1.656. NOSCE TE IPSUM. *Conócete a ti mismo.*

El lema, de origen griego, fue utilizado por numerosos autores latinos y actualmente está muy extendido como exhortación a tomar conciencia de las propias aptitudes y de las propias limitaciones.

1.657. Nos quoque floruimus sed flos erat ille caducus. *También nosotros florecimos un día, pero esa flor estaba destinada a marchitarse.*

(Ovidio, *Tristia*, 5, 8, 19-20)

Esta imagen de la fugacidad de la vida es muy bella y poética y se adapta por lo tanto a un ámbito erudito.

1.658. Nota mala res optima est. *Conocer los males es algo excelente.*

(Plauto, *Trimummus*, 63)

El significado es bastante similar al dicho «hombre prevenido vale por dos».

1.659. Notatio naturae et animadversio peperit artem. *La observación de la naturaleza y la meditación han engendrado el arte.*

(Cicerón, *De oratore*, 183)

La expresión se adapta para ser citada en conversaciones no necesariamente eruditas, pero que tengan como objeto el arte, la estética u otros argumentos pertinentes.

1.660. Noverit [...] tamquam ungues digitisque suos. *Los conoce como a sus propias uñas o a sus propios dedos.*

(Juvenal, *Sátiras*, 7, 231)

Juvenal se refiere a los autores, pero la expresión se utiliza para indicar un conocimiento profundo en cualquier ámbito.

1.661. Nox consilium dabit. *La noche nos aconseja.*

(Proverbio medieval)

El dicho es de origen griego y se refiere al hecho de que la noche, con su tranquilidad y quizá con algún sueño premonitorio, favorece la toma de decisiones.

1.662. Nox est perpetua una dormienda. *Tenemos que dormir una única y eterna noche.*

(Catulo, *Carmina*, 5, 6)

Catulo nos ofrece una sugestiva y poética imagen de la muerte.

1.663. Nudus ad infernas, stulte, vehere rates. *Irás desnudo al paso de la nave infernal.*

(Propercio, *Elegías*, 4, 4, 9)

Propercio utiliza esta imagen incisiva para recordar a los ricos que todos los hombres son iguales ante la muerte.

1.664. Nudus amor formae non amat artificem. *El amor, que está desnudo, no ama los artificios de la belleza.*

(Propercio, *Elegías*, 1, 2, 8)

1.665. Nudus egressus sum de utero matris meae et nudus revertar illuc. *Desnudo salí del útero de mi madre y desnudo volveré a él.*

(Job, 1, 21)

La expresión describe la situación del hombre completamente privado de medios frente a Dios.

1.666. Nulla dies sine linea. *Ningún día sin una línea.*

(Proverbio medieval)

La fuente es un fragmento de Plinio el Viejo (*Historia natural*, 35, 84). La expresión se cita actualmente para decir que en cualquier disciplina es necesario practicar con constancia y asiduidad.

1.667. Nulla est maior probatio quam evidentia rei. *No hay mayor prueba que la evidencia.*

(Proverbio medieval)

Esta fórmula se cita todavía en la actualidad y muy a menudo en el ámbito jurídico.

1.668. Nulla fides umquam miseros elegit amicos. *Nadie ha escogido nunca como amigos a aquellos que se encuentran en la miseria.*

(Lucano, *Farsalia*, 8, 535)

El dicho indica que a menudo la amistad es interesada.

1.669. Nulla flendi est maior causa quam flere non posse. *Nada es mayor causa de llanto que el hecho de no poder llorar.*

(Séneca el rétor, *Controversiarum excerpta*, 416)

1.670. NULLA INIURIA EST QUAE IN VOLENTEM FIAT. *No existe ofensa que se haga a aquel que está de acuerdo.*

(*Digesto*, 47, 10, 1, 5)

Fórmula jurídica que todavía está en uso.

1.671. NULLA LASSITUDO IMPEDIRE OFFICIUM ET FIDEM DEBET. *Ninguna debilidad tiene que impedir realizar el propio deber o mantener la fe.*

(Cicerón, *Epistulae ad familiares*, 12, 25, 6)

La expresión alaba la fortaleza de ánimo.

1.672. NULLA LEX SATIS COMMODA. *Ninguna ley es igualmente cómoda para todos.*

(Tito Livio, *Ab urbe condita*,34, 3)

1.673. NULLA MAGIS CONSTAT QUAM QUAE PRECIBUS EMPTA EST. *Nada cuesta más que aquello que se ha comprado con las plegarias.*

(Séneca, *De beneficiis*, 2, 1, 4)

Véase también el n.º 1.272.

1.674. NULLA POENA SINE LEGE. *Ninguna pena sin ley.*

(*Digesto*, 50, 16, 31)

Se trata de uno de los principios más importantes del derecho y significa que nadie puede ser castigado si no ha violado una ley precisa.

1.675. NULLA SALUS AQUIS: VINUM, TE POSCIMUS OMNES. *No hay salvación en el agua: oh vino, todos te invocamos.*

(Proverbio medieval)

Se trata de una reconstrucción satírica de una fragmento de Virgilio (véase el n.º 1.676).

1.676. NULLA SALUS BELLO: PACEM, TE POSCIMUS OMNES. *No hay salvación en la guerra: oh paz, todos te invocamos.*

(Virgilio, *Eneida*, 362)

La expresión se puede citar en discursos solemnes que alaban la paz.

1.677. NULLA SANCTA SOCIETAS NEC FIDES REGNI EST. *Con los reyes no existe ni la inviolable alianza ni la fidelidad.*

(Ennio, 404 V)

El dicho lo repite también Cicerón para destacar que el poder y la gloria hacen olvidar la justicia.

1.678. NULLA TERRA EXILIUM EST SED ALTERA PATRIA EST. *Ninguna tierra es lugar de exilio, sólo una segunda patria.*

(Séneca, *De remediis fortuitorum*, 8, 1)

El dicho expresa un cierto cosmopolitismo y la idea de que la patria se encuentra allí donde se pueda practicar la virtud.

1.679. NULLI EST HOMINI PERPETUUM BONUM. *Ningún hombre puede tener un bien perpetuo.*

(Plauto, *Curculio*, 189)

Expresión que se puede citar en el lenguaje común para expresar la caducidad de los bienes y de las alegrías.

1.680. NULLIS AMOR EST SANABILIS HERBIS. *No existe hierba que pueda curar el amor.*

(Ovidio, *Metamorfosis*, 1, 523)

1.681. NULLIUS ADDICTUS IURARE IN VERBA MAGISTRI. *No me siento obligado a jurar sobre las palabras de ningún maestro.*

(Horacio, *Epístolas*, 1, 1, 14)

De esta forma Horacio reivindica la propia originalidad poética. El dicho se ha extendido para indicar a aquellos que siguen dogmáticamente a un maetsro.

1.682. NULLIUS BONI SINE SOCIO JUCUNDA POSSESSIO EST. *La posesión de un bien no es dulce sin compañeros.*

(Séneca, *Cartas*, 6, 4)

El dicho expresa la alegría de compartir con los amigos los bienes que se poseen.

1.683. NULLUM CRIMEN SINE LEGE. *Ningún delito sin ley.*

(*Digesto*, 50, 16, 31)

La fórmula significa que un delito no se considera tal si no está contemplado por la ley. Actualmente se utiliza también en lugar de *nulla poena sine lege* (véase el n.º 1.674).

1.684. NULLUM DELECTET VICINI QUOD

DOMUS ARDET. *A nadie le gusta que se queme la casa del vecino.*

(Proverbio medieval)

Puesto que el incendio podría propagarse a la nuestra. La expresión invita por lo tanto a aprender incluso de las desgracias ajenas.

1.685. NULLUM ESSE EUNDEM ET DIUTURNUM ET PRAECOQUEM FRUCTUM. *Ningún fruto es duradero y al mismo tiempo precoz.*

(Quinto Curcio Rufo, *Historia de Alejandro Magno*, X, 8, 5, 15)

El dicho significa que personas o cosas que maduran de forma precoz desaparecen con la misma precocidad.

1.686. NULLUM ESSE LIBRUM TAM MALUM UT NON ALIQUA PARTE PRODESSET. *No existe un libro tan malo que no sea útil en alguna de sus partes.*

(Plinio el Joven, *Cartas*, IX, 3, 5, 10)

El dicho parece referirse a Plinio el Viejo, quien tomaba apuntes de cualquier cosa que leía. Indica que en cualquier libro se puede encontrar algo bueno.

1.687. NULLUM EST IAM DICTUM QUOD NON DICTUM SIT PRIUS. *No existe ningún dicho que no haya sido dicho antes.*

(Terencio, *Eunuchus*, 41)

1.688. NULLUM EST SINE NOMINE SAXUM. *No hay piedra sin nombre.*

(Lucano, *Farsalia*, 9, 973)

El poeta se refiere a Tróade, donde no había monte, piedra o colina que no fuera famosa por algún acontecimiento histórico o mitológico.

1.689. NULLUM MAGNUM INGENIUM SINE MIXTURA DEMENTIAE FUIT. *No ha existido nunca un gran ingenio sin una pizca de locura.*

(Séneca, *De tranquillitate animi*, 17, 10)

La expresión indica que el binomio genio-desorden ya era famoso en la Antigüedad.

1.690. NULLUM SCELUS RATIONEM HABET. *Ningún delito puede encontrar una excusa.*

(Tito Livio, *Ab urbe condita*, 28, 28)

1.691. NULLUM THEATRUM VIRTUTI CONSCIENTIA MAIUS EST. *Ningún teatro es más adecuado a la virtud que nuestra conciencia.*

(Cicerón, *Tusculanas*, 2, 64)

Se trata de una invitación a cultivar la virtud en secreto.

1.692. NULLUS AGENTIS DIES LONGUS EST. *Ningún día es largo para aquel que trabaja.*

(Séneca, *Cartas*, 122, 3)

Puesto que aquel que trabaja no se aburre y el tiempo pasa más deprisa.

1.693. NULLUS DOLOR EST QUEM NON LONGINQUITAS TEMPORIS MINUAT AC MOLLIAT. *No existe dolor que con el tiempo no disminuya y se calme.*

(Cicerón, *Epistulae ad familiares*, 4, 5, 6)

La expresión recupera el tema del tiempo como lento consolador.

1.694. NULLUS EST TAM TUTUS QUAESTUS QUAM QUOD HABEAS PARCERE. *Ninguna ganancia es tan segura como ahorrar lo que se tiene.*

(Publilio Siro, N 5)

El dicho se puede citar a propósito de personas un poco tacañas, pero también como invitación a no derrochar las propias sustancias.

1.695. NULLUS HOMO LACRIMIS NUMQUAM REVOCATUR AB UMBRIS. *Ningún hombre ha resucitado nunca de las sombras gracias a las lágrimas.*

(Máxima medieval)

Esta expresión destaca la impotencia humana frente a la muerte y, como consecuencia, la inutilidad de llorar a una persona durante largo tiempo.

1.696. NUMERANTUR ENIM SENTENTIAE, NON PONDERANTUR. *Los votos se cuentan, no se pesan.*

(Plinio el Joven, *Cartas*, IX, 2 12)

La frase es adecuada en los discursos políticos, como invitación a un comportamiento recto y honesto.

1.697. NUMERA STELLAS, SI POTES. *Cuenta las estrellas si puedes.*

(Génesis, 15, 5)

Con estas palabras Dios prometió a Abraham una numerosa descendencia. Actualmente el dicho se puede citar para designar grandes cantidades.

1.698. NUMERO DEUS IMPARE GAUDET. *La divinidad se complace del número impar.*

(Virgilio, *Bucólicas*, 8, 75)

El verso se refiere a un encantamiento en el que todas las acciones se repetían tres veces. El número impar ha tenido siempre una función sagrada y simbólica desde la Antigüedad y durante toda la Edad Media.

1.699. NUMMUM QUAERIT PESTILENTIA: DUO ILLI DA ET DUCAT SE. *La peste pide una moneda, dadle dos y se irá.*

(San Agustín, *Sermones*, 167)

El dicho es de origen púnico y significa que no sirve de nada hacer grandes sacrificios para evitar un mal inminente.

1.700. NUMQUAM EST FIDELIS CUM POTENTE SOCIETAS. *La alianza con un potente no es nunca digna de fe.*

(Fedro, *Fábulas*, 1, 5, 1)

La expresión deriva de la fábula de la *leonina societas* (véase el glosario) y pone en guardia ante las alianzas con los más poderosos puesto que resultan muy poco ventajosas.

1.701. NUMQUAM EST ILLE MISERI CUI FACILE EST MORI. *Nunca se puede llamar infeliz a aquel al cual le es fácil morir.*

(Séneca, *Hercules Oetaeus*, 111)

Tenemos que recordar que Séneca se suicidó en el baño. La máxima no tiene que entender de todos modos como un elogio del suicidio sino como una invitación a afrontar la muerte sin miedo.

1.702. NUMQUAM INVENIETUR SI CONTENTIS FUERIMUS INVENTIS. *Nunca se descubriría nada si nos conformáramos con las cosas ya descubiertas.*

(Séneca, *Cartas*, 33, 10)

1.703. NUMQUAM PERICLUM SINE PERICLO VINCITUR. *No se gana nunca al peligro sin peligro.*

(Publilio Siro, N 7)

La expresión invita a afrontar los peligros con valentía, sin miedo a arriesgarse.

1.704. NUMQUAM PHILOSOPHUM PICTUM VIDERUNT. *No vieron nunca a un filósofo, ni siquiera uno pintado.*

(Cicerón, *De finibus*, 5, 27, 80)

El dicho expresa la total ignorancia de un argumento.

1.705. NUMQUAM SE MINUS OTIOSUM ESSE QUAM CUM OTIOSUS. *Nunca menos privado de actividad que cuando no nos dedicamos a las actividades.*

(Cicerón, *De republica*, 1, 27;
De officiis, 3, 1)

La frase se atribuye a Escipión *el Africano*, quien quería decir que en los momentos libres del trabajo no descansaba sino que se dedicaba a otras actividades.

1.706. NUNC DIMITTIS SERVUM TUUM, DOMINE. *Ahora deja ir a tu siervo, oh Señor.*

(Lucas, 2, 29)

Son las palabras que el viejo Simeón dirigió a Dios después de haber visto al Mesías. Se citan actualmente para indicar la indiferencia de la vida y una serena espera de la muerte.

1.707. NUNC EST BIBENDUM. *Ahora es necesario beber.*

(Horacio, *Odas*, 1, 37)

Se trata del inicio de una oda que canta el final de la guerra civil. El dicho se utiliza actualmente para indicar un momento feliz en el que se tiene que brindar o bien cuando durante un banquete ha llegado el momento del brindis.

1.708. NUNC, FILIA, GRATULANDUM, NUNC IN CHRISTO EST GAUDENDUM. *Ahora, hija, es necesario alegrarse y regocijarse en Cristo.*

(Rosvita, *Sapientia*, 7, 1)

Esta expresión es la repetición en clave religiosa del dicho anterior de Horacio.

1.709. NUNC HIC DIES ALIAM VITAM DE-FERT, ALIOS MORES POSTULAT. *Este día lleva ahora una nueva vida y precisa nuevas costumbres.*

(Terencio, *Andria*, 189)

El dicho indica que tiempos nuevos o una nueva forma de vida tienen que comportar también cambios en las costumbres y en los hábitos.

1.710. NUNC POPULUS EST DOMI LEONES, FORAS VULPES. *El pueblo está formado por leones en casa y por zorros fuera.*

(Petronio, *Satiricón*, 44, 14)

El zorro aquí no es sinónimo de astucia sino de cobardía. El dicho indica por lo tanto a personas valientes de palabra pero no en los hechos.

1.711. NUNC PREMOR ARTE MEA. *Ahora me siento abatido por mi propio engaño.*

(Tíbulo, 1, 6, 10)

De esta forma el autor se lamenta por haber enseñado a la amada a escapar de la vigilancia puesto que ahora puede traicionarlo o engañarlo. La expresión se adapta a esas situaciones en las que algo que se ha inventado se vuelve contra nosotros mismos.

1.712. NUSQUAM LIBERTAS TAM NECESSARIA QUAM IN MATRIMONIO. *En ningún caso la libertad es más necesaria que en el matrimonio.*

(Quintiliano, *Declamationes maiores*, 257, 47)

La libertad implica de hecho estima y confianza recíprocas, dos valores fundamentales en el amor y en el matrimonio.

1.713. NUSQUAM TUTA FIDES. *La fe no está segura en ningún lugar.*

(Virgilio, *Eneida*, 4, 373)

Este fue el grito de Dido al saberse traicionada, y se cita actualmente para decir que es necesario no fiarse ciegamente de las personas.

O

1.714. O BEATA SOLITUDO, O SOLA BEATI-
TUDO. *Oh dichosa soledad, oh solitaria dicha.*

(San Bernardo)

La expresión significa que la paz del alma
se puede encontrar sólo en la soledad. Actualmente se cita también en la forma
abreviada *beata solitudo* para expresar la
propia aspiración a la soledad y a la tranquilidad.

1.715. OBEDIRE OPORTET DEO MAGIS
QUAM HOMINIBUS. *Es necesario obedecer a
Dios en lugar de a los hombres.*

(Hechos de los Apóstoles, 5, 29)

1.716. OBIURGARI IN CALAMITATE GRAVUS
EST QUAM CALAMITAS. *Ser humillados en la
calamidad es más doloroso que la propia calamidad.*

(Publilio Siro, *Sententiae*, 486)

1.717. OBSEQUIO QUONIAM DULCES RETI-
NENTUR AMICI. *La cortesía nos conserva los
buenos amigos.*

(Catón, *Dísticos*, 1, 34)

1.718. OBSEQUIUM AMICOS, VERITAS ODIUM
PARIT. *La adulación proporciona los amigos,
la sinceridad los enemigos.*

(Terencio, *Andria*, 68)

La expresión está muy extendida también
en la forma abreviada *Veritas odium parit* y
recupera el tema de la verdad que a veces
puede ser dolorosa.

1.719. OBSERVATO MODUM, NAM REBUS IN
OMNIBUS ILLUD / OPTIMUM ERIT, SI QUIS
TEMPUS SPECTAVERIT APTUM. *Vigila la medida: de hecho en cada cosa se obtendrá la mejor
situación si se intenta atrapar el momento
oportuno.*

(Proverbio medieval)

Esta expresión es interesante porque resume los dos conceptos fundamentales de la
poesía de Horacio: el *est modus in rebus*
(véase el n.º 722) y el *carpe diem* (véase el
n.º 344).

1.720. OBSTUPUI STETERUNTQUE COMAE ET
VOX FAUCIBUS HAESIT. *Me quedé sorprendi-
do, los cabellos se me pusieron de punta y la
voz se me ahogó en la garganta.*

(Virgilio, *Eneida*, 2, 774)

De esta forma Virgilio describió las señales
exteriores del miedo de Héctor cuando se
encontró con el espectro de Creusa.

1.721. OCCASIO AEGRE OFFERTUR, FACILE
AMITTITUR. *La ocasión es difícil que se ofrezca
y es fácil que se pierda.*

(Publilio Siro, O 14)

El dicho recupera el motivo del saber coger
la ocasión cuando se presenta y, por lo tanto, puede citarse como invitación a no tar-
dar mucho en tomar decisiones.

1.722. OCCIDIT MISEROS CRAMBE REPETITA
MAGISTROS. *Las coles refritas matan a los pobres profesores.*

(Juvenal, *Sátiras*, 7, 154)

La expresión se refiere a los maestros de retórica obligados a escuchar de boca de los alumnos siempre las mismas cosas. Actualmente se cita para indicar la repetición aburrida y siempre igual de historias o acontecimientos.

1.723. OCCULTAE MUSICAE NULLUM ESSE RESPECTUM. *No se tiene ninguna consideración por la música que permanece escondida.*

(Suetonio, *Vida de Nerón*, 20)

Suetonio atribuye a Nerón tal frase, con la que venía a decir que las mejores cualidades no tienen ningún valor si no afloran. Por lo tanto, se puede citar como invitación a la comunicación del saber y del arte.

1.724. OCULI DOLENT. *Los ojos hacen daño.*

La locución se repite sobre todo en Plauto e indica el estado de ánimo de aquella persona que se encuentra frente a una situación que apena.

1.725. OCULI OCCULTE AMOREM INCIPIUNT, CONSUETUDO PERFICIT. *Los ojos dan inicio a escondidas al amor, la costumbre lo completa.*

(Publilio Siro, O 15)

Véase el n.º 1.726.

1.726. OCULI SUNT IN AMORE DUCES. *Los ojos son guías en el amor.*

(Propercio, *Elegías*, 2, 15, 12)

Esta cita y la anterior recuperan el tema de la importancia de la mirada en el amor. La primera tiene una connotación más filosófica y moralista, mientras que la segunda aparece como una constatación dictada por el sentimiento.

1.727. OCULOS ET VESTIGIA DOMINI RES AGRO SALUBERRIMAS. *Las cosas más saludables para el campo son los ojos y las huellas del patrón.*

(Columela, *De re rustica*, 4, 18, 1)

El dicho deriva de la tradición aristotélica según la cual la presencia del patrón hace más fértil el campo y más bonitos los animales.

1.728. OCULUM PRO OCULO ET DENTEM PRO DENTE. *Ojo por ojo y diente por diente.*

(Éxodo, 21, 24)

La expresión, conocida también como «ley del talión», se cita actualmente para indicar un sentido de la justicia basado en la venganza por la afrenta sufrida. A la ley mosaica Cristo contrapuso la ley basada en el perdón y en la misericordia.

1.729. OCULUS DOMINI SAGINAT EQUUM. *El ojo del patrón engorda al caballo.*

(Columela, *De re rustica*)

Véase el n.º 1.727.

1.730. ODERINT DUM METUANT. *Que me odien, pero que me teman.*

(Accio, 203 s. R.[3])

El lema se cita a menudo para indicar una forma de mando basado en el terror y en la tiranía.

1.731. ODERUNT PECCARE BONI VIRTUTIS AMORE. *Los buenos se entretienen haciendo el mal por amor de la virtud.*

(Horacio, *Epístolas*, 1, 16, 52)

La expresión se adapta a discursos de ética y de moral.

1.732. ODI PROFANUM VULGUS ET ARCEO. *Odio el vulgo de los profanos y lo mantengo alejado.*

(Horacio, *Odas*, 3, 1, 1)

En las odas Horacio habla como un sacerdote que está a punto de comunicar los misterios a los iniciados y debe alejar, por lo tanto, a los profanos. La frase se cita actualmente para expresar desprecio en relación con los gustos y las opiniones populares.

1.733. ODI PUERULOS PRAECOQUI SAPIENTIA. *Odio a los jóvenes de sabiduría precoz.*

(Apuleyo, *Della magia*, 85)

La frase puede citarse para expresar perplejidad sobre los niños prodigio.

1.734. ODIUM GENERIS HUMANI. *Odio al género humano.*

(Tácito, *Anales*, 5, 44, 4)

Esta era la acusación con la que muchos cristianos eran perseguidos, es decir, por su ausencia a las fiestas y a los cultos públicos y por su vida reservada en el interior de las comunidades.

1.735. O FORMOSE PUER, NIMIUM NE CREDE COLORI! *¡Oh bello muchacho, no te fíes demasiado de su aspecto!*

(Virgilio, *Bucólicas*, 2, 17)

Puesto que la belleza juvenil es fugaz y destinada a desaparecer.

1.736. O FORTES PEIORAQUE PASSI / MECUM SAEPE VIRI, NUNC VINO PELLITE CURAS. *Oh hombres fuertes, que a menudo habéis afrontado conmigo males todavía mayores, expulsad con el vino las preocupaciones.*

(Horacio, *Odas*, 1, 7, 30)

La expresión, adecuada a discursos conviviales, es una invitación a olvidar las preocupaciones pasadas. En el lenguaje común puede citarse incluso sólo la segunda parte —*nunc vino pellite curas*— como equivalente de nuestro dicho «ahogar las desgracias en el alcohol».

1.737. O FORTUNATOS NIMIUM, SUA SI BONA NORINT / AGRICOLAS. *Oh, afortunados los agricultores si conocieran su felicidad.*

(Virgilio, *Geórgicas*, 2, 458-59)

La expresión puede citarse tanto para decir que en general se tiende a exaltar un trabajo o una actividad distinta de la que llevamos a cabo, viendo sólo las virtudes, como para ser conscientes del lado positivo de nuestro trabajo.

1.738. O IMITATORES, SERVUM PECUS! *¡Imitadores, rebaño de siervos!*

(Horacio, *Epístolas*, 1, 19, 19)

Horacio arremete contra los imitadores de su poesía, mientras la expresión se utiliza más genéricamente para indicar personas que no tienen personalidad.

1.739. OLEUM ET OPERAM PERDIDI. *He perdido el aceite y el cansancio.*

(Plauto, *Poenulus*, 332)

El dicho indica una acción completamente infructuosa o algo que se ha equivocado y que se tiene que empezar desde el principio.

1.740. OMNE MALUM NASCENS FACILE OPPRIMITUR, INVETERATUM FIT PLERUMQUE ROBUSTIUS. *Cada mal se reprime fácilmente en el momento que nace, al envejecer se vuelve también más fuerte.*

(Casiodoro, *Variae*, 6, 21, 1)

El dicho invita a no oponerse al mal cuando ya es demasiado tarde y se relaciona con el más famoso *principiis obsta* (véase el glosario).

1.741. OMNEM CREDE DIEM TIBI DILUXISSE SUPREMUM. *Haz como si cada día hubiera sido el último en brillar para ti.*

(Horacio, *Epístolas*, 1, 4, 13)

El dicho significa que es necesario vivir intensamente y gozar de cada día porque no se sabe cuándo será el último.

1.742. OMNES CONTACTA DENIGRAT PIX CALEFACTA. *La brea licuada, si se toca, tiñe todo de negro.*

(Proverbio medieval)

Véase el n.º 2.060.

1.743. OMNES NATURA PARIT LIBEROS / ET OMNES LIBERANTI NATURA STUDENT. *La naturaleza engendra a todos libres y todos por naturaleza tienden a la libertad.*

(Plauto, *Aulularia*, 5)

Expresión adecuada a discursos y conversaciones eruditas.

1.744. OMNE SOLUM FORTI PATRIA EST UT PISCIBUS AEQUOR. *Cada país es patria para el fuerte como el mar para los peces.*

(Ovidio, *Fastos*, 1, 493)

La expresión es adecuada para discursos de argumento patriótico.

1.745. OMNES SI AD ORIGINEM PRIMAM REVOCANTUR, A DIS SUNT. *Si nos remontamos a nuestros primeros orígenes, todos venimos de Dios.*

(Séneca, *Cartas*, 44, 1)

Según esta expresión, adecuada a disquisiciones filosóficas y teológicas, Dios se encuentra en el origen de todo.

1.746. OMNES SIBI MALLE, MELIUS ESSE QUAM ALTERI. *Todos se quieren más a sí mismos que a los demás.*

(Terencio, *Andria*, 4, 1, 12)

Se trata de la constatación de una evidencia común y puede citarse en situaciones en las que predomina el egoísmo.

1.747. OMNES TENDUNT AD GAUDIUM, SED UNDE STABILE MAGNUMQUE CONSEQUANTUR, IGNORANT. *Todos aspiran a la alegría, pero nadie sabe cómo obtenerla de forma estable y grande.*

(Séneca, *Cartas*, 59, 15)

1.748. OMNES UNA MANET NOX. *A todos nosotros nos queda una única noche.*

(Horacio, *Odas,* 1, 28, 15)

Expresión muy poética, que juega con el contraste *omnes-una,* y que se ha convertido en proverbial para indicar la inevitabilidad de la muerte.

1.749. OMNE TULIT PUNCTUM QUI MISCUIT UTILE DULCI. *Ha obtenido la aprobación general aquel que ha unido lo útil a lo placentero.*

(Horacio, *Epístola a los Pisones*, 343)

Horacio se refiere a la tarea de la poesía que debe ser educativa pero al mismo tiempo agradable. La frase está actualmente bastante extendida en muchos ámbitos —incluso en la forma abreviada *utile dulci*— para indicar el equilibrio justo entre utilidad y placer.

1.750. OMNE VERTERAT IN FUMUM ET CINEREM. *Había reducido todo a humo y cenizas.*

(Horacio, *Epístolas*, 1, 15, 38)

Horacio se refiere a un personaje que devoraba todo, tanto comida como riquezas. La imagen indica también algo que ha sido destruido.

1.751. OMNE VIVUM EX OVO. *Cada ser vivo procede de un huevo.*

(William Hervey, *De generatione animalium*)

El científico entendía el término *ovum* en el sentido de «embrión» y con esta fórmula excluía cualquier posibilidad de generación espontánea. De hecho afirmó incluso que los organismos pluricelulares derivan de un huevo.

1.752. OMNIA CONANDO DOCILIS SOLERTIA VINCIT. *La continua diligencia en la realización gana todo.*

(Manilio, *Astronomicon*, 1 95)

El dicho constituye una invitación a la constancia y a la perseverancia.

1.753. OMNIA [...] HOMINI, DUM VIVIT, SPERANDA SUNT. *Mientras tiene vida el hombre puede esperarse todo.*

(Séneca, *Cartas*, 70, 6)

Es la respuesta de un hombre prisionero a quien se le aconseja que rechace la comida que se le lanza como si se tratase de un animal.

1.754. OMNIA HUMANA BREVIA ET CADUCA SUNT ET INFINITI TEMPORIS NULLAM PARTEM OCCUPANTIA. *Todas las cosas humanas son breves y caducas y, en el tiempo que no tiene límites, representan la nada.*

(Séneca, *Consolationes*, 20, 8)

La expresión es adecuada sobre todo para un ámbito erudito o para ser citada por escrito.

1.755. OMNIA LAEVIORA ACCIDENT EXPECTANTIBUS. *Parecen más ligeras las cosas que suceden cuando nos las esperamos.*

(Séneca, *De constantia sapientis*, 19, 3)

La expresión, adecuada incluso para el lenguaje común, invita a estar siempre preparados para lo peor, de forma que cuando el mal llegue será más fácil de soportar.

1.756. OMNIA MEA MECUM PORTO. *Llevo conmigo todas mis riquezas.*

(Cicerón, *Paradoxa stoicorum*, 1, 1, 8)

La frase fue pronunciada por Biante, quien huyó del asedio de Priene sin llevarse nada, mientras los demás se apresuraban a recoger las propias riquezas. Actualmente se cita para indicar la distancia de los bienes materiales y la conciencia de la propia riqueza interior.

1.757. OMNIA MIHI LICENT, SED NON OMNIA EXPEDIUNT. *Todo es lícito, pero no todo es útil.*

(San Pablo, *Epístola a los corintios*, 1, 10, 23)

De este dicho deriva la fórmula *non expedit* (véase el glosario) con la que se hace referencia a una prohibición por parte de la Iglesia debida a motivos de oportunidad y no de orden teológico. Con esta fórmula el papa impidió en el año 1874 que los católicos participaran activamente en la vida política.

1.758. OMNIA MUNDA MUNDIS. *Para los puros todo es puro.*

(San Pablo, *Epístola a los corintios*, 1, 15)

El dicho debe su fama al hecho de haber sido pronunciado en *Los novios* por el padre Cristóforo como respuesta a fray Facio, escandalizado por la presencia de mujeres en el convento. Actualmente se cita para decir que si estamos en lo justo no debemos temer.

1.759. OMNIA MUTANTUR, NOS ET MUTAMUR IN ILLIS. *Todo cambia e incluso nosotros cambiamos con las cosas.*

(Ovidio, *Metamorfosis*, 15, 165)

La expresión se puede citar también en el lenguaje común para indicar el paso del tiempo y los cambios que se producen.

1.760. OMNIA PRIUS EXPERIRI QUAM ARMIS SAPIENTEM DECET. *Al sabio le corresponde tentar cada cosa antes de pasar a las armas .*

(Terencio, *Eunuchus*, 4, 7, 19)

El dicho se presta a ser citado como recomendación a la calma y a la prudencia antes de alcanzar soluciones extremas.

1.761. OMNIA QUAE DE TERRA SUNT, IN TERRAM CONVERTENTUR. *Todo lo que viene de la tierra retornará a ella.*

(Zacarías, 50, 2; 41, 13)

El verso recupera el tema, muy repetido en los textos sagrados, de convertirse en tierra y polvo después de la muerte.

1.762. OMNIA QUAE DICUNT HOMINES TU CREDERE NOLI. *No creer en todo lo que la gente dice.*

(Alcuino, *Praecepta*, 40)

Recomendación para no dar fe a los chismes.

1.763. OMNIA QUAE NATA OCCIDUNT ET AUCTA SENESCUNT. *Todo lo que ha nacido muere y cuando ya ha crecido envejece.*

(San Jerónimo, *Comentario a Ezequiel*, 3 praef.)

La expresión resume en pocas palabras toda la evolución de la vida: nacimiento, crecimiento, envejecimiento, muerte, y destaca la inevitabilidad de este devenir.

1.764. OMNIA QUAE NUNC VETUSTISSIMA CREDUNTUR NOVA FUERE. *Todas las cosas que ahora creemos que son muy antiguas en un tiempo fueron nuevas.*

(Tácito, *Anales*, 11, 24)

1.765. OMNIA TEMPUS HABENT ET SUIS SPATIIS TRANSEUNT UNIVERSA SUB COELO. *Cada cosa tiene su momento y todas las cosas pasan bajo el cielo en los espacios por ellos prefijados.*

(Eclesiastés, 1, 3)

El versículo introduce una serie de acciones que el hombre debería realizar en el momento oportuno. Está muy extendida la primera parte que se cita para indicar que cada cosa se tiene que hacer en su momento.

1.766. OMNIA VINCIT AMOR ET NOS CEDAMOS AMORI. *Todo vence el amor y nosotros cedemos al amor.*

(Virgilio, *Bucólicas*, 10, 69)

La fórmula está muy extendida, sobre todo en su primera parte y destaca la fuerza del amor en cualquier ámbito.

1.767. OMNIBUS EST NOMEN, SED NON EST OMNIBUS OMEN. *Todo tiene un nombre, pero no todo es un presagio.*

(Proverbio medieval)

El dicho recupera el tema del *nomen omen* (véase el n.º 1.574).

1.768. OMNIBUS HOC VITIUM EST CANTORI-BUS. *Se trata de un vicio común a todos los cantantes.*

(Horacio, *Sátiras*, 1, 3, 1)

Horacio se refiere al hecho de que, cuando se encuentran entre amigos, los cantantes rechazan siempre cantar.

1.769. OMNIS HOMO MENDAX. *Todos los hombres son falsos.*

(Salmos, 115, 1)

El salmo indica que Dios es la verdad. El verso se cita en la actualidad con el significado de que nada es más común que la mentira.

1.770. OMNIS INSTABILIS ET INCERTA FELICITAS EST. *Cada felicidad es incierta e inestable.*

(Séneca el rétor, *Controversiarum excerpta*, 70)

1.771. OMNIS MINERVAE HOMO. *Hombre que conoce todas las artes.*

(Petronio, *Satiricón*, 43)

El dicho se utiliza a propósito de personas muy ingeniosas que llegan casi a no tener escrúpulos.

1.772. OMNIS MUSAE MANCIPIUM. *Tiralevitas de todas las Musas.*

(Petronio, *Satiricón*, 68)

El dicho se refiere a uno de los siervos de Trimalción que para vivir hizo un poco de todo, desde cocinero a zapatero. Se pue-de citar a propósito de personas versátiles.

1.773. OMNIS POTESTAS E DEO. *Toda autoridad viene de Dios.*

(San Pablo, *Epístola a los corintios*, 13, 1)

Con estas palabras san Pablo invita a respetar la autoridad, puesto que procede de Dios.

1.774. OMNIUM QUIDEM RERUM PRIMORDIA DURA. *Los inicios de cada cosa son siempre duros.*

(Pedro Crisólogo, *Sermones*, 175)

El proverbio recupera un lema muy extendido desde la antigüedad griega.

1.775. OMNIUM RERUM PRINCIPIA PARVA SUNT. *Los principios de todas las cosas son pequeños.*

(Cicerón, *De oratore*, 147)

La expresión se refiere al motivo que de las pequeñas cosas nacen las grandes y que los inicios son siempre duros y difíciles.

1.776. ONUS EST HONOS QUI SUSTINET REM PUBLICAM. *El honor que dirige el estado es un honor.*

(Varrón, *De lingua latina*, 5, 73)

El dicho destaca el peso y las responsabilidades de aquellos que ocupan cargos de una cierta importancia.

1.777. OPTIMA EST LEGUM INTERPRES CONSUETUDO. *La mejor intérprete de las leyes es la costumbre.*

(Calístrato, 37)

Puesto que una ley para ser aplicada tiene que haber calado en la realidad concreta y cotidiana.

1.778. OPTIMA PRIMA FERE MANIBUS RAPIUNTUR AVARIS. *Las mejores cosas son las que las manos avaras raptan primero.*

(Ovidio, *Amores*, 2, 6, 39)

Ovidio se refiere a la muerte y en particular a la muerte prematura, remontando de esta forma hasta el tópico de que las personas geniales tienen una vida breve.

1.779. OPTIMORUM VIRORUM SEGETEM GRANDO PERCUSSIT. *El granizo afecta incluso a la cosecha de los mejores hombres.*

(Séneca, *De beneficiis*, 2, 28, 3)

Prescindiendo del contexto, el dicho puede citarse para indicar que las desgracias y las calamidades afectan a todos de forma indistinta.

1.780. O QUANTA SPECIES [...] CEREBRUM NON HABET! *¡Oh, qué bella es! ¡Pero no tiene cerebro!*

(Fedro, *Fábulas*, 1, 7)

En la fábula de Fedro estas palabras las pronuncia un zorro que está luchando con una máscara y que ve que está vacía. El dicho se utiliza actualmente a propósito de una persona guapa pero estúpida.

1.781. O QUANTUM EST IN REBUS INANE! *¡Oh, cuántas cosas vanas hay en el mundo!*

(Persio, *Sátiras*, 1, 1)

Exclamación citada actualmente con el mismo significado de *vanitas vanitatum* (véase el n.º 2.414).

1.782. ORATIO CULTUS ANIMI EST. *El discurso es la decoración del alma.*

(Séneca, *Cartas*, 115, 2)

El dicho se utiliza también para decir que de la forma de hablar se comprende el carácter o la cultura de una persona.

1.783. ORATOR EST VIR BONUS, DICENDI PE-RITUS. *El orador es un hombre honesto, experto en el arte del hablar.*

(Catón; *Quintiliano*, 12, 1, 1; Séneca el rétor, *Controversiae*, 1, 9)

La expresión estaba bastante extendida en la Antigüedad y se cita actualmente para destacar el rigor moral del orador, además de su capacidad técnica.

1.784. ORATOR FIT, POETA NOSCITUR. *Nos convertimos en oradores, nacemos poetas.*

(Lema escolástico)

Para convertirnos en oradores es necesario el ejercicio, mientras nos convertimos en poetas gracias al talento. El lema se cita a menudo cambiando los nombres para decir que en algunas cosas se solicita un talento particular.

1.785. O RUS, QUANDO EGO TE ADSPICIAM! *¡Oh campos, cuándo os volveré a ver!*

(Horacio, *Sátiras*, 2, 6, 60-62)

El campo y la naturaleza se han visto siempre como lugares en los cuales descansar de los esfuerzos del trabajo del ciudadano.

1.786. OS EX OSSIBUS MEIS ET CARO DE CARNE MEA. *Hueso de mis huesos y carne de mi carne.*

(Génesis, 2, 23)

Son las palabras que Adán le dijo a Eva y se citan en ocasiones de matrimonios o tam-

bién para indicar el amor que une una madre a sus propios hijos.

1.787. OS HABENT ET NON LOQUENTUR; OCULOS HABENT ET NON VIDEBUNT. *Tienen boca y no hablan; tienen ojos y no ven.*

(Salmos, 135, 16)

El verso compara los ídolos mudos y ciegos al Dios de Israel que habla a su pueblo. Actualmente se cita en relación con personas indiferentes ante lo que sucede a su alrededor.

1.788. OS HABENT IN CORDE SAPIENS, COR STULTUS IN ORE. *El sabio tiene la boca en el corazón y el tonto el corazón en la boca.*

(Proverbio medieval)

El dicho deriva de un antiguo tópico que compara el corazón, símbolo de los sentimientos más profundos, a la boca, sede de la superficialidad.

1.789. O TEMPORA, O MORES! *¡Oh tiempos, oh costumbres!*

(Cicerón, *Primera catilinaria*, 1, 2)

Famosa exclamación de Cicerón en el primer discurso contra Catilina, para condenar la corrupción y la inmoralidad de la sociedad romana de aquella época.

1.790. OTIA CORPUS ALUNT, ANIMUS QUO-QUE PASCITUR ILLIS. *El descanso nutre el cuerpo y también el alma lo agradece.*

(Ovidio, *Cartas desde el Ponto*, 1, 4, 21)

La expresión destaca la importancia del descanso y continúa afirmando que el exceso de trabajo perjudica en cambio la salud.

1.791. OTIUM CUM DIGNITATE. *Una tranquilidad digna.*

(Cicerón, *De oratore*, 1, 1, 1)

Expresión citada para indicar el merecido reposo después de una larga vida de trabajo. Pero la frase entera suena *in negotio sine periculo vel in otio cum dignitate esse possent* y significa que los más felices son aquellos que han podido dedicarse a la vida política en un periodo de tranquilidad y estabilidad.

1.792. OTIUM SINE LITTERIS MORS EST ET HOMINIS VIVI SEPULTURA. *El descanso sin cartas es la muerte y la sepultura del hombre vivo.*

(Séneca, *Cartas a Lucilio*, 82, 3)

La expresión significa que el reposo de una vida intensa, si no se acompaña de otros intereses, lleva al hombre a un endurecimiento mental y espiritual. Es necesario precisar además que en el mundo latino *otium* significaba libertad de los compromisos cotidianos, mientras que actualmente ha asumido una valencia negativa.

1.793. O VITA MISERO LONGA, FELICI BREVIS! *¡Oh vida larga para el desafortunado, breve para el afortunado!*

(Publilio Siro, O3)

Variación sobre el tema de la brevedad de la vida.

1.794. OVIUM NON CURAT NUMERUM LUPUS. *El lobo no se preocupa del número de las ovejas.*

(Virgilio, *Bucólicas*, 7, 52)

El dicho significa que el lobo no se detiene frente a nada y puede citarse a propósito de personas codiciosas y sin escrúpulos.

P

1.795. PACTA SUNT SERVANDA. *Los pactos se tienen que respetar.*

(*Digesto*, 2, 14)
Se trata de una norma fundamental del derecho internacional, pero es también muy famosa y citada en el lenguaje común como recomendación para mantener la palabra dada o para respetar un acuerdo.

1.796. PALLIDA MORS AEQUO PULSAT PEDE PAUPERUM TABERNAS / REGUMQUE TURRES. *La pálida muerte llama de la misma manera a los tugurios de los pobres que a los palacios de los reyes.*

(Horacio, *Odas*, 2, 3, 21; 2, 18, 32)
El concepto de la muerte como ignorante de cualquier desigualdad se repite en toda la poesía latina. Debido a su belleza poética, la expresión se adapta perfectamente a un ámbito erudito.

1.797. PALMA PALMAM PIET, ILLOTA VEL UTRAQUE FIET. *Una mano lavará la otra y las dos se ensuciarán.*

(Proverbio medieval)
Variante del más famoso *Manus manum lavat* (véase el n.º 1.285) que destaca de forma más incisiva la importancia de la ayuda recíproca.

1.798. PALMAM QUI MERUIT FERAT. *Que lleve la palma aquel que se la merece.*

(Jortin, *Lusus poetici*, 8, 20)
La expresión se presta a ser citada en ocasión de competiciones o torneos.

1.799. PALUM [...] EXCUTERE PALO. *Sacar clavo con clavo.*

(Félix II, PL 13, 37b)
Véase también el n.º 2.303.

1.800. PAPA POTEST EXTRA IUS, SUPER IUS ET CONTRA IUS. *El papa puede más que el derecho, por encima del derecho y contra el derecho.*
Algunos atribuyen este dicho al cardenal Belarmino. Justifica el abuso de poder por parte de los papas y puede aplicarse a personas que ejercen mal el propio poder, sea grande o pequeño.

1.801. PAPULAS OBSERVATIS ALIENAS, OBSITI PLURIMIS ULCERIBUS. *Os dais cuenta de los forúnculos de los demás, mientras vosotros estáis cubiertos de úlceras.*

(Séneca, *De vita beata*, 27, 4)
La expresión recupera el tema según el cual se perciben mayormente los defectos ligeros de los demás y no se ven los propios.

1.802. PARCERE SUBIECTIS ET DEBELLARE SUPERBOS. *Perdonar a quien se somete y desafiar a los soberbios.*

(Virgilio, *Eneida*, VI, 853)
Se trata de las palabras que contiene el vaticinio de Anquises a Eneas en el Hades sobre la futura grandeza de Roma y asciende a código de comportamiento político y militar de los romanos.

1.803. PARETO LEGI, QUISQUE LEGEM SANXERIS. *Obedece a la ley, tú que la has promulgado.*

(Pseudo Ausonio, *Septem sapientum sententiae*, 2, 5)

Este precepto se presta a ser citado, no sólo en un ámbito jurídico, para recordar el respeto de las disposiciones a quien las ha emitido y que no parece preocuparse de ello.

1.804. PARIETE HABENT AURES. *Las paredes oyen.*

(Proverbio medieval)

Expresión que se puede citar cuando se teme ser escuchados a escondidas. Véase también el n.º 745.

1.805. PAR PRO PARI REFERTO. *Devolver con la misma moneda.*

(Terencio, *Eunuchus*, 445)

La expresión indica el pagar exactamente con lo que se ha recibido y es bastante similar a nuestro dicho «pagar con la misma moneda».

1.806. PARS ANIMAE MEAE. *Parte de mi alma.*

(Ovidio, *Cartas desde el Ponto*, 1, 8, 2; *Metamorfosis*, 8, 406)

La expresión se utiliza para indicar un profundo lazo afectivo, de amistad o de amor conyugal, filial o fraternal.

1.807. PARS MAGNA BONITATIS EST VELLE FIERI BONUM. *La mayor parte de la bondad consiste en querer ser bueno.*

(Séneca, *Cartas*, 34, 3)

Lo importantes es, de hecho, esforzarse en ser buenos.

1.808. PARTURIENT MONTES, NASCETUR RIDICULUS MUS. *Parirán los montes y nacerá un ridículo ratón.*

(Horacio, *Epístola a los Pisones*, 139)

El dicho deriva de una fábula de Fedro en la que la noticia de una montaña embarazada llgó a atemorizar incluso a Júpiter, si bien de la montaña nació sólo un ratoncito. El dicho se aplica actualmente a aquellos que hacen grandes promesas sin mantenerlas.

1.809. PARUM ELOQUENTIAE, SAPIENTIAE NIHIL. *Poca elocuencia, ninguna sabiduría.*

(Frontón, *Epístolas*, 155)

Aquel que de hecho no conoce las cosas no está capacitado para hablar de ellas de forma exhaustiva. El dicho se puede utilizar también a propósito de alumnos que no han estudiado la lección.

1.810. PARVA NECAT MORSU SPATIOSUM VIPERA TAURUM. *Una pequeña víbora mata con un mordisco a un gran toro.*

(Ovidio, *Remedia amoris*, 422)

El verso recupera el tema de los pequeños que consiguen salir ganando frente a los grandes (véase el n.º 22).

1.811. PARVA SED APTA MIHI. *Pequeña pero adaptada a mí.*

La frase, que se hizo famosa y se utilizaba para indicar cosas adecuadas a la propia persona, fue colocada por propia voluntad sobre la casa de Ariosto. La frase, completa, reza así: *Parva sed apta mihi, sed nulli obnoxia, sed non sordida: parta meo sed tamen aere domus.*

1.812. PARVO ESSET NATURA CONTENTA. *La naturaleza se conforma con poco.*

(Cicerón, *De finibus*, 2, 28, 91)

El dicho invita a conformarse puesto que son pocas las cosas realmente necesarias e importantes.

1.813. PARVOLA [...] MAGNI FORMICA LABORIS. *La minúscula y laboriosa hormiga.*

(Horacio, *Sátiras*, 1, 1, 33)

La consideración de la hormiga como símbolo de laboriosidad está muy extendida en todas las culturas.

1.814. PARVULAE SERPENTES NON NOCENT. *Las serpientes cuando son pequeñas no hacen daño.*

(Quintiliano, *Declamationes maiores*, 381)

El dicho significa que incluso los animales más peligrosos, cuando tan sólo son cachorros, son inofensivos, lo cual debe hacernos pensar en el carácter ilusorio de las apariencias.

1.815. PARVUM PARVA DECENT. *Al pequeño se le adaptan las cosas pequeñas.*

(Horacio, *Epístolas*, 1, 7, 44)

Horacio se refiere aquí a la condición social, según la cual cada uno tiene que vivir en base a los propios medios.

1.816. PASCES IN CRUCE CORVOS. *En la cruz te convertirás en alimento para los cuervos.*

(Horacio, *Epístolas*, 1, 16, 48)

Expresión de escarnio que se dirigía a personas antipáticas o habían cometido una ofensa. De hecho, permanecer sin sepultar se consideraba un hecho miserable.

1.817. PASCITUR IN VIVIS LIVOR, POST FATA QUIESCIT. *La envidia se nutre entre los vivos, se calma después de la muerte.*

(Ovidio, *Amores*, 1, 15, 39)

La expresión se relaciona por una parte con el motivo de no hablar mal de los muertos, por el otro constata cómo las personas que en vida eran envidiadas después de la muerte en cambio reciben elogios.

1.818. PATERNA PATERNIS MATERNA MATERNIS. *Los bienes del padre a los parientes del padre, los bienes de la madre a los parientes de la madre.*

(Fórmula jurídica)

Se trata de una norma jurídica medieval que prescribía que los bienes tenían que ir a las respectivas familias a falta de un testamento válido. Hoy se cita con referencia al régimen de separación de bienes.

1.819. PATER, PECCAVI IN COELUM ET CORAM TE. *Padre, he pecado contra el Cielo y contra ti.*

(Lucas, 15, 21)

Son las palabras del hijo pródigo que vuelve arrepentido a casa del padre y se citan todavía para indicar un profundo arrepentimiento.

1.820. PATER VERO IS EST, QUEM NUPTIAE DEMONSTRANT. *El padre es en realidad aquel que unas nupcias legales demuestran como tal.*

(Digesto, 2, 54)

Fórmula del derecho romano que se cita todavía actualmente, incluso en la forma *iustae nuptiae* (véase el glosario) a propósito de la legitimación de los hijos.

1.821. PATIOR UT POTIAR. *Soporto para tener el poder.*

Expresión de origen desconocido, quizá la derivación plautina, citada por parte de aquel que soporta abusos y atropellos mientras espera el momento en el que podrá vengarse.

1.822. PATRES COMEDERUNT UVAM ACERBAM ET DENTES FILIORUM OBSTUPESCUNT. *Los padres comen uva verde y los dientes de los hijos se han unido.*

(Ezequiel, 18, 2; Génesis, 31, 29)

El dicho significa que las culpas de los padres recaen en los hijos.

1.823. PATRIA DAT VITAM, RARO LARGITUR HONORES. *La patria da la vida, pero raramente concede los honores.*

(Proverbio medieval)

El dicho significa que raramente se nos aprecia por los propios méritos en la patria o en el ámbito más restringido de la familia y del propio ambiente.

1.824. PATRIA EST UBICUMQUE EST BENE. *La patria se encuentra en cualquier parte donde se esté bien.*

(Pacuvio, *Teucer*, 19, 391)

El fragmento de Pacuvio es de origen griego y se ha hecho famoso porque se recupera en *Los novios*, donde don Abbondio lo pronuncia.

1.825. PAUCA LICET CERTA SUNT INCERTIS MELIORA. *Las cosas ciertas, al ser pocas, son mejores que las inciertas.*

(Proverbio medieval)

El dicho es una invitación a no dejar lo seguro, por pequeño que sea, para seguir lo incierto.

1.826. PAUCA SED BONA. *Pocas cosas pero buenas.* PAUCI SED BONI. *Pocos pero buenos.*

Las dos expresiones invitan a privilegiar a la calidad respecto a la cantidad tanto por lo que se refiere a los bienes materiales como respecto a otros ámbitos como la amistad, la actividad, etc.

1.827. PAUCIS CARIOR FIDES QUAM PECUNIA FUIT. *A pocos les gusta más la fe que el dinero.*

(Salustio, *La guerra de Yugurta*, 16, 4)

1.828. PAUCORUM IMPROBITAS EST MULTORUM CALAMITAS. *La deshonestidad de pocos hace daño a muchos.*

(Publilio Siro, *Sententiae*, 533)

Porque todos están obligados a hacer los gastos de eventuales castigos o de la perjudicada reputación.

1.829. PAULO MAIORA CANAMUS. *Cantemos argumentos un poco más nobles.*

(Virgilio, *Églogas*, 4, 1)

Virgilio pide la ayuda de las musas para que lo ayuden a cantar argumentos más elevados respecto a las demás églogas. En esta, de hecho, el poeta anuncia, en términos proféticos, una nueva edad del oro.

1.830. PAUPER ET DIVES INIMICUM MATRIMONIUM. *El pobre y el rico no pudieron nunca casarse.*

(Calpurnio Flaco, *Declamationes*, 29)

El dicho destaca la dificultad de contraer matrimonio entre personas que pertenecen a distintas clases sociales.

1.831. PAUPERTATEM SERTISSIMAM ESSE, CUM ALICUIUS INDIGEAS, UTI EO NON POSSE. *El hecho de no poder utilizar aquello que se necesita es seguramente pobreza.*

(Columela, *De re rustica*, 12, 2, 3)

El fragmento define la pobreza como falta de lo que es necesario y es adecuado para citarlo en un ámbito erudito.

1.832. PAUPER UBIQUE IACET. *El pobre está mal de todos modos.*

(Ovidio, *Fastos*, 1, 218)

La expresión significa que aquel que es débil se ve siempre y de todos modos afectado. En la Edad Media se ha completado

con las palabras *dum sua bursa tacet* («mientras su monedero esté callado»).

1.833. PAVIDUS AC FUGAX [...] CERVIS SIMILIS HABEATUR. *Aquel que es miedoso y fugaz que sea apreciado como el ciervo.*

(Boecio, *La consolación por la filosofía*, 4, 3)

El ciervo ha sido citado siempre como un animal poco valiente.

1.834. PECCA FORTITER, SED FORTIUS FIDE ET GAUDE IN CHRISTO. *Peca fuertemente, pero todavía más fuertemente confía y goza en Cristo.*

El dicho se atribuye de forma errónea a San Agustín, puesto que se trata de un fragmento de una carta de Lutero a Melanchton, en la que se habla de las tesis de Karlstadt.

1.835. PECTORIBUS MORES TOT SUNT QUOT IN ORBE FIGURAE. *Existen tantos ánimos distintos como existen en el mundo los diversos aspectos de las cosas.*

(Ovidio, *Arte de amar*, 1, 759)

La expresión, adecuada a un ámbito erudito, indica la gran variedad de sentimientos, usos y lemas del ánimo presentes entre los hombres.

1.836. PECTUS EST ENIM QUOD DISERTOS FACIT. *Es de hecho el corazón el que nos hace ser elocuentes.*

(Quintiliano, *Instituciones oratorias*, 10, 7, 15)

Según Quintiliano el orador tiene que probar de hecho los mismos sentimientos que el cliente. Pero la máxima puede indicar también la contraposición entre una retórica superficial y una más profunda.

1.837. PECUNIAE IMPERARE HAUD SERVIRE ADDECET. *El dinero es necesario controlarlo y no ser sus siervos.*

(*Appendix sententiarum*, 46, R^2)

El dicho recupera el motivo del dinero que tiene que ser instrumento y no objetivo.

1.838. PECUNIAE UNUM REGIMEN EST RERUM OMNIUM. *El único gobierno de todas las cosas es el del dinero.*

(Publilio Siro, P 9)

1.839. PECUNIA EX QUO IN HONORE ESSE CO-EPIT, VERUS REUM HONOR CECIDIT. *Desde el momento en el que el dinero empezó a ser honorado se perdió el verdadero honor de las cosas.*

(Séneca, *Cartas*, 115, 10)

Expresión adecuada a discursos solemnes.

1.840. PECUNIA TUA TECUM SIT. *Quédate tu dinero.*

(Hechos de los Apóstoles, 8, 20)

Es la respuesta de Pedro a Simón el Mago, quien le ofrecía dinero para recibir el Espíritu Santo. El dicho se puede dirigir a personas que ofrecen dinero de forma indigna.

1.841. PECUNIOSUS HOMO ETIAM NOCENS DAMNARI NON POTEST. *No es posible condenar a quien tiene mucho dinero, aunque sea culpable.*

(Cicerón, *In Verrem*, 3, 155)

Se trata de una máxima desgraciadamente siempre de actualidad.

1.842. PEDEM IN STIPULAM OFFENDERE. *Tropezar con una rama.*

El dicho no tiene precedentes en el latín clásico; el significado es muy similar a nuestro «ahogarse en un vaso de agua».

1.843. PEDIBUS TIMOR ADDIDIT ALAS. *El miedo le dio alas a los pies.*

(Virgilio, *Eneida*, 8, 224)

La imagen está inspirada quizás en la representación de Hermes con las alas en los pies; el dicho significa que el miedo acelera, o mejor dicho agudiza, nuestro instinto de supervivencia.

1.844. PEIOR SERPENTIBUS AFRIS. *Peor que las serpientes de África.*

(Horacio, *Sátiras*, 2, 8, 95)

El verso se refiere al aliento de la maga Canidia, pero se cita actualmente a propósito de traidores y embusteros, categorías de las que la serpiente es el símbolo.

1.845. PELLE MORAS; BREVIS EST MAGNI FORTUNA FAVORIS. *Toma la iniciativa; el gran favor de la fortuna dura poco.*

(Silio Italico, *Punica*, 4, 732)

Se trata de una invitación a coger la ocasión en el momento en el que se presenta.

1.846. PER ANGUSTA AD AUGUSTA. *Por caminos angostos a lugares sublimes.*

El dicho significa que para alcanzar los éxitos deseados es necesario pasar a través de caminos estrechos y difíciles. El origen de esta locución es desconocido. Se trata de lema del margrave Enrique de Brandeburgo (siglo XVII) y debe su fama al hecho de aparecer en la ópera *Ernani* de Giuseppe Verdi.

1.847. PER ASPERA AD ASTRA. *A través de las asperezas hasta las estrellas.*

Este famoso lema, citado para decir que el éxito se alcanza sólo con el esfuerzo y superando muchas dificultades, se inspira seguramente en la asunción de los héroes en el cielo.

1.848. PER CRUCEM AD LUCEM. *A través de la cruz hasta la luz.*

(Proverbio medieval)

Se trata de la reelaboración cristiana de los dos dichos precedentes.

1.849. PEREANT AMICI DUM INIMICI UNA INTERCIDANT. *Que se mueran incluso los amigos siempre que los enemigos mueran con ellos.*

(Cicerón, *Pro rege Deiotano*, 9, 25)

El dicho indica una situación en la que el odio de los enemigos es tal que se está dispuesto al sacrificio de los afectos más queridos.

1.850. PERFER ET OBDURA: MULTO GRAVIORA TULISTI. *Soporta y resiste: soportaste males mucho más graves.*

(Ovidio, *Tristia*, 5, 11, 7)

Una variante es *dolor hic tibi proderit olim* («este esfuerzo un día te será rentable»; Ovidio, *Amores*, 3, 11, 7). El dicho invita a soportar la ansiedad con la esperanza de un tiempo mejor.

1.851. PERICLA TIMIDUS ETIAM QUAE NON SUNT VIDET. *El asustadizo ve incluso los peligros que no existen.*

(Publilio Siro, P 3)

La expresión significa que cuando se tiene miedo se tiende a agigantar incluso las mínimas dificultades.

1.852. PERICULOSUM EST CREDERE ET NON CREDERE. *Es peligroso tanto creer como no creer.*

(Fedro, 3, 10)

El dicho invita a no caer en los dos extremos opuestos, es decir: creer en todo aquello que se dice y no creer nunca en nada.

1.853. PERILLI PRAEMIUM ADIPISCI. *Obtener el premio de Perilo.*

(Binder, *Novus thesaurus adagiorum latrinorum*, 283)

Falaris encargó a Perilo un toro de bronce para quemar a los condenados a muerte y precisamente Perilo fue el primero en probarlo. El dicho significa por lo tanto hacerse daño con las propias manos.

1.854. PERINDE AC CADAVER. *Propio como un cadáver.*

Se trata de un lema de los jesuitas que indica la total y acrítica obediencia a una autoridad; ello deriva probablemente de un dicho de San Francisco de Asís (véase el n.º 2.268).

1.855. PERIRE EUM NON POSSE, NISI EI CRURA FRACTA ESSENT. *No hubiera podido morir si no le hubieran roto las piernas.*

(Cicerón, *Filípicas*, 13, 12, 27)

El dicho indica una gran resistencia física y deriva de la costumbre de romper las piernas a los condenados a la cruz que desde hacía mucho agonizaban para acelerar su muerte.

1.856. PER LACRIMAS DOLOREM NON SEQUIMUR, SED OSTENDIMUS. *Con las lágrimas no se siente el dolor, pero se demuestra.*

(Séneca, *Cartas*, 63, 2)

La expresión se puede referir a las personas falsas que fingen o demuestran los propios sentimientos..

1.857. PER MARE PAUPERIEM FUGIENS, PER SAXA, PER IGNIS. *Escapar de la pobreza por mar, entre las rocas y en medio del fuego.*

(Horacio, *Epístolas*, 1, 1, 46)

El dicho significa que se está prepara-do a cualquier cosa para escapar de la pobreza.

1.858. PER NEBULAM [...] SCIMUS. *Sabemos [como si viéramos] en la niebla.*

(Plauto, *Pseudolus*, 463)

La expresión indica un conocimiento confuso, podríamos decir incluso nebuloso.

1.859. PERPETUO VINCIT QUI UTITUR CLEMENTIA. *Gana siempre el que utiliza la clemencia.*

(Publilio Siro, 380)

1.860. PER PUBLICAM VIAM NE AMBULES. *No caminar sobre la calle pública.*

(Porfirio, *De vita Pythagorae*)

El dicho es una invitación a no seguir la opinión vulgar del pueblo, de la mayoría, sino a razonar según las propias ideas.

1.861. PER QUAE PECCAT QUIS PER HAEC ET TORQUETUR. *Cada uno recibe el castigo por las culpas que ha cometido.*

(Sabiduría, 11, 17)

El dicho indica que cada uno tiene que tomarse la responsabilidad de las propias acciones y admitir las propias culpas porque solamente por ellas será castigado.

1.862. PER RERUM NATURAM FACTUM NEGANTIS PROBATIO NULLA EST. *Puesto que se encuentra en la naturaleza de las cosas que no haya ninguna prueba por parte de quien todo lo niega.*

(Justiniano, *Corpus iuris civilis*, 4, 19, 23)

La producción de pruebas corresponde de hecho a la acusación.

1.863. PERSONAM CAPITI DETRAHET ILLA TUO. *Eliminará la máscara de tu cara.*

(Marcial, *Epigramas*, 3, 43, 4)

De esta forma se comportará Proserpina con una persona que quiere ocultar su edad tiñéndose el cabello. El dicho significa por lo tanto ir más allá de las apariencias y revelar a una persona por lo que es en realidad.

1.864. PERSPICITO CUNCTA TACITUS QUID QUISQUE LOQUATUR: SERMO HOMINUM MORES ET CELAT ET INDICAT IDEM. *Analiza en* *silencio todo lo que uno dice: el discurso esconde y desvela la índole de las personas.*

(Catón, *Dísticos*, 4, 20)

El dístico destaca los dos aspectos contrastantes del hablar: el que disimula y el que revela los movimientos del alma.

1.865. PERSTREPUNT, ITA UT FIT DOMINI UBI ABSUNT. *Hacen ruido como sucede cuando los patrones están ausentes.*

(Terencio, *Eunuchus*, 600)

La expresión indica que puede aprovecharse la ausencia de alguien para hacer lo que nos gusta.

1.866. PER VARIOS CASUS, PER TOT DISCRIMINA RERUM. *Por distintas aventuras y tantas vicisitudes.*

(Virgilio, *Eneida*, 1, 204)

Eneas se refiere a su vida en Troya, pero la expresión se puede utilizar para indicar acontecimientos particularmente tormentosos.

1.867. PER VARIOS USUS ARTEM EXPERIENTIA FECIT. *La experiencia generó las artes a través de distintas pruebas.*

(Manilio, *Astronomicon*, 1, 61)

La expresión significa que es justo y normal proceder con intentos y con pruebas y se puede decir como frase de ánimo para no rendirse al primer fracaso.

1.868. PESSIMUM MAGISTRUM MEMET IPSUM HABEO. *Tengo a un pésimo maestro en mí mismo.*

(San Jerónimo, *De viris illustribus*, praef. 821)

El dicho advierte de los riesgos y de los errores del autodidacta.

1.869. PHILOSOPHANTEM RHETOREM INTELLIGUNT PAUCI, LOQUENTEM RUSTICUM MULTI. *Pocos comprenden al rétor que filosofa, muchos al rústico cuando habla.*

(Gregorio de Tours, *Historia Francorum*)

La expresión no constituye sólo una invitación a no despreciar a los humildes, sino que destaca también la importancia del contenido del mensaje respecto a la elegancia estilística.

1.870. PHILOSOPHIAE QUIDEM PRAECEPTA NOSCENDA, VIVENDUM AUTEM ESSE CIVILITER. *Es necesario conocer verdaderamente los preceptos de la filosofía, pero sobre todo es necesario vivir como buenos ciudadanos.*

(Cicerón, *Epistulae ad Marcum filium*, fr. 2)

La máxima está relacionada con un motivo bastante extendido según el cual las cualidades morales tienen que anteponerse a la especulación filosófica.

1.871. PHILOSOPHUS NON MINUS TACENDO PRO TEMPORE QUAM LOQUENDO PHILOSOPHATUR. *El filósofo no hace menos filosofía callando en el momento oportuno que hablando.*

(Macrobio, *Saturnalia*, 7, 1, 11)

La expresión indica que el hecho de hablar poco y callar en el momento justo es señal de sabiduría.

1.872. PICTORIBUS ATQUE POETIS / QUIDLIBET AUDENDI SEMPER FUIT AEQUA POTESTAS. *A los pintores y a los poetas se les concedió siempre el justo derecho de intentar cualquier cosa.*

(Horacio, *Epístola a los Pisones*, 9-10)

Horacio justifica de esta forma el hecho de que en arte se pueda manipular el lenguaje al propio gusto permitiéndose infringir las reglas comunes de la gramática.

1.873. PIGER IPSE SIBI OBSTAT. *El gandul se obstaculiza a sí mismo.*

(Séneca, *Cartas a Lucilio*, 28)

Puesto la pereza le impide mejorar la propia condición e incluso empeorarla.

1.874. PINGUIUS EST LARDUM VICINI SEMPER IN OLLA. *En la cacerola del vecino el tocino es siempre más graso.*

(Proverbio medieval)

Nosotos decimos «fruta prohibida más apetecida».

1.875. PIRA DUM SUNT MATURA SPONTE CADUNT. *Las peras caen solas cuando están maduras.*

(Proverbio tardolatino)

La expresión es una exhortación a la paciencia y a dejar que las cosas sucedan en el momento oportuno.

1.876. PISCIS [...] SAEPE MINUTOS / MAGNU' COMEST. *El pez grande a menudo se come a los pequeños.*

(Varrón, *Sátiras menipeas*, 289, 2)

La expresión se utiliza todavía en la actualidad para indicar la ley del más fuerte.

1.877. PLACET ALEA FATI. *Se agradece el riesgo de la suerte.*

(Lucano, *Farsalia*, 6, 7)

El dicho puede utilizarse a propósito de personas amantes del peligro y del riesgo.

1.878. PLACET INCONCESSA VOLUPTAS. *Gusta el placer no permitido.*

(Proverbio medieval)

El dicho puede citarse en el lenguaje común para indicar el encanto de lo prohibido.

1.879. PLATONEM NON ACCEPIT NOBILEM PHILOSOPHIA, SED FECIT. *La filosofía no acogió a Platón ya noble sino que ella lo convirtió en tal.*

(Séneca, *Cartas*, 44, 3)

El dicho recupera el motivo de la nobleza como virtud y cualidades personales y no por nacimiento.

1.880. PLEBS BENE VESTITUM STULTUM PUTAT ESSE PERITUM. *El vulgo cree que un tonto bien vestido es aceptable.*

(Proverbio medieval)

El proverbio incide de nuevo tanto en el tema de la apariencia engañadora como en el de la credulidad de la gente.

1.881. PLENIUS AEQUO LAUDAT VENALIS QUI VULT EXTRUDERE MERCES. *El comerciante alaba más de lo normal las mercancías de las que se quiere desembarazar.*

(Horacio, *Epístolas*, 2, 2, 10)

El dicho se refiere a un acontecimiento real y que se verifica por todas partes y en cualquier tiempo y avisa por lo tanto sobre los vendedores embusteros y deshonestos.

1.882. PLENUS VENTER FACILE DE IEIUNIIS DISPUTAT. *Un vientre lleno discute fácilmente de ayunas.*

(San Jerónimo, *Epístolas*, 58, 2)

San Jerónimo advierte que es siempre fácil hablar de un argumento cuando no se ha establecido su dificultad real.

1.883. PLERAQUE IN IURE NON LEGIBUS SED MORIBUS CONSTANT. *En el derecho muchas cosas no están basadas en las leyes, sino en las costumbres.*

(Quintiliano, *Instituciones oratorias*, 5, 3)

Expresión que destaca el valor de la costumbre en la aplicación de las leyes.

1.884. PLERISQUE SENIBUS SIC ODIOSA EST [SENECTUS], UT ONUS SE AETNA GRAVIUS DICANT SUSTINERE. *Para la mayoría de los viejos [la vejez] es tan odiosa que dicen que llevan un peso más grande que el Etna.*

(Cicerón, *De senectute*, 2, 4)

La expresión, adecuada para citarla por escrito o en conversaciones eruditas utiliza para describir el peso de la vejez una sugestiva metáfora, desconocida en español.

1.885. PLERUMQUE ILLI QUI PRAECLARE DE REPUBLICA MERITI SUNT, PESSIMAM RETTULERUNT GRATIAM. *La mayor parte de aquellos que han sido eminentes en servir a la república han recibido muy pocos agradecimientos.*

(G. Richter, *Axiomata politica*, 46)

1.886. PLORATUR LACRIMIS AMISSA PECUNIA VERIS. *Se llora con lágrimas verdaderas el dinero perdido.*

(Juvenal, *Sátiras*, 13, 134)

El dicho se refiere a los avaros que dirigen su amor de forma exclusiva al dinero y lloran sólo por su pérdida.

1.887. PLUMA AUT FOLIO FACILIUS MOVENTUR. *Se mueven más fácilmente que una pluma o que una hoja.*

(Cicerón, *Cartas a Ático*, 8, 15, 2)

Cicerón se refiere a los cónsules; la comparación con hojas o plumas se utiliza de todos modos para indicar a personas volubles y oportunistas, de cuya palabra es mejor no fiarse.

1.888. PLURES AMICOS MENSA QUAM MENS CONCIPIT. *Congrega más amigos tu mesa que tu pensamiento.*

(Publilio Siro, *Sententiae*, 549)

El dicho, que juega con la contraposición aliterante *mensa /mens*, previene sobre las amistades interesadas.

1.889. PLURES PASTORES SUNT UNO DETERIO-RES. *Muchos pastores son peor que uno solo.*

(Proverbio medieval)

El dicho significa que cuando son muchos los que deben tomar una decisión, las divergencias pueden perjudicar el resultado final.

1.890. PLURIMUM AD INVENIENDUM CONTULIT QUI SPERAVIT POSSE REPERIRI. *Aquel que espera poder descubrir contribuye mucho en las investigaciones.*

(Séneca, *Cuestiones naturales*, 6, 5, 2)

El dicho destaca la vivacidad y el compromiso del que se ayuda con la esperanza y se puede citar como exhortación a no rendirse aunque no se obtengan resultados inmediatos.

1.891. PLUS ENIM PLERUMQUE EXEMPLA QUAM RATIOCINATIONIS VERBA COMPANGUNT. *Los ejemplos implican más que los razonamientos.*

(San Gregorio Magno, Pl 76, 1.014b)

La obra de San Gregorio Magno por un lado condena la retórica y por el otro propone numerosos ejemplos de santidad.

1.892. PLUS ERAM QUAM PALEA LEVIOR. *Era más ligero que una pluma.*

(Comodiano, *Carmen apologeticum*, 5)

El autor se refiere a la indolencia de la propia vida antes de la conversión. La expresión indica por lo tanto a personas perezosas y superficiales (véase también el n.º 1.887).

1.893. PLUS OPORTET SCIRE SERVOM QUAM LOQUI. *Al siervo le conviene más saber que hablar.*

(Plauto, *Miles gloriosus*, 477)

El dicho recupera una antigua tradición según la cual el siervo debe saber y simular que no sabe.

1.894. PLUS [...] / QUAM OLIM MUSCARUM EST, QUOM CALETUR MAXUME. *Más numerosos que las moscas cuando el calor aumenta al máximo.*

(Plauto, *Truculentus*, 64)

La expresión se refiere a un número muy grande de cosas o personas y se adapta al lenguaje coloquial.

1.895. PLUVIA DEFIR, CAUSA CHRISTIANI SUNT. *La lluvia no llega; tienen la culpa de ello los cristianos.*

(San Agustín, *De civitate Dei*, 2, 3)

El proverbio citado por San Agustín estaba muy extendido y tiene el mismo valor de nuestro «llueve, ¡maldita sea!» (véase el n.º 372).

1.896. POENITERE TANTI NON EMO. *No pago tan caro un arrepentimiento.*

(Aulo Gelio, *Noches áticas*, 1, 8, 6)

Sería la respuesta de Demóstens a una cortesana que le pidió 10.000 dracmas a cambio de sus servicios. El dicho puede referirse a algo particularmente caro y de calidad dudosa.

1.897. PORRO UNUM EST NECESSARIUM. *Una única cosa es necesaria.*

(Lucas, 10, 42)

La máxima se obtiene del famoso episodio de Marta y María y es una invitación a no esforzarse demasiado por cosas aparentemente importantes pero en realidad inútiles.

1.898. PORTAE INFERI NON PRAEVALEBUNT ADVERSUS EAM. *Las puertas del infierno no vencerán contra ella.*

(Mateo, 16, 18)

Son las palabras con las que Jesús convirtió a Pedro en jefe de la Iglesia. La fórmula se utiliza actualmente —sobre todo en la forma abreviada *non praevalebunt*— tanto para indicar que los no creyentes no conseguirán vencer la fe en Dios, como para afirmar que los enemigos o el mal no vencerán.

1.899. PORTA ITINERI LONGISSIMA EST. *El paso más largo es el de la puerta.*

(Varrón, *De re rustica*, 1, 2, 2)

El proverbio invita a no demorarse en emprender una acción y en tener en la mente que el inicio de una empresa es siempre la parte más difícil.

1.900. POST COENAM STABIS AUT PASSUS MILLE MEABIS AUT LENTO PEDE AMBULABIS. *Después de cenar tienes que estar quieto, o dar mil pasos o caminar lentamente.*

(Escuela de Salerno)

1.901. POSTERIORES ENIM COGITATIONES [...] SAPIENTIORES SOLENT ESSE. *Normalmente son más sabios los pensamientos que aparecen en un segundo momento.*

(Cicerón, *Filípicas*, 12, 2, 5)

La máxima es por lo tanto una invitación a actuar con ponderación y a pensar bien antes de decidir.

1.902. POST GLORIAM INVIDIAM SEQUI. *A la gloria le sigue inmediatamente la envidia.*

(Salustio, *La guerra de Yugurta*, 55, 3)

Es inevitable que aquel que alcanza altos cargos se convierta en objeto de envidia por parte de aquel que no lo consigue.

1.903. POST IUCUNDAM IUVENTUTEM / POST MOLESTAM SENECTUTEM / NOS HABEBIT HUMUS. *Después de una juventud despreocupada y después de una vejez molesta nos espera la tierra.*

Se trata de un canto goliárdico alemán que se extendió luego a todas las universidades europeas y que invita a disfrutar de la juventud (véase también el n.º 914).

1.904. POST MEDIAM NOCTEM VISUS, QUUM SOMNIA VERA. *Una visión que se ha tenido después de medianoche, cuando los sueños son verdaderos.*

(Horacio, *Sátiras*, 1, 10, 33)

En la Antigüedad estaba muy extendida la creencia de que los sueños que se realizaban hacia el alba eran verdaderos y premonitorios.

1.905. POST MORTEM NULLA VOLUPTAS. *Después de la muerte no hay ningún placer.*

Sería la continuación del lema *edamus, bibamus, gaudeamus* (véase el n.º 684) que invita a disfrutar de las alegrías de la vida mientras es posible hacerlo.

1.906. POST PRANDIUM STABIS, POST COENAM AMBULABIS. *Después de la comida descansarás, después de la cena pasearás.*

(Escuela de Salerno)

1.907. POTESTAS [...] ET SI SUPPLICET COGIT. *Aquel que tiene poder obliga aunque suplica.*

(Macrobio, *Saturnalia*, 2, 7, 2)

El dicho indica que es muy difícil negar algo a aquellos que tienen el poder.

1.908. POTIUM AMICUM QUAM DICTUM PERDIDI. *Prefirió renunciar a un amigo que a una broma.*

(Quintiliano, *Instituciones oratorias*, 6, 3, 28)

La expresión se adapta a personas particularmente graciosas y de la broma fácil a las que no les importa si con sus palabras hieren a un amigo.

1.909. POTIUS SERO QUAM NUMQUAM. *Mejor tarde que nunca.*

(Tito Livio, *Ab urbe condita*, 2, 11)

La expresión es conocida y utilizada en diversos ámbitos para indicar algo que sucede en el último momento.

1.910. PRAECAVEAT LAPSUM, QUI FRATRI SUFFODIT ANTRUM. *Aquel que excava un amplio foso para el hermano tiene que vigilar para no caer dentro.*

(Proverbio medieval)

El dicho recupera el motivo según el cual aquel que tiende una trampa se convierte en su víctima (véase también el n.º 1.050).

1.911. PRAECOGITATI MALI MOLLIS ICTUS VENIT. *El golpe previsto llega más suavemente.*

(Séneca, *Cartas*, 76,34)

1.912. PRAESTAT HABERE ACERBOS INIMICOS, QUAM EOS AMICOS, QUI DULCES VIDE-

ANTUR: ILLOS VERUM SAEPE DICERE, HOS NUMQUAM. *Es mejor tener enemigos acerbos que amigos que parecen afectuosos: los primeros dicen a menudo la verdad, los segundos no.*

(Catón, *Dísticos*, 69)

La expresión, que por su longitud es más adecuada a citas escritas, indica que es mejor un enemigo franco que un amigo poco sincero.

1.913. PRAVUS IPSE GERES, SI NIMIUM CELER ES. *Si vas demasiado deprisa actúas mal para ti mismo.*

(Proverbio medieval)

El lema es una exhortación a la calma y a la ponderación en el momento de tomar decisiones o en el momento de hacer las cosas.

1.914. PRIMA DIGESTIO FIT IN ORE. *La primera digestión se realiza en la boca.*

(Escuela de Salerno)

Ya los antiguos habían descubierto que comer despacio y masticar bien eran los presupuestos para una buena digestión.

1.915. PRIMA EST ELOQUENTIAE VIRTUS PERSPICUITAS. *El primer requisito de la elocuencia es la claridad.*

(Quintiliano, *Instituciones oratorias*, 2, 3, 8)

Se trata de una advertencia que deberían tener presente todos aquellos que se preparan para dar un discurso.

1.916. PRIMA SOCIETAS IN IPSO CONIUGIO EST. *La primera sociedad se encuentra en el propio matrimonio.*

(Cicerón, *De officiis*, 1, 54)

El matrimonio se ve en este caso como una sociedad en la que los dos contrayentes tienen que respetar las reglas.

1.917. PRIMO QUIDEM DECIPI INCOMMODUM EST, ITERUM STULTUM, TERTIO TURPE. *Hacerse engañar la primera vez es un incordio, la segunda tonto, la tercera infame.*

(Cicerón, *De inventione*, 1, 39, 71)

Se trata de una variación sobre el tema del *errare humanum est* (véase el n.º 706).

1.918. PRIMUM ESSE BEATUM QUI PER SE SAPIAT, SECUNDUM QUI SAPIENTEM AUDIAT. *En primer lugar es feliz quien de por sí es sabio; en segundo lugar aquel que escucha al sabio.*

(San Jerónimo, *Comentario a Isaías*, 2, 3, 3)

Sentencia adecuada para un ámbito erudito, que indica la importancia de la sabiduría o de saber escuchar los consejos de los sabios.

1.919. PRIMUM VIVERE, DEINDE PHILOSOPHARI. *Primero es necesario vivir y luego filosofar.*

La máxima se atribuye a Hobbes, pero ya estaba presente en Aristóteles para decir que primero es necesario satisfacer las necesidades básicas de la existencia y luego dedicarse a las ciencias y a las artes.

1.920. PRIMUS IN ORBE DEOS FECIT TIMOR. *El miedo fue lo primero en el mundo que creó a los dioses.*

(Estacio, *Tebaida*, 3, 661)

El dicho significa que las raíces de la religión se encuentran en la impotencia y el temor del hombre en relación con los fenómenos naturales y de lo desconocido.

1.921. PRINCIPIBUS PLACUISSE VIRIS NON ULTIMA LAUS EST. *Agradar a los grandes no es la única alabanza que existe.*

(Horacio, *Epístolas*, 1, 17, 35)

Esta expresión se cita todavía sobre todo en sentido moral o incluso para indicar el favor de los poderosos.

1.922. PRINCIPIIS OBSTA: SERO MEDICINA PARETUR / QUAM MALA PER LONGAS CONVALUERE MORAS. *Oponte al inicio: la medicina llega demasiado tarde cuando la demora ha dado vigor al mal.*

(Ovidio, *Remedia amoris*, 91, 92)

Ovidio considera que el amor tiene que contenerse al principio si lo queremos derrotar y recupera un conocido principio médico de oposición al mal desde el principio. La expresión se cita también en la forma abreviada *principiis obsta* (véase el glosario).

1.923. PRIOR IN TEMPORE, POTIOR IN IURE. *Antes cronológicamente, más fuerte jurídicamente.*

(*Digesto*, 5, 12, 54)

La fórmula se cita actualmente para indicar el derecho de ancianidad, sobre todo en caso de igualdad de elementos.

1.924. PRIUS QUAM GALLI CANTENT. *Antes de que canten los gallos.*

(Plauto, *Miles gloriosus*, 690)

La expresión significa «muy pronto por la mañana», pero la asociación inmediata es con el episodio evangélico en el que Pedro reniega de Cristo tres veces antes de que cante el gallo.

1.925. PRIVATIS PACTIONIBUS NON DUBIUM EST NON LAEDI IUS CETERORUM. *No hay duda de que no es necesario perjudicar el derecho de los demás en los contratos privados.*

(*Digesto*, 2, 15, 3)

La norma se refiere a la prohibición de violar bajo ningún concepto los derechos ajenos (véase el n.º 99).

1.926. PRO ARIS ET FOCIS PUGNARE. *Luchar por la patria.*

El binomio *aris et focis* aparece en numerosos autores latinos e indica la patria en su aspecto público (*ara*, «templos») y privado (*foci*, «hogueras»).

1.927. PROBA MERX FACILE EMPTOREM REPERIT. *La mercancía buena encuentra fácilmente un comprador.*

(Plauto, *Poenulus*, 342)

Las palabras se dirigen como advertencia en tono de broma a una guapa jovencita que no necesita que la admiren. Más en general el dicho indica que aquel que tiene méritos o tiene cualidades consigue sobresalir fácilmente.

1.928. PROBARE AMICOS IN RE ADVERSA FACILIUST. *En la adversidad es más fácil poner a prueba a los amigos.*

(*Appendix sententiarum*, 241 R²)

El lema recupera el motivo según el cual la verdadera amistad surge en los momentos difíciles.

1.929. PROBITAS LAUDATUR ET ALGET. *La honestidad se alaba pero tiembla de frío.*

(Juvenal, *Sátiras*, 1, 74)

El dicho se cita todavía hoy para indicar que la persona honrada raramente es rica.

1.930. PROBO BENEFICIUM QUI DAT, EX PARTE ACCIPIT. *Aquel que hace el bien a una persona honrada en parte lo recibe.*

(Publilio Siro, P 44)

La expresión significa que el bien hecho a los buenos se recompensa siempre.

1.931. PRO CAPTU LECTORIS HABENT SUA FATA LIBELLI. *Los libros tienen su destino según la capacidad del lector.*

(Terenciano Mauro, *De litteris syllabis et metris*, 1.286)

El éxito de un libro depende también de quien lo lee. El verso se cita también en la forma abreviada *habent sua fata libelli* (véase el n.º 940).

1.932. PROCUL A IOVE, PROCUL A FULMINE. *Lejos de Júpiter, lejos de los rayos.*

(Binder, *Novus thesaurus adagiorum latinorum*, 295)

Aquel que se mantiene alejado de los potentes evita las iras y vive tranquilo.

1.933. PRO CUPRO CUPREA MISSA HABENDA EST. *Para una paga de cobre es necesario tener una veta de cobre.*

(Proverbio medieval)

El dicho indica tanto que una persona tiene que vivir según los propios medios como que, si se da poco, se obtiene poco.

1.934. PROGREDIMUR QUO DUCIT QUEMQUE VOLUPTAS. *Avanzamos allí donde el placer nos guía.*

(Lucrecio, *Sobre la naturaleza de las cosas*, 2, 258)

La expresión se puede utilizar para decir que cada uno tiende a seguir las propias inclinaciones y a realizar los propios deseos.

1.935. PROICIT AMPULLAS ET SESQUIPEDA-LIA VERBA. *Rechaza la ampulosidad y las palabras de un pie y medio.*

(Horacio, *Epístola a los Pisones*, 97)

El dicho, que en Horacio se refiere a la tragedia, se utiliza actualmente como exhortación a un estilo sencillo y claro, sin artificios retóricos.

1.936. PROMISSIO BONI VIRI EST OBLIGATIO. *La promesa de una persona honesta es una obligación.*

(Máxima medieval)

El dicho es de origen desconocido y significa que las promesas se tienen que mantener.

1.937. PROPHETIAS NOLITE SPERNERE. *No desprecies las profecías.*

(San Pablo, *Epístola a los tesalonicenses*, 1, 5, 20)

1.938. PROPRIUM EST MAGNITUDINIS VERAE NON SENTIRE PERCUSSUM. *Es propio de la verdadera magnanimidad no sentir la ofensa.*

(Séneca, *De ira*, 3, 25, 3)

1.939. PROPRIUM EST NOCENTIUM TREPIDARE. *El tener miedo es propio del culpable.*

(Séneca, *Cartas*, 97, 16)

1.940. PROPTER VITAM VIVENDI PERDERE CAUSAS. *Perder las razones de la vida para salvar la vida.*

(Juvenal, *Sátiras*, 8, 83)

El dicho se refiere a personas que con tal de salvar la vida no dudan en sacrificar los valores morales y en actuar de forma deshonesta.

1.941. PROSPERUM AC FELIX SCELUS / VIRTUS VOCATUR. *Una perversidad realizada con éxito y afortunada toma el nombre de virtud.*

(Séneca, *Hercules furens*, 251)

A menudo el crimen realizado por una persona honrada o que goza de una cierta reputación se minimiza y a veces incluso se considera de forma positiva.

1.942. PROSPICERE IN PACE OPORTET QUOD BELLUM IUVET. *Es necesario conseguir durante la paz aquello que puede ser útil en la guerra.*

(Publilio Siro, P 16)

El dicho está relacionado con el lema *se vis pacem para bellum* (véase el n.º 2.238), pero el sentido no es en este caso el de mantener la paz sino el de estar preparados para una eventual guerra.

1.943. PROXIMUS SUM EGOMET MIHI. *Yo soy el prójimo de mí mismo.*

(Terencio, *Andria*, 636)

El dicho es una invitación a pensar en uno mismo.

1.944. PRUDENS FUTURI TEMPORIS EXITUM / CALIGINOSA NOCTE PREMIT DEUS. *Dios esconde con prudencia en una noche brumosa los acontecimientos futuros.*

(Horacio, *Odas*, 3, 29, 29-30)

Porque si fuera de otra forma el hombre sufriría al ver cuántos males le han reservado.

1.945. PRUDENTIA VELOX ANTE PILOS VENIT. *La sabiduría ha llegado rápidamente antes que la barba.*

(Persio, *Sátiras*, 4, 4)

El dicho indica inteligencia y capacidades precoces.

1.946. PUGNANDUM TAMQUAM CONTRA MORBUM SIC CONTRA SENECTUTEM. *Es necesario luchar contra la vejez como contra una enfermedad.*

(Cicerón, *De senectute*, 11, 35)

1.947. PULCHRUM EST DIGITO MONSTRARI ET DICIER: HIC EST. *Es bonito que nos señalen con el dedo y oír decir: es ese.*

(Persio, *Sátiras*, 1, 28)

El dicho indica que todos encuentran agradable o sueñan alcanzar la fama.

1.948. PULSATE ET APERIETUR VOBIS. *Llamad y os abrirán.*

(Mateo, 7, 7)

El dicho evangélico ha pasado al uso común como exhortación para no desistir en las demandas cuando se necesita algo.

1.949. PULVIS ES ET IN PULVEREM REVERTE-
RIS. *Tú eres polvo y en polvo te convertirás.*

(Génesis, 3, 19)

Véase el n.º 1.323.

1.950. PULVIS ET UMBRA SUMUS. *Somos polvo y sombra.*

(Proverbio medieval)

El dicho continúa diciendo: *pulvis nihil est nisi fumus; / sed nihil est fumus: nos nihil ergo sumus* («el polvo no es más que humo; pero el humo no es nada, por lo tanto nosotros no somos nada»).

Q

1.951. QUA CAPUT ET CETERA MEMBRA. *Allí donde está la cabeza, allí se encuentran los demás miembros.*

(San Agustín, *Enarrationes in Psalmos*, 29, 14)

Por lo tanto, puesto que Cristo ha resucitado, también los hombres resucitarán. La imagen de la cabeza y de los miembros se utiliza más en general para indicar la relación entre soberano y súbditos que tienen que seguir a su jefe.

1.952. QUADRUPEDANTE PUTREM SONITU QUATIT UNGULA CAMPUM. *El casco azota con el galope la tierra húmeda.*

(Virgilio, *Eneida*, 598)

Con este verso aliterante y onomatopéyico Virgilio describe el avance de un ejército a caballo. Se adapta por lo tanto a la descripción de batallas o de escenas ruidosas y confusas.

1.953. QUAE ACCESSIONUM LOCUM OBTINENT EXTINGUUNTUR, CUM PRINCIPALES RES PEREMPTAE FUERINT. *Los accesorios desaparecen cuando las cosas principales perecen.*

(Fórmula jurídica)

Véase el n.º 26.

1.954. QUAE BELUA RUPTIS, / CUM SEMEL EFFUGIT, REDDIT SE PRAVA CATENIS? *¿Qué animal salvaje, después de haber roto las cadenas y haber conseguido escapar, volverá a caer estúpidamente en la trampa?*

(Horacio, *Sátiras*, 2, 7, 70)

El dicho destaca la importancia de una experiencia negativa de la que se puede obtener una enseñanza.

1.955. QUAE CANDORE NIVEM, CANDORE ANTEIRET OLORES. *Superaba a la nieve en cuanto a su blancura y superaba a los cisnes en cuanto a su candor.*

(Silio Itálico, *Punica*, 3, 116)

El autor se refiere a una cierva, pero la comparación con la nieve es actualmente utilizada todavía para indicar incluso la pureza moral y espiritual.

1.956. QUAELIBET VULPES CAUDAM SUAM LAUDAT. *Cada zorro alaba su cola.*

(Rómulo, *App*, 36)

Cada uno alaba aquello que tiene de más valioso o que le parece tal.

1.957. QUAE MEDICAMENTA NON SANANT, FERRUM SANAT, / QUAE FERRUM NON SANAT, IGNIS SANAT, / QUAE VERO IGNIS NON SANAT, INSANABILIA REPUTARI OPORTET. *Aquello que los medicamentos no curan, lo cura el bisturí; aquello que el bisturí no cura, lo cura el fuego; aquello que el fuego no cura se debe considerar incurable.*

(Hipócrates, *Aforismos*, 7, 87)

El dicho se hizo famoso puesto que Schiller lo escogió como lema para *Los bandidos*. Actualmente la expresión no se utiliza sólo en el ámbito médico e invita a intentar el todo por el todo hasta que no nos damos cuenta de que una situación es irremediable.

1.958. QUAE POTEST ESSE VITAE IUCUNDITAS SUBLATIS AMICITIIS? *¿Qué alegrías puede tener la vida si le quitamos la amistad?*

(Cicerón, *Tusculanas*, 1, 14)

1.959. QUAEQUE VETERNIS VIGUERUNT CREDITA SAECLIS. *Todo aquello que está en pleno vigor ha envejecido en realidad durante largos siglos.*

(Proverbio medieval)

El dicho señala el paso del tiempo.

1.960. QUAE QUOUSQUE TANDEM PATIEMINI, O FORTISSIMI VIRI? *¿Oh mis valientes, hasta cuándo soportaréis esta situación?*

(Virgilio, *Eneida*, 2, 69)

El dicho, de sentido análogo al más famoso *quousque tandem abutere, Catilina...* (véase el n.º 2.099), lo pronuncia Salustio para Catilina.

1.961. QUAERENDA PECUNIA PRIMUM EST / VIRTUS POST NUMMOS. *Es necesario buscar primero la riqueza; la virtud llega después del dinero.*

(Horacio, *Epístolas*, 1, 1, 53-54)

Horacio pronuncia estas palabras de forma irónica y actualmente la expresión se cita con este sentido.

1.962. QUAERITE ET INVENIETIS. *Buscad y encontraréis.*

(Mateo, 7, 7)

El verso es una invitación a tener confianza en la plegaria, pero más en general se puede utilizar como exhortación a no rendirse.

1.963. QUAERIT EX ARTIFICE QUALE SIT OPUS EIUS. *Pregunta a un artesano cuál es la calidad de su producto.*

(Proverbio medieval)

El dicho indica una acción inútil y estúpida porque ya se sabe que el comerciante alabará su mercancía.

1.964. QUAESO NE AD MALUM HOC ADDAS MALUM. *Te ruego que no añadas mal al mal.*

(Cecilio, fragmento, R3)

La expresión recupera el tópico según el cual los males no vienen nunca solos.

1.965. QUAE SUNT CERTA TENE, QUAE SUNT INCERTA RELINQUE. *Retiene lo que es cierto y deja estar lo que es incierto.*

(Proverbio medieval)

1.966. QUAE TE DEMENTIA CEPIT? *¿Qué locura te ha cogido?*

(Virgilio, *Églogas*, 2, 69)

La pregunta se refiere a personas que cometen algo fuera de la norma o que sobrepasan su forma habitual de actuar.

1.967. QUALE INGENIUM HABERES FUIT INDICIO ORATIO. *Tu destino indicó cuál era tu índole.*

(Terencio, *Heautontimoroumenos*, 384)

El lema recupera el motivo según el cual la forma de hablar revela las características de la persona y se puede utilizar en las entrevistas o en las situaciones en las que se tiene que valorar a una persona.

1.968. QUALES IN REPUBLICA PRINCIPES ESSENT, TALES RELIQUOS SOLERE ESSE CIVES. *Tal como son los jefes en el estado, así son los demás ciudadanos.*

(Cicerón, *Epistulae ad familiares*, 1, 19, 2)

El dicho expresa la constatación de que los ciudadanos son como sus gobernantes y exhorta por lo tanto a los jefes a ser un buen ejemplo para los ciudadanos.

1.969. QUALIS ARTIFEX PEREO. *Muero como artista.*

(Suetonio, *Vida de Nerón*, 49)

Son las palabras pronunciadas por Nerón en su lecho de muerte y actualmente demuestran presunción y vanagloria.

1.970. QUALIS DOMINUS, TALIS ET SERVUS. *De tal jefe, tal esclavo.*

(Petronio, *Satiricón*, 58, 4)

El dicho indica que aquel que está sometido tiende a adquirir o tiene que adecuarse a las características y a las costumbres de los superiores.

1.971. QUALIS PATER, TALIS FILIUS. *De tal padre, tal hijo.*

Este famoso lema estaba muy extendido en las literaturas clásicas en su forma griega y actualmente se cita mucho para indicar la semejanza de un hijo con el padre («de tal palo, tal astilla»), si bien suele emplearse para referirse a los defectos antes que a las cualidades.

1.972. QUALIS VITA, TALIS ET ORATIO. *De tal vida, tal forma de hablar.*

(Anónimo, *De moribus*)

Expresión adecuada también al lenguaje común para expresar la identidad entre la forma de vivir y la forma de hablar.

1.973. QUAM CONTINUIS ET QUANTIS LONGA SENECTUS / PLENA MALIS! *¡Para cuántos una larga vejez está llena de continuos males!*

(Juvenal, *Sátiras*, 10, 190)

Vuelve el motivo de la vejez dura e insoportable bajo forma de exclamación.

1.974. QUAM FACILE EST [...] / ALTERIUS LUCTU FORTIA VERBA LOQUI. *Qué fácil que es pronunciar palabras de ánimo en los lutos ajenos.*

(Pseudo Ovidio, *Consolatio ad Liviam*, 9)

La expresión, que se puede citar en los discursos fúnebres, destaca la dificultad de comprender el dolor ajeno si no se ha probado personalmente.

1.975. QUAM QUISQUE NORIT ARTEM, IN HAC SE EXERCEAT. *Que cada uno haga el oficio que sabe hacer.*

(Cicerón, *Tusculanas*, 1, 41)

Cicerón traduce una broma de *Las avispas* de Aristófanes, en las que una de ellas quiere a cualquier precio cabalgar aunque no tiene experiencia y cae. El dicho, por lo tanto, se cita como exhortación a actuar según las propias capacidades.

1.976. QUAM VETERRIMUS HOMINI, OPTUMUS EST AMICUS. *El mejor amigo es el más viejo posible.*

(Plauto, *Truculentus*, 173)

La amistad se compara a menudo con el vino que cuando más viejo se vuelve más bueno.

1.977. QUAMVIS SINT LENTA, SINT CREDULA NULLA FLUENTA. *No debemos fiarnos de ningún río por muy lenta que baje el agua.*

(Proverbio medieval)

Incluso los ríos más tranquilos pueden esconder remolinos. La expresión, que la rima ayuda a recordar incluso en el lenguaje común, invita por lo tanto a no fiarse de las apariencias.

1.978. QUAMVIS SUBLIMES DEBENT HUMILES METUERE. *Incluso aquellos que están muy arriba tienen que temer a los que están abajo.*

(Fedro, 1, 28)

Con estas palabras Fedro introduce la fábula del zorro que, para liberar a sus propios cachorros, prende fuego al árbol sobre el que se encuentra el águila. Incluso los grandes tienen que temer por lo tanto a las personas aparentemente inofensivas.

1.979. QUAMVIS VETUS ARBUSTUM POSSE TRANSFERRI. *Un árbol, aunque sea viejo, puede trasplantarse.*

(Séneca, *Cartas*, 86, 14)

Séneca da la vuelta a un proverbio griego según el cual un árbol viejo no puede trasplantarse, revalorizando de esta forma el papel y las posibilidades del anciano.

1.980. QUANDOQUE BONUS DORMITAT HOMERUS. *Cuando, tal vez, el viejo Homero se duerme.*

(Horacio, *Epístola a los Pisones*, 359)

Horacio se refiere a algunas caídas de tono presentes en los poemas homéricos, pero él mismo reconoce que la cosa es inevitable en obras tan largas. Por lo tanto, el dicho se cita para justificar obras de artistas o literatos no siempre a la altura de sus capacidades.

1.981. QUANDO QUIDEM ACCEPTO CLAUDENDA EST IANUA DAMNO. *Cuando se ha recibido un daño es necesario cerrar la puerta.*

(Juvenal, *Sátiras*, 13, 129)

Es decir, que no debemos relacionarnos más con aquellos que nos han perjudicado.

1.982. QUANTO ALTIUS ASCENDIT HOMO, LAPSUS TANTO ALTIUS CADET. *Cuanto más alto sube un hombre, desde más alto cae.*

(Pedro Crisólogo, PL 52, 273c)

La expresión recupera un motivo bastante extendido en la latinidad y contiene una advertencia para no magnificar demasiado los momentos felices.

1.983. QUANTO PLUS LICEAT, TANTO LIBEAT MINUS. *Cuanto más lícito es, menos gusta.*

(Proverbio medieval)

El dicho recupera el motivo del gusto por la transgresión, pero en términos opuestos, es decir, afirmando que lo que es lícito hacer no ejerce ninguna atracción.

1.984. QUANTUM MUTATUS AB ILLO! *¡Cómo ha cambiado de como era hace un tiempo!*

(Virgilio, *Eneida*, 274)

Son las palabras pronunciadas por Eneas cuando se le apareció en sueños el fantasma de Héctor. Actualmente la expresión se cita para indicar un grave empeoramiento de la situación de una persona o un cambio suyo (incluso en sentido moral).

1.985. QUANTUM OCULIS, ANIMO TAM PROCUL IBIT AMOR. *El amor se situará tan lejano del alma como de los ojos.*

(Propercio, *Elegías*, 3, 21, 10)

El dicho recupera el tema de la lejanía que debilita o anula el amor.

1.986. QUASI IN VELABRO OLEARII. *Como los negociantes de aceite de Velabro.*

(Plauto, *Captivi*, 489)

El Velabro era el barrio de los ociosos, de los estafadores, de los mercaderes de alimentos y de aceite, famosos por su capacidad de empañar los compradores. La expresión se adapta por lo tanto a comerciantes poco honrados.

1.987. QUASI NEMROD ROBUSTUS VENATOR CORAM DOMINO. *Como Nemrod, valioso cazador delante del Señor.*

(Génesis, 10, 9)

1.988. QUASI OLIVA SPECIOSA IN CAMPIS. *Como un olivo majestuoso en la llanura.*

(Zacarías, 24, 19)

Es la sabiduría que habla y pronuncia estas palabras a propósito de sí misma. La comparación con el árbol es generalmente utilizada para indicar la solidez y la estabilidad tanto material como moral.

1.989. QUASI PULVEREM OB OCULOS [...] ADSPERGEBAT. *Tiraba el polvo delante de los ojos.*

(Aulo Gelio, *Noches áticas*, 5, 21, 4)

El dicho se refiere a un personaje ignorante que da muestras de las pocas nociones que conoce. La expresión se utiliza actualmente todavía en relación con personas que hacen creer cosas que no son ciertas.

1.990. QUASI SI PERSONAM HERCULIS ET CONTHURNOS APTARE INFANTIBUS VELIS. *Como si quisiera hacer que los niños se colocaran la máscara y los zapatos de Hércules.*

(Quintiliano, *Instituciones oratorias*, 6, 1, 36)

La expresión se adapta a cualquier contexto e indica algo ridículo o completamente fuera de lugar.

1.991. QUASI SOLSTITIALIS HERBA PAULISPER FUI. *Duró poco, como la hierba en verano.*

(Plauto, *Pseudolus*, 38)

La expresión la pronunció Calidoro respecto a la propia situación amorosa, pero se cita normalmente para indicar una muerte precoz.

1.992. QUASI STULTUS STULTIS PERSUADERE CONARIS. *Como un tonto intentas persuadir a los tontos.*

(San Jerónimo, *Contra Pelagio*, 4, 14, 799)

El dicho se refiere a acciones inútiles, destinadas a caer en el vacío.

1.993. QUASI UMBRA [...] TE SEMPER SEQUI. *Seguirte siempre como una sombra.*

(Plauto, *Casina*, 93)

El dicho está muy extendido para indicar algo que apreciamos mucho o para designar un apego morboso.

1.994. QUEMADMODUM DESIDERIT CERVUS AD FONTES AQUARUM. *Como la cierva acude a las fuentes.*

(Salmos, 42, 1)

Se trata de la metáfora del alma que tiene sed de Dios y a menudo se cita en un ámbito religioso.

1.995. QUEM AMAT AMAT; QUEM NON AMAT NON AMAT. *[La mujer] ama a aquel que ama; a aquel que no ama no lo ama.*

(Petronio, *Satiricón*, 37)

1.996. QUEM DII DILIGUNT / ADULESCENS MORITUR. *Muere joven aquel al que los dioses aman.*

(Plauto, *Bacchides*, 816)

Expresión muy extendida, quizá como consolación de una muerte prematura.

1.997. QUEM DILIGIT DOMINUS CASTIGAT. *El Señor corrige a aquel que ama.*

(San Pablo, *Epístolas a los hebreos*, 12, 6)

La expresión la citan muchos como justificación de desgracias o acontecimentos tristes que le suceden al hombre. Que no se consideran como castigo sino como instrumento de rescate.

1.998. QUEM FELICITAS AMICUM FECIT, INFORTUNIUM FACIET INIMICUM. *Aquel que la felicidad ha hecho que sea tu amigo, las desgracias harán que sea tu enemigo.*

(Boecio, *La consolación por la filosofía*, 3)

El dicho recupera el tema de los amigos que se alejan en los momentos de necesidad.

1.999. QUEM METUUNT ODERE; QUEM QUISQUE ODIT, PERIISSE EXPETIT. *Aquel al que se teme se odia y aquel que se odia se desea que muera.*

(Ennio, F 348)

El dicho aconseja el miedo como instrumento de poder y de sumisión.

2.000. QUEM TAURUM METIS, VITULUM MULCERE SOLEBAS. *El toro que ahora temes lo acariciabas cuando era un ternero.*

(Ovidio, *Arte de amar*, 2, 341)

Variación sobre el tema de las grandes cosas que antes eran pequeñas.

2.001. QUI ACCEPERINT GLADIUM GLADIO PERIBUNT. *Aquel que hiere con la espada muere con la espada.*

La fuente es Mateo 26, 52. La ofensa que se ha hecho a otra persona acaba afectándonos.

2.002. QUI ADDIT SCIENTIAM ADDIT ET LABOREM. *Aquel que añade sabiduría añade preocupación.*

(Eclesiastés, 1, 18)

Tanto porque aprender es cansado como porque aumentando el saber se aumenta también el conocimiento de cosas negativas.

2.003. QUI ALTERUM INCUSAT PROBRI, EUM IPSUM SE INTUERI OPORTET. *Aquel que acusa a otro de una culpa tiene que observarse a sí mismo.*

(Plauto, *Truculentus*, 159)

Expresión genérica que invita a no acusar a los demás con frivolidad.

2.004. QUI AMANT IPSI SIBI SOMNIA FINGUNT. *Los enamorados se crean los sueños por sí mismos.*

(Virgilio, *Bucólicas*, 8, 108)

El dicho recupera el tópico de los enamorados que sueñan con los ojos abiertos y se puede citar también a propósito de personas con la cabeza en las nubes.

2.005. QUI AMAT PERICULUM IN ILLO PERIBIT. *Aquel que ama el peligro morirá por culpa de él.*

(Sirácidas, 3, 27)

El dicho se encuentra en una sección en la que se contrapone el corazón del bobo con el del sabio y se cita actualmente como invitación a la prudencia.

2.006. QUI BACULO NON CORRIGITUR IN OLLAM MITTITUR. *A aquel que no recibe la corrección con el bastón se le lanza a la cazuela.*

(San Ambrosio, *Comentario a los Salmos*, 38, 34)

San Ambrosio se refiere al pecador y a sus culpas y destaca la importancia de una corrección eficaz para que la persona no se pierda.

2.007. QUI BENE AMAT BENE CASTIGAT. *Aquel que ama bien, castiga bien.*

(Proverbio medieval)

Máxima educativa todavía utilizada para indicar que el amor por una persona consiste también en corregir los errores.

2.008. QUI BENE IMPERAT PARUERI ALIQUANDO NECESSE EST. *Aquel que dirige bien, seguramente alguna vez ha obedecido.*

(Cicerón, *De legibus*, 2, 15, 4)

El dicho recupera el motivo que dice que para mandar es necesario saber obedecer.

2.009. QUIBUS SUNT VERBA SINE PENU ET PECUNIA. *Llenos de palabras, pero privados de patrimonio y de dinero.*

(Plauto, *Captivi*, 472)

Se dice a propósito de personas que hablan mucho pero concluyen poco y, por lo tanto, no ganan nada.

2.010. QUI CANDORE NIVES ANTEIRENT. *Que fueran más blancos que la nieve.*

(Virgilio, *Eneida*, 12, 84)

De esta forma Virgilio describe los caballos de Turno. La comparación con la nieve se ha utilizado también en el ámbito cristiano para indicar la pureza del alma.

2.011. QUI CANEM ALIT EXTERUM, HUIC PRAETER LORUM NIT FIT RELIQUUM. *A aquel que da de comer a un perro ajeno no le queda nada más que el cinturón.*

(Proverbio medieval)

El dicho significa que no siempre la generosidad se ve premiada con el reconocimiento y la gratitud.

2.012. QUICQUAM INOPTATUM CADIT, HOC HOMO CORRIGAT ARTE. *Que aquello que sucede sin que se desee, el hombre lo corrija con un artificio.*

(Catón, *Dísticos*, 69)

El dicho invita a evitar las adversidades de la suerte con las propias habilidades.

2.013. QUICUMQUE TURPI FRAUDE SEMEL INNOTUIT, / ETIAM SI VERUM DICIT AMITTIT FIDEM. *Aquel que ha tramado una vez un engaño infame, nadie lo cree ya aunque diga la verdad.*

(San Jerónimo, *Epístolas*, 6, 1)

Se trata de la moraleja de una fábula en la que el zorro es condenado por un robo no cometido porque otras veces en situaciones similares se ha demostrado que había mentido.

2.014. QUI DAT NIVEM SICUT LANAM. *Que hace descender la nieve como lana.*

(Salmos, 147, 16)

El verso se ha interpretado de forma errónea «según la lana» y se cita para expresar el concepto de que la bondad de Dios se manifiesta en cada uno según los propios méritos.

2.015. QUI DAT PAUPERIBUS, THESAUROS COLLIGIT IN ASTRIS / IN QUOS NIL FURES IURIS HABERE QUEUNT. *Aquel que da a los pobres recoge tesoros en los cielos sobre los que los ladrones no pueden tener derechos.*

(Proverbio medieval)

El dicho deriva de un fragmento evangélico y asegura que la generosidad se premiará siempre.

2.016. QUID DECEAT VOS, NON QUANTUM LICEAT VOBIS, SPECTARE DEBETIS. *Tenéis que respetar aquello que es conveniente para vosotros y no aquello que es lícito.*

(Cicerón, *Pro Rabirio Postumo*, 5, 11)

El dicho significa que no se debe hacer necesariamente todo lo que permiten las leyes, sino seguir los propios principios morales.

2.017. QUID, DE QUOQUE VIRO ET CUI DICAS, SAEPE VIDETO. *Piensa con frecuencia lo que hablas, con quién y de quién.*

(Horacio, *Epístolas*, 1, 18, 68)

El precepto de Horacio invita a estar atentos a la forma con la que se habla para no tenerse que arrepentir luego.

2.018. QUI DEDIT BENEFICIUM TACEAT: NA-RRET QUI ACCEPIT. *Aquel que hace el beneficio debe callar; que lo diga aquel que lo ha recibido.*

(Séneca, *De beneficiis,*
1, 1, 3)

2.019. QUID ENIM TAM CONGRUUM FIDEI HUMANAE QUAM EA, QUAE INTER EOS PLACUERUNT, SERVARE? *¿Qué hay que sea más acorde a la lealtad humana que el respetar de forma recíproca los pactos establecidos?*

(*Digesto*, 2, 14)

De esta expresión deriva la conocida fórmula jurídica *pacta sunt servanda* (véase el n.º 1.795).

2.020. QUID ENIM VIDEANT QUI SOLEM NON VIDENT? *¿Qué podrían ver aquellos que no ven el sol?*

(Lactancio, *Instituciones divinas,*
5, 20, 2)

Esta metáfora es símbolo de la ceguera mental.

2.021. QUID EST SANCTIUS, QUID OMNI RELIGIONE MUNITIUS, QUAM DOMUS UNIUSQUISQUE CIVIUM. *No hay nada más sano que cualquier religión, ni nada más sagrado que la casa de cada ciudadano.*

(Cicerón, *Pro domo sua*, 109)

Cicerón expresa aquí en términos elegantes y solemnes la exigencia primaria de cada uno: la casa.

2.022. QUID EST VERITAS? *¿Qué es la verdad?*

(Juan, 13, 38)

Con estas palabras Pilatos respondió a la afirmación de Jesús de haber venido a testimoniar la verdad. El dicho se utiliza actualmente para indicar un momento de gran perplejidad e incertidumbre (véase también el n.º 732).

2.023. QUID FACIANT LEGES, UBI SOLA PECUNIA REGNAT? *¿De qué sirven las leyes donde reina sólo el dinero?*

(Petronio, *Satiricón*, 14)

2.024. QUID ME ALTA SILENTIA COGIS / RUMPERE? *¿Por qué me obligas a romper mi profundo silencio?*

(Virgilio, *Eneida*, 10, 63-64)

La pregunta se dirige a personas doloridas o trastornadas que no quieren hablar de lo que les ha causado su estado de ánimo.

2.025. QUID NON MORTALIA PECTORA COGIS / AURI SACRA FAMES! *¡Qué no consigues hacer al alma de los mortales, oh censurable hambre del oro!*

(Virgilio, *Eneida*, 3, 56)

El verso, citado actualmente también en la forma abreviada *auri sacra fames* («deplora la sed de riqueza y la avidez»).

2.026. QUI DOMUM INTRAVERIT NOS POTIUS MIRETUR QUAM SUPELLECTILEM NOSTRAM. *Que aquel que entra en nuestra casa nos admire a nosotros y no a nuestros adornos.*

(Séneca, *Cartas a Lucilio*, 5, 6)

El dicho invita a mirar en el interior de la persona y no las cosas que posee.

2.027. QUIDQUID DECEAT, QUIDQUID NON. *[Considerar] lo que conviene o no conviene.*

(Horacio, *Epístola a los Pisones*, 308)

Es lo que se dice en el momento de tomar una decisión, valorando las ventajas y las desventajas.

2.028. QUIDQUID DELIRANT REGES, PLECTUNTUR ACHIVI. *Ante cualquier locura de los reyes se culpa también a los aqueos.*

(Horacio, *Epístolas*, 1, 2, 14)

Horacio hace referencia a la pelea entre Aquiles y Agamenón para decir que son los súbditos los que sufren las consecuencias de las peleas entre los soberanos.

2.029. QUIDQUID SUB TERRA EST, IN APRICUM PROFERET AETAS. *Todo lo que se encuentra bajo tierra voverá con el tiempo a la luz.*

(Horacio, *Epístolas*, 1, 6, 24)

El dicho se puede referir a obras de arte que se han perdido o que se han olvidado, a verdades escondidas, a afectos lejanos y a muchas otras cosas que podrían volver.

2.030. QUID SIT FUTURUM CRAS, FUGE QUA-
ERERE. *Huye de la pregunta sobre lo que será
mañana.*

(Horacio, *Odas*, 1, 9, 13)

Horacio invita a no pedir cosas que no
podrán tener una respuesta y a no querer ir
más allá de las facultades humanas.

2.031. QUI E NUCE NUCULEUM ESSE VOLT,
FRANGIT NUCEM. *Aquel que quiera comer la
pierna de la nuez tiene que romperla.*

(Plauto, *Curculio*, 55)

Es decir, aquel que quiere obtener un
éxito tiene que superar primero las dificultades.

2.032. QUI FIT, MECENAS, UT NEMO, QUAM
SIBI SORTEM / SEU RATIO DEDERIT [...] CON-
TENTUS VIVAT? *¿Cómo es posible, oh mecenas, que nadie viva contento de las condiciones que él mismo se ha escogido?*

(Horacio, *Sátiras*, 1, 1-3)

La pregunta retórica es en realidad una
amarga constatación del hecho que los
hombres están siempre descontentos e in-
satisfechos.

2.033. QUI HABET AURES AUDIENDI AUDIAT.
Que aquel que tenga orejas para oír que oiga.

(Mateo, 11, 15)

La expresión se cita actualmente cuando se
quiere hacer comprender un concepto sin
revelarlo abiertamente.

2.034. QUI IN ALTUM MITTIT LAPIDEM, SUPER
CAPUT EIUS CADET. *A aquel que lanza una piedra desde arriba le caerá sobre la cabeza.*

(Zacarías, 27, 25)

El verso significa que el mal hecho a los
demás se vuelve siempre contra nosotros
mismos.

2.035. QUI IN PERGULIA NATUS EST, AEDES
NON SOMNIATUR. *Aquel que ha nacido en
una cabaña no sueña en palacios.*

(Petronio, *Satíricón*, 74, 14)

Trimalción refiere esta broma a propósito
de la mujer que se da aires de grandeza
pero que, a causa de su nacimiento humilde, nunca dejará de ser una campesina.

2.036. QUI INVENIT ILLUM (AMICUM) INVE-
NIT THESAURUM. *Aquel que encuentra a un
amigo encuentra un tesoro.*

(Zacarías, 6, 14)

Expresión muy famosa que condensa en
pocas palabras el valor de la amistad.

2.037. QUII IPSE SIBI SAPIENS PRODESSE
NON QUIT NEQUIQUAM SAPIT. *Es sabio en
vano el sabio que no consigue favorecerse a sí
mismo.*

(Ennio, *Medea*, fr. 221)

2.038. QUI MORES HOMINUM MULTORUM
VIDIT ET URBES. *Vio las ciudades y conoció
las costumbres de muchas gentes.*

(Horacio, *Epístola a los Pisones*, 142)

Se trata de la traducción técnica del tercer
verso de la *Odisea*. El dicho indica a una
persona experta y «de mundo», pero no
está muy extendido.

2.039. QUI MULTUM HABET PLUS CUPIT.
Aquel que mucho tiene, desea más.

(Séneca, *Cartas*, 119, 6)

2.040. [QUINCTILI] VARE, LEGIONES REDDE!
¡Quintilio Varo, devuélveme mis legiones!

(Suetonio, *Vida de Augusto*, 23)

Quintilio Varo fue derrotado en Teutobur-
go por las tropas de Arminio. La exclamación se puede citar por lo tanto para pedir
la indemnización sobre algo que nos ha
perjudicado.

2.041. QUI NON EST MECUM CONTRA ME
EST. *Aquel que no está conmigo está en contra
mío.*

(Mateo, 12, 30)

El dicho evangélico se utiliza actualmente
para indicar situaciones de divergencia e indiferencia en el ámbito de un conflicto o de
una controversia.

2.042. QUI NON VULT SERERE FRUCTUS
NON DEBET HABERE. *Aquel que no quiere
cultivar no tiene derecho a los frutos.*

(Proverbio medieval)

Expresión similar a nuestro dicho «el que
no trabaja no come».

2.043. QUI PARCIT VIRGAE ODIT FILIUM SUUM. *Aquel que se ahorra el bastón odia a su hijo.*

(Proverbios, 13, 24)

El uso del bastón o de los golpes son un método educativo afortunadamente ya superado, pero el sentido de la expresión es que querer significa también corregir (véase el n.º 2.007).

2.044. QUI PRIMUS VENERIT PRIMUS MOLET. *Aquel que llegue el primero, será el primero en moler.*

(Erasmo, *Adagios*, 2, 10, 15)

El dicho es muy similar a nuestro «después de vendimias, cuévanos» e invita por lo tanto a ponerse manos a la obra si se quiere obtener algo.

2.045. QUIS AMICIOR QUAM FRATER FRATRI? *¿Quién es más amigo que el hermano para el hemano?*

(Salustio, *La guerra de Yugurta*, 10, 5)

La pregunta expresa el estrecho vínculo afectivo que normalmente une a los hermanos.

2.046. QUIS CUSTODIET IPSOS CUSTODES? *¿Quién vigilará a los vigilantes?*

(Juvenal, *Sátiras*, 6, 3, 47)

El lema se cita en general a propósito de aquel que cae en los mismos errores que debe vigilar o, con sentido irónico, para expresar desconfianza frente a los gobernantes.

2.047. QUI SE IPSE LAUDAT CITO DERISOREM INVENT. *Aquel que se alaba se encuentra enseguida haciendo el ridículo.*

(Publilio Siro, Q 45)

El dicho se puede utilizar para expresar desaprobación frente a aquellas personas que se alaban a sí mismos.

2.048. QUI SEMINANT IN LACRYMIS IN EXULTATIONE METENT. *Aquel que siembra en las lágrimas cosechará en la alegría.*

(Salmos, 126, 5)

El fragmento se cita actualmente en un ámbito religioso para decir que es necesario sufrir primero para obtener la alegría después.

2.049. QUIS FERAT UXOREM CUI CONSTANT OMNIA? *¿Quién soportará a una mujer que tenga todas las perfecciones?*

(Juvenal, *Sátiras*, 6, 166)

2.050. QUI SIBI SEMITAM NON SAPIUNT ALTERI MONSTRANT VIAM. *Aquellos que no conocen el propio camino indican el camino a los demás.*

(Cicerón, *De divinatione*, 1, 32)

El fragmento se refiere a los adivinos y a los charlatanes que sobreviven dando falsos consejos.

2.051. QUI SINE PECCATO EST VESTRUM, PRIMUS IN ILLAM LAPIDEM MITTAT. *Aquel de entre vosotros que esté libre de pecado que lance la primera piedra sobre ella.*

(Juan, 8, 7)

Verso muy famoso que invita a no juzgar puesto que el juicio de nuestras acciones corresponde sólo a Dios.

2.052. QUISNAM ISTIC FLUVIUS EST, QUEM NON RECIPIAT MARE? *¿Qué río es este que el mar no consigue recibir?*

(Plauto, *Curculio*, 86)

Plauto se refiere a una vieja borracha que no deja en la jarra ni siquiera una gota de vino, pero la imagen del río que conduce al mar se utiliza en varios contextos, generalmente para designar el camino seguro para alcanzar un objetivo.

2.053. QUI SOLEM SUUM ORIRI FACIT SUPER BONOS ET MALOS. *Que hace ponerse el sol sobre los buenos y sobre los malos.*

(Mateo, 5, 45)

Tal como Dios hace ponerse el sol para todos, así el hombre debería amar a todos, incluso a sus propios enemigos.

2.054. QUISQUIS HABET NUMMOS SECURA NAVIGAT AURA. *Aquel que tiene dinero navega con vientos tranquilos.*

(Petronio, *Satiricón*, 137, 9)

La frase se puede citar para designar la tranquilidad proporcionada por un cierto bienestar.

2.055. QUISQUIS MAGNA DEDIT, VOLUIT SIBI MAGNA REMITTI. *Todos aquellos que hacen grandes regalos quieren grandes recompensas.*

(Marcial, *Epigramas*, 5, 59, 3)

La expresión se adapta a aquellos que dan de forma interesada, esperando algo a cambio.

2.056. QUISQUIS UBIQUE HABITAT [...] NUSQUAM HABITAT. *Aquel que vive en todas partes no vive en ningún lugar.*

(Marcial, *Epigramas*, 7, 73, 6)

La expresión deriva de un fragmento de la *Ifigenia en Táuride* de Eurípides, en la que Orestes responde a Ifigenia que quien viaja siempre está en todas partes y en ningún lugar. La máxima se puede citar a propósito de viajantes y vagabundos.

2.057. QUIS TULERIT GRACCHOS DE SEDITIONE QUERENTES? *¿Quién podría soportar a los grajos que se lamentasen por un levantamiento?*

(Juvenal, *Sátiras*, 2, 24)

El verso critica a aquellos que acusan a los demás de defectos que ellos mismos poseen.

2.058. QUI SUA METITUR PONDERA FERRE POTEST. *Aquel que mide sus pesos consigue llevarlos.*

(Marcial, *Epigramas*, 12, 98, 8)

El dicho significa que cada uno tiene que actuar según las propias fuerzas sin sobrepasarse.

2.059. QUI TACET CONSENTIRE VIDETUR. *El que calla otorga.*

(Proverbio medieval)

Expresión muy famosa y todavía muy extendida para definir un mudo consentimiento.

2.060. QUI TETIGERIT PICEM, INQUINABITUR AB EA. *Aquel que tocará la brea se ensuciará.*

(Zacarías, 13, 1)

La metáfora de la brea indica el oscurecimiento moral y la caída en el vicio.

2.061. QUI TIMIDE ROGAT / DOCET NEGARE. *Aquel que pide con temor enseña a negar.*

(Séneca, *Phaedra*, 593)

La expresión exhorta a pedir con fuerza e insistencia si no se quiere obtener un rechazo.

2.062. QUI VADIT PLANE VADIT SANE. *El que va lento va sano.*

(Proverbio medieval)

2.063. QUI, VOLUPTATIBUS DEDITI, QUASI IN DIEM VIVUNT, VIVENDI CAUSAS QUOTIDIE FINIUNT. *Aquellos que, dedicados a los placeres, viven al día, agotan cada día las motivaciones de la vida.*

(Plinio el Joven, *Cartas*, IX 5, 5, 4)

Máxima de profundo contenido moral y filosófico, adecuada por lo tanto a un ambiente erudito.

2.064. QUO ALTIOR MONS, TANTO PROFUNDIOR VALLIS. *Cuando más alto es el monte más profundo es el valle.*

El proverbio es de origen vulgar y significa que cuanto más alto se llega más peligrosa es la caída o de todos modos que la vida es una alternancia de altos y bajos.

2.065. QUOD CLAUSUM IN PECTORE, HOC IN LINGUA PROMPTUM HABEO. *Aquello que está encerrado en el pecho lo manifiesto con la lengua.*

(Proverbio medieval)

Expresión que indica la manifestación espontánea de sentimientos profundos.

2.066. QUODCUMQUE CELES, IPSE TIBI FIAS TIMOR. *Sea lo que sea lo que tienes escondido, debes tener miedo de ti mismo.*

(Publilio Siro, Q 12)

La expresión se refiere a la capacidad de mantener los secretos y a la responsabilidad que ello comporta.

2.067. QUOD DEUS CONIUNXIT HOMO NON SEPARET. *Que lo que Dios ha unido no separe el hombre.*

(Mateo, 19, 6)

Fórmula muy famosa y citada todavía actualmente en la liturgia católica para indicar la indisolubilidad del matrimonio.

2.068. QUOD DIFFERTUR NON AUFERTUR. *Lo que se aplaza no se pierde.*

(Arnobio el Joven, *PL* 53, 375b)

La locución recupera un tópico extendido en la Antigüedad según el cual nada se pierde, sólo se aplaza o se retrasa.

2.069. QUOD EST ANTE PEDES NEMO SPECTAT, CAELI SCRUTANTUR PLAGAS. *Nadie está atento a lo que tiene entre los pies: escrutan la inmensidad del cielo.*

(Ennio, *Ifigenia*, fr. 95, 3)

Expresión que ridiculiza a los filósofos en su actividad de escrutar el cielo y de no darse cuenta por ello de lo que sucede a sus pies. El dicho se adapta a personas distraídas o siempre inmersas en sus pensamientos.

2.070. QUOD FACIS FAC CITIUS. *Lo que tengas que hacer hazlo enseguida.*

(Juan, 13, 27)

Son las palabras que Jesús le dice a Judas, que ha venido para traicionarlo; actualmente se citan como exhortación para no demorarse en hacer las cosas.

2.071. QUOD FECIT QUISQUE TUETUR OPUS. *Cada uno defiende la obra que ha hecho.*

(Ovidio, *Cartas desde el Ponto*, 4, 1, 28)

2.072. QUOD IN IUVENTUTE NON DISCITUR IN MATURA AETATE NESCITUR. *Lo que no se aprende durante la juventud, no se sabe al llegar a la vejez.*

(Casiodoro, *Variae*, 1, 24)

Aguda observación respecto al hecho de ponerse tarde a aprender una disciplina y se puede citar como exhortación a no demorarse.

2.073. QUOD LATET IGNOTUM EST: IGNOTI NULLA CUPIDO. *Lo que está escondido es desconocido y de lo que es desconocido no hay deseo.*

(Ovidio, *Arte de amar*, 3, 397)

La frase, citada también en la forma abreviada *ignoti nulla cupido*, quiere decir que lo que está escondido y es desconocido no puede convertirse en objeto de deseo.

2.074. QUOD LICET INGRATUM EST, QUOD NON LICET ACRIUS URIT. *Lo que es lícito tiene poco sabor, lo que está prohibido tiene más gusto.*

(Ovidio, *Amores*, 2, 19, 3)

En este verso el tema de lo lícito y de lo prohibido se refiere a la esfera amorosa.

2.075. QUOD LICET IOVI NON LICET BOVI. *Lo que se le permite a Júpiter no se le permite a un buey.*

(Proverbio medieval)

El dicho se cita para decir que hay cosas que se les permiten sólo a unos pocos.

2.076. QUOD NATURA NEGAT NEMO FELICITER AUDET. *Nadie puede pretender tener éxito en lo que la naturaleza le niega.*

(Binder, *Novus thesaurus adagiorum latinorum*, 321)

Cada cual debe actuar según las posibilidades y capacidades propias.

2.077. QUOD NEMO NOVI PAENE NON FIT. *Aquello que nadie conoce es como si no existiera.*

(Apuleyo, *El asno de oro*, 10, 3, 25)

La expresión es adecuada para discursos científicos y filosóficos, pero también para justificar algo que se hace a escondidas.

2.078. QUOD NIMIS MISERI VOLUNT, HOC FACILE CREDUNT. *Lo que los infelices desean ardientemente lo consideran fácil.*

(Séneca, *Hercules furens*, a. 2)

2.079. QUOD NIMIUM EST FUGITO, PARVO GAUDERE MEMENTO: / TUTA MAGE EST PUPPIS, MODICO QUAE FLUMINE FERTUR. *Huye de lo que es excesivo y no olvides disfrutar de lo poco: es más seguro el barco que es arrastrado por una corriente de intensidad media.*

(Catón, *Dísticos*, 2, 6)

La expresión invita a la moderación y se adecua sobre todo a conversaciones eruditas.

2.080. QUOD NON FECERUNT BARBARI, BARBERINI FECERUNT. *Lo que no hicieron los bárbaros lo hicieron los Barberini.* La frase fue pronunciada por el protonotario Carlo Castelli con referencia a los derribos causados por la política de construcción del papa Urbano VIII, más conocido como Malfeo Barberini. El dicho está muy extendido actualmente para indicar prepotencias y vandalismos.

2.081. QUOD OMNES TANGIT DEBET AB OMNIBUS APPROBARI. *Lo que afecta a todos tiene que ser aprobado por todos.*

(Bonifacio VIII, *Decretales*, VI, 5, 12, 29)

Norma jurídica todavía famosa que proviene del *Corpus* justiniano y aprueba un importante principio democrático.

2.082. QUODQUE DOMI NON EST ET HABET VICINUS AMATUR. *Gusta lo que no se tiene en casa y que el vecino posee.*

(Proverbio medieval)

Locución utilizada para expresar la envidia en relación con los vecinos o con los conocidos.

2.083. QUOD QUIS CEREBRO VIDET NON MIRATUR, ETIAMSI CUR FIAT NESCIT. *Lo que vemos con frecuencia no nos maravilla, aunque no sabemos por qué sucede.*

(Cicerón, *De divinatione*, 2, 22, 49)

El dicho recupera con agudeza una actitud típica de muchas personas que se sorprenden por cosas extraordinarias, sin conocer las más banales y cotidianas.

2.084. QUOD SCRIPSI SCRIPSI. *Lo que he escrito escritó está.*

(Juan, 19, 22)

Respuesta dada por Pilatos a los jueces que lo exhortaban a borrar la inscripción colocada sobre la cruz de Cristo. Se utiliza con el significado de que no se pretende volver atrás y que lo que se ha hecho va bien de esta forma.

2.085. QUOD SENIOR LOQUITUR OMNES CONSILIUM PUTANT. *Lo que dice el viejo todos lo consideran un consejo justo.*

(Publilio Siro, Q 54)

El dicho recupera el binomio vejez-sabiduría y es una invitación a escuchar los consejos de los más ancianos.

2.086. QUOD SI DEFICIANT VIRES, AUDACIA CERTE / LAUS ERIT: IN MAGNIS ET VOLUISSE SAT EST. *Si las fuerzas disminuyen, la audacia será seguramente motivo de alabanza, en las grandes empresas es suficiente la intención.*

(Propercio, *Elegías*, 2, 10, 5)

La expresión, adecuada a un ámbito erudito o a citaciones escritas, indica que la buena voluntad tiene que premiarse independientemente de los resultados obtenidos.

2.087. QUOD SI ESSE VELIS, NIHILQUE MALIS. *Tienes que querer ser lo que eres y nada más.*

(Marcial, *Epigramas*, 10, 47, 12)

Máxima de gran valor moral y educativo que invita al conocimiento de uno mismo para poder alcanzar la plena realización de la propia personalidad.

2.088. QUOD SUPEREST DATE ELEEMOSYNAM. *Lo que tenéis de más dadlo como limosna.*

(Lucas, 11, 41)

El fragmento evangélico invita a vivir de forma sobria, dando como limosna lo que no es estrictamente necesario.

2.089. QUOD SUPRA, NOS NIHIL AD NOS. *Lo que está encima nuestro no tiene nada que ver con nosotros.*

(Minucio Félix, *Octavius*, 13, 1; Lactancio, *Instituciones divinas*, 3, 20, 10)

Se trataría de la respuesta de Sócrates al que lo interrogaba respecto a la divinidad. El dicho lo pronuncian actualmente los ateos o los agnósticos para expresar su indiferencia en relación con el mundo espiritual.

2.090. QUOD SUS PECCAVIT, SUCCULA SAEPE LUIT. *Los pecados del cerdo los purgan a veces los lechones.*

(Proverbio medieval)

Expresión adecuada al lenguaje cotidiano para decir que los pecados de los padres recaen a menudo en los hijos.

2.091. QUOD TIBI FIERI NON VIS ALTERI NE FECERIS. *No hagas a los demás lo que no quieras que te hagan.*

(San Jerónimo, *Epístolas*, 121, 8)

El dicho es famoso puesto que aparece en los evangelios (Mateo, 7, 12; Lucas, 6, 31), pero deriva en realidad de una norma ética muy extendida ya antes del cristianismo tanto en la cultura judía como en la griega.

2.092. QUOD TU ES EGO FUI, QUOD EGO SUM TU ERIS. *Lo que tu eres yo también lo fuí, lo que yo soy tu también lo serás.*

Se trata de una inscripción de Fano (*CIL*, 11, 6 .243) que se refiere a la inevitabilidad de la muerte y advierte a aquellos que gozan de las desgracias ajenas.

2.093. QUO MAGIS TEGITUR, TECTUS MAGIS AESTUAT IGNIS. *Cuanto más te esfuerzas en ocultar el fuego, más arde.*

(Ovidio, *Metamorfosis*, 4, 64)

El verso se refiere al fuego del amor.

2.094. QUONIAM NON POTEST ID FIERI QUOD VIS / ID VELIS QUO POSSIT. *Puesto que no puede suceder lo que quieres, intenta querer lo que es posible.*

(Terencio, *Andria*, 305)

La expresión exhorta a intentar girar a nuestro favor las situaciones negativas.

2.095. QUORUM PARS MAGNA FUI. *En las que participé mucho.*

(Virgilio, *Eneida*, 2, 6)

Con estas palabras Eneas expresa lo mucho que le afectaron las desgracias de Troya y se citan actualmente todavía para afirmar que algunas calamidades han afectado al hablante o, alejándonos completamente del sentido de Virgilio, que se ha contribuido ampliamente en una empresa.

2.096. QUO SEMEL EST IMBUTA RECENS SERVABIT ODOREM / TESTA DIU. *En cuanto una ánfora se impregne de un olor lo conservará largo tiempo.*

(Horacio, *Epístolas*, 1, 2, 69)

El dicho significa que lo que se aprende de jóvenes permanece particularmente grabado.

2.097. QUOS VULT PERDERE IUPITER [DEUS] DEMENTAT PRIUS. *Júpiter [Dios] quita antes la razón a aquellos que quiere destruir.*

Lema de origen desconocido y citado a menudo para indicar el poder absoluto de la divinidad en relación con el hombre y en relación con las personas testarudas que no quieren escuchar consejos y perseveran en el error.

2.098. QUOT CAPITA [HOMINES] TOT SENTENTIAE. *Tantas cabezas [hombres], tantas formas de pensar.*

(Terencio, *Phormio*, 454)

El dicho se cita a menudo para indicar la variedad de las opiniones humanas y es por lo tanto una invitación implícita a la tolerancia.

2.099. QUOUSQUE TANDEM ABUTERE, CATILINA, PATIENTIA NOSTRA? *¿Hasta cuándo, Catilina, abusarás de nuestra paciencia?*

(Cicerón, *Catilinarias*, 1, 1)

Invectiva pronunciada por Cicerón en la *Prima Catilinaria*, utilizada con el significado de que cada límite de soportación y paciencia se ha superado ampliamente.

2.100. QUUM AUTEM SUBLATUS FUIT AB OCULIS, CITO TRANSIT E MENTE. *Cuando un objeto se aparta de la vista, se alejará también enseguida de la mente.*

(Tomás de Kempis, *La imitación de Cristo*, 1, 23, 1)

El dicho recupera el tema de la lejanía que alivia los dolores, pero debilita los afectos.

R

2.101. RADIX ENIM OMNIUM MALORUM EST CUPIDITAS. *La avidez se encuentra en la raíz de todos los males.*

(San Pablo, *Epístola a Timoteo*, 1, 6, 10)

La codicia como generadora de todos los males ya se había condenado incluso antes de la llegada del cristianismo.

2.102. RAPIAMUS, AMICI, / OCCASIONEM DE DIE. *Cojamos, amigos, la ocasión al instante.*

(Horacio, *Épodos*, 13, 3)

El dicho recupera el motivo del *carpe diem* (véase el n.º 344) e invita a coger la ocasión al vuelo.

2.103. RAPIMUR QUO CUNCTA FERUNTUR. *Nos arrastran allí donde cada cosa tiene que ir.*

(Lucano, *Farsalia*, 8, 522)

Expresión poética para designar el traspaso y la muerte.

2.104. RARA AVIS IN TERRIS, NIGROQUE SIMILLIMA CYGNO. *Pájaro raro sobre la tierra y bastante similar a un cisne negro.*

(Juvenal, *Sátiras*, 6, 165)

La expresión se cita a menudo, incluso en la forma abreviada *rara avis* (véase el glosario), para indicar algo raro y excepcional, y por lo tanto precioso.

2.105. RARA EST CONCORDIA FORMAE / ATQUE PUDICITIAE. *Es rara la comunidad de belleza y castidad.*

(Juvenal, *Sátiras*, 10, 297)

Se trata de una recuperación del motivo según el cual a la belleza exterior no le corresponde la interior.

2.106. RARA IN TENUI FACUNDIA PANNO. *Es rara la elocuencia en ropa modesta.*

(Juvenal, *Sátiras*, 7, 145)

El verso no indica una mala disposición en relación con los discursos de los pobres, sino su efectiva falta de calidad.

2.107. RARI NANTES IN GURGITE VASTO. *Pocos nadan en un gran remolino.*

(Virgilio, *Eneida*, 1, 118)

El dicho se refiere a los pocos supersticiosos de la tempestad que hizo zozobrar al barco de Eneas y actualmente se utiliza como símbolo de una desgracia de la que es difícil escapar, o respecto a personas perdidas en un gran ambiente o entre el gentío, o también para poner en evidencia la habilidad de alguien.

2.108. REBUS IN ANGUSTIS FACILE EST CONTEMNERE VITAM; FORTITER ILLE FACIT QUI MISER ESSE POTEST. *En las adversida-des es fácil despreciar la vida, pero aquel que sabe vivir incluso en la miseria actúa con más fuerza.*

(Marcial, *Epigramas*, 11, 56, 15)

La expresión tiene el tono de una sentencia moral y, por lo tanto, se adapta a un ambiente erudito.

2.109. REBUS IN HUMANIS REGINA PECUNIA NAUTA EST. *En los acontecimientos humanos el dinero dirige el gobierno.*

(Binder, *Novus thesaurus adagiorum latinorum*, 326)

El dicho, adecuado también en el lenguaje común, destaca que el dinero es el motor de todo.

2.110. RECTE FACIENDO NEMINEM TIMEAS. *Actúa correctamente y no temas a nadie.*

(Proverbio medieval)

Sencillo lema que sintetiza en pocas palabras una norma de comportamiento fundamental.

2.111. REDDERE GAUDET HOMO NEQUAM PRO MELLE VENENUM. *Bajo la dulce miel se esconden tremendos venenos.*

(Ovidio, *Amores*, 1, 8, 104)

Estas palabras las pronuncia la vieja Dipsas que da consejos fraudulentos y pueden citarse también en la actualidad para indicar engaños falsos.

2.112. REDDITE ERGO QUAE SUNT CAESARIS CAESARI ET QUAE SUNT DEI DEO. *Dadle por lo tanto a César lo que es de César y a Dios lo que es de Dios.*

(Mateo, 22, 21; Lucas, 20, 25; Marcos, 12, 17)

Dicho muy famoso y muy citado tanto para expresar la honestidad moral e intelectual que impone conceder a cada uno sus propios méritos, como para afirmar la separación entre Estado e Iglesia.

2.113. RE ENIM NON VERBIS PECULIUM AUGENDUM EST. *Con los hechos y no con las palabras se tiene que aumentar el patrimonio.*

(Pomponio Leto, *De peculio*, 15, 1)

La expresión se puede decir como incitamiento a los gandules y a los holgazanes.

2.114. REFERT SIS BONUS AN VELIS VIDERI. *Es más importante ser bueno que parecerlo.*

(Marcial, *Epigramas*, 8, 38, 7)

2.115. REGIA, CREDE MIHI, RES EST SUBCURRERE LAPSIS. *Créeme, ayudar a los infelices es una cosa digna de los reyes.*

(Ovidio, *Cartas desde el Ponto*, 2, 9, 11)

Se trata de un precepto que deberían seguir todos aquellos que se encuentran en una situación cómoda y afortunada.

2.116. REGIS AD EXEMPLUM TOTUS COMPONITUR ORBIS. *Todo el mundo se conforma con el ejemplo de los reyes.*

(Claudiano, *De quarto consulatu Honorii*, 299)

Según el autor, de hecho, los súbditos siguen el ejemplo de sus gobernantes.

2.117. REGIS VOLUNTAS SUPREMA LEX ESTO. *Que la voluntad del rey sea ley suprema.*

El dicho parece deberse a Guillermo II y se basa en una máxima de Cicerón (véase el n.º 2.162).

2.118. RELICTA NON BENE PARMULA. *Después de haber tirado el escudo.*

(Horacio, *Odas*, 2, 7, 10)

Horacio confiesa su fuga durante la batalla de Filipos, un hecho que en aquella época se consideraba extremadamente vil y vergonzoso. La locución se puede citar cuando se abandona algo no sólo por miedo, sino porque estamos convencidos de que no es justo.

2.119. RELUCTANTE NATURA IRRITUS LABOR EST. *Es un esfuerzo inútil hacer algo que repugna a nuestra naturaleza.*

(Séneca, *De tranquilitate animi*, 7, 3)

La expresión se puede citar cuando se está obligado a hacer algo contra nuestra voluntad o contra nuestro carácter.

2.120. REMITTUNTUR EI PECCATA MULTA, QUONIAM DILEXIT MULTUM. *Se le perdonan los pecados porque ha amado mucho.*

(Lucas, 7, 47)

El verso significa que la condición para recibir el perdón no es tanto la expiación del pecado como el amor y la fe.

2.121. REM TIBI QUAM SCIERIS APTAM DIMITTERE NOLI. *No dejar correr algo que sabes que se adapta a ti.*

(Catón, *Dísticos*, 2, 26)

Se trata del primer verso de un dístico que invita a atrapar al vuelo la ocasión, porque cuando ha pasado no es posible recuperarla.

2.122. REPETITIO EST MATER STUDIORUM. *La repetición es la madre de la ciencia.*

Se trata de una variante del lema *repetita iuvant* (véase el glosario) y destaca la importancia de repetir los conceptos para que puedan aprenderse plenamente.

2.123. RERUM MAGISTRA EXPERIENTIA EST. *La experiencia es maestra de la ciencia.*

(Proverbio medieval)

2.124. RES EST SOLLICITI PLENA TIMORIS AMOR. *El amor es una cosa llena de ansioso temor.*

(Ovidio, *Heroídas*, 1, 2)

Con estas palabras Penélope confiesa a Ulises el temor para los peligros que ha afrontado. El dicho se puede utilizar para manifestar la propia preocupación y temor en relación con las personas amadas.

2.125. RES IPSA INDICAT, LOQUITUR, CLAMAT. *La propia cosa lo demuestra, lo dice, lo proclama.*

Expresión en uso en el derecho que se relaciona con la fórmula según la cual una cosa evidente no necesita ser probada (véase el n.º 1.052).

2.126. RES PARANT SECUNDAE AMICOS OPTIME, ADVERSAE PROBANT. *Los momentos de fortuna atraen a los amigos, las adversidades los ponen a prueba.*

(*Appendix sententiarum*, 182 R²)

2.127. RES PARTA FURTO DURABIT TEMPORE CURTO. *Las cosas adquiridas con el robo duran poco.*

(Proverbio medieval)

Véase también el n.º 1.268.

2.128. RESPICE FINEM. *Vigila como acabará.*

(Máxima medieval)

El lema se utiliza para indicar que es necesario prever las consecuencias de las propias acciones, puesto que no se puede saber cómo acabará una acción hasta que no ha concluido.

2.129. RES SERIAS / [...] EXTOLLO EX HOC DIE IN ALIUM DIEM. *Aplazo los problemas serios de hoy a otro día.*

(Plauto, *Poenulus*, 499)

Véase también el n.º 1.053. Esta expresión se adapta mejor a un ámbito erudito o a un contexto escrito.

2.130. RES SUB AETERNITATIS SPECIE CONCIPIT. *Entiende las cosas desde el punto de vista de la eternidad.*

(Spinoza, *Ética*, 5, 29, 31)

Spinoza se refiere aquí al espíritu, pero la locución se cita actualmente, sobre todo en la forma abreviada *sub specie aeternitatis*, tanto para indicar la consideración de un objeto en su perspectica de eternidad como a propósito de pensadores o personas comunes que consideran los problemas en su globalidad perdiendo de vista los aspectos concretos.

2.131. RES VALET, ARS PRAESTAT, SI RES PERIT, ARS MIHI RESTAT. *Los bienes tienen valor, el oficio todavía más: si los bienes acaban el oficio permanece.*

(Proverbio medieval)

Lema muy pegadizo que destaca la importancia de saber hacer un oficio para poder contrastar las adversidades de la suerte.

2.132. REUS EXCIPIENDO FIT ACTOR. *El demandado, haciendo una excepción, se convierte en actor.*

(*Digesto*, 44, 1, 11)

Esta fórmula jurídica está todavía en uso para indicar que al demandado no le corresponden pruebas. A menos que se haga una excepción; entonces, en este caso, el demandado tiene que asumir las cargas del actor.

2.133. REX REGNAT, SED NON GUBERNAT. *El rey reina pero no gobierna.*

Se trataría de la advertencia que Jan Zamojski hizo al rey de Polonia Segismundo III (1587-1632) que gobernaba con poderes absolutos. El lema lo recuperó Louis-Adolphe Thiers en el año 1830 para indicar que el rey es la suprema autoridad, pero no tiene ningún poder político-administrativo y en este sentido la fórmula se cita todavía en la actualidad.

2.134. REX SEDET IN VERTICE / CAVEAT RUINAM. *El rey se sienta en la cúspide y teme la caída destructora.*

(*Carmina Burana*, «Fortunae plango», 21)

El verso recupera el tema según el cual cuanto más arriba está una persona, más peligrosa será la caída, ya se trate de monarcas, políticos, magnates o directivos.

2.135. RIDENTEM DICERE VERUM QUI VETAT? *¿Qué prohibe decir la verdad bromeando?*

(Horacio, Sátiras, 1, 1, 24)

La fórmula es conocida también como *ridendo dicere vero* y se adapta a esos momentos en los que se consigue decir la verdad de forma irónica y jocosa.

2.136. RIDEO ADVOCATUM QUI PATRONO EGEAT. *Me hace reír el abogado que necesita un defensor.*

(San Jerónimo, Epístolas, 40, 2)

La máxima es muy similar en cuanto a sentido al *medice, cura te ipsum!* (véase el n.º 1.300) e ironiza sobre los que no saben aprovechar el trabajo a su favor.

2.137. RISU INEPTO RES INEPTIOR NULLA EST. *Nada es más inoportuno que una sonrisa inoportuna.*

(Catulo, Carmina, 39, 15)

El verso se refiere a un personaje que tenía siempre la sonrisa en los labios, incluso en los momentos menos oportunos.

2.138. RISUS ABUNDAT IN ORE STULTORUM. *La sonrisa abunda sobre la boca de los tontos.*

Se trata de un lema del latín vulgar, existente ya en la época clásica y que condena la sonrisa inoportuna.

2.139. RISUM TENEATIS, AMICI? *¿Podéis contener la risa, amigos?*

(Horacio, Epístola a los Pisones, 5)

La expresión se cita a menudo a propósito de una situación tan tonta o absurda que no es posible contener la risa. A veces se cita con un punto exclamativo como invitación a no reír.

2.140. ROMA LOCUTA, CAUSA FINITA. *Roma ha hablado, la causa ha terminado.*

(Proverbio medieval)

El dicho se utiliza actualmente todavía para indicar la obediencia total a las decisiones de una autoridad.

2.141. ROMAM VADO ITERUM CRUCIFIGI. *Voy a Roma a que me crucifiquen de nuevo.*

(Pseudo Lino, Actas del martirio
de Pedro)

El dicho sería la respuesta a la famosa pregunta *Quo vadis?* (véase el glosario) formulada por Pedro cuando huía de Jesús que se le había aparecido en una visión. Pedro volvió entonces a Roma donde sufrió el martirio.

2.142. ROMANUS SEDENDO VINCIT. *El romano gana sentándose.*

(Binder, Novus thesaurus adagiorum latinorum, 332)

El proverbio tiene su origen en las demoras de Fabio, ocupado en atrapar la ocasión para salvar a Roma de Aníbal.

2.143. ROMULUS AETERNAE NONDUM FORMAVERAT URBIS / MOENIA. *Rómulo no había construido todavía los muros de la ciudad eterna.*

(Tibulo, 2, 5, 23)

De este verso deriva la locución *Roma aeterna*, utilizada en la actualidad para indicar la sede del papado y por lo tanto de la eterna iglesia de Dios. En cambio, en la acepción latina el término *aeternus* indicaba la imperecedera obligación de Roma de aportar una ordenación jurídica a todas las personas y convertirse por lo tanto en la guía política del mundo.

2.144. RUBOREM AMICO EXCUTERE, AMICUM EST PERDERE. *Hacer sonrojar a un amigo significa perderlo.*

(Publilio Siro, 634)

El dicho es por lo tanto una invitación a no humillar a las personas queridas.

2.145. RUDIS INDIGESTAQUE MOLES. *Masa común e informe.*

(Ovidio, Metamorfosis, 1, 7)

La expresión designa el caos antes de la creación del mundo e indica actualmente un amasijo de objetos desordenados y sin lógica.

2.146. RUMORES FUGE, NE INCIPIAS NO-
VUS AUCTOR HABERI: / NAM NULLI TACUIS-
SE NOCET, NOCET ESSE LOCUTUM. *Huye
de los cotilleos para que no adquieras la
reputación de ser un maledicente: a nadie le
hace daño haberse callado, mas le perjudica
haber hablado.*

(Catón, *Dísticos*, 1, 12)

De este dístico es más conocida la segunda
parte que recupera el motivo de la contraposición entre hablar y callar.

2.147. RUSTICUS EXPECTAT DUM DEFLUANT
AMNIS. *El villano espera [para atravesar] a
que el río haya pasado.*

(Horacio, *Epístolas*, 1, 2, 42)

El dicho se refiere a una persona ciega o extremadamente perezosa.

S

2.148. SACRA MISCERE PROFANIS. *Mezclar las cosas sagradas con las profanas.*

(Horacio, *Epístolas*, 1, 16, 54)

El dicho se utiliza actualmente en el sentido de crear confusión, «meter en el mismo saco».

2.149. SACRA POPULI LINGUA EST. *La lengua del pueblo es santa.*

(Séneca el rétor, *Controversiarum excerpta*, 1, 1)

En la base de esta afirmación está la concepción de la fama como divinidad y que el pueblo mantiene en vida las voces o las gestas de los héroes.

2.150. SACRILEGIA MINUTA PUNIUNTUR, MAGNA IN TRIUMPHIS FERUNTUR. *Los delitos pequeños son castigados, los grandes llevados hasta el triunfo.*

(Horacio, *Epístolas*, 87, 23)

El dicho se refiere claramente a la deshonestidad de los gobernantes que consiguen siempre dar golpe en bola.

2.151. SAEPE CABALLUS ERIT QUI PULLI MORE SUBHINNIT. *A menudo será un caballo aquel que ahora realiza pequeños relinchos de potrillo.*

(Proverbio medieval)

El lema recupera el tema de las pequeñas cosas destinadas a hacerse fuertes y grandes.

2.152. SAEPE DAT UNA DIES, QUOD TOTUD DENEGAT ANNUS. *A menudo un único día da lo que todo un año rechaza.*

(Proverbio medieval)

Véase también el n.º 2.243.

2.153. SAEPE EST ETIAM SUB PALLIOLO SORDIDO SAPIENTIA. *A menudo la sabiduría se encuentra incluso bajo una capa sucia.*

(Cecilio. *Fragmentos*, 266 R^2)

El dicho recupera el tema de la discrepancia entre aspecto exterior y cualidades interiores.

2.154. SAEPE ETIAM EST OLITOR VALDE OPPORTUNA LOCUTUS. *Incluso el hortelano supo decir a veces cosas muy oportunas.*

(Macrobio, *Saturnalia*, 6, 7)

El dicho es una invitación a no infravalorar la sabiduría de las personas sencillas o poco instruidas.

2.155. SAEPE FIT UT CATULUS DAT MAXIMA VULNERA PARVUS. *A menudo sucede que un cachorro de perro provoque graves heridas.*

(Proverbio medieval)

Este dicho exhorta a no infravalorar la fuerza de los pequeños (véase el n.º 22).

2.156. SAEPE SAGITTANTEM DIDICIT REFERIRE SAGITTA, / INQUE REUM CONVERSA RECURRERE PLAGA. *A menudo el dardo sabe golpear a quien lo ha lanzado y la red recaer sobre quien la ha arrojado.*

La máxima es una invitación a luchar contra las injusticias sufridas con las mismas armas.

2.157. SAEPE STYLUM VERTAS, ITERUM QUAE DIGNA LEGI SINT / SCRIPTURUS. *Gira a menudo el punzón para poder escribir cosas dignas de ser leídas.*

(Horacio, *Sátiras*, 1, 10, 72)

El punzón tenía efectivamente una parte puntiaguda para escribir sobre las tablas de cera y una plana para borrar. El dicho es por lo tanto una invitación al trabajo de corrección y reelaboración y como tal se cita todavía.

2.158. SAEPE SUMMA INGENIA IN OCCULTO LATENT. *A menudo los grandes ingenios permanecen escondidos.*

(Plauto, *Captivi*, 165)

2.159. SAEPIUS EMENDANT INCAUTUM DAMNA ALIENA, / FLAMMARUMQUE MINAE VICINO ARDENTE TIMENTUR. *A menudo los perjuicios ajenos corrigen las imprudencias y se temen las amenazas de las llamas cuando quema la casa del vecino.*

(Proverbio medieval)

Véase también el n.º 2.348.

2.160. SAEVIOR TRISTI BUSIRIDE. *Más cruel que el feroz Busiris.*

(Ovidio, *Tristia*, 3, 11, 39)

Busiris sacrificaba y devoraba a sus huéspedes y fue muerto por Hércules en una de sus peleas.

2.161. SALUS CIVITATIS IN LEGIBUS EST. *La salvación de los ciudadanos se encuentra en la ley.*

(Cicerón,
Pro Cluentio, 53)

La tarea de la ley debería ser de hecho la de defender a los inocentes y castigar a los culpables.

2.162. SALUS POPULI SUPREMA LEX ESTO. *Que la salvación del pueblo sea ley suprema.*

(Cicerón, *De legibus*, 3, 3)

El lema se cita todavía en la actualidad sobre todo en los discursos públicos, en la propaganda política y en la oratoria.

2.163. SAPIENS [...] SECUM EST. *El sabio está consigo mismo.*

(Séneca, *Cartas*, 9, 16)

El dicho no indica el hecho de vivir apartado de la vida pública en la propia torre de marfil, sino ese profundo conocimiento de

sí mismo que se encuentra en la base de una sana relación con el prójimo.

2.164. SAPIENS, UT LOQUATUR, MULTO PRIUS CONSIDERET. *El sabio, para hablar, primero tiene que meditar mucho.*

El lema se atribuye a San Jerónimo y está muy extendido como exhortación a ponderar lo que se tiene que decir.

2.165. SAPIENTIA ABSCONSA ET THESAURUS INVISUS, QUAE UTILITAS IN UTRISQUE? *Sabiduría escondida y tesoro oculto, ¿en qué se favorecen?*

(Zacarías, 20, 30)

El dicho se entiende como invitación a no mantener escondidas las propias capacidades, sino a cultivarlas poniéndolas a disposición de los demás.

2.166. SAPIENTIA AEDIFICAVITUR DOMUS ET PRUDENTIA ROBURABITUR. *La sabiduría construye la casa y la prudencia la refuerza.*

(Proverbios, 24, 3)

2.167. SAT EDEPOL SCIO / OCCISAM SAEPE SAPERE PLUS MULTO SUEM. *Lo sé muy bien que a menudo sabe mucho más una cerda degollada.*

(Plauto, *Miles gloriosus*, 586)

El verso juega sobre el doble significado del verbo *sapere*: «conocer» y «tener sabor». El dicho indica de todos modos una persona tan estúpida que incluso un cerdo sería más inteligente.

2.168. SATIS EST EQUITEM MIHI PLAUDERE. *Para mí es suficiente que me aplauda un caballero.*

(Horacio, *Sátiras*, 1, 10, 76)

El verso se cita a menudo para indicar el desprecio por la opinión del pueblo.

2.169. SCELERA NON HABERE CONSILIUM. *Los delitos no tienen cerebro.*

(Quintiliano, *Instituciones oratorias*,
7, 2, 44)

El dicho se cita a propósito de los que cometen un crimen en un momento de ira, sin reflexionar.

2.170. SCIUNT ID QUOD IN AUREM REX RE-GINAE DIXERIT, / SCIUNT QUOD IUNO FABU-LATAST CUM IOVE. *Saben lo que el rey le ha dicho al oído a la reina, conocen las conversaciones entre Juno y Júpiter.*

(Plauto, *Trinummus*, 207)

El dicho se refiere a las mujeres chismosas que quieren saber siempre todo de todos.

2.171. SCIRE EST REMINISCI. *Saber es recordar.* La memoria es de hecho una parte fundamental del aprendizaje y de la cultura.

2.172. SCIRE LEGES NON EST VERBA EARUM TENERE, SED VIM AC POTESTATEM. *Conocer las leyes no significa tener en la mente las palabras, sino el espíritu y la fuerza.*

(Celso, *De legibus*, 1, 17)

Las leyes se tienen que interpretar de hecho y no aplicarse rígidamente a la letra.

2.173. SCRIPTORES AUTEM NARRARE PUTA-RET ASELLO / FABELLAM SURDO. *Pensaría que los escritores explican una historia a un asno sordo.*

(Horacio, *Epístolas*, 2, 1, 199)

Así pensaría Demócrito si viera las reacciones del público en los espectáculos. Hablar a un asno significa de hecho hablar a alguien que no entiende.

2.174. SEMEL ABBAS, SEMPER ABBAS. *Aquel que fue sacerdote una vez, será sacerdote para siempre.*

(Proverbio medieval)

El dicho significa que es difícil dejar las costumbres y las ideas que han acompañado durante largo tiempo a una persona.

2.175. SEMEL IN ANNO LICET INSANIRE. *Una vez al año es lícito hacer el loco.*

(Proverbio medieval)

La expresión se utiliza actualmente la mayoría de las veces con referencia al carnaval, pero también para decir que de vez en cuando a todos se nos permite cometer alguna locura.

2.176. SEMIPUTATA TIBI FRONDOSA VITIS IN ULMO EST. *Los sarmientos de tu vid abra-*

zada al olmo están podados sólo hasta la mitad.

(Virgilio, *Bucólicas*, 2, 70)

El dicho podría indicar tanto una cierta negligencia en realizar un trabajo como un acto de locura, puesto que antiguamente se pensaba que aquel que bebía vino de una vid sin podar era un loco.

2.177. SE MORTUO TERRAM MISCERI IGNI-BUS IUBET. *Después de su muerte la tierra puede mezclarse incluso con el fuego.*

(Séneca, *De clementia*, 2, 2, 2)

Séneca parafrasea un lema griego que invita a no preocuparse por el futuro.

2.178. SEMPER AVARUS EGET. *El avaro tiene siempre necesidades.*

(Horacio, *Epístolas*, 1, 2, 56)

El verso continúa luego con la exhortación a poner un límite a los deseos.

2.179. SEMPER CUM DENTE REMANEBIT LIN-GUA DOLENTE. *La lengua se detendrá siempre sobre el diente que hace daño.*

(Proverbio medieval)

El dicho corresponde exactamente a nuestro «allá va la lengua donde la muela duele».

2.180. SENECTA ENIM CAUSAE EVENTORUM MAGIS MOVENT QUAM IPSA EVENTA. *Hacen siempre más impresión las causas de los acontecimientos que los propios acontecimientos.*

(Cicerón, *Cartas a Ático*, 9, 5, 2)

2.181. SENECTA LEONIS PRAESTANTIOR HIN-NULORUM IUVENTA. *El león viejo es más fuerte que los cervatillos jóvenes.*

(Proverbio medieval)

El proverbio es de origen griego y significa que los fuertes incluso en la vejez son más fuertes que los incapaces.

2.182. SENECTUS ENIM INSANABILIS MOR-BUS EST. *La vejez es una enfermedad incurable.*

(Séneca, *Cartas*, 108, 28)

La expresión recupera el tema, bastante extendido, de la vejez como enfermedad.

2.183. SENECTUTEM UT ADIPISCANTUR OM-NES OPTANT, EANDEM ACCUSANT ADEPTI. *Todos desean llegar a la vejez, pero cuando llegan a ella la acusan.*

(Cicerón, *De senectute*, 2, 4)

2.184. SENEM IUVENTUS PIGRA MENDICUM CREAT. *Una juventud gandula nos hace ser mendigos de viejos.*

(Proverbio medieval)

Por lo tanto, es necesario trabajar de jóvenes para poderse mantener de viejos.

2.185. SENILIS IUVENTA PRAEMATURAE MORTIS SIGNUM. *Ser viejos de jóvenes es un signo de muerte prematura.*

(Plinio el Viejo, *Historia natural*, 7, 171)

En la Antigüedad estaba muy extendida la creencia de que las personas precoces morían jóvenes.

2.186. SEPTEM CONVIVIUM, NOVEM VERO CONVICIUM. *Siete es un banquete, nueve una algarabía.*

(Julio Capitolino, *Vida de Varo*, 5, 1)

Se trata de una regla que pretende establecer el número correcto de invitados y como de todos es sabido en el mundo antiguo los números tenían una complicada simbología.

2.187. SERA PARSIMONIA IN FUNDO EST. *Tarde se ahorra cuando se está en las últimas.*

(Séneca, *Cartas*, 1, 5)

El dicho se tradujo de un fragmento de Hesiodo (*los trabajos y los días*, 369), donde se acompaña a la imagen de un cántaro de vino de la que se debe extraer en abundancia al principio y al final, con parsimonia a la mitad.

2.188. SERBARE MODUM FINESQUE TENERE. *Conservar la medida en todo y mirar siempre a un fin.*

(Lucano, *Farsalia*, 2, 381)

Expresión que se puede citar como regla de comportamiento general.

2.189. SERIUS AUT CITIUS SEDEM PROPERA-MUS AD UNAM. *Antes o después nos apresuramos todos hacia un único lugar.*

(Proverbio medieval)

El dicho recupera un antiguo motivo según el cual los mortales tienen que recorrer todos el mismo camino.

2.190. SERO IN PERICLIS EST CONSILIUM QUAERERE. *Es tarde pedir consejo cuando nos encontramos en peligro.*

(Publilio Siro, S 42)

El dicho se refiere a personas imprudentes que reflexionan cuando ya es demasiado tarde.

2.191. SERO PARAS STABULUM TAURUM IAM FURE TRAHENTE. *Preparas el establo tarde, cuando ya el ladrón se está llevando al toro.*

(Proverbio medieval)

El dicho equivale a nuestro «ponerle puertas al campo» (véase también el n.º 387).

2.192. SERO POST TEMPUS VENIS. *Vienes tarde, después del momento oportuno.*

(Plauto, *Captivi*, 870)

La expresión se puede dirigir a un amigo que se presenta tarde a un encuentro (véase también el n.º 391).

2.193. SI ACUM, CREDO, QUAERERES, / ACUM INVENISSES. *Creo que si hubieras buscado una aguja habrías encontrado una aguja.*

(Plauto, *Menaechmi*, 238)

El dicho indica una búsqueda meticulosa y sistemática.

2.194. SI AD NATURAM VIVES, NUMQUAM ERIS PAUPER; SI AD OPINIONES, NUMQUAM ERIS DIVES. *Si vives según la naturaleza, no serás nunca pobre; si vives según los caprichos, no serás nunca rico.*

(Séneca, *Cartas*, 16, 7)

La máxima invita a no querer buscar los bienes superfluos sino a volver a la naturaleza.

2.195. SI AD SEPULCRUM MORTUO NARRET LOGOS. *Como si explicara historias a un muerto cerca de la tumba.*

(Plauto, *Bacchides*, 519)

El dicho indica una acción inútil y completamente ineficaz.

2.196. SI ARVIS SEMINA CREDERES, FERACES INTER SE ANNOS STERILESQUE PENSARES. *Si confiaras tus semillas a los campos, calcularías añadas fértiles y añadas estériles.*

(Boecio, *La consolación por la filosofía*, 2, 1)

Se trata de una invitación a tener en cuenta, en los propios proyectos, incluso en los acontecimientos repetidos por la fortuna.

2.197. SIBI QUISQUE DAT MORES, MINISTERIA CASUS ADSIGNAT. *Cada uno da a sí mismo las costumbres; la casualidad atribuye las cargas.*

(Séneca, *Cartas*, 47, 15)

Es decir, que raramente las personas honestas consiguen gobernar.

2.198. SI CHARTA CADIT TOTA SCIENTIA VADIT. *Si cae el papel, desaparece toda la ciencia.*

(Proverbio en latín macarrónico)

El verso se refiere a los que no saben improvisar un discurso o responder a una pregunta y tienen que prepararse siempre apuntes escritos.

2.199. SIC ILLIUS VOX CRESCEBAT TAMQUAM TUBA. *Su voz crecía como el sonido de una trompeta.*

(Petronio, *Satiricón*, 44, 9)

El dicho indica una voz alta y poderosa.

2.200. SIC ORBIS VERTITUR TAMQUAM MOLA, ET SEMPER ALIQUID MALI FACIT, UT HOMINES AUT NASCANTUR AUT PEREANT. *De esta forma el círculo (es decir el firmamento) gira como una muela y realiza siempre algún mal haciendo en modo que los hombres o nazcan o mueran.*

(Petronio, *Satiricón*, 39, 13)

Expresión adecuada a un ámbito erudito, citada para indicar la insconstancia del destino.

2.201. SIC PLERUMQUE DOLUS PROPIIS ELUDITUR ARMIS, / ET QUAE QUIS DICTAT ALIIS MALA, CLAUDICAT HISDEM. *El engaño se trai-*

ciona normalmente con sus mismas armas; quien tiende trampas a los demás, tropezará con ellas.

(Proverbio medieval)

Sentencia moral que destaca el hecho de que el mal y el engaño recaen siempre sobre quien los ha ideado.

2.202. SIC TRANSIT GLORIA MUNDI. *De esta forma pasa la gloria del mundo.*

El dicho deriva de la ceremonia de la incoronación del papa y se cita a menudo en el lenguaje común sobre todo a propósito de personas antes grandes y famosas que han caído luego en la miseria o han sido olvidadas.

2.203. SICUT DOMINO PLACUIT ITA FACTUM EST. *Se ha realizado tal como gusta al Señor.*

(Job, 1, 21)

El dicho indica una ciega aceptación de la voluntad divina.

2.204. SICUT ERAT IN PRINCIPIO. *Como era en un principio.*

Estas palabras forman parte de la llamada «doxología menor» (*Gloria Patri*) y se citan a menudo a propósito de trabajos o empresas que no progresan o situaciones que no mejoran.

2.205. SICUT MATER ITA ET FILIA EIUS. *Como la madre, igual es también la hija.*

(Ezequiel, 16, 44)

El dicho se puede citar como variante al femenino del más famoso *qualis pater talis filius* (véase el n.º 1.971).

2.206. SICUT POPULUS, SIC SACERDOS. *Tal como es el pueblo, así es el sacerdote.*

(Oseas, 4, 9)

El dicho invita a los sacerdotes a educar a su pueblo no sólo con las palabras sino también con el ejemplo.

2.207. SIC VOS, NON VOBIS. *Así vosotros, no para vosotros.*

(Pseudo Donato, *Vida de Virgilio*, 17, 70)

El dicho se utiliza actualmente para indicar la estafa del que se apropia de la obra ajena o para constatar que los propios esfuerzos han servido a otros.

2.208. SI DEFICIT FENUM ACCIPE STRAMEN. *Si falta el heno, coge paja.*

(Proverbio medieval)

El dicho significa que es necesario conformarse con lo que se tiene y adaptarse a la propia condición.

2.209. SI EST TIBI SERVUS FIDELIS, SIT TIBI QUASI ANIMA TUA, QUASI FRATREM SIC EUM TRACTA. *Si tienes un siervo fiel, al que aprecias como a tu alma, trátalo como un hermano.*

(Zacarías, 33, 31)

El amor y la benevolencia no son todavía gratuitas, pero se dan como norma para no hacer escapar a los esclavos y conseguir que sigan siendo fieles al patrón.

2.210. SI FORE VIS SANUS ABLUE SAEPE MANUS. *Si quieres estar sano lávate a menudo las manos.*

(Escuela de Salerno)

2.211. SI HORTUM IN BIBLIOTHECA HABES, DEERIT NIHIL. *Si al lado de la biblioteca hay un jardín no faltará nada.*

(Cicerón, *Epistulae ad familiares*, 9, 4)

Cicerón se refiere a los dos símbolos fundamentales de la nutrición espiritual y material, los dos necesarios para el hombre en igual medida.

2.212. SILENTIUM SAPIENTIBUS RESPONSI LOCO EST. *El silencio es para los sabios como una respuesta.*

(Proverbio medieval)

El dicho deriva de un fragmento de Eurípides y está relacionado con el tópico que exalta el silencio y el ser parcos en palabras como la mayor cualidad de sabios y filósofos.

2.213. SILENT LEGES INTER ARMA. *Las leyes se quedan mudas ante las armas.*

(Cicerón, *Pro Milone*, 4, 11)

El dicho se cita todavía actualmente para decir que el uso de las armas y de la violencia impide resolver las controversias según la razón y el derecho.

2.214. SI MIHI PERGET QUAE VULT DICERE, EA QUAE NON VULT AUDIET. *Si continúa diciéndome lo que quiere, escuchará lo que no quiere.*

(Terencio, *Andria*, 920)

El dicho significa que las afirmaciones malignas provocan una respuesta igualmente maligna.

2.215. SIMILEM HABENT LABRA LACTUCAM ASINO CARDUOS COMEDENTE. *Los labios mantienen sujeta la lechuga como cuando el asno se come el cardo.*

(San Jerónimo, *Epístolas*, 7, 5)

Lema gracioso cuyo significado parece ser el de que para el tonto la mejor cosa equivale a la peor.

2.216. SIMILIA SIMILIBUS CURENTUR. *Que cada cosa se cure con su similar.*
Es el lema de la medicina homeopática.

2.217. SIMUL FLARE SORBEREQUE HAUD FACTU FACILE EST. *No es fácil soplar y tragar al mismo tiempo.*

(Plauto, *Mostellaria*, 791)

El proverbio destaca la imposibilidad de hacer dos cosas contemporáneamente o de querer ir más allá de los propios límites.

2.218. SI MUTARE POTEST AETHIOPS PELLEM SUAM. *Si el etíope puede cambiar el color de su propia piel.*

(Jeremías, 13, 23)

El verso continúa con la pregunta de cómo la gente acostumbrada a hacer el mal puede hacer el bien. La comparación del etíope estaba de hecho muy extendida para indicar la inmutabilidad de las condiciones naturales. El dicho se puede citar actualmente para indicar una conversión o un cambio que se considera imposible.

2.219. SINCERUM EST NISI VAS, QUODCUMQUE INFUNDIS ACESCIT. *Si el frasco no está limpio, cualquier cosa que metas dentro se agriará.*

(Horacio, *Epístolas*, 1, 2, 54)

El dicho pone en evidencia la influencia deletérea de un ambiente negativo, sobre todo en el ámbito educativo. Es famosa de hecho la comparación del alumno con el frasco.

2.220. SINE AMORE IOCISQUE / NIL EST IO-CUNDUM. *Sin amor y sin alegría nada es placentero.*

(Horacio, *Epístolas*, 1, 6, 65-66)

Expresión que destaca la importancia de la alegría para iluminar la vida.

2.221. SINE CERERE ET LIBERO FRIGET VE-NUS. *Sin Ceres y Baco, Venus tiene frío.*

(Terencio, *Eunuchus*, 732)

El dicho significa que el amor para no disminuir necesita comida (Ceres) y vino (Líbero o Baco).

2.222. SINE IRA ET STUDIO. *Sin ira y sin simpatía.*

(Tácito, *Anales*, 1, 1, 3)

Expresión citada a propósito de un trabajo realizado de forma objetiva y sin implicaciones emotivas.

2.223. SINE PEDIBUS DICUNT ESSE FORTU-NAM, QUAE MANUS ET PINNAS TANTUM HA-BET. *Se dice que la fortuna no tiene pies sino sólo manos y alas.*

(Curcio Rufo, *Historia de Alejandro Magno*, X, 7, 8, 25)

Máxima que indica la fugacidad de la fortuna.

2.224. SINE PENNIS VOLARE HAUD FACILE EST. *No es fácil volar sin alas.*

(Plauto, *Poenulus*, 871)

El dicho indica el querer afrontar una acción sin los medios adecuados.

2.225. SINE UT MORTUI SEPELIANT MOR-TUOS SUOS. *Deja que los muertos entierren a sus muertos.*

(Lucas, 9, 60)

El verso se cita actualmente como exhortación a no cuidar las cosas pasadas y a actuar sin demora por una buena causa.

2.226. SINITE PARVULOS VENIRE AD ME. *Dejad que los niños vengan a mí.*

(Marcos, 10, 14)

Jesús afirma de hecho que sólo aquel que tiene el corazón puro de los niños podrá entrar en el reino de los cielos.

2.227. SINT UT SUNT AUT NON SINT. *Que sean como son o que no sean.*

El lema no es de origen clásica pero se trataría de la respuesta del general de los jesuitas, el padre Lorenzo Ricci, al papa Clemente XIV que imponía una reforma del orden. El dicho indica actualmente la firme voluntad de no cambiar.

2.228. SI OMNIA NOBIS QUAE AD VICTUM CULTUMQUE PERTINENT QUASI VIRGULA DI-VINA [...] SUPPEDITARENTUR. *Si todo lo que se refiere al comer y al beber se nos concediera como con la varita de un dios.*

(Cicerón, *De officiis*, 1, 44, 158)

Cicerón sostiene que si no nos tuviéramos que preocupar del mantenimiento material, las capacidades humanas podrían dirigirse completamente a la lectura y a la ciencia. Esta exclamación se adapta por lo tanto a personas cultas y amantes del estudio.

2.229. SI PARVA LICET COMPONERE MAGNIS. *Si se pueden comparar las grandes cosas con las pequeñas.*

(Virgilio, *Geórgicas*, 4, 176)

Con estas palabras Virgilio introduce la comparación entre el trabajo de las abejas para producir la miel y el de los cíclopes para preparar los rayos. El dicho se utiliza actualmente en las conversaciones, con una connotación de modestia, cuando se realiza una comparación de nivel superior.

2.230. SI PIUS ET MITIS VITIUMQUE TYRAN-NIDIS HORRENS / ERGA SUBIECTOS COR GE-NITRICIS HABE! *Si eres devoto, dócil y aborreces el vicio de la tiranía, debes tener hacia los sometidos el corazón de una madre.*

(Proverbio medieval)

Se trata de la variación de un famoso verso de Virgilio (véase el n.° 1.802) que ejemplifica las cualidades del gobernante sabio.

2.231. SI POSSIBILE EST TRANSEAT A ME CA-LIX ISTE. *Si es posible, que se aleje de mí este cáliz.*

(Mateo, 26, 39)

Son las famosas palabras de Jesús en el huerto de los olivos y pueden utilizarse actualmente cuando se tiene que afrontar una situación difícil, pero se querría poder evitar.

2.232. SI QUIETEM MAVIS, DUC UXOREM PAREM. *Si prefieres la calma toma una mujer igual a ti.*

(Quintiliano, *Declamationes maiores*, 306)

El dicho se puede citar en la actualidad no sólo con referencia a la igualdad social sino también a las cualidades morales y a la comunidad de intereses.

2.233. SI QUIS NON VULT OPERARI NEC MANDUCET. *Aquel que no quiera trabajar que tampoco coma.*

(San Pablo, *Epístola a los tesalonicenses*, 2, 3, 10)

El dicho es muy famoso y se cita todavía en la actualidad para decir que cada uno tiene que ganarse el pan y pagar el propio tributo para no ser un peso sobre los hombros de los demás. Se recuperó durante la propaganda socialcomunista y apareció paradójicamente en la Constitución soviética del año 1918.

2.234. SI STIMULOS PUGNIS CAEDIS, MANIBUS PLUS DOLET. *Si das puñetazos a un aguijón, te harán más daño las manos.*

(Plauto, *Truculentus*, 768)

El dicho indica una acción inútil, estúpida y además perjudicial.

2.235. SI TIBI DEFICIANT MEDICI, MEDICI TIBI FIANT HAEC TRIA: MENS LAETA, REQUIES, MODERATA DIAETA. *Si no tienes médico, que sean para ti médicos estas tres cosas: ánimo alegre, reposo y dieta moderada.*

(Escuela de Salerno)

2.236. SIT PROCUL OMNE SCELUS; UT AMERIS AMABILIS ESTO. *Que se mantenga alejada la maldad: para que te amen tienes que ser amoroso.*

(Proverbio medieval)

Variante medieval del dicho *si vis amari ama* (véase el n.º 2.237).

2.237. SI VIS AMARI AMA. *Si quieres que te amen, ama.*

(Séneca, *Cartas*, 9, 6)

Dicho atribuido por Séneca a Ecatone y que expresa un concepto fundamental del amor recíproco.

2.238. SI VIS PACEM PARA BELLUM. *Si quieres la paz prepara la guerra.*

(Vegecio, 3 prol.)

Lema muy famoso citado a menudo para avalar la teoría de que para mantener la paz es necesario inspirar temor en el adversario y estar preparados para la guerra.

2.239. SI VITAM INSPICIAS HOMINUM, SI DENIQUE MORES, / CUM CULPANT ALIOS: NEMO SINE CRIMINE VIVIT. *Observa la vida de los hombres y observa sus costumbres cuando inculpan a los demás: ninguno vive sin culpas.*

(Catón, *Dísticos*, 1, 5)

Sentencia moral adecuada sobre todo a un ámbito erudito.

2.240. SOFFOCANT PARVAE COMMODA MAGNA MORAE. *Las pequeñas demoras sofocan las grandes ventajas.*

(Proverbio medieval)

El dicho recupera tanto el tema de dar rápidamente como el de no demorarse en hacer las cosas.

2.241. SOLAMEN MISERIS SOCIOS HABUISSE MALORUM. *Es una consolación para los miserables haber tenido compañeros de desgracias.*

(Spinoza, *Ética*, 4, 57)

El hecho de sufrir juntos alivia de hecho el dolor. Conceptualmente el dicho es similar a «mal de muchos consuelo de tontos».

2.242. SOLENT MENDACES LUERE POENA(S) MALEFICI. *Los mentirosos normalmente reciben el castigo de su mismo vicio.*

(Fedro, 1, 17, 1)

Acerca de esto se puede recordar la fábula del pastorcillo que se divertía gritando

«¡al lobo!». Cuando el lobo se acerco realmente, la gente no corrió en su ayuda.

2.243. SOLET HORA, QUOD MULTI ANNI ABSTULERUNT, REDDERE. *Un único momento restituye normalmente lo que han eliminado muchos años.*

(Publilio Siro, S 26)

La expresión significa que en un breve lapso de tiempo pueden suceder acontecimientos imprevistos pero afortunados que compensan de eventuales sufrimientos.

2.244. SOLIUS AFFATUS EST SERMO DIMIDIATUS, / SED CUM AUDITUR RELIQUUS, TUNC RES APERITUR. *El discurso que se hace sólo a uno se queda en la mitad; cuando se escucha también a la otra parte entonces la cuestión se aclara.*

(Proverbio medieval)

Véase el n.º 219.

2.245. SOLLICITAE IUCUNDA OBLIVIA VITAE. *El dulce olvido de la vida despreocupada.*

(Horacio, *Sátiras*, 2, 6, 60-62)

Expresión adecuada a los periodos de vacaciones durante los cuales se olvida el estrés y la vida de la ciudad.

2.246. SOMNIA NE CURES, NAM MENS HUMANA QUOD OPTAT, / DUM VIGILAT SPERAT, PER SOMNIUM CERNIT ID IPSUM. *No prestar atención a los sueños: lo que la mente humana desea, cuando está despierta lo espera, cuando duerme lo ve realizarse.*

(Catón, *Dísticos*, 2, 31)

El dicho invita a no abandonarse a los sueños puesto que son fuente de falsas ilusiones.

2.247. SONUS GEMINAS MIHI CIRCUMIT AURES. *Un ruido ronda mis dos orejas.*

(Estacio, *Silvae*, 4, 4, 26)

El dicho deriva de la creencia según la cual, cuando se habla de otro, este advierte un zumbido o un silbido en las orejas.

2.248. SORS EST SUA CUIQUE FERENDA. *Cada uno tiene que soportar pacientemente la propia suerte.*

(Manilio, *Astronomicon*, 4, 22)

2.249. SPECTATUM VENIUNT, VENIUNT SPECTENTUR UT IPSAE. *Vienen para admirar y para que las admiren.*

(Ovidio, *Arte de amar*, 1, 99)

Ovidio se refiere a las mujeres que van al teatro más para hacerse admirar que para ver el espectáculo.

2.250. SPEMQUE METUMQUE INTER DUBII. *Dudosos entre la esperanza y el temor.*

(Virgilio, *Eneida*, 218)

Eneas y los compañeros, después del naufragio, esperan que los compañeros estén todavía vivos, pero les temen muertos. La expresión se cita actualmente para designar momentos de gran incertidumbre.

2.251. SPEM TENEO, SALUTEM AMISI, REDEAT AN NON, NESCIO. *Tengo esperanza, la salvación la he perdido; si volverá o no, no lo sé.*

(Plauto, *Mercator*, 592)

El dicho indica la pérdida de un bien precioso o una certidumbre, de la que permanece una débil esperanza.

2.252. SPES ULTIMA DEA. *La esperanza es la última diosa.*

(Máxima tardolatina)

El dicho deriva de una tradición, presente en *Los trabajos y los días* de Hesiodo, según el cual Pandora había destapado el frasco que le había confiado Zeus, desperdigando de esta forma todos los bienes y extendiendo los males entre los hombres. En el frasco quedó sólo la esperanza.

2.253. SPIRITUS QUIDEM PROMPTUS EST, CARO AUTEM INFIRMA. *El espíritu está preparado pero la carne es débil.*

(Mateo, 26, 41)

Con estas palabras Jesús invita a los discípulos a vigilar para no caer en la tentación. El dicho es pronunciado de hecho actualmente como justificación cuando se cede a las tentaciones.

2.254. SPIRITUS UBI VULT SPIRAT. *El espíritu sopla donde quiere.*

(Juan, 3, 8)

El versículo tiene un profundo significado teológico; en el lenguaje común se utiliza para indicar la casualidad de la vida.

2.255. SPONTE BONIS MOS EST CONVIVIA ADIRE BONORUM. *Los buenos van al banquete de los buenos sin invitación.*

(Proverbio medieval)

2.256. SPONTE SEQUENS NON EST INIECTO FUNE TRAHENDUS. *Cuando uno viene de forma espontánea no debemos arrastrarlo con la cuerda.*

(Proverbio medieval)

El dicho está relacionado con el motivo según el cual es fácil arrastrar a los que vienen de forma voluntaria.

2.257. STAT MAGNI NOMINIS UMBRA. *Queda la sombra del gran nombre.*

(Lucano, *Farsalia*, 1, 135)

El dicho indica una fama grande e imperecedera.

2.258. STAT SUA CUIQUE DIES. *Todos tenemos nuestro día.*

(Virgilio, *Eneida*, 10, 467)

Con estas palabras Júpiter consuela a Hércules por la muerte de Palante. Para cada uno está fijado el día de la muerte y ni siquiera los dioses pueden cambiar este destino.

2.259. STIMULOS DEDIT AEMULA VIRTUS. *La virtud emuladora dio el estímulo.*

(Lucano, *Farsalia*, 1, 120)

La virtud empuja de hecho al hombre a realizar acciones nobles.

2.260. STOLIDUM PLENO VELLERE CARPE PECUS. *Elimina todo el vello del carnero.*

(Propercio, *Elegías*, 2, 16, 8)

Estas palabras son una invitación a Cinzia a «desplumar» a un despilfarrador. El dicho sería por lo tanto una exhortación a aprovecharse de alguien o de algo al máximo.

2.261. STULTITIAST [...] VENATUM DUCERE INVITAS CANES. *Es una tontería llevar a cazar a perras desganadas.*

(Plauto, *Stichus*, 139)

La máxima está relacionada con el motivo según el cual todo se hace difícil si no se tienen ganas de hacerlo.

2.262. STULTORUM INCURATA PUDOR MALUS ULCERA CELAT. *Los bobos, en su estúpido pudor, esconden las heridas sin curarlas.*

(Horacio, *Epístolas*, 1, 16, 24)

El dicho se refiere a personas estúpidas y orgullosas que se avergüenzan de pedir ayuda y, por lo tanto, agravan su situación negativa.

2.263. STULTORUM INFINITUS EST NUMERUS. *El número de bobos es infinito.*

(Eclesiastés, 1, 15)

El texto judío dice en realidad «aquel que falta no se puede contar»; la fórmula latina de todos modos se cita a menudo como exclamación frente a acontecimientos fruto de acciones tontas e ilógicas.

2.264. STULTUM FACIT FORTUNA QUEM VULT PERDERE. *La fortuna hace volver bobo a aquel que quiere destruir.*

(Publilio Siro, S 29)

Véase también el n.º 2.097.

2.265. SUAE QUEMQUE FORTUNAE MAXIME POENITET. *Cada uno se lamenta al máximo de su propia suerte.*

(Cicerón, *Epistulae ad familiares*, 6, 1)

2.266. SUA MULTI AMITTUNT CUPIDE CUM ALIENA APPETUNT. *Muchos pierden las propias cosas intentando coger ansiosamente las de los demás.*

(*Appendix sententiarum*, 174 R^2)

El dicho reúne el motivo del aceptar lo que se tiene y el de la envidia en relación con el prójimo.

2.267. SUAVE [...] E TERRA MAFNUM ALTERIUS SPECTARE LABOREM. *Es agradable ver desde tierra firme la angustia ajena.*

(Lucrecio, *Sobre la naturaleza de las cosas*, 2, 1-2)

El verso describe el estado de ánimo tranquilo y seguro de quien desde tierra firme ve a los marineros que se enfrentan a la tormenta.

2.268. SUB FIGURA CORPORIS MORTUI. *A modo de cadáver.*

(San Francisco de Asís)

Con estas palabras San Francisco invita a seguir literalmente los preceptos evangélicos.

2.269. SUB LEGE LIBERTAS. *La libertad en la ley.*

La verdadera libertad se tiene de hecho cuando todos respetan las leyes.

2.270. SUBLIMI FERIAM SIDERA VERTICE. *Tocaré las estrellas con la cabeza.*

(Horacio, *Odas*, 1, 1, 36)

El lema puede emplearse para expresar una gran alegría y felicidad.

2.271. SUB NIVE QUOD TEGITUR, CUM NIX PERIT, OMNE VIDETUR. *Cuando la nieve se va, se ve todo lo que la nieve escondía.*

(Proverbio medieval)

El dicho recupera el tema según el cual el tiempo hace aparecer la verdad o desvela cosas que se querían esconder.

2.272. SUB QUA NUNC RECUBAS ARBORE VIRGA FUIT. *El árbol a la sombra del cual ahora te escondes era un vástago.*

(Ovidio, *Arte de amar*, 2, 342)

El verso recupera el motivo de que las cosas pequeñas pueden hacerse grandes y fuertes.

2.273. SUB TAM LENTIS MAXILLIS. *Bajo mandíbulas tan lentas.*

(Suetonio, *Vida de Tiberio*, 21, 2)

Con estas palabras Augusto enfermo se compadece del pueblo romano bajo el mandato de su sucesor Tiberio. La expresión evoca además un sufrimiento lento y cruel.

2.274. SUBTRACTO FUNDAMENTO IN AERE AEDIFICARE. *Construir en el aire sin cimientos.*

(San Agustín, *Sermones*, 2, 7; 8, 2)

El dicho indica el fantasear y el hacer razonamientos sin fundamentos.

2.275. SUFFICIT DIEI MALITIA SUA. *A cada día le basta su pena.*

(Mateo, 6, 34)

El dicho se cita a menudo como invitación a preocuparse de los problemas inmediatos, sin pensar en los futuros.

2.276. SUFFICIT MIHI CONSCIENTIA MEA; NON CURO QUOD LOQUANTUR HOMINES. *Me basta mi conciencia; no me ocupo de lo que dicen los hombres.*

(San Jerónimo, *Epístolas*, 123, 14)

La máxima indica que una conciencia limpia y en paz consigo misma no debe temer las calumnias de los hombres.

2.277. SUMITE MATERIAM VESTRIS QUI SCRIBITIS AEUAM VIRIBUS. *Si queréis escribir, escoged un argumento adecuado a vuestras fuerzas.*

(Horacio, *Epístola a los Pisones*, 38-39)

2.278. SUMMA PETIT LIVOR: PERFLANT ALTISSIMA VENTI, / SUMMA PETUNT DEXTRA FULMINA MISSA IOVIS. *La envidia afecta las cimas: sobre la cima se desencadenan los vientos y los rayos lanzados por la mano derecha de Júpiter caen sobre ellas.*

(Ovidio, *Remedia amoris*, 369)

Imagen poética, adecuada a un ámbito erudito, que indica que la envidia recae sobre las personas más conspicuas.

2.279. SUMMUM CREDE NEFAS ANIMUM PRAEFERRE PUDORI. *Considero el peor de los deshonores preferir la vida a la honestidad.*

(Juvenal, *Sátiras*, 8, 83)

El dicho es una exhortación a anteponer los valores morales a la propia vida. Véase también el n.º 1.940, que constituye la continuación de este verso.

2.280. SUMMUM IUS, SUMMA INIURIA. *Perfecta justicia, perfecta injusticia.*

(Cicerón, *De officiis*, 1, 10, 33)

El dicho pone en guardia de una aplicación demasiado rigurosa y literal de la justicia, que se arriesga a transformarse en injusticia. Las leyes en cambio se interpretan.

2.281. SUNT DI IMMORTALES LENTI QUIDEM, SED CERTI VINDICES GENERIS HUMANI. *Los dioses inmortales son lentos, pero una ga-*

rantía segura de justicia para el género humano.

(Séneca el rétor, *Controversiarum excerpta*,
10, pref. 6)

El dicho recupera el motivo según el cual la justicia divina es lenta pero segura; por ello estaba tan arraigada en el mundo clásico la idea de que las culpas de los padres recayeran sobre los hijos.

2.282. SUNT ENIM [...] VIRTUTIBUS VITIA CONFINIA. *Existen vicios que limitan con la virtud.*

(Séneca, *Cartas*, 120, 8)

Un exceso de virtud puede de hecho transformarse en vicio.

2.283. SUNT FACTA VERBIS DIFFICILIORA. *Los hechos son más difíciles que las palabras.*

(Cicerón, *Carta a mi hermano Quinto*, 1, 4, 5)

El dicho recupera el motivo bastante extendido según el cual las cosas son más fáciles de decir que de hacer.

2.284. SUNT LACRIMAE RERUM. *Son lágrimas sobre las vicisitudes humanas.*

(Virgilio, *Eneida*, 1, 462)

Con estas palabras Eneas expresa la propia conmoción frente a las escenas de la guerra de Troya representadas en el templo de los cartagineses.

2.285. SUNT QUIDAM QUI [...] NEC ORIENTEM UMQUAM SOLEM VIDERUNT NEC OCCIDENTEM. *Hay algunos que no han visto nunca ni salir ni ponerse el sol.*

(Catón, *Dísticos*, 76)

El dicho indica una vida depravada y dedicada a las diversiones nocturnas.

2.286. SUNT USUS RERUM TOTIDEM, QUOT CLIMATA MUNDI. *Son tantos los usos como las regiones del mundo.*

(Proverbio medieval)

2.287. SUPERANDA OMNIS FORTUNA FERENDO EST. *Se debe temer cada desgracia tolerándola.*

(Virgilio, *Eneida*, 5, 710)

2.288. SUPERVACUUS ESSET INTER INNOCENTES ORATOR SICUT INTER SANOS MEDICUS. *Sería inútil un orador entre los inocentes, como un médico entre los sanos.*

(Tácito, *De oratoribus*, 41, 3)

2.289. SURDO NON BINAS TU MISSAS NEC CANE TRINAS. *A un sordo no hace falta cantarle ni dos ni tres misas.*

(Proverbio medieval)

El dicho indica una acción completamente inútil y vana.

2.290. SURGE ET AMBULA. *Levántate y anda.*

(Mateo, 9, 5)

Son las palabras que Jesús dice al paralítico y se utilizan actualmente como incitación a hacer algo.

2.291. SUSPICE, ETIAM SI DECIDUNT, MAGNA CONANTES. *Admira, aunque no lo consigan, a aquellos que intentan realizar grandes empresas.*

(Séneca, *De vita beata*, 20)

De hecho, es la voluntad la que se premia.

2.292. SUUM CUIQUE PLACET. *A cada uno le gusta el suyo.*

(Plinio el Viejo, *Historia natural*, 14, 8, 10)

Expresión genérica que puede utilizarse en diversos contextos a propósito de los gustos personales.

2.293. SUUS REX REGINAE PLACET, SUA CUIQUE SPONSA SPONSO. *A cada reina le gusta su rey, a cada esposo su mujer.*

(Plauto, *Stichus*, 133)

El dicho expresa la variedad y el relativismo de los gustos.

T

2.294. TACITAST MELIOR MULIER SEMPER QUAM LOQUENS. *Es siempre mejor una mujer silenciosa que locuaz.*

(Plauto, *Rudens*, 1.114)

El silencio era de hecho una de las cualidades más apreciadas de las mujeres, consideradas generalmente chismosas.

2.295. TACITURNITAS STULTO HOMINO PRO SAPIENTIA EST. *Callar es la sabiduría del bobo.*

(Publilio Siro, T 2)

Puesto que nadie se dará cuenta que él es así.

2.296. TALIS HOMINIBUS FUIT ORATIO QUALIS VITA. *En los hombres la forma de hablar es igual a la forma de vivir.*

(Séneca, *Cartas*, 114, 1)

Se trata de un proverbio de procedencia griega que recupera el tema de la identidad entre palabra y vida.

2.297. TALOS A VERTICE PULCHER AD IMOS. *Bonito desde la cabeza hasta la punta de los pies.*

(Horacio, *Epístolas*, 2, 2, 4)

El dicho se puede utilizar en el lenguaje común para indicar un cuerpo o una persona en su totalidad.

2.298. TAM CERNIS ACUTUM / QUAM [...] AQUILA. *Tienes la mirada aguda como la del águila.*

(Horacio, *Sátiras*, 1, 3, 26)

La expresión se adapta a personas de vista aguda o, en sentido abstracto, a personas ingeniosas.

2.299. TAM DEEST AVARO QUOD HABET QUAM QUOD NON HABET. *Al ávido le falta tanto lo que tiene como lo que no tiene.*

(Publilio Siro, T 3)

La máxima recupera el tópico de la insaciabilidad del avaro y de su real pobreza.

2.300. TAMEN AD MORES NATURA RECURRIT / DAMNATOS FIXA ET MUTARI NESCIA. *La naturaleza vuelve siempre a las costumbres que había condenado porque es fija y no puede cambiar.*

(Proverbio medieval)

La expresión se puede utilizar tanto a propósito de los fenómenos naturales como respecto a los defectos de las personas.

2.301. TAM LABORIOSUS ES UT POST TE NON RESPICIAS? *¿Estás tan ocupado que no puedes mirar detrás de ti?*

(Petronio, *Satiricón*, 57, 7)

La expresión indica un trabajo largo y comprometido que no deja «ni siquiera tiempo para respirar».

2.302. TAM PLACIDUM QUAM OVEM. *Tranquilo como una oveja.*

(Terencio, *Adelphoe*, 534)

El dicho se adapta a personas tranquilas y de índole apacible, no agresivas.

2.303. TAMQUAM CLAVO CLAVUM EICIENDUM. *Es necesario sacarlo como un clavo a otro clavo.*

(Cicerón, *Tusculanas*, 4, 35, 75)

El dicho se refiere a un amor nuevo que hace olvidar al viejo. Actualmente ha asumido una connotación más general y se refiere a las distintas preocupaciones y problemas de la vida.

2.304. Tantae molis erat Romana condere gentem. *Un gran esfuerzo costó fundar la estirpe de Roma.*

(Virgilio, *Eneida*, 1, 33)

Virgilio se refiere a las peregrinaciones de Eneas y a la guerra contra los latinos. El dicho se cita actualmente para indicar la conquista de algo a costa de grandes esfuerzos y sacrificios.

2.305. Tantaene animis caelestibus irae? *¿Tanta ira en el ánimo de los dioses?*

(Virgilio, *Eneida*, 1, 11)

El dicho se cita para indicar que tal vez también en las almas grandes y nobles es posible encontrar ira.

2.306. Tanto brevius omne, quanto felicius tempus. *Cuanto más feliz es el tiempo, más breve es.*

(Plinio el Joven, *Cartas*, IX, 8, 14, 10)

El dicho recupera el motivo según el cual los momentos alegres parecen breves mientras los tristes parecen eternos.

2.307. Tanto nomini nullum par elogium. *Ningún elogio es adecuado a una fama tan grande.*

Es el primer verso de la inscripción sobre la tumba de Maquiavelo en la iglesia de la Santa Cruz, en Florencia.

2.308. Tantum religio potuit suadere malorum! *¡A cuántos males pudo conducir la religión!*

(Lucrecio, *Sobre la naturaleza de las cosas*, 1, 102)

El verso se refiere al sacrificio de Ifigenia y a menudo se cita para indicar la religión, o mejor, la superstición religiosa, como fuente de oscurantismo y oscurecimiento de la consciencia.

2.309. Tantundem esse vitiorum quantum hominum. *Existen tantos vicios como hombres.*

(Séneca, *De ira*, 2, 8, 1)

Nadie, en efecto, está privado de defectos.

2.310. Tarde velle nolentis est. *El querer con lentitud es típico de quien no quiere.*

(Séneca, *De beneficiis*, 2, 5, 4)

El dicho está relacionado con el motivo de la disponibilidad en relación con el prójimo.

2.311. Tectum intuentes [...] pluribus saepe diebus expectant. *Se pasan a menudo muchos días mirando el techo.*

(Quintiliano, *Declamationes*, 2, 11, 4)

Quintiliano se refiere a uno de los comportamientos a evitar cuando se comienza a hablar: mirar el techo. La locución *tectum intueri* se cita en cambio a propósito de un comportamiento indolente y desganado.

2.312. Te de aliis quam alios de te suavius / fieri doctos. *Es mejor que aprendas tú de los demás que no los demás de ti.*

(Plauto, *Persa*, 540)

La expresión destaca la importancia, a nivel educativo, de los ejemplos de comportamiento de las demás personas.

2.313. Temeritas sit florentis aetatis, prudentia senescentis. *La temeridad es propia de la juventud, la prudencia de la vejez.*

(Cicerón, *De senectute*, 20)

Sentencia moral adecuada como advertencia para los jóvenes a no ser demasiado lanzados.

2.314. Tempora labuntur, tacitisque senescimus annis. *Los tiempos desaparecen; envejecemos en años que desaparecen silenciosamente.*

(Ovidio, *Fastos*, 6, 7, 71)

Expresión muy poética que indica el lento e inexorable discurrir del tiempo.

2.315. Tempora tempore tempra. *Atenúa los tiempos con el tiempo.*

Lema aliterante del latín vulgar que invita a hacer menos difíciles las circunstancias adaptándose a ellas.

2.316. Tempori aptari decet. *Es necesario adaptarse a las circunstancias.*

(Séneca, *Medea*, 175)

2.317. TEMPORIBUS MORES SAPIENS SINE CRIMINE MUTAT. *El sabio, sin tener la culpa, cambia las costumbres según los tiempos.*

(Catón, *Dísticos*, 1, 7)

El dicho es una invitación a adaptarse a los tiempos que cambian sin denigrarlos.

2.318. TEMPORIBUS PECCATA LATENT ET TEMPORE PARENT. *Las culpas están escondidas durante mucho tiempo, pero reaparecen en el momento oportuno.*

(Catón, *Dísticos*, 2, 8, 2)

La expresión hace referencia a la doble característica del tiempo de esconder las culpas o de hacerlas aparecer.

2.319. TEMPUS EDAX IGITUR PRAETER NOS OMNIA PERDIT. *El tiempo voraz, además de a nosotros, destruye todas las cosas.*

(Ovidio, *Cartas desde el Ponto*, 4, 10, 7)

2.320. TEMPUS EDAX RERUM. *Oh tiempo devorador de las cosas.*

(Ovidio, *Metamorfosis*, 15, 234)

Esta y la expresión anterior presentan una imagen muy severa de la inexorabilidad del tiempo. La primera es más adecuada a un ámbito escrito o erudito, mientras que la segunda se presta a ser citada como exclamación.

2.321. TEMPUS FACIT AERUMNAS LAEVES. *El tiempo aligera las calamidades.*

(Séneca, *Thyestes*, 305)

El dicho está relacionado con el motivo del recuerdo de las desgracias pasadas, que después de un poco de tiempo no parecen tan graves.

2.322. TEMPUS REGIT ACTUM. *El tiempo regula el acto.*

Fórmula jurídica para indicar que en cada acto se aplica la ley del tiempo en el que se ha redactado, sin que sucesivas modificaciones de la ley frustren su validez.

2.323. TENDIMUS HUC OMNES, METAM PROPERAMUS AD UNAM. *Todos nos movemos hacia este lugar, nos apresuramos hacia una única meta.*

(Proverbio medieval)

Es una de las muchas expresiones que designan la muerte como lugar hacia el cual todos se dirigen.

2.324. TENUE EST MENDACIUM: PERLUCE SI DILIGENTER INSPEXERIS. *La mentira es sutil, si la observas atentamente deja pasar la luz.*

(Séneca, *Cartas*, 79, 18)

El dicho significa que las mentiras tienen una vida breve y que quien las pronuncia se traiciona siempre.

2.325. TERRAE QUA PERGIS CAPE MORES QUOS IBI CERNIS. *Adopta las costumbres que ves en la tierra donde vas.*

(Proverbio medieval)

Véase también el n.º 2.327.

2.326. TE SEMPER ANTEIT SAEVA NECESSITAS. *La cruel necesidad siempre te precede.*

(Horacio, *Odas, 1, 35, 17*)

Y por lo tanto no es posible escapar de ella.

2.327. TE SERVARE DECET MORES ILLAMQUE LEGULAM / EIUS TELLURIS, INCOLA CUIUS ERIS. *Es justo que observes las normas y las reglas de la tierra en la que vivirás.*

(Proverbio medieval)

La expresión es una exhortación a seguir las costumbres, y en particular las leyes, del país donde nos encontramos y, por lo tanto, puede entenderse como una invitación a la tolerancia.

2.328. TESTIS UNUS, TESTIS NULLUS. *Un solo testigo, ningún testigo.*

Fórmula del derecho medieval según el cual no se puede condenar a una persona sobre la base de un único testigo. Un precedente importante está formado por un fragmento del Deuteronomio (18, 6).

2.329. THESAURUM IN SEPULCHRO PONIT QUI SENEM HEREDEM FACIT. *Coloca su riqueza en una tumba aquel que hace heredero a un viejo.*

(Publilio Siro, T 1)

La expresión hace referencia a un bobo derrochador de dinero.

2.330. THRASEA CREBRO DICERE SOLEBAT: QUI VITIA ODIT HOMINES ODIT. *Trasea decía normalmente muy a menudo: aquel que odia los vicios odia a los hombres.*

(Plinio el Joven, *Cartas*, IX, 8, 22, 3)

La expresión se adapta tanto a discursos solemnes como al lenguaje común para expresar tolerancia en relación con los defectos humanos.

2.331. TIMENDI AUSA EST NESCIRE. *El hecho de no saber es una causa del temor.*

(Séneca, *Cuestiones naturales*, 6, 3, 4)

El dicho está relacionado con el tópico según el cual el conocimiento de un peligro o empresa difícil reduce el temor.

2.332. TIMEO DANAOS ET DONA FERENTES. *Temo a los dánaos incluso cuando traen presentes.*

(Virgilio, *Eneida*, 2, 49)

Son las palabras con las que Laocoonte intenta convencer a los troyanos para que no hagan entrar en la ciudad al caballo. El dicho se cita actualmente para poner en guardia de enemigos que proponen reconciliaciones fáciles.

2.333. TIMEO LECTOREM UNIUS LIBRI. *Temo al lector de un único libro.*

La fórmula, de origen desconocido —algunos la atribuyen a santo Tomás de Aquino—, se utiliza a propósito de aquellos que, después de haber leído un único libro sobre un argumento, pretenden saber todo y poderlo enseñar.

2.334. TIMOR UNGULAS MIHI ALAS FECERAT. *El miedo me había transformado los zuecos en alas.*

(Apuleyo, *El asno de oro*, 6, 26)

La expresión se puede utilizar para indicar que cuando se tiene miedo se huye del peligro lo más rápidamente posible.

2.335. TOTAM MIHI VITAM NIHIL VIDERI ALIUD QUAM LEVE SOMNIUM FUGACISSIMUMQUE FANTASMA. *Toda la vida me parece un sueño ligero y muy fugaz.*

(Petrarca, *Epístolas*, 2, 9, 123)

Imagen poética que está relacionada con el antiguo motivo según el cual la vida no es más que un breve sueño.

2.336. TOTIDEM HOSTES ESSE QUOT SERVOS. *Tantos son los siervos, tantos son los enemigos.*

(Séneca, *Cartas*, 47, 5)

Una relación de sujeción y de subordinación crea siempre malestar y como consecuencia enemistades.

2.337. TOTUM DIEM ARGUTATUR QUASI CICADA. *Chirría todo el día como si fuera una cigarra.*

(Novio, 25 s. R³)

El dicho se refiere a personas que hablan de forma continua hasta agotar a quien está a su lado.

2.338. TRACTANT FABRILIA FABRI. *Los herreros hablan de cosas de herreros.*

(Horacio, *Epístolas*, 2, 1, 116)

La expresión significa que cada uno es competente por lo que se refiere al propio arte.

2.339. TRADO DE MANU IN MANUM. *Doy de mano en mano.*

(Plauto, *Trinummus*, 902)

El dicho se repite en otros muchos autores y significa entregar una cosa directamente en las manos de alguien.

2.340. TRADUNT OPERAS MUTUAS. *Se hacen servicios mutuos.*

(Terencio, *Phormio*, 267)

El dicho se refiere a aquellos que se alaban de forma recíproca.

2.341. TRAHIT SUA QUEMQUE VOLUPTAS. *Cada uno se siente atraído por lo que le gusta.*

(Virgilio, *Bucólicas*, 2, 65)

Es decir que cada uno tiene sus gustos.

2.342. TRANQUILLAS ETIAM NAUFRAGUS HORRET AQUAS. *El náufrago tiene miedo incluso del mar tranquilo.*

(Ovidio, *Cartas desde el Ponto*, 2, 7, 8)

El dicho se utiliza para expresar el miedo de recaer en un peligro incluso cuando no existen las condiciones para que esto suceda.

2.343. TRANQUILLO [...] QUILIBET GUBERNATOR EST. *Todos saben hacer de timonel con el mar tranquilo.*

(Séneca, *Cartas*, 85, 34)

Expresión utilizada para decir que sólo en las dificultades aparecen las capacidades de una persona.

2.344. TRES FACIUNT COLLEGIUM. *Tres forman una escuela.*

(*Digesto*, 50, 16, 85)

Fórmula jurídica según la cual para formar una sociedad se necesitan por lo menos tres personas. En la Edad Media se aplicó también al ámbito universitario donde el tres era el número mínimo de estudiantes para que el profesor pudiera dar la clase.

2.345. TRIA [...] PRAESTANDA SUNT UT VITENTUR: ODIUM, INVIDIA, CONTEMPTUS. *Son tres las cosas que se tienen que evitar principalmente: el odio, la envidia y el desprecio.*

(Séneca, *Cartas*, 14, 10)

El dicho se puede citar en un ámbito educativo para enseñar un comportamiento correcto, de forma que no se suscite en los demás sentimientos negativos hacia uno mismo.

2.346. TRIA VERBA NON POTEST IUNGERE. *No consigue poner tres palabras juntas.*

(Séneca, *Cartas*, 40, 9)

En Séneca la broma se dirige contra la forma concisa de hablar de los filósofos, mientras que en la actualidad se cita a propósito de personas poco instruidas, que no saben utilizar correctamente la lengua.

2.347. TRISTIS ERIS SI SOLUS ERIS. *Estarás triste si estás sólo.*

(Ovidio, *Remedia amoris*, 583)

La expresión se puede citar como exhortación, sobre todo para los introvertidos, a no cerrarse en sí mismos, puesto que la soledad es una triste condición.

2.348. TUA RES AGITUR, PARIES CUM PROXIMUS ARDET. *Cuando arde la casa vecina trae el agua a tu casa.*

(Horacio, *Epístolas*, 1, 18, 84)

El dicho es una invitación a ser previsores, a captar las señales de un peligro inminente y a realizar a tiempo las previsiones necesarias.

2.349. TU ES PETRO ET SUPER HANC PETRAM AEDIFICABO ECCLESIAM MEAM. *Tú eres Pedro y sobre esta piedra edificaré mi Iglesia.*

(Mateo, 16, 18)

Palabras muy famosas con las que Cristo instituyó la Iglesia. Se debe destacar además que el juego de palabras *Pedro-piedra* aparece tanto en el texto griego como en el original arameo.

2.350. TU HOMO ET ALTERI SAPIENTER POTIS CONSULERE ET TIBI. *Tú eres capaz de dar sabios consejos a otro y a ti mismo.*

(Plauto, *Miles gloriosus*, 684)

El dicho puede indicar tanto la persona efectivamente sabia como aquel que pretende dar consejos a cualquiera, incluido él mismo.

2.351. TUNDATUR FERRUM DUM NOVUS IGNIS INEST. *Golpea el hierro hasta que el fuego se haya avivado.*

(Proverbio medieval)

Se trata de una forma de decir «golpea el hierro hasta que esté caliente».

2.352. TU NE CEDE MALIS, SED CONTRA AUDENTIOR ITO. *No ceder a los malos, debes ir a su encuentro con mayor audacia.*

(Virgilio, *Eneida*, 6, 95)

Con estas palabras la Sibilia Cumana da fuerzas a Eneas para que se prepare a afrontar otras desgracias. El dicho se puede citar como exhortación a no desanimarse en los momentos difíciles.

2.353. TUNICA PROPIOR PALLIO EST. *La túnica está más cerca que el manto.*

(Plauto, *Trinummus*, 1154)

Fórmula utilizada para indicar que los propios intereses vienen siempre antes que los ajenos.

2.354. TU NIHIL INVITA DICES FACIESVE MINERVA. *Nada podrás decir ni hacer contra Minerva.*

(Horacio, *Epístola a los Pisones*, 385)

Minerva era la diosa de la sabiduría y de la habilidad técnica. El dicho, conocido también con la forma abreviada *invita Minerva*, quiere decir que uno no puede hacer nada si no se poseen las capacidades.

2.355. TU PULMENTARIA QUAERE SUDANDO. *La comida te la tienes que procurar con el sudor.*

(Horacio, *Sátiras*, 2, 2, 20)

Con esta frase graciosa, que se refiere al motivo por el cual no se obtiene nada sin esfuerzo, Horacio invita a la moderación.

2.356. TU QUOQUE, BRUTE, FILI MI? *¿También tú, Bruto, hijo mío?*

(Suetonio, *Vida de César*, 82)

Palabras dirigidas por César a su hijo Bruto al verlo entre los conjurados. Utilizado para personas de las que nos esperaríamos una mala acción o, como se suele decir, una puñalada por la espalda.

2.357. TURBARI SINE VENTIS NON SOLET AEQUOR. *Normalmente el mar no se mueve si el viento no lo mueve.*

El verso deriva de una composición anónima e indica que incluso el mar, grande y poderoso, tiene que estar sometido a alguno más fuerte que él.

2.358. TU REGERE IMPERIO POPULOS, ROMANE, MEMENTO. *Oh romano, recuerda que tendrás que dominar con tu imperio a los pueblos.*

(Virgilio, *Eneida*, 6, 852)

Son las palabras que Anquises dirigió a su hijo Eneas, destinado a convertirse en el fundador de un pueblo cuya tarea tenía que ser la de gobernar con sabiduría so-bre todos los demás. Véase también el n.º 1.802, que constituye la continuación de este.

2.359. TURPE SENEX MILES, TURPE SENILIS AMOR. *Indecoroso el viejo que hace de soldado, indecoroso el amor senil.*

(Ovidio, *Amores*, 1, 9, 4)

El verso presenta dos situaciones que no corresponden a la vejez y que incluso hace que los viejos sean ridículos.

2.360. TURPIS NON EST QUIA PER NATURAM VENIT. *No es malvado lo que viene según la naturaleza.*

(Servio, *Comentario a las «Geórgicas»*, 3, 96)

El dicho se refiere a la vejez considerada *non turpis*, puesto que es fruto de la evolución natural.

2.361. TU SI ANIMUM VICISTI, POTIUS QUAM ANIMUS TE / EST, QUOD GAUDEAS. *Si has vencido tus instintos y tus instintos no te han vencido a ti, puedes estar contento de ello.*

(Proverbio medieval)

Dicho que exalta la fuerza de voluntad y la capacidad de dominar los propios impulsos.

2.362. TU SI HIC SIS, ALITER SENTIAS. *Si estuvieras en su lugar pensarías de forma distinta.*

(Terencio, *Andria*, 310)

La expresión es una invitación a la comprensión recíproca y a la reflexión sobre las motivaciones que conducen a las personas a realizar determinadas acciones.

2.363. TUTE HOC INTRISTI: TIBI OMNEST EXEDENDUM. *Tú la has amasado, tú debes comértela toda.*

(Terencio, *Phormio*, 318)

La expresión significa que cada uno tiene que tomarse la responsabilidad de las propias acciones y soportar las consecuencias de las propias decisiones.

2.364. TYRANNIS IPSA VEL RES MAXIME IMPIA EST. *La tiranía es de por sí una cosa sumamente cruel.*

(Proverbio medieval)

Expresión que se puede citar en varios contextos para condenar la tiranía y la dictadura.

U

2.365. UBI AMICI IBIDEM OPES. *Allí donde están los amigos, allí están las riquezas.*

(Plauto, *Truculentus*, 885)

El dicho puede significar tanto que los amigos constituyen una riqueza como que los amigos se adquieren con la riqueza.

2.366. UBICUMQUE FUERIT CORPUS ILLUC CONGREGABUNTUR AQUILAE. *Allí donde haya un cadáver se reunirán las águilas.*

(Mateo, 24, 28; Lucas, 17, 37)

Independientemente del significado teológico, el dicho se puede citar para designar a los ávidos y a los aprovechados.

2.367. UBI DOLOR IBI DIGITUS. *Allí donde hay dolor, allí está el dedo.*

(Proverbio medieval)

El dicho se puede utilizar tanto en sentido concreto como abstracto para decir que cuando hay sufrimiento el pensamiento se dirige siempre a él.

2.368. UBI LEX NON DISTINGUIT NEC NOSTRUM EST DISTINGUERE. *Cuando la ley no hace distinciones, no debemos hacerla nosotros.*

2.369. UBI LEX VOLUIT DIXIT, UBI NOLUIT TACUIT. *Cuando la ley ha querido hablar ha hablado, cuando no ha querido ha callado.*

Esta y la expresión anterior, de origen medieval, se citan en la actualidad en un ámbito jurídico, cuando se quiere impedir que la ley se interprete de forma arbitraria, haciéndole decir lo que no dice.

2.370. UBI LIBERTAS IBI PATRIA. *Allí donde se encuentra la libertad encontramos la patria.*

Fórmula adecuada a discursos patrióticos o referentes a la libertad.

2.371. UBI MAIOR, MINOR CESSAT. *Frente a quien vale más, el menor se deja de lado.*

(Proverbio medieval)

El dicho significa que es necesario saber ponerse a un lado frente a aquel que sabe más, es más anciano o vale más.

2.372. UBI NON SIS QUI FUERIS, NON EST CUR VELIS VIVERE. *Cuando ya no se es quien se era, no existe razón para vivir.*

(Cicerón, *Epistulae ad familiares*, 7, 3, 4)

Máxima de profundo contenido filosófico, adecuada por lo tanto a un ámbito erudito, que expresa la importancia de saber ser siempre coherente consigo mismo y con los propios valores.

2.373. UBI NUMERIS TESTIUM NON ADIICITUR, ETIAM DUO SUFFICIENT. *Cuando el número de testigos no está prescrito, incluso dos serán suficientes.*

(Digesto, 22, 5, 12)

Fórmula jurídica que prescribe la presencia de por lo menos dos testigos para que una causa no se invalide.

2.374. UBIQUE MEDIUS CAELUS EST. *En todas partes el cielo está en medio.*

(Petronio, *Satiricón*, 45, 3)

El dicho corresponde a nuestro «en todas partes cuecen habas» y es también una invitación para saberse adaptar a las costumbres y a los usos de los países que se visitan.

2.375. UBI SOLITUDINEM FACIUNT, PACEM APPELLANT. *Al lugar donde hacen un desierto lo llaman paz.*

(Tácito, *Vida de Agrícola*, 30, 7)

El dicho da la vuelta al concepto de la *Pax Romana* (véase el glosario) y a menudo se cita a propósito de empresas bélicas crueles llevadas a cabo con la justificación de traer la paz.

2.376. ULTIMA RATIO REGUM. *El último argumento de los reyes.*

El dicho aparece ya en los autores clásicos, quienes lo empleaban para referirse al uso de las armas como medio extremo para resolver las discrepancias. El dicho indica actualmente el último argumento al que se recurre en casos graves en que se han agotado todos los demás.

2.377. ULTRA POSSE MEUM NON REOR ESSE REUM. *No creo que sea culpable de lo que va más allá de mis posibilidades.*

(Proverbio medieval)

Variante medieval de la fórmula jurídica *ad impossibilia nemo tenetur* (véase el n.º 43).

2.378. UMBRAM SUAM METUIT. *Tiene miedo de su sombra.*

(Cicerón, *Commentariolum petitionis*, 2, 9)

La expresión indica una persona extremadamente miedosa, temerosa incluso de las cosas más inofensivas.

2.379. UNA DOMUS NON ALIT DUOS CANES. *Una casa no nutre dos perros.*

(Proverbio medieval)

2.380. UNA MANUS RELIQUAM LAVAT, UT RELAVETUR AB IPSA. *Una mano lava la otra para que a su vez sea lavada por la otra.*

(Proverbio medieval)

Expresión que se puede citar cuando se quiere expresar más ampliamente el concepto *Manus manum lavat* (véase el n.º 1.285).

2.381. UNA SALUS VICTIS NULLAM SPERARE SALUTEM. *La única salvación para los vencidos es no esperar ninguna salvación.*

(Virgilio, *Eneida*, 354)

Palabras con las que Eneas intenta convencer a los troyanos a librar la batalla decisiva con la fuerza de la desesperación. El dicho se cita actualmente a propósito de las condiciones desastrosas de quien ha sufrido una derrota.

2.382. UNCUS ARATRI / FERREUS OCCULTE DECRESCIT VOMER IN ARVIS. *La férrea reja curvada empequeñece escondida entre los surcos.*

(Lucrecio, *Sobre la naturaleza de las cosas*, 1, 313)

La imagen del arado que, consume de hierro, se consume, es similar a la del anillo que se consume (véase el n.º 168) y se utiliza para indicar la perseverancia.

2.383. UNDE FAMES HOMINI VETITORUM TANTA CIBORUM? *¿De dónde le viene al hombre tantas ganas de comer alimentos prohibidos?*

(Ovidio, *Metamorfosis*, 15, 138)

La expresión se presta a ser citada por personas extremadamente sobrias y moderadas que se interrogan sobre las causas del encanto de lo prohibido.

2.384. UNDE QUERI NEQUEAM , BONA FORS MIHI NON FUIT UMQUAM. *No he tenido nunca una buena suerte tal que me permitiera no lamentarme.*

(Proverbio medieval)

Expresión que recupera el motivo del lamentarse por la propia suerte.

2.385. UNICUIQUE DEDIT VITIUM NATURA CREATO. *A cada criatura la naturaleza le ha dado un defecto.*

(Propercio, 2, 22, 17)

El dicho constituye por lo tanto una invitación implícita a la tolerancia de los defectos ajenos.

2.386. UNO IN SALTU [...] APROS CAPIAM DUOS. *En un único bosque cazaré dos jabalíes.*

(Plauto, *Casina*, 476)

La expresión se puede citar a propósito de un doble éxito obtenido con una única operación.

2.387. UNUM QUODQUE VERBUM STATERA AURARIA PENDERE. *Pesar cada palabra con la balanza de orfebre.*

(Varrón, *Sátiras menipeas*, 419)

El dicho puede indicar tanto una rigurosa búsqueda de la palabra apropiada como un recibimiento excesivamente minucioso y crítico por parte del oyente.

2.388. URBES CONSTITUIT AETAS, HORA DISSOLVIT. MOMENTO FIT CINIS, DIU SILVA. *Los siglos han formado las ciudades y una hora las aniquila. En un momento los bosques seculares pueden convertirse en cenizas.*

(Séneca, *Cuestiones naturales*, 3, 27, 2)

Las dos frases que componen este dicho pueden citarse incluso separadamente para poner en guardia de acciones desconsideradas que podrían destruir en poco tiempo una obra realizada mediante un largo y fatigoso trabajo.

2.389. URSI CUM ADSIT VESTIGIA QUAERIS. *En presencia del oso no buscar las señales.*

(Proverbio medieval)

El dicho es una invitación a no llevar a cabo una búsqueda inútil y estúpida y a poner remedio si las cosas se ponen mal.

2.390. USQUE ADEONE MORI MISERUM EST? *¿Hasta qué punto es triste morir?*

(Virgilio, *Eneida*, 12, 646)

Con estas palabras Turno se incita a sí mismo a afrontar la lucha incluso viéndose completamente perdido. El dicho se cita actualmente como invitación a afrontar la muerte con serenidad.

2.391. USQUE AD SIDERA, USQUE AD INFERA. *Hasta las estrellas, hasta los infiernos.*

Fórmula hiperbólica del derecho romano que expresa las ilimitadas riquezas de la Tierra y del subsuelo.

2.392. USUS MAGISTER EST OPTIMUS. *El uso es un óptimo maestro.*

(Cicerón, *Pro Rabirio Postumo*, 4, 9)

La palabra *usus* se entiende en latín tanto como experiencia personal como costumbre o norma. La frase se cita de todos modos para indicar la importancia de la experiencia práctica.

2.393. USUS QUEM PENES ARBITRIUM EST ET IUS NORMA LOQUENDI. *El uso en manos del cual se encuentran el arbitrio, la ley y la regla del hablar.*

(Horacio, *Epístola a los Pisones*, 71- 72)

La expresión de Horacio constata que la costumbre se convierte poco a poco en una ley que impone sus reglas.

2.394. UTCUMQUE IN ALTO VENTUS EST [...] EXIM VELUM VORTITUR. *Según como sopla el viento en alta mar se dirige la vela.*

(Plauto, *Epidicus*, 49; *Poenulus*, 754)

La expresión indica la capacidad de adaptarse a las situaciones.

2.395. UT DESINT VIRES TAMEN EST LAUDANDA VOLUNTAS. *Cuando las fuerzas empiezan a fallar todavía se debe alabar la voluntad.*

(Ovidio, *Cartas desde el Ponto*, 3, 4, 79)

El dicho invita a apreciar la buena voluntad independientemente del resultado obtenido.

2.396. UUT ENIM HABEAS QUIETEM, PERDE ALIQUID. *Si quieres la paz, pierde algo.*

(San Agustín, *Sermones*, 111)

La paz, como cualquier otro bien, se adquiere si se está dispuesto a hacer algún sacrificio.

2.397. UTILE PER INUTILE NON VITIATUR. *Lo inútil no perjudica lo útil.*

Fórmula jurídica que deriva del *Digesto*, según la cual en un escrito los elementos superfluos no perjudican la sustancia de los hechos.

2.398. UT PICTURA POESIS. *La poesía es como la pintura.*

(Horacio, *Epístola a los Pisones*, 361)

La locución se refiere al impacto de los dos artes sobre el público y sobre la crítica: los dos pueden ser vistos de cerca o de lejos, pueden ser preciosos o caducos, gustar o no gustar. El dicho se cita en cambio actualmente para indicar que las dos artes tienen leyes similares.

2.399. UT QUIMUS [...] QUANDO UT VOLUMUS NON LICET. *Como podamos, puesto que no está permitido como queramos.*

(Terencio, *Andria*, 805)

La expresión es una invitación a adaptarse a las circunstancias que no siempre permiten actuar o hacer aquello que más nos gusta.

2.400. UT QUISQUE EST VIR OPTIMUS, ITA DIFFICILLIME ESSE ALIOS IMPROBOS SUSPICATUR. *El hombre muy honesto sospecha bastante difícilmente que los demás sean deshonestos.*

(Cicerón, *Cartas a mi hermano Quinto*, 1, 1, 12)

El dicho está relacionado con el tópico según el cual las personas honestas a menudo no son astutas y tienden a fiarse ciegamente de los demás.

2.401. UTRUMQUE ENIM VITIUM EST, ET OMNIBUS CREDERE ET NULLI. *Es un error tanto creer en todos como no creer en nadie.*

(Séneca, *Cartas*, 3, 4)

Séneca prosigue afirmando que el primer error es más honesto, mientras que el se-gundo es más seguro (véase también el n.º 1.852).

2.402. UT SEMENTEM FECERIS, ITA METES. *Cosecharás lo que hayas sembrado.*

(Cicerón, *De oratore*, 2, 65, 261)

La expresión se puede citar para indicar que se es responsable de las consecuencias de las propias acciones.

2.403. UT SI ACECUS ITER MONSTRARE VELIT. *Como un ciego que quiera indicar el camino.*

(Horacio, *Epístolas*, 1, 17, 3)

El dicho se refiere a personas que pretenden dar consejos sobre argumentos o situaciones que no conocen.

2.404. UT SIS NOCTE LEVIS, SIT TIBI COENA BREVIS. *Si quieres que la noche sea ligera, tu cena tiene que ser mínima.*

(Escuela de Salerno)

2.405. UVAQUE CONSPECTA LIVOREM DUCIT AB UVA. *La uva se marchita al ver la uva marchita.*

(Juvenal, *Sátiras*, 2, 81)

El dicho pone en guardia de la facilidad de contagio del mal.

2.406. UXOREM CARAM QUI SE COGNOSCIT HABERE, / HIC CREDIT QUOD SIT MELIOR OMNI MULIERE. *Aquel que quiere mucho a su mujer, cree que es mejor que todas las demás mujeres.*

(Proverbio medieval)

El proverbio recupera el tema según el cual a cada uno le gusta lo suyo, aplicándolo al ámbito del matrimonio.

V

2.407. VADE, ET IAM AMPLIUS NOLI PECCA-RE. *Vete y no peques más.*

(Juan, 8, 11)

Son las palabras con las que Jesús absolvió a la mujer adúltera.

2.408. VADO MORI CREDENS PER LONGUM VIVERE TEMPUS; / FORTE DIES HAEC ULTIMA: VADO MORI. *Voy a morir creyendo vivir largo tiempo; / quizás este sea el último día, pues voy a morir.*

(Proverbio medieval)

El dicho recupera el tema de encontrarse preparados incluso ante la muerte imprevista. Se trata de una expresión bastante compleja que puede citarse tan sólo en textos eruditos.

2.409. VAE VOBIS, SCRIBAE ET PHARISAEI HYPOCRITAE. *Estad atentos, amanuenses y fariseos hipócritas.*

(Mateo, 25, 23)

Jesús recrimina a los fariseos y a los amanuenses porque pagaban rigurosamente los diezmos pero abandonaban la esencia de la ley, es decir el amor y la fe. El dicho puede citarse para referirse a personas falsas e hipócritas.

2.410. VALET IMA SUMMIS / MUTARE. *Puede cambiar lo alto con lo bajo.*

(Horacio, *Odas*,
1, 34, 12)

La locución expresa un cambio radical, pero Horacio se refiere aquí a la divinidad

que puede jugar con personas y situaciones a su propio placer.

2.411. VALETUDINE FIRMA NIHIL MELIUS. *No hay nada mejor que una óptima salud.*

(Proverbio medieval)

La salud es más importante que cualquier otro bien material.

2.412. VANAE VOCES POPULI NON SUNT AUDIENDAE. *No debe darse crédito a las habladurías del pueblo.*

(Diocleciano y Maximiano, *De poenis*, 1, 12, 1)

Se trata de una invitación a no creer en los rumores que circulan por la calle.

2.413. VANAM GLORIAM QUI SPREVERIT VERAM HABEBIT. *Aquel que desprecia la gloria vana tendrá la verdadera.*

(Tito Livio, *Ab urbe condita*, 22, 39, 19)

Véase el n.º 919.

2.414. VANITAS VANITATUM ET OMNIA VANITAS. *Vanidad de vanidades y todo es vanidad.*

(Eclesiastés, 1, 2)

La expresión bíblica procede de un concepto típico de la cultura mesopotámica que expresa la inutilidad de toda acción humana. El dicho se cita actualmente para indicar la vanidad de la existencia humana.

2.415. VANUM EST EPINICION CANERE ANTE VICTORIAM. *Es inútil entonar cantos de alegría antes de la victoria.*

(Proverbio medieval)

El dicho es una invitación a no gozar por el éxito de una acción si todavía no se ha terminado.

2.416. VARIUM ET MUTABILE SEMPER FEMINA. *La mujer es siempre variable y mutable.*

(Virgilio, *Eneida*, 4, 569)

Con estas palabras Mercurio, que se apareció en sueños a Eneas, lo puso en guardia ante la posible venganza de Dido, ofendida por haber sido abandonada.

2.417. VASA INANIA MULTUM STREPUNT. *Los frascos vacíos hacen mucho ruido.*

(Proverbio medieval)

El dicho significa que los bobos no están nunca callados, aunque se cita también para indicar que la persona satisfecha no tiene por qué lamentarse.

2.418. VAS OBSOLETUM DE VINO GIGNIT ACETUM. *El recipiente maltrecho transforma el vino en vinagre.*

(Proverbio medieval)

La expresión puede utilizarse en un ámbito educativo para indicar la influencia deletérea de un contexto o un ambiente negativo.

2.419. VECTIGALIA NERVOS REIPUBLICAE. *El dinero es el nervio de la república.*

(Cicerón, *De imperio Cnei Pompeii*, 7, 17)

El dinero es esencial para que el Estado pueda realizar sus propias funciones.

2.420. VEHEMENS LUPUS [...] / IEIUNIS DENTIBUS ACER. *Un fuerte lobo, feroz por el ayuno.*

(Horacio, *Epístolas*, 2, 2, 27)

Con estas palabras Horacio describe a un soldado al que le han robado todos los ahorros. La expresión se adapta por lo tanto a aquellas personas que desean ardientemente algo o que se han vuelto vengativas a causa de la rabia sufrida por una ofensa.

2.421. VELLEM NESCIRE LITERAS. *Me gustaría no saber escribir.*

(Séneca, *De clementia*, 2, 1)

Parece que son las palabras pronunciadas por Nerón a principios de su mandato

cuando tuvo que firmar una sentencia de muerte.

2.422. VELUT SI / EGREGIO INSPERSOS REPRENDAS CORPORE NAEVOS. *Como si / en un bonito cuerpo se fueran a ver los lunares esparcidos por él.*

(Horacio, *Sátiras*, 1, 6, 66)

El dicho se refiere al deseo de hallar un defecto ajeno a cualquier precio.

2.423. VENARE LEPOREM, NUNC ICTIM TENES. *Ir a cazar la liebre y encontrar un espinoso erizo.*

(Plauto, *Captivi*, 184)

La expresión puede citarse a propósito de una expectativa que acaba por decepcionar.

2.424. VENIAM AD TE TAMQUAM FUR. *Vendré a tu casa como un ladrón.*

(Apocalipsis, 3, 3)

Con estas palabras Dios exhorta a la templanza, porque el hombre no sabe cuándo vendrá el día del Juicio.

2.425. VENIENTI OCCURRITE MORBO. *Poned remedio al mal que avanza.*

(Persio, *Sátiras*, 3, 64)

La expresión se puede citar como exhortación a intervenir oportunamente y a combatir desde el principio una enfermedad o un acontecimiento negativo.

2.426. VENI, VIDI, VICI. *Vine, vi, vencí.*

(Plutarco, *Vida de César*, 50, 3-4)

Con estas palabras César comunicó a Roma la noticia de su victoria sobre Farnaces II. El dicho se utiliza actualmente para referirse a una acción rápida y eficaz.

2.427. VENTER PRAECEPTA NON AUDIT. *El estómago no escucha preceptos.*

(Séneca, *Cartas*, 21, 11)

El dicho se puede citar tanto a propósito del hambre como de la codicia.

2.428. VENTUM SEMINABUNT ET TURBINEM METENT. *Puesto que han sembrado viento recogerán tormenta.*

(Oseas, 8, 7)

Este versículo, que ha gozado de una gran difusión, indica que cada cual obtiene lo que se merece.

2.429. VERAE AMICITIAE SEMPITERNAE SUNT. *Las verdaderas amistades son eternas.*

(Cicerón, *De amicitia*, 9, 32)

2.430. VERA INCESSU PATUIT DEA. *En el caminar parecía realmente una diosa.*

(Virgilio, *Eneida*, 1, 405)

Eneas reconoció a Venus por la forma de andar.

2.431. VERBA MOVENT, EXEMPLA TRAHUNT. *Las palabras conmueven las almas, los ejemplos las arrastran.*

Lema de origen desconocido que destaca la importancia de los ejemplos.

2.432. VERBA NON IMPLENT MARSUPIUM. *Las palabras no llenan el bolso.*

(Proverbio medieval)

Es decir, que con palabras no se obtiene nada.

2.433. VERBA VOLANT, SCRIPTA MANENT. *Las palabras vuelan, los escritos permanecen.*

(Proverbio medieval)

Muy famoso y todavía citado para decir que no es posible fiarse de promesas, sino que se debe poner todo por escrito. Por otra parte, no siempre conviene confiar en la propia memoria sino que es mejor tomar notas.

2.434. VERECUNDARI NEMINEM APUD MENSAM DECET. *Nadie debe avergonzarse en la mesa.*

(Plauto, *Trinummus*, 478)

El dicho exalta la libertad de no tener que someterse a los buenos modales.

2.435. VERITAS FILIA TEMPORIS. *La verdad es hija del tiempo.*

(Aulo Gelio, *Noches áticas*, 12, 11)

Expresión muy famosa para indicar que la verdad la revela el tiempo.

2.436. VERITAS IN OMNEM SUI PARTEM SEMPER EADEM EST. *La verdad es siempre la misma en todas sus partes.*

(Séneca, *Cartas*, 79, 16)

Expresión filosófica adecuada para un escrito erudito.

2.437. VERITAS PREMITUR, NON OPPRIMITUR. *La verdad se puede obstruir, pero no sojuzgar.*

(Proverbio medieval)

Sentencia que puede citarse para decir que la verdad aparece siempre antes o después.

2.438. VERITATEM LABORARE NIMIS SAEPE [...] EXSTINGUI NUMQUAM. *La verdad demasiado a menudo sufre, pero no muere nunca.*

(Tito Livio, *Ab urbe condita*, 22, 39, 19)

Expresión de significado análogo a la precedente, pero más adecuada para conversaciones eruditas.

2.439. VERSATUR CELERI FORS LEVIS ORBE ROTAE. *La fortuna se mueve con el giro rápido de una rueda ligera.*

(Tibulo, *Elegías*, 1, 5, 70)

La imagen de la rueda expresa la volubilidad de la fortuna.

2.440. VERUM GAUDIUM RES SEVERA EST. *El verdadero goce es una cosa seria.*

(Séneca, *Cartas*, 23, 4)

El verdadero placer no es el que otorgan los bienes materiales, sino que es más profundo y espiritual.

2.441. VIAM QUI NESCIT QUA DEVENIAT AD MARE / EUM OPORTET AMNEM QUAERERE COMITEM SIBI. *Aquel que no conoce el camino que conduce al mar / tiene que buscarse un río que sea su compañero.*

(Plauto, *Poenulus*, 627-28)

Expresión utilizada para indicar la necesidad de obrar con una guía segura.

2.442. VICTRIX CAUSA DEIS PLACUIT, SED VICTA CATONI. *La causa de los vencedores agrada a los dioses, pero la de los vencidos agrada a Catón.*

(Lucano, *Farsalia*, 1, 28)

El dicho significa que en las guerras civiles no es fácil discernir de qué parte está la razón. Se cita también a propósito de los que luchan valientemente por una justa causa incluso en las situaciones más adversas.

2.443. VIDEANT CONSULES NE QUID RES PUBLICA DETRIMENTI CAPIAT. *Que los cónsules se ocupen de que el Estado no sufra ningún daño.*
Fórmula con la que el senado confería a los cónsules poderes extraordinarios. *Videant consules* se cita actualmente en tono jocoso cuando se quiere pedir una decisión a las autoridades competentes.

2.444. VIDEBIMUS ET COGITABIMUS. *Veremos y reflexionaremos.*
Era la respuesta que daba el papa Adria-no VI, que no hablaba italiano, a los que discutían de negocios con él.

2.445. VIDEO [...] BARBAM ET PALLIUM, PHILOSOPHUM NONDUM VIDEO. *Veo la barba y la túnica pero todavía no veo al filósofo.*

(Aulo Gelio, *Noches áticas*, 9, 2, 4)

La barba y la túnica eran las características externas de los filósofos (véase el n.º 261).

2.446. VIDEO MELIORA PROBOQUE: / DETERIORA SEQUOR. *Veo lo que es mejor y lo alabo, pero hago lo que es peor.*

(Ovidio, *Metamorfosis*, 7, 20)

El dicho expresa el contraste entre lo que es racionalmente mejor y lo que los instintos obligan a hacer irracionalmente. Medea se halló en una situación pareja cuando tuvo que decidir si ayudaba a Jasón contra su propio padre.

2.447. VIGILANDO, AGENDO, BENE CONSULENDO, PROSPERA OMNIA CEDUNT. *Vigilando, obrando y meditando, todas las cosas prosperan.*

(Salustio, *La guerra de Yugurta*, 84)

Todo se consigue cuando se trabaja con ponderación y constancia.

2.448. VILLICUS NE PLUS CENSEAT SAPERE SE QUAM DOMINUS. *Que el campesino no crea que sabe más que el patrón.*

(Catón, *De re rustica*, 5, 3)

Aquel que es siervo o subordinado, aunque sea más sabio o experto que su superior, no puede permitirse contradecirlo. Sin embargo la expresión se puede entender también como una invitación a una actitud de humildad por parte de aquel que se encuentra en una posición de inferioridad.

2.449. VINCET AMOR PATRIAE, LAUDUMQUE IMMENSA CUPIDO. *Vencerá el amor de patria o el inmenso deseo de gloria.*

(Virgilio, *Eneida*, 6, 824)

Expresión adecuada para discursos patrióticos.

2.450. VINCIT PENELOPES [...] FIDEM. *Es más fiel que Penélope.*

(Propercio, *Elegías*, 3, 12, 38)

Penélope es la mujer fiel por antonomasia puesto que durante veinte años esperó a Ulises sin ceder a los requerimientos de sus pretendientes. El dicho se refiere por lo tanto a personas muy fieles.

2.451. VINO INTRANTE FORAS SUBITO SAPIENTIA VADIT. *Cuando entra el vino, sale la sabiduría.*

(Proverbio medieval)

2.452. VINUM DUM LYMPHAS, NIMIAS NON ADDITO LYMPHAS. *Cuando se bebe vino no se debe añadir demasiada agua.*

(Proverbio medieval)

Expresión que se puede citar como invitación, durante fiestas y banquetes, a disfrutar plenamente del aroma del vino.

2.453. VINUM ET MULIERES APOSTATARE FACIUNT SAPIENTES. *Vino y mujeres pervierten también a los sabios.*

(Zacarías, 19, 2)

Esta expresión y la n.º 2.451 pueden citarse para describir el oscurecimiento de la mente a causa del vino.

2.454. VINUM LAETIFICAT COR HOMINIS. *El vino alegra el corazón del hombre.*
(Salmos, 103, 15)
Este verso presenta en cambio el lado positivo del vino como portador de bondad y alegría.

2.455. VINUM NOVUM, AMICUS NOVUS; VETERASCET ET CUM SUAVITATE BIBES ILLUD. *El nuevo amigo es como el vino nuevo: envejecerá y lo beberás suavemente.*
(Zacarías, 9, 15)

2.456. VI OPPRIMI IN BONA CAUSA EST MELIUS QUAM MALAE CEDERE. *Es mejor perecer defendiendo una buena causa que ceder a una injusticia.*
(Cicerón, *De legibus*, 3, 15, 34)
Véase también el n.º 29.

2.457. VIRI IN EO CULPA, SI FEMINA MODUM EXCEDAT. *Si la mujer excede los límites, la culpa es del hombre.*
(Tácito, *Anales*, 3, 34)
En la antigua Roma el hombre era el responsable de la educación y la conducta de su mujer.

2.458. VIRTUS EST MEDIUM VITIORUM ET UTRIMQUE REDUCTUM. *La virtud es el punto medio equidistante entre dos defectos.*
(Horacio, *Epístolas*, 1, 18, 9)

2.459. VIRTUS SUDORE ET SANGUINE COLENDA EST. *La virtud se cultiva con el sudor y la sangre.*
(Séneca, *Cartas*, 67, 12)
La virtud se alcanza mediante grandes esfuerzos.

2.460. VIRTUTE DUCE COMITE FORTUNA. *Con la virtud por guía y la fortuna por compañera.*
(Cicerón, *Cartas*, 1, 17, 35)
Se trata de los dos elementos necesarios para obtener éxito. El dicho puede citarse como felicitación.

2.461. VIRTUTEM INCOLUMEN ODIMUS / SUBLATAM EX OCULIS QUAERIMUS INVIDI.

Odiamos la virtud cuando está presente; la buscamos envidiosos cuando se la han llevado.
(Horacio, *Odas*, 3, 24, 3)
El dicho indica la relación de amor y odio que se establece con la virtud.

2.462. VIRTUTEM PRIMAM ESSE PUTA COMPESCERE LINGUAM. *La primera de las virtudes es mantener frenada la lengua.*
(Catón, *Dísticos*, 1, 3, 1)
La expresión retoma el tópico, muy apreciado por los latinos, según el cual hablar poco era señal de educación y sabiduría.

2.463. VIRTUTES HABET ABUNDE QUI ALIENAS AMAT. *Quien gusta de las virtudes ajenas abunda en las propias.*
(Plinio el Joven, *Cartas*, 1, 17, 4)
Aquel que no es envidioso con las cualidades ajenas.

2.464. VIRUM VI REPELLERE LICET. *Está permitido rechazar la fuerza con la fuerza.*
(Ulpiano)

2.465. VIS NATURAE QUASI PER CALIGINEM CERNITUR. *La fuerza de la naturaleza se descubre casi a través de una capa de oscuridad.*
(Cicerón, *De finibus*, 5, 15, 43)
Porque no siempre los fenómenos naturales son evidentes e inmediatamente comprensibles.

2.466. VITA BREVIS, ARS LONGA, OCCASIO PRAECEPS, EXPERIMENTUM PERICULOSUM, IUDICIUM DIFFICILEM. *La vida es breve, el arte es largo, la ocasión huidiza, el experimento peligroso, el juicio difícil.*
(Hipócrates)
Se trata de un epítome de sabiduría moral que invita a la prudencia y a la moderación, pero al mismo tiempo a aprovechar la ocasión cuando se presenta y a esforzarse, puesto que la vida es breve.

2.467. VITAE SUMMA BREVIS SPEM NOS VETAT INCHOARE LONGAM. *La brevedad de la vida nos impide albergar largas esperanzas.*
(Horacio, *Odas*, 1, 4, 15)

El dicho es muy conocido todavía en la actualidad y se cita para indicar la caducidad de la vida y la inutilidad de hacer proyectos a largo plazo.

2.468. VITA, GENUS, LINGUAE VARIAE VARIANT REGIONES: / UNA NEQUIT CUNCTOS DISTINGUERE MORES. *Vida, estirpes y lenguas distintas diversifican las regiones: un único criterio no puede distinguir todas las costumbres.*

(Sentencia medieval)

El dicho constituye una invitación a la tolerancia y al respeto por los demás pueblos, cuya cultura muy a menudo no puede ser juzgada según los criterios de la nuestra.

2.469. VITAM INPENDERE VERO. *Arriesgar la vida por amor a la verdad.*

(Juvenal, *Sátiras*, 4, 91)

Juvenal se refiere a un personaje incapaz de expresar libremente sus propios pensamientos y de arriesgar su vida para afirmar la verdad.

2.470. VITAM REGIT FORTUNA, NON SAPIENTIA. *La vida está dirigida por la fortuna, no por la sabiduría.*

(Cicerón, *Tusculanas*, 5, 9, 25)

Muchas veces los hombres dan mayor importancia a la fortuna que a la sabiduría.

2.471. VITAQUE CUM GEMITU FUGIT INDIGNATA SUB UMBRIS. *La vida huye indignada entre gemidos.*

(Virgilio, *Eneida*, 12, 952)

El verso se refiere a la muerte de Turno y se puede citar como expresión poética para indicar el final de la vida.

2.472. VIVE MEMOR LETI: FUGIT HORA! *Vive recordando que tienes que morir porque el tiempo vuela.*

(Persio, *Sátiras*, 5, 153)

El dicho recupera los tópicos del *memento mori* y de la caducidad de la vida.

2.473. VIVERE DE VENTO QUEMQUAM NON POSSE MEMENTO. *Recuerda que nadie puede vivir del aire.*

(Proverbio medieval)

El dicho se aplica a las personas enamoradas o a las que comen poco.

2.474. VIVERE, MI LUCILI, MILITARE EST. *Vivir, querido Lucilio, significa luchar.*

(Séneca, *Cartas a Lucilio*, 96, 5)

La vida es una lucha constante para mejorar la propia condición.

2.475. VIVIT SUB PECTORE VULNUS. *La herida vive bajo el pecho.*

(Virgilio, *Eneida*, 4, 67)

La expresión se refiere a un dolor todavía hiriente o al rencor provocado por una ofensa recibida.

2.476. VIVOS VOCO, MORTUOS PLANGO, FULGURA FRANGO. *Llamo a los vivos, lloro a los muertos, rompo los rayos.*

Lema que se grababa en la Edad Media sobre las campanas. Se creía de hecho que, tocando las campanas, las ondas sonoras rompían los rayos.

2.477. VOLENTI NON FIT INIURIA. *No se comete injuria frente a personas que están conformes.*

Fórmula jurídica derivada del *Digesto* (véase el n.º 1.670).

2.478. VOX CLAMANTIS IN DESERTO. *Voz que clama en el desierto.*

(Juan, 1, 23)

Con estas palabras Juan Bautista se definía a sí mismo. El verso se cita todavía en la actualidad en relación con las personas que advierten inútilmente, pues nadie las escucha.

2.479. VOX FAUCIBUS HAESIT. *La voz se detuvo en las fauces.*

(Virgilio, *Eneida*, 2, 774)

Expresión utilizada para indicar un gran estupor o susto, hasta el punto de enmudecer.

2.480. VOX POPULI, VOX DEI. *Voz del pueblo, voz de Dios.*

(Proverbio medieval)

El dicho, que aparece por primera vez en una obra de Alcuino, se emplea aún hoy para indicar que una opinión compartida por todos no puede ser falsa.

2.481. VOX SANGUINIS [...] CLAMAT AD ME DE TERRA. *La voz de la sangre [de tu hermano] clama desde la tierra.*   (Génesis, 10)
Con estas palabras Dios increpó a Caín, a quién maldijo por haber matado a su hermano.

2.482. VULGUS VULT DECIPI, ERGO DECIPIATUR. *El vulgo quiere ser engañado; pues bien, que se le engañe.*

Expresión medieval de origen desconocido con la que se señala la credulidad popular, sobre todo en relación con estafadores y charlatanes, pero también en lo que se refiere a decisiones políticas.

2.483. VULPES PILUM MUTAT, NON MORES. *El zorro cambia el pelo, pero no las costumbres.*
                              (Suetonio, *Vida de Vespasiano*, 16)
El dicho se cita para indicar que a pesar de que una persona mude de aspecto, es difícil que cambie de carácter.

Glosario
de las locuciones
más comunes

AB ABSURDO. *Que deriva de una premisa absurda.*
Partiendo de una premisa y de una hipótesis errónea, sólo se puede llegar a una conclusión errónea.

AB AETERNO. *Desde la eternidad; desde siempre.*
La expresión se utiliza sobre todo en el lenguaje teológico e indica acontecimientos que han sido predeterminados por Dios antes del comienzo del tiempo y que después se han cumplido.

AB ANTIQUO. *Desde la Antigüedad.*
Expresión utilizada para referirse a normas y costumbres cuyo origen se remonta bastante atrás en el tiempo y no tienen una datación precisa.

ABERRATIO DELICTI. *Desviación del delito.*
Fórmula jurídica empleada para indicar que se ha cometido un delito diferente del que se conocía.

ABERRATIO ICTUS. *Desviación del golpe.*
Significa que se ha adoptado un objetivo diferente del que se pretendía.

AB EXPERTO. *Desde la experiencia.*
Se dice de quien actúa con competencia y habilidad o habla de temas sobre los que tiene una experiencia directa.

AB IMIS FUNDAMENTIS. *Desde las raíces más profundas.*

Locución que se refiere generalmente a obras de restauración, reconstrucción, etc. (Véase n.º 1.111).

AB IMMEMORABILI. *Desde tiempo inmemorial.*
Término jurídico para referirse a un hecho del que se desconoce su origen.

AB IMO PECTORE. *Desde lo más profundo del corazón.*
Se utiliza para decir que se está hablando con sinceridad.

AB INCUNABULIS. *Desde que era un bebé.*
Es decir, desde la primera infancia.

AB INITIO. *Desde el principio, desde el origen.*

AB INTESTATO. *Sin testamento* (véase n.º 1.187).

AB IRATO. *De uno que es presa de la ira.*
Locución utilizada a propósito de algo dicho o hecho en un acceso de ira.

AB ORIGINE. *Desde los orígenes.*
Expresión referida generalmente a la genealogía de una familia.

AB OVO. *Desde el huevo.*
Locución referida al discurso que comienza inútilmente desde los más lejanos orígenes.

ACCESSIT. *Se ha aproximado.*
Fórmula utilizada en el lenguaje académico
y escolar para indicar que un candidato ha
obtenido la nota más cercana a la requerida
para superar la prueba. En español existe
como *áccesit.*

ACCIDENTALIA NEGOTII.
En el lenguaje jurídico se definen así los elementos de un negocio o contrato que son
facultativos porque son voluntad de las partes pero que no están previstos por la ley.

A CONTRARIO. *Desde un punto de vista opuesto.*
ACTA. *Actos, deliberaciones, relaciones oficiales.*

ACTA DIURNA. *Del día.*
Diario que se publicaba en la antigua
Roma.

ACTA SANCTORUM. *Los actos de los santos.*
Colección de documentos diversos sobre la
vida de los santos.

ACTIO EX IUDICATO.
Acción judicial que puede ser ejecutada
en tanto ya se ha formulado un juicio.

ACTUM EST. *Está hecho.*
Locución utilizada para indicar que las cosas no pueden cambiarse más.

A CUNABULIS. *Desde la cuna.*
(Véase *Ab incunabulis*).

AD ABSURDUM. *Por absurdo.*
Es una expresión típica del lenguaje filosófico y científico que indica el procedimiento intelectual mediante el que se demuestra
la veracidad de una tesis presentando los
resultados absurdos a los cuales se llegaría
si se demostrase lo contrario.

AD ABUNDANTIAM. *Abundante.*
Hoy en día se entiende en el sentido de hacer o procurarse más de lo necesario para
no encontrarse después desprovisto.

AD ADIUVANDUM. *En ayuda.*
Fórmula utilizada en el lenguaje médico y
jurídico para definir una acción colateral
que contribuye a lograr mejor un objetivo.

AD APERTURAM LIBRI. *Abriendo un libro.*
Se dice de alguien que lo sabe todo sobre
un texto.

AD AUDIENDUM VERBUM. *Escuchar la decisión.*
Se dice a propósito de las instrucciones recibidas en relación con un encargo.

AD BESTIAS. *A las bestias feroces.*
Locución que indica la condena a ser devo-
rado por las bestias feroces que debían sufrir los gladiadores del circo.

AD CAUSAM. *Por un determinado proceso.*
Expresión que indica que se puede ser parte en una causa civil solamente en un proceso determinado.

AD CUTEM. *Hasta la piel.*

ADDE. *Añadido.*
Voz que en los actos notariales y en los documentos oficiales precede a la acotación
añadida a pie de página como aclaración de
cuanto se ha dicho antes.

ADDENDA. *A añadir.*
Se dice a propósito de las partes que deben
añadirse en un libro, en un escrito, etc.

AD EXCLUDENDUM. *A fin de excluir.*
Locución utilizada a propósito de las condiciones o reservas orientadas a excluir algo o
a alguien.

AD EXPERIMENTUM. *A título de experimento,
de forma experimental.*

AD HOC. *A esto.*
Expresión utilizada para indicar algo que se
avenga plenamente a una situación dada.

Por ejemplo: «He encontrado la persona *ad hoc* para este trabajo».

AD HONOREM. A título de honor.
La expresión se utiliza cuando se otorga a alguien un reconocimiento por méritos especiales. La distinción *ad honorem* se otorga, por ejemplo, a personas competentes y preparadas en un determinado campo.

AD HORAS. *En un momento; de un minuto a otro.*
Se dice a propósito de las convocatorias urgentísimas comunicadas habiendo transcurrido un breve plazo de tiempo entre el aviso y la convocatoria.

AD INTERIM. *Por el momento, provisionalmente.*
Se refiere a un cargo o un empleo desarrollado durante un periodo limitado de tiempo, durante la ausencia del titular o mientras se incorpora alguien nuevo. Por ejemplo, «el ministro, el presidente *ad interim*».

A DIVINIS. *De las cosas sagradas.*
Fórmula utilizada en la locución «suspensión *a divinis*» para indicar la suspensión de un eclesiástico sospechoso de herejía o de otras faltas graves.

AD LATUS. *Al costado.*
Calificación con la que se designa a los funcionarios que ayudan a las autoridades importantes, con cargos de ayudantes o consejeros.

AD LIBITUM. *A voluntad, a elección.*
Es una locución utilizada tanto genéricamente como en los diferentes lenguajes técnicos o sectoriales. En medicina indica que la dosis del fármaco queda al criterio del médico (por ejemplo: «posología *ad libitum*»). En música indica que la duración de la pieza dependerá de la sensibilidad interpretativa del intérprete.

AD LIMINA. *En el umbral, en los límites.*

AD LIMINA PETRI.
Término con el que se indica la visita periódica de los obispos a la Santa Sede para explicar cuál es el estado de sus diócesis.

AD LITEM. *Para esta causa.*
En el lenguaje jurídico significa que un mandato legal queda limitado exclusivamente a una causa en concreto —o sea, al proceso en curso.

AD LITERAM. *Al pie de la letra.*
Se dice de las traducciones o de los trabajos realizados exactamente de forma literal.

AD MAIORA. *Hacia cosas mejores, hacia hechos más importantes.*
Fórmula augural para quien, habiendo logrado una meta o una posición, ambiciona otra todavía mejor.

AD MAIOREM DEI GLORIAM. *A mayor gloria de Dios.*
Lema de la Compañía de Jesús.

AD MEMORIAM. *En memoria.*
Expresión utilizada cuando se dedica una calle, una placa, una lápida, etc., a la memoria de alguien que se ha distinguido por méritos especiales.

AD METALLA. *A extraer metales.*
Fórmula que indicaba la condena a trabajos forzados en las minas.

AD MORTEM. *Hasta la muerte.*
Es decir, mientras dure la vida.

AD MULTOS ANNOS. *¡Por muchos años!*
Fórmula de felicitación que deriva de la liturgia eclesiástica en la que se consagraba a los obispos.

AD NUTUM. *A placer, a la señal de....*
Se refiere a quien está en posición subordinada, en dependencia de alguien.

AD OCULOS. *Con la primera mirada, a simple vista.*

AD OPPONENDUM. *En oposición.*
Fórmula jurídica referida a aquellos actos o intervenciones que intentan obstaculizar alguna solución.

AD PEDES. *Hasta los pies.*
Fórmula utilizada casi en tono reverencial en el sentido de dirigirse a alguien para pedirle alguna cosa.

AD PERSONAM.
Se dice de aquello que está reservado para una persona en particular y no puede ser ampliado a los demás.

AD PIAS CAUSAS. *Con fines benéficos.*
Expresión referida a los legados que por testamento se dejan a instituciones religiosas o asociaciones de beneficencia.

AD PROBATIONEM. *Con fines probatorios.*
Se dice del acto que debe ser cumplido según la ley para poder probar su existencia.

AD PROCESSUM. *Para todo tipo de proceso.*
Capacidad de ser parte en una causa civil para cualquier tipo de proceso (es lo contrario de *ad causas*).

AD QUEM. *Al cual.*
Fórmula del lenguaje jurídico e histórico que indica un punto o un dato al cual nos referimos.

AD QUID? *¿Con qué objetivo? ¿Por qué motivo?*

AD REFERENDUM. *Para consultar.*
Fórmula jurídica y diplomática utilizada para decir que se debe consultar sobre un tema.

AD REM. *Conforme al tema.*
Se emplea para indicar que se responde a propósito de una cosa y en el mismo tono.

AD SANCTOS. *Próximo a los santos.*
Locución que indica que algo se halla en las proximidades de la tumba de los mártires y de los santos, y se utiliza a propósito de iglesias y basílicas.

AD SUBSTANTIAM. *Por la esencia.*
Expresión jurídica, sustancial para la validez de un acto y cuya falta determinaría la nulidad.

AD TEMPUS. *A tiempo; durante un cierto período de tiempo.*
Se utiliza en referencia a aquello que es de una duración limitada y para lo que está fijada una fecha.

AD UNGUEM. *Con la uña; a prueba de uña.*
Se dice de las cosas realizadas o que se adaptan perfectamente.

AD USUM DELPHINI. *Para uso del Delfín.*
La expresión tiene su origen en las ediciones de clásicos grecolatinos corregidas en aquellas partes tenidas por inconvenientes, que se preparaban para la instrucción del gran Delfín, el hijo de Luis XIV. Hoy la locución es utilizada para definir textos enmendados para fines pedagógicos o bien, en sentido amplio, para indicar alguna cosa que se ha simplificado o adecuado según los propios intereses o necesidades.

AD VALOREM. *Según el valor.*
Locución utilizada para clasificar las mercancías y establecer los aranceles.

ADVENIAT. *Se cumple, se realiza.*
Fórmula sacada del *adveniat regnum tuum* del *Pater noster.*

ADVERSIS REIECTIS. *No escucha los argumentos de la parte contraria.*
Fórmula citada por los abogados con la cual se pide al magistrado que reconozca la justicia de las razones de su cliente.

AD VITAM. *De por vida.*
Se dice de las cargas o condenas sin límite de tiempo.

ADVOCATUS DIABOLI. *Abogado del diablo.*
En los procesos de beatificación y canonización es llamado así quien tiene la tarea de cuestionar e impugnar la beatificación. En el lenguaje común se refiere a quien siempre intenta hallar objeciones en alguna cuestión.

AEGRI SOMNIA. *Sueños de enfermo.*
La locución indica los pensamientos turbios de una mente enferma o una imaginación confusa.

AEQUO ANIMO. *Con ánimo imparcial.*
Se aplica tanto a los juicios imparciales como a las personas de gran valor.

AERE PERENNIUS. *Más duradero que el bronce.*
(Véase el n.º 769).

AES RUDE. *Bronce tosco.*
Metal utilizado en estado bruto —es decir, sin líneas ni figuras— por los etruscos y latinos como monedas y pesos.

AES SIGNATUM. *Bronce grabado.*
Metal grabado con figuras y símbolos para utilizarlo como monedas y pesos.

AFFECTIO MARITALIS. *Afecto conyugal.*
No se trata de una manifestación afectiva, sino que es la fórmula jurídica con la cual los cónyuges expresan la intención de tratarse como marido y mujer.

AFFIDAVIT. *Aseguró, certificó.*
Voz latina medieval utilizada para realizar una declaración jurada, que tenía valor de prueba, ya que se realizaba delante de un magistrado. También es utilizada en el lenguaje bancario en el sentido de testimonio jurado.

A FORTIORI. *A mayor razón.*
Expresión utilizada en el lenguaje filosófico para subrayar la validez reforzada de las razones por las que un determinado concepto es verdad.

AGENDA. *Las cosas a realizar.*
Taco o cuaderno en el que día tras día se anotan los compromisos y los asuntos a despachar.

AGER PUBLICUS. *Tierra pública.*
Expresión que designa las tierras que en la antigua Roma eran de propiedad pública.

AGNUS DEI. *Cordero de Dios.*
Fórmula utilizada en las Escrituras y en la misa como definición de Cristo.

AGONIA DOMINI. *La angustia del Señor.*
Expresión que señala el momento de angustia y desánimo de Jesús en el Huerto de los olivos.

A LATERE. *Al lado.*
El juez *a latere* es el magistrado de carrera que comparece en tribunal conjunto al juicio. En cambio, el legado *a latere* es el legado pontificio que representa el papa en las ceremonias solemnes.

ALBEDO. *Blancura, candor.*
En el lenguaje científico indica la porción de luz que deriva del Sol y que la Tierra refleja en el espacio.

ALBUM. *Hoja blanca.*
El término indica generalmente cuadernos utilizados para recopilar fotografías, dibujos, postales, sellos, etc.

ALIAS. *En otro lugar, en otro tiempo.*
Se utiliza en el mismo sentido que la expresión «dicho de otro modo », tanto referido a apodos u otros nombres con los cuales es posible identificar a una persona.

ALIBI. *En otro lugar.*
La locución se utiliza como sustantivo para probar que uno estaba ausente del lugar donde se ha cometido un delito.

ALIENO MORE *Según la costumbre de los otros, como gusta a los demás.*

ALIQUO DATO, ALIQUO RETENTO. *Alguna cosa dada, alguna cosa conservada.*
Expresión referida a transacciones en las que cada una de las partes cede alguna cosa y conserva alguna otra.

ALMA MATER. *Alma madre, madre que nutre y alimenta.*
Denominación poética de la Tierra, pero también citada a propósito de la universidad y otras instituciones consideradas como fuente de saber.

ALTER EGO. *Otro yo.*
Se dice de quien hace las funciones o de quien representa en todo a otra persona.

ALTUM SILENTIUM. *Profundo silencio.*

AMEN DICO VOBIS. *En verdad os digo.*
Fórmula utilizada por Jesús en el evangelio para afirmar la verdad de su palabra. En el lenguaje común la palabra *amén* ha asumido el sentido de «basta, no pensemos más».

AMOR SUI. *Amarse a sí mismo.*
Locución que se refiere al sentimiento connatural a cada ser humano de apego a la propia vida y al deseo de bienestar propio.

ANATHEMA SIT. *Haya expulsión.*
Fórmula convertida en usual después del Concilio de Trento para indicar la expulsión de la Iglesia católica y la excomunión.

ANGELUS.
Antigua oración en honor de la Virgen y todavía rezada hoy.

ANGINA PECTORIS. *Espasmo del pecho.*
Dolor agudo acompañado de una sensación de ahogo.

ANIMO PRAEDANDI. *Con el ánimo predispuesto a robar.*
Se dice de una cierta manera de gestionar los asuntos y administrar los entes públicos.

ANIMUS. *Disposición de ánimo, voluntad.*

ANNALES. *Anales, crónicas.*
Libro en el que se registran los acontecimientos año por año.

ANNO DOMINI. *Año del Señor.*
Expresión abreviada A. D., que sigue a la fecha en la que se produce algún acontecimiento, por ejemplo, la fundación de una iglesia, la construcción de un monumento, etcétera.

ANTE CHRISTUM.
Antes del nacimiento de Cristo.

ANTE COENAM. *Entremés.*
ANTEFACTUM. *Anterior al hecho, antecedente.*

ANTE LITTERAM.
Antes de que empezase a utilizarse la palabra adecuada con la que ahora se denomina un mismo concepto.

ANTE OCULOS. *Delante de los ojos, bajo la mirada de alguien.*

ANTE OMNIA. *En primer lugar.*
ANTE REM. *Antes del hecho.*
ANTE TEMPUS. *Antes de tiempo.*

ANTIQUARIUM.
Colección de antigüedades, restos arqueológicos, etc.

A PARTE SUBIECTI. *De parte del sujeto.*
Expresión jurídica que señala al sujeto de un derecho.

APERTIS VERBIS. *Discurso claro.*
Locución utilizada a propósito de una cosa dicha con claridad y sin preámbulos.

APIS MORE MODOQUE. *A modo de abejas.*
Invitación a imitar a las abejas, símbolo de actividad y laboriosidad..

A POSTERIORI. *A hechos consumados.*
Locución utilizada en el lenguaje filosófico para indicar el juicio expreso sobre algo después de que haya acaecido.

A POTIORI. *Desde un punto de vista más válido.*
Locución legada por la filosofía escolástica utilizada para indicar que se resalta la parte más destacada de alguna cosa.

A PRIORI. *Aquello que precede.*
Se dice a propósito del juicio expreso sobre algo antes de que esto se verifique o antes de haber tenido la experiencia.

A QUO. *Del cual, de parte del cual, a comienzos del cual.*

ARA COELI. *Altar del cielo.*
Denominación de una iglesia romana sobre el Campidoglio.

ARA PACIS AUGUSTAE.
Altar de mármol blanco dedicado en el año 13 a. de C. a la paz de Augusto después de la guerra de las Galias.

ARBITER ELEGANTIARUM. *Árbitro de la elegancia.*
Locución que Tácito atribuye a Petronio y que hoy se utiliza a propósito de quien sigue las modas y es considerado un modelo de elegancia.

ARBITRIUM MERUM. *Abuso absoluto.*
Se dice a propósito de las decisiones no sujetas a ninguna condición.

ARCADES AMBO. *Ambos arcadios.*
Expresión virgiliana utilizada hoy para refe-

rirse a personas que pertenecen a un círculo selecto o que tienen un carácter muy similar.

ARGUMENTUM A CONTRARIIS.
Expresión que designa dos posiciones opuestas y en virtud de ello no puede ser fijada una regla igual para ambas.

ARS DICTANDI. *Arte de dictar.*
O sea de componer. Es el título de numerosos tratados medievales que enseñaban a escribir bien.

ARS INVENIENDI. *Arte de inventar.*
Locución difundida en el lenguaje científico.

ARS MAGNA. *Gran arte.*
En el Medievo era la denominación de la alquimia.

ARS NOVA. *Arte nuevo.*
En el lenguaje musical indica el nuevo movimiento polifónico, iniciado en el siglo XIV, que marca el paso desde la música litúrgica a nuevas formas musicales de inspiración profana.

ARULA.
Término utilizado en arqueología para indicar un pequeño altar.

ASPERGES.
Término utilizado en el sentido de aspersorio, obtenido de la fórmula *asperge me* pronunciada por el sacerdote en el acto de la bendición con agua ben-dita.

AUDIO. *Escucho.*
Término utilizado en el lenguaje radiotelevisivo para indicar una conexión sonora o todo aquello que se refiere a cuestiones auditivas.

AUDITORIUM. *Auditorio.*
Sala para conciertos y audiciones.

AULA MAGNA. *Aula grande.*
Local amplio, en general en la universidad y

en las escuelas, reservado a reuniones o a ceremonias oficiales.

AUREA MEDIOCRITAS. *Mediocridad áurea.* (Véase n.° 223).

AURI SACRA FAMES. *Deplorable codicia del oro.*

AUT.
Corresponde a la conjunción disyuntiva *o* y se utiliza en los telegramas para evitar equívocos.

AUT AUT. *O o.*
Poner un *aut aut* significa obligar a una persona a decidir entre dos soluciones.

AVE! *Te saludo.*
Voz de saludo o felicitación utilizada sobre todo en las oraciones a la Virgen.

BELLEROPHONTIS TABELLAE. *Carta de Belerofonte.*
Se decía a propósito de cartas que contenían la condena de quien las entregaba.

BENEDICITE. *Bendecid.*
Oración mediante la que, en la comunidad religiosa, se invoca la bendición de Dios sobre los alimentos.

BENEFICIUM COMPETENTIAE.
Regla del derecho romano aún en vigor que prevé que el deudor sea condenado a pagar en virtud de sus propias posibilidades reales.

BENE QUIDEM. *Propio bien.*
Fórmula utilizada para expresar asentimiento y aprobación.

BEOTICUM INGENIUM. *Ingenio torpe.*
Se dice a propósito de personas rudas o escasamente dotadas.

BIS. *Dos veces.*
Locución muy difundida sobre todo en el ámbito teatral donde se pide el *bis.*

BIS IN IDEM. *Dos veces en el mismo tema.*
Fórmula utilizada para indicar la repetición idéntica de alguna cosa o la recaída en el mismo error.

BONI HOMINES.
En la época de los Comunes, definición de los ciudadanos a los que era confiado el poder ejecutivo.

BONONIA DOCET. *Bolonia enseña.*
Dicho citado en referencia a la antigua tradición universitaria de la ciudad italiana.

BONUM FIDEI. *El bien de la fidelidad.*
Fórmula utilizada en el lenguaje jurídico para designar el derecho y deber de los cónyuges a la fidelidad.

BONUM LIBERTATIS. *El bien de la libertad.*
BONUM PROLIS. *El bien de la prole.*

BONUS.
Palabra utilizada en el mundo de los negocios con el significado de «gratificación, premio» y en el lenguaje común para indicar un billete que da derecho a ventajas, descuentos, etc.

BONUS EVENTUS.
En la antigua Roma era una divinidad a la cual se recurría en todos los acontecimientos de la vida para que concediera buenos resultados.

BONUS MALUS.
Cláusula de seguridad en virtud de la cual el premio pactado sufre variaciones en caso de daños o accidentes.

BREVI MANU. *De mano a mano.*
Se dice a propósito de objetos o cartas entregadas en mano o en persona.

BUSILLIS.
Palabra derivada de la errata escrita de *in diebus illis* y utilizada para indicar una cosa de difícil comprensión.

CACTUS. *Alcachofa, cardo.*
Tipo de plantas de tallo bajo y espinoso.

CALIDARIUM.
Atmósfera del baño caliente en las termas.

CAMPUS.
Término utilizado para indicar los campos universitarios.

CANNABIS INDICA. *Hachís.*
Nombre de una de las drogas más antiguas.

CAPITULARE ITALICUM.
Relación cronológica de los emperadores francos reyes de Italia, desde el siglo X hasta mitad del XI.

CAPTATIO BENEVOLENTIAE. *Conquista de la benevolencia.*
Locución originariamente referida a la oratoria y utilizada hoy a propósito de quien busca ganarse la simpatía de una persona mediante la adulación y otros recursos.

CAPUT MUNDI. *Cabeza del mundo.*
Es la expresión con la cual se designa a Roma, la ciudad eterna.

CARDO MAXIMUS.
Segunda calle más importante en un campamento romano, va de norte a sur e intercepta al *decumanus maximus.*

CARITAS. *Caridad.*
Nombre de una asociación internacional de beneficencia.

CARPE DIEM. *Vive el día.*
Expresión que incita a vivir con la mayor intensidad posible cada segundo de nuestro tiempo y disfrutar de todos los placeres de la vida (véase n.º 344).

CASUS BELLI. *Caso de guerra.*
Palabras con las cuales se señalan aconteci-

mientos considerados como la causa de una guerra.

CASUS FOEDERIS.
Se utiliza cuando en el interior de una alianza se produce un acontecimiento que obliga a unos de los dos contrayentes a ayudar militarmente al otro.

CAUSA CAUSARUM. *Causa de causas.*
Causa primera del origen de todo, es decir Dios.

CAUSA PETENDI. *Causa del requerimiento.*
O sea la razón de la pretensión que se intenta hacer valer.

CAUSA SCELERIS. *La causa del delito, el móvil.*
CAUSA SUI. *Causa de sí mismo.*

CAVAEDIUM. *Cavedio.*
Espacio descubierto en el centro de la casa romana al que se abrían las diferentes estancias.

CAVE CANEM. *Atención al perro.*

CECIDERE MANUS. *Le cayeron las cansadas manos.*
Se dice de un artista al cual le falta la inspiración o la voluntad para llevar a cabo una obra.

CELEBRET. *Célebres.*
Permiso para decir misa otorgado por la autoridad eclesiástica.

CERTAMEN. *Concurso, competición.*
Término utilizado generalmente a propósito de un concurso poético.

CETERA DESUNT. *El resto falta.*
Locución que designa un texto incompleto.
CIRCUITUS VERBORUM. *Rodeo de palabras.*

CIRCULUS VITIOSUS. *Círculo vicioso.*
Definición del error lógico consistente en hacer coincidir premisas y conclusiones.

CIVITAS.
En la antigua Roma indicaba la comunidad política organizada tanto en un amplio estado como en una pequeña ciudad.

CLIENTES. *Clientes.*
Todos los que van en el séquito de una persona importante esperando obtener ventajas.

COENA DOMINI. *La cena del señor.*
Celebración de la última cena durante la festividad pascual.

COGNATIO LEGALIS.
Lazo de parentesco que se establece entre el adoptante y el adoptado.

COGNATIO SPIRITUALIS.
Relación que designa una especie de parentesco moral, como el del padrino y la madrina en el bautizo.

COITUS INTERRUPTUS. *Coito interrumpido.*
Expresión utilizada para referirse al acto sexual no concluido debido a una práctica contraceptiva.

COLLEGIA OPIFICIUM.
Locución con la cual en la antigua Roma se citaba la unión de artesanos y operarios.

COMINUS ET EMINUS. *De cerca y de lejos.*
La expresión aludía a técnicas de lucha y fue retomada por Luis XII como símbolo de su propio poder, capaz de golpear también a los enemigos lejanos.

COMMUNIS OMNIUM. *Común a todos.*
En el derecho internacional indica aquello de lo cual ningún Estado se puede apropiar.

COMMUNIS OPINIO. *Opinión común.*

COMOEDIA FINITA EST. *La comedia ha finalizado.*
Generalmente se dice cuando se ha llevado a cabo un largo trabajo.

COMPENSATIO LUCRI CUM DAMNO. *Compensación de las ganancias con las pérdidas.*
Compensación entre las ventajas obtenidas por el prestatario y el daño derivado del posible incumplimiento del deudor.

COMPOS SUI. *Dueño de sí mismo.*
Locución generalmente utilizada en sentido negativo; «no es *compos sui*», es decir «no sabe lo que hace».

CONCORDIA DISCORS. *Concordia discordante.*
Locución que designa una armonía derivada de un contraste.

CONCORDIA ORDINUM. *Concordia de las clases.*
Expresión utilizada para indicar la concordia de las diferentes clases sociales y de los órganos del Estado para la salvaguarda del bien común.

CONDICIO IURIS. *Presupuesto jurídico.*

CONDITIO SINE QUA NON. *Condición sin la cual no.*
Señala un elemento fundamental sin el cual una acción, un acuerdo, etc., sería imposible.

CONFITEOR. *Me confieso.*
Fórmula litúrgica que precede a la confesión.

CONSECUTIO. *Consecuencia, concatenación.*

CONSECUTIO TEMPORUM.
Correlación de los tiempos verbales en la estructura sintáctica del periodo.

CONSENSUM GENTIUM. *Consenso de las personas.*
Se utiliza para referirse a una aprobación unánime.

CONSILIATOR DEORUM. *Consejero de los dioses.*
Se dice de las personas inteligentes y hábiles a las cuales hasta los dioses reclaman consejo.

CONSORTIUM OMNIS VITAE. *Unión para toda la vida.*
Definición de la indisolubilidad del matrimonio.

CONSUETUDO PRO LEGE SERVATUR. *La costumbre es aceptada como ley.*

CONSUMMATUM EST. *[Todo] se ha cumplido.*
Son las últimas palabras de Cristo moribundo, utilizadas hoy día para decir que alguna cosa muy penosa ha llegado a su fin.

CONTEMPTUS MUNDI. *Desprecio del mundo.*
Expresión referida al ascetismo y al desprecio de los bienes materiales y mundanos.

CONTINUUM. *Línea continua.*
Término que indica un desarrollo gradual desde un mínimo hasta un máximo.

CONTRA LEGEM. *Contra la ley.*

CONTRA SPEM. *Contra [toda] esperanza.*
Esperar con obstinación.

CONTRA TESTAMENTUM. *Contra el testamento.*
Procedimiento que va contra las disposiciones testamentarias cuando se produce la violación de los derechos de los herederos legítimos.

CONVENTIO AD EXCLUDENDUM.
Acuerdo entre determinadas partes políticas o sociales cuya finalidad es la exclusión de otra parte.

CORAM POPULO. *En público.*
COR CORDIUM. *Corazón de corazones.*

CORPUS. *Cuerpo.*
Se utiliza para indicar una totalidad, en general una recopilación completa de obras y de autores.

CORPUS DOMINI. *El cuerpo del señor.*
Festividad católica que se celebra sesenta días después de la Pascua para conmemorar el sacramento de la Eucaristía.

CORPUS IURIS CANONICI.
Recopilación de normas de derecho canónico.

CORPUS IURIS CIVILIS.
Recopilación de leyes civiles con la cual se designa la obra de Justiniano compuesta en siglo VI.

CORPUS POSSESSIONIS. *Cuerpo del propietario.*
En el lenguaje jurídico indica el propietario de una cosa de parte de una persona.

CORRIGE. *Corregir.*
Palabra que antecede a las correcciones que se hacen en un texto o en un escrito.

CRIMEN LAESAE MAIESTATIS.
Fórmula que indica el crimen de lesa majestad.

CRUCIFIGE. *Crucifícalo.*
Grito con el que la multitud pide a Pilatos la muerte de Jesús y que hoy es utilizado como condena u hostilidad contra alguien.

CUI BONUM? *¿Para qué sirve?*
Fórmula mediante la que el inquisidor se pregunta quién había obtenido mayor ventaja de un delito, como forma de hacer converger sobre él las indagaciones.

CUI PRODEST? *¿A quien beneficia?*
Expresión análoga a la anterior (véase n.º 459).

CULPA IN CONTRAHENDO.
Falta cometida al conducir las operaciones relativas a lo estipulado en un contrato.

CULPA IN CUSTODIENDO.
Error debido a negligencia en la custodia de alguna cosa.

CULPA IN ELIGENDO.
Falta debida a una elección de la cual se ha derivado un daño; por ejemplo, la elección de una persona no adecuada para resolver un asunto.

CULPA IN OMITTENDO.
Falta derivada de no haber realizado alguna cosa importante en una determinada situación.

CULPA IN VIGILANDO.
Falta que se imputa a quien no ha vigilado y no ha realizado el debido control.

CUM GRANO SALIS. *Con discreción.*
(Véase n.º 38).

CUMQUIBUS. *Con los cuales.*
Fórmula referida al dinero necesario para comprar y obtener alguna cosa.

CUPIO DISSOLVI. *Deseo disolverme.*
Expresión con la cual los místicos expresaban su deseo de consumarse en Dios. Hoy día es utilizada también en referencia a todos los que no soportan más la vida y desean destruirse.

CURATOR AD VENTREM.
Fórmula jurídica que designa a la persona que, en caso de muerte del marido de una mujer embarazada, recibe del tribunal el encargo de cuidar la situación patrimonial del que nacerá.

CURIS SOLUTUS. *Libre de preocupaciones.*

CURRENTI CALAMO. *Con la pluma que escribe.*
Locución que indica escribir a vuela pluma, sin distraerse en la corrección formal y en la elegancia estilística.

CURRICULUM VITAE. *El curso de la vida.*
Se trata de un breve resumen de la vida de una persona, que contiene la formación escolar y laboral y que se presenta cuando se está buscando un empleo.

CURSUS. *Curso, marcha, desarrollo, desenvolvimiento.*

CURSUS HONORUM. *La carrera de los honores.*
Entre los romanos indicaba la carrera de los cargos públicos; hoy indica los diferentes cargos ocupados por una persona en el ámbito de su carrera política.

DAMNATIO MEMORIAE. *Condena de la memoria.*
Condena de una persona o de un movimiento que perdura más allá de su desaparición.

DAMNUM INIURIA DATUM. *Daño provocado injustamente.*

DATIO IN SOLUTUM.
Fórmula que indica dar en pago como forma de extinción de una deuda.

DATUR OMNIBUS. *Se da a todos.*
Inscripción que se halla en cualquier antiguo convento para indicar que la caridad cristiana no hace distinciones.

DE AUDITU. *Oído decir.*

DEBELLATIO.
Término del derecho internacional que indica la condición del Estado derrotado.

DE CUIUS. *¿De quién se trata?.*
Fórmula jurídica utilizada en los testamentos para referirse al testador.

DECUMANUS MAXIMUS.
La calle más importante de una ciudad o un campamento romano que discurre en dirección este-oeste.

DE FACTO. *De hecho.*
En oposición a *de iure.*

DEFENSOR CIVITATIS. *Defensor de la ciudad.*
Magistrado dedicado, en el siglo IV d. de C., a defender a los ciudadanos de su ciudad de los abusos cometidos y sus repercusiones.

DEFENSOR FIDEI. *Defensor de la fe.*
Apelativo de Enrique VIII, utilizado hoy para designar a quien defiende abiertamente a la iglesia y las religiones de los ataques de los adversarios.

DEFICIT. *Falta.*
Término utilizado en el lenguaje económico como sinónimo de pasivo, pérdida, déficit.

DE IURE. *De derecho.*
O sea, «por ley».

DE IURE CONDENDO.
Se dice de las normas y principios jurídicos todavía en fase de estudio y de discusión.

DE IURE CONDITO.
Se dice de las normas y leyes ya aprobadas y que han entrado en vigor.

DELE. *Cancela, anula.*
Palabra que en los actos notariales o en los contratos precede al término o a la expresión para considerarlos cancelados.

DELIRIUM TREMENS. *Delirio tembloroso.*
Estado de psicosis aguda con temblores y alucinaciones propios de los alcohólicos crónicos.

DEMINUTIO CAPITIS. *Disminución desde el principio.*
Fórmula con la cual se indica la pérdida de la libertad, de la familia, de los derechos civiles, etc.

DENTE SUPERBO. *Con dientes soberbios.*
O sea, de forma altiva.

DEO ADIUVANTE *Con la ayuda de Dios.*
Si Dios quiere.

DEO GRATIAS. *Gracias a Dios.*
Últimas palabras de la misa en latín utilizadas hoy día como exclamación para decir que alguna cosa ha terminado bien.

DEO OPTIMO MAXIMO. *A Dios óptimo y máximo.*
Fórmula que aparece como inscripción en las iglesias, abreviada como D.O.M.

DE PLANO. *Llano, sin dificultad.*
Expresión jurídica para decir que alguna cosa se ha realizado o avanza sin dificultad.

DE PROFUNDIS. *Desde el fondo* .
Es el comienzo del salmo 129, de carácter penitencial, recitado en general durante los funerales.

DE QUA. *De la cual se trata.*
En referencia a un nombre femenino que antecede.

DE QUIBUS. *De los cuales o de las cuales se trata.*
DE QUO. *Del que se trata.*

DE RATO.
Locución jurídica utilizada en la fórmula «prometer *de rato*» que significa hacerse garante.

DEUS EX MACHINA. *El dios [que habla] fuera de la máquina.*
Locución utilizada en el lenguaje común para indicar una salvación inesperada y de ámbito literario a propósito de un final artificioso.

DE VISU. *Habiendo visto.*
Se dice de una cosa que se ha visto estando presente y se contrapone a *de auditu.*

DICITUR. *Se dice.*
Utilizada en tono ligeramente escéptico para decir que no se está muy seguro de cuanto la gente dice.

DICTAMINA RECTAE RATIONIS. *Imperativos de la recta razón.*
Normas morales y jurídicas que no son fruto de la revelación divina sino de una elaboración racional.

DICTUM. *Dicho, juicio, sentencia.*

DIES A QUO, DIES AD QUEM. *Día a partir del cual, día hasta el cual.*
Expresión que indica el día en el que discurre y en el que se cumplen los plazos.

DIES FASTI.
En la antigua Roma eran así llamados los días (235) en los que era lícito trabajar.

DIES IRAE. *Día de la ira.*
Fórmula que designa el día del Juicio Universal.

DIES NATALIS. *Natalicio, día del nacimiento.*

DIES NEFASTI.
Días (109) en los que en la antigua Roma, no era lícito trabajar, porque se dedicaban al culto.

DIETIM. *Día por día.*

DILUVIUM.
Término del lenguaje geológico referido a sedimentos vertidos por los cursos de agua.

DIRA NECESSITAS. *Cruel necesidad.*
Se dice a propósito de aquello que se aborrece pero no se puede impedir.

DISCESIT. *Ha partido.*
Permiso que un obispo da a un sacerdote de la diócesis para ir a otra parte.

DISIECTA MEMBRA. *Miembros dispersos.*
Se dice de personas o cosas privadas de un vínculo, de un nexo lógico (véase n.º 611).

DISPARITAS CULTUS. *Diversidad de cultos.*
En el derecho matrimonial canónico constituye un impedimento; para superarlo es necesaria una dispensa.

DIVIDE ET IMPERA. *Divide y reina.*
(Véase n.º 615).

DIXI. *He dicho.*
Palabra con la cual se pone fin a un discurso y no se admite réplica.

DOCENDO DISCITUR. *Enseñando se aprende.*
Trata de la sentencia de Séneca *homines dum docent discunt* (véase n.º 975).

DOCTOR IN UTROQUE. *Doctor en ambos (derechos).*
O sea en derecho civil y canónico.

DOMINUS VOBISCUM. *El Señor esté con vosotros.*
Saludo del sacerdote a los fieles durante la celebración de la misa.

DONEC CORRIGATUR. *Hasta que sea correcto.*
Fórmula con la cual el Índice denegaba la autorización para la publicación de un libro.

DO UT DES. *Doy para que tú des.*
Fórmula en la que se basaban las relaciones del hombre romano con la divinidad y utilizada hoy para indicar relaciones de recíproco interés (véase n.º 244).

DRAMATIS PERSONAE. *Personajes del drama.*
La locución se refiere hoy a los autores y a los protagonistas de un acontecimiento.

DULCIS IN FUNDO. *Final feliz.*
Se aplica a las cosas realizadas felizmente después de un considerable sacrificio.

DUPLEX. *Duplicado, doble.*
Se dice de un teléfono conectado en la línea de otro teléfono.

ECCE HOMO! *¡He aquí el hombre!*
Palabras con las cuales Pilatos presentó a Cristo a la multitud, utilizadas, a nivel popular, al observar a una persona maltrecha y en un plano culto en la representación de Jesús que sufre pero todavía no crucificado.

Ecclesia. *Asamblea.*
Palabra de origen griego que ha pasado a indicar en el mundo cristiano la reunión de los fieles.

E converso. *Desde enfrente, desde otro lado, desde un punto de vista distinto.*

Editio princeps.
Se dice de la primera edición de un clásico o de una obra medieval.

Ego. *Yo.*
Término utilizado en psicología para indicar el punto de referencia de la subjetividad.

Eiusdem farinae. *De la misma harina.*
Significa ser de la misma naturaleza, tener afinidad profunda con otra persona.

Eiusdem furfuris. *De la misma pasta.*
Se dice de dos personas que se parecen en las virtudes y en los defectos.

Emendatio.
Término utilizado en filología para la edición crítica de un texto con el que se indica la corrección de una lección que se considera ininteligible.

Emunctae naris. *De nariz fina.*
Se dice de una persona que tiene aguda inteligencia y rápida intuición.

Eo ipso. *De por sí, en sí y para sí.*

Erga omnes. *En relación con todos.*
Fórmula jurídica con la cual se señala un acto que tiene validez universal.

Ergo. *Pues, por tanto, en conclusión.*
Conjunción conclusiva utilizada por los escolásticos antes del tercer silogismo.

Errata corrige. *Corregir las expresiones erróneas.*
Recopilación de los errores de imprenta y las correcciones correspondientes que se presentan a veces al final del libro.

Error in corpore.
Se trata de un error que en la estipulación de un contrato atañe al objeto sobre el cual trata.

Error in negotio.
Error que atañe a la naturaleza del contrato o del negocio que se está tratando.

Error in persona.
Error que, en un negocio o contrato, atañe a la persona que representa a la otra parte.

Essentialia negotii.
Conjunto de datos y de elementos esenciales en un negocio, indispensables para que el negocio o el contrato puedan existir.

Est est est. *Es, es, es.*
Nombre de un vino renombrado debido a la leyenda según la cual una persona amante del vino se hacía preceder en los viajes de un sirviente encargado de señalar con un *est* los lugares donde encontrase buen vino. En Montefiascone (Italia) el servidor encontró un vino especialmente bueno, tanto que escribió tres veces la marca convenida.

Est est, non non. Sí, sí, no, no.
Invitación evangélica a no realizar vanos juramentos, sino a hablar con sinceridad y sencillez.

Estote parati. *Estad preparados.*
Palabras pronunciadas por Jesús en referencia a la muerte, que puede sorprender. Pueden emplearse como consejo para estar siempre prevenidos.

Et cetera. *Etcétera.*
Abreviado *etc.*

Et de hoc satis. *Y de esto basta.*

ET SIMILIA. *Y similares.*
Y otras cosas análogas. Locución utilizada a veces en tono despectivo.

ET ULTRA. *Y también más, y mucho más.*

EX. *Antes, fuera de, no más.*
Preposición utilizada hoy para referirse a situaciones o cargos ya inexistentes, por ejemplo: ex presidente, ex Yugoslavia, etc.

EX ABRUPTO. *De improviso.*
Se refiere en general a discursos que comienzan sin aviso previo ni prólogo.

EX ABUNDATIA CORDIS. *Tener gran corazón.*
Locución utilizada para decir algo desde lo más hondo del corazón, con toda el alma.

EX ADVERSO. *Al contrario, lo opuesto, desde un punto de vista diferente.*

EX AEQUO. *Mérito similar.*
Se utiliza sobre todo en la competición deportiva, cuando dos competidores obtienen el mismo resultado.

EX AEQUO ET BONO. *Según lo adecuado y el bien.*
Fórmula del derecho internacional que designa la aplicación de las normas con adaptación equivalente o la entrega de dos contendientes a una corte internacional.

EX ANTE. *Ya desde antes.*
En el lenguaje jurídico indica un procedimiento con efecto retroactivo.

EX CATHEDRA. *Desde la cátedra.*
Locución utilizada a propósito del papa cuando se pronuncia en materia de fe y, en sentido irónico, en las valoraciones de quien tiene mucha cultura.

EX CEDOLA. *Eliminado el cupón, sin cupón.*
Locución que en el lenguaje financiero designa el valor de un título descontado de

aquel del cupón vencido y cortado o pagado anticipadamente.

EXCELSIOR. *Más importante.*
Se utiliza como exhortación e incitación y también como nombre de numerosos hoteles y locales públicos.

EXCEPTIO VERITATIS.
En el lenguaje jurídico indica la excepción, consistente en la exención de pena en los procesos por difamación, a favor del difamador dispuesto a demostrar la verdad de los hechos.

EXCEPTIS EXCIPIENDIS. *Exceptuadas las cosas que se deben dejar aparte.*
Frase que significa que todas las reglas tienen sus excepciones.

EXCERPTUM. *Extracto.*
Parte o fragmento de una obra extraído y publicado aparte.

EXCESSUS MENTIS. *Pérdida de conciencia.*
En el lenguaje místico indica el momento del éxtasis y de la unión con Dios.

EX COMMODO. *Con comodidad.*
Se dice de las cosas que pueden hacerse con calma y sin urgencias.

EX CONDICTO.
En el lenguaje jurídico indica aquello que proviene del pacto social, pero no siempre está en armonía con el derecho natural.

EX CONTRARIO. *En sentido diferente y contrario.*

EX DONO. *Por donación.*
Inscripción con la cual en las bibliotecas y en los museos se indica la procedencia de obras recibidas por donación.

EXEAT. *Salga, puede irse.*
En el lenguaje canónico indica la autori-

zación a un sacerdote para pasar a otra diócesis.

EXEMPLI GRATIA. *Por ejemplo, a título de ejemplo.*

EXEQUATUR. *Se acate.*
Se utiliza para indicar una autorización gubernativa.

EX FACTO ORITUR IUS. *Del hecho nace el derecho.*
Se dice de determinados hechos de los que han nacido determinados derechos.

EX GENERE ACHILLIS. *Del linaje de Aquiles.*
Se utiliza a propósito del noble origen de alguien.

EX INFORMATA COSCIENTIA. *Conscientemente, con plena conciencia.*
Se dice de las cosas realizadas con pleno conocimiento de su importancia.

EX INTEGRO *Por entero, desde el principio, de nueva planta.*

EX IUSTIS NUPTIIS. *De buena boda.*
En la antigua Roma designaba a los hijos nacidos de padres libres y legalmente casados.

EX IUVANTIBUS ET LAEDENTIBUS. *De los efectos beneficiosos o dañinos.*
Se dice de algo que puede tener efectos positivos o negativos, como por ejemplo una medicina.

EX LEGE. *Según la ley, conforme a la ley.*

EX LIBRIS.
Expresión con la cual se indican todas las marcas, los símbolos, etc., colocados en un libro para indicar la biblioteca a la que pertenece.

EX NIHILO. *De la nada.*

EX NOVO *De nuevo, de nueva planta.*

EX OPERE OPERATO. *Como consecuencia de la acción finalizada.*
Locución utilizada en el lenguaje jurídico con el significado de automáticamente, «en relación con el hecho finalizado».

EX PARTE EXERCITII. *En virtud del ejercicio (de la función propia).*
Se dice del que realiza alguna cosa en virtud del título que lo habilita para realizarla.

EXPERTO CREDITE. *Cree en quien tiene experiencia.*
(Véase n.º 790).

EXPLICATIO TERMINORUM. *Explicación de los términos.*
Aclaración preventiva sobre el significado exacto de los términos técnicos, filosóficos etc., que serán utilizados en una determinada situación.

EXPLICIT. *Finaliza, acaba.*
Fórmula escrita por los amanuenses al final de un libro con el significado de «fin».

EX POST. *Con posterioridad.*
Se dice de un hecho valorado tiempo después de que haya tenido lugar.

EXPRESSIS VERBIS. *Expresamente, con palabras claras, de forma explícita.*

EX PROFESSO. *A propósito.*
Se dice de quien habla de un tema o actúa de manera verdaderamente competente.

EX RATIONE NATURA. *Según el orden racional de las cosas, según la ley natural.*

EX TEMPORE. *De improviso.*
Se dice de una cosa realizada sin pensarla, de forma espontánea.

EXTRA. *Fuera, además, más allá.*
Se utiliza para definir alguna cosa especial, fuera de la norma, o de alguna cosa que se

ha calculado aparte, por ejemplo, en los restaurantes, en los hoteles, etc.

EXTRA CHORUM. *Fuera del coro.*
Se dice de quien habla o actúa por cuenta propia, por presunción o anticonformismo.

EXTRA FORMAM. *Sin formalidades, por las buenas.*

EXTRA LIMINA. *Fuera de los límites, más allá del umbral, en el exterior.*

EXTRA MOENIA. *Fuera de las murallas.*
Se utiliza referido a las murallas de la ciudad o a las domésticas.

EXTRA OMNES. *Todos fuera.*
Fórmula utilizada al comienzo de un cónclave para hacer salir fuera a todos los extraños.

EXTRA ORDINEM. *Al margen de la vida normal.*
Se dice de alguna cosa extraordinaria, a propósito de decretos, leyes, o cosas que se han realizado superando las propias aptitudes.

EXTRA PETITA PARTIUM. *Además de las peticiones de las partes.*
Peticiones más allá de donde el juez puede llegar.

EXTREMA RATIO.
Véase *Ultima ratio.*

EX TUNC. *Desde entonces, efectivo desde aquel momento.*

EX VOTO. *Por un voto realizado.*
Ofrenda votiva que se ofrece a Dios por la gracia recibida.

FACERE IN ALIENO.
Locución que se refiere a moverse y obrar en las propiedades de los demás, saliéndose del terreno propio.

FACERE IN PROPRIO.
Es el derecho a obrar dentro de los límites de la propiedad propia sin lesionar derechos e intereses de los demás.

FACIES. *Aspecto.*
En el lenguaje médico indica el aspecto de la cara de ciertos enfermos a causa de la enfermedad que sufren. El término se utiliza con otros significados también en zoología y botánica.

FACIES HIPPOCRATICA. *Rostro hipocrático.*
Se dice de un rostro muy pálido, enfermo, de una persona que está a punto de morir.

FAC-SIMILE.
Fórmula utilizada para referirse a la exacta reproducción de un texto, de un cuadro, una escultura, etc.

FAC-TOTUM. *Lo hace todo.*
Fórmula utilizada para referirse a una persona solvente que se ocupa del despacho de todos los asuntos.

FACTUM EST. *Ha sido realizado, todo ha terminado.*

FATA OBSTANT. *Los hechos se oponen.*
Se dice de una cosa que cansa al realizarla y a la cual el destino parece oponerse.

FATA TRAHUNT.
Fórmula utilizada para indicar que el destino induce todas las cosas (véase n.ºs 653 y 837).

FATE VOBIS. *Hazlo tú.*
Se utiliza generalmente cuando no se quiere hacer una cosa y se deja que los demás la hagan como quieran.

FELIX CULPA. *Feliz culpa.*
Expresión pronunciada por San Agustín a propósito del pecado cometido por Adán y Eva y que hizo posible la venida de Cristo.

FERENDAE SENTENTIAE. Fórmula del derecho canónico que indica un particular tipo de excomunión para la cual la Iglesia adopta después las disposiciones.

FERRO ET IGNI. *A hierro y fuego.*

FERT.
Siglas de la locución *Fortitudo Eius Rhodum Tenuit* («su fuerza tiene Rodio») en alusión a la expedición de Amadeo VI de Saboya, o bien de las palabras *Foedere Et Religione Tenemur* (unámonos por un pacto y por la religión).

FEUDORUM LIBRI. *Libros de fueros.*
Los libros que recogen las leyes y costumbres de la jurisprudencia feudal.

FIAT.
Se utiliza en la expresión *in un fiat* para decir en un instante.

FIAT LUX. *Hágase la luz.*
Palabras pronunciadas por Dios en el acto de la creación del mundo (Génesis 1,3) y citada hoy para indicar la omnipotencia divina o sencillamente el tono bromista como invitación a encender la luz en un local oscuro.

FIBULA. *Broche, alfiler.*
Término utilizado en arqueología para designar los broches y agujas con los que se sujetan las capas.

FICTIO. *Simulación.*
Indica tanto una forma de hablar basada más en la imaginación que en la realidad, como una cosa dicha como cierta por comodidad en la discusión, pero que en realidad no lo es.

FICTIO IURIS. *Simulación jurídica.*
Hecho supuesto como verdadero por comodidad jurídica.

FICTIO MENTIS. *Simulación mental.*

Se dice de una cosa imaginaria o de una suposición.

FIDELITAS. *Fidelidad.*
El deber que los vasallos tenían de participar en las guerras de su señor.

FIDES INTREPIDA. *Fe intrépida.*
Lema que estableció el papa Pío XI y referido hoy a personas que tienen una fe muy fuerte.

FIDUS ACHATES. *Fiel Ácate.*
Ácate es el fiel amigo de Eneas y la locución se utiliza hoy para referirse a un amigo leal.

FINIS. *Fin, término.*
Se utiliza también para decir que no hay nada más que añadir.

FINIS POLONIAE! *El final de Polonia.*
Exclamación atribuida al héroe polaco Kosciuszko, caído prisionero de los rusos en 1794, y utilizada a veces para decir que todo está perdido.

FLAGELLUM DEI. *Flagelo de Dios.*
Denominación de Atila, rey de los hunos, por las devastaciones realizadas.

FLATUS VOCIS.
Se dice a propósito de palabras privadas de significado y pronunciadas sin un objetivo.

FOCUS.
Término utilizado en el lenguaje médico para referirse a un foco morboso del cual se deriva una infección..

FOEDUS AEQUUM. *Pacto entre iguales.*

FOEDUS INIQUUM. *Pacto entre desiguales.*
O sea, estipulado en condiciones de desventaja para una de las partes.

FORMALITER. *En sentido propio siguiendo la propia naturaleza.*

FORMA MENTIS. *Estructura mental.*
Se utiliza a propósito del personal modo de ver de cada uno.

FORUM.
Término utilizado para designar ya sea un lugar de reunión, un congreso, o una discusión pública.

FORUM CONTRACTUS.
Término que indica el foro, o sea la autoridad judicial, previsto y aceptado en virtud de una determinada cláusula contractual.

FORUM DELICTI.
Lugar donde se ha cometido el delito.

FORUM DESTINATAE SOLUTIONIS.
Lugar en el que una obligación debe ser ejecutada.

FORUM GESTAE ADMINISTRATIONIS.
Lugar en el que se gestiona una administración.

FORUM HEREDITATIS.
Lugar donde ha sido abierta una herencia.

FORUM REI SITAE.
Lugar en el que se encuentra un inmueble.

FORUM SOCIETATIS.
Lugar donde tiene su sede una sociedad.

FRACTIO PANIS. *Partir el pan.*
Era el acto realizado por el padre de familia en el momento de la comida, convertido con el cristianismo en el símbolo de la institución de la Eucaristía.

FRUITIO DEI. *Gozar de Dios.*
En el lenguaje místico es la suprema aspiración del ánima.

FRUMENTATIONES.
Distribución gratuita de grano entre los plebeyos.

FUMUS BONI IURIS. *Apariencia de buen derecho.*
Se trata de una toma de posición en apariencia jurídicamente inaceptable pero en realidad discutible.

FUMUS PERSECUTIONIS. *Apariencia de persecución.*
Se dice a propósito de los procedimientos de la autoridad judicial que parecen tener carácter de persecución contra alguien.

FUROR TEUTONICUS. *El furor de los teutones.*
Expresión utilizada para indicar la fuerza y la garra propia de los pueblos nórdicos.

GALEA CAPITIS.
Término científico que indica la larga lámina fibrosa que cubre la superficie del cráneo.

GAUDIUM ET SPES. *Alegría y esperanza.*
Denominación de uno de los principales documentos del Concilio Vaticano II.

GENIUS. *Deidad.*
Era la divinidad invisible que acompañaba siempre a las personas en cualquiera de sus acciones, guiándola y protegiéndola.

GENIUS LOCI. *Deidad del lugar.*
La locución designaba al espíritu que habitaba en un lugar y hoy se utiliza para referirse a aquellas personas que dirigen una empresa, fundación o sociedad.

GENS. *Familia, linaje.*
En la antigua Roma el término indicaba un grupo de familias ligadas por vínculos de parentesco o por descender de un antepasado común.

GENUBIS DEFLEXIS. *Con las rodillas dobladas, de rodillas.*
Refleja un acto de humildad y de sumisión.

GESTUS. *Gesto, movimiento, postura.*
Se utiliza en el ámbito teatral a propósito del lenguaje gestual de los actores.

GRATIS. *Graciosamente.*
Hoy indica un servicio recibido sin pagar.

GRATIS ET AMORE DEI. *A cambio del agradecimiento y del amor de Dios.*
Fórmula utilizada para indicar que una cosa no cuesta nada.

GROSSO MODO. *De forma tosca, superficial.*
La expresión se utiliza hoy en sentido metafórico para indicar alguna cosa aproximadamente.

HABEMUS PAPAM. *Tenemos papa.*
Fórmula con la que se anuncia la elección de un nuevo pontífice.

HABITARE IN OCULIS.
Locución que significa estar siempre a la vista, mostrarse continuamente; postura típica de las personas vanidosas en busca de reconocimiento.

HABITAT. *Él habita.*
En el lenguaje científico designa la complejidad de las condiciones ambientales y climáticas en las que se desarrolla una determinada especie animal o vegetal.

HABITUS. *Hábito, costumbre.*
Indica el comportamiento, las costumbres, la forma de pensar *(habitus mentale)*, propios de una persona.

HANNIBAL AD (ANTE) PORTAS. *Aníbal en la puerta.*
Expresión utilizada para referirse a un grave peligro inminente.

HERPES.
Término médico que indica una enfermedad caracterizada por pequeñas ampollas, localizadas en la mayor parte del cuerpo.

HIATUS. *Pausa, apertura, separación.*

HIC ET ILLIC. *Aquí y allá, un poco por todas partes.*

HIC ET NUNC. *Aquí y ahora, inmediatamente.*

HIC SUNT LEONES. *Aquí están los leones.*
Fórmula utilizada en los antiguos mapas geográficos para designar territorios desconocidos. Hoy día se dice irónicamente de quien ignora cosas que en cambio debería saber.

HIERI DICEBAMUS. *Decíamos ayer.*
Se dice a propósito de un discurso interrumpido en el pasado y retomado después o también de las condiciones de vida que, después de una larga pausa, recuperan sus valores anteriores.

HINC ET INDE. *De aquí y de allá, de una parte a la otra.*

HISCE POSITIS. *Después de haber formulado las premisas, después de haberlo aclarado.*

HIS FRETUS. *Dando crédito a tales argumentos.*

HOMO ERECTUS.
Denominación del hombre del Paleolítico que vivió hace cerca de medio millón de años.

HOMO FABER. *Hombre artífice.*
Es el hombre que adecua la realidad a sus propias exigencias.

HOMO HABILIS.
Denominación de uno de los primeros homínidos que vivió hace aproximadamente de setecientos mil a un millón de años.

HOMO NOVUS. *Hombre de nueva nobleza.*
Personaje de la vida política romana procedente de una familia en la que nadie había tenido nunca cargos. La frase se refiere hoy día a una persona que se ha hecho a sí misma o que ha sido designada para un cargo sin haber pasado por los grados inferiores.

HOMO OECONOMICUS.
Definición del hombre visto como sujeto de la actividad económica.

HOMO PRIMIGENIUS.
Denominación del hombre de Neanderthal, que vivió aproximadamente hace setecientos mil años y que representa el estadio inmediatamente anterior al *Homo sapiens*.

HOMO REGIUS. *Hombre del rey*.
Se dice de quien es respetuoso y seguidor del poder constituido.

HOMO SAPIENS. *Hombre pensante*.
Definición del hombre que ha alcanzado el estadio evolutivo del hombre actual.

HOMUNCULUS. *Homúnculo*.
Término recogido de la alquimia para referirse al hombre nacido en probeta.

HONESTA MISSIO.
Era el acto mediante el que el soldado romano era definitivamente licenciado e indica hoy día la jubilación después de una larga y reconocida carrera.

HONORIS CAUSA. *A título de honor*.
(Véase *Ad honorem*).

HORAE SUBSECIVAE. *Ratos perdidos*.
HORRIBILE AUDITU. *Asunto desagradable de oír*.
HORRIBILE DICTU. *Asunto desagradable de decir*.
HORRIBILE VISU. *Asunto desagradable de ver*.

HORROR VACUI. *Horror al vacío*.
Locución difundida sobre todo en el lenguaje artístico para indicar la tendencia de algunos pintores a llenar cualquier espacio vacío.

HORTUS CONCLUSUS. *Jardín cerrado*.
Expresión que indica un restringido campo de trabajo intelectual en la cual uno es especialista.

HOSTIS.
Término que en la antigua Roma indicaba tanto al extranjero como al enemigo.

HUMANAE LITTERAE. *Cultura clásica*.
Término que se refiere a la literatura y a los estudios humanísticos.

HUMANITAS. *Humanidad, civilización*.

HUMUS. *Suelo biológico*.
En botánica es el estrato de tierra formado por las sustancias orgánicas, mientras en sentido figurado indica el terreno propicio para la difusión de una idea o una iniciativa.

IBIDEM. *En el mismo lugar*.
Se utiliza en las citas bibliográficas para indicar una referencia ya realizada.

IBI VEL UBI. *Aquí o allí donde estuviera*.
Fórmula que se escribía en las cartas para indicar que el destinatario debía ser hallado.

ICTU OCULI. *En una ojeada, en un abrir y cerrar de ojos*.

ICTUS. *Golpe, sacudida*.
En el lenguaje médico indica un ataque apoplético; en el musical, el acento del compás, es decir, el tiempo fuerte.

IDEM. *La misma, como antes, lo mismo*.

IDEM PER IDEM. *Lo mismo con lo mismo*.
Se dice de algo que se explica utilizando los mismos términos, pero con frecuencia de manera aparentemente diferente. Por ejemplo el arte es un hecho artístico.

IDEM SENTIRE. *Sentir del mismo modo*.

ID EST. *Esto quiere decir*.
Corresponde a nuestro *es decir*.

IDOLA.
Término que en el lenguaje filosófico indica

aquellos prejuicios y creencias que dan al sujeto una visión distorsionada de la realidad.

IGNIS ARDENS. *Fuego ardiente.*
Se dice de una persona dominada por el fuego de la fe y de la acción.

IGNORAMUS. *No sabemos.*
Afirmación de la incapacidad del hombre para comprender las causas primeras y el misterio de la vida.

IGNORANTIA LEGIS NON EXCUSAT. *El desconocimiento de la ley no excusa (a nadie).*

IGNOTO MILITI. *Al soldado desconocido.*

IGNOTUM PER IGNOTUM.
En el lenguaje filosófico se dice de quienes quieren demostrar aquello que es desconocido valiéndose de lo que los demás desconocen.

ILLIC ET IMMEDIATE. *En el mismo lugar y enseguida, inmediatamente.*

IMAGO. *Imagen.*
Término con el que en el lenguaje psicoanalítico se denomina la imagen ideal de la persona amada o deseada que se ha formado el paciente.

IMPEDIMENTUM FACTI.
Impedimento material producido por una circunstancia y que afecta en gran medida la consecución de lo previsto.

IMPEDIMENTUM IURIS.
Impedimento jurídico producido por una disposición de ley.

IMPERIUM. *Mando, autoridad suprema.*
Se utiliza cuando se quiere subrayar la fuerza de la autoridad.

IMPOTENTIA COEUNDI.
En el lenguaje jurídico se utiliza la incapacidad física para realizar el coito.

IMPRIMATUR. *Imprímase.*
Voz con la que la censura eclesiástica autoriza la impresión de un texto (véase n.º 1.535).

IN ALBIS. *Con vestido blanco.*
Denominación de la semana siguiente a la de Pascua, época en la que los recién nacidos eran bautizados colocándoles un vestido blanco.

IN ALTO LOCO. *En un lugar alto.*
O sea en el vértice del poder.

IN AMARITUDINE SALUS. *En el sabor amargo, la salud.*
Se dice de algunos jarabes tonificantes pero que tienen sabor amargo.

IN ANTIS.
Término utilizado en arquitectura a propósito de un templo griego con pórtico que por delante está delimitado por dos columnas.

IN ARTICULO MORTIS. *A las puertas de la muerte.*
Se dice a propósito de una bendición o de una absolución.

INAUDITA ALTERA PARTE. *Sin haber oído a la otra parte.*
Se dice de las resoluciones emitidas por el juez después de haber oído las razones de una sola de las dos partes.

IN CAMERERA CARITATIS. *En la cámara de la caridad.*
Locución utilizada para reproches o reprensiones realizadas en secreto o para mensajes confidenciales, entre pocas personas.

IN CAUDA VENENUM. *El veneno está en la cola.*
La locución se refería al escorpión, pero hoy día hace alusión a la conclusión de un discurso, una carta, etc., con una frase bastante mordaz.

INCIPIT. *Empieza.*
Palabra que en tiempos se colocaba al comienzo de los libros. En filología se utiliza para indicar las palabras iniciales de un texto.

INCIPIT VITA NOVA. *Comienza la nueva vida.*
Expresión con la que se abre la *Vita Nuova* de Dante.

IN CORPORE VILI. *En cuerpo vil.*
Véase el n.º 802.

IN CYMBALIS. *Con el sonido del címbalo.*
Fórmula utilizada a propósito de una alegría desenfrenada, debida sobre todo a un estado de embriaguez (véase el n.º 335).

IN DIEBUS ILLIS. *En aquellos días.*

IN DUBIIS ABSTINE. *En caso de duda hay que abstenerse.*
Fórmula jurídica que invita a no emitir juicio o sentencia hasta que no se disipen todas las dudas.

IN DUBIO PRO REO. *En caso de duda (se decide) a favor del acusado.*
Fórmula jurídica que atribuye mayor importancia a la tutela de la inocencia que al castigo del culpable.

IN EXTREMIS. *En el último momento.*

IN FIERI. *En proceso de llegar a ser.*
Se dice de las cosas que están en curso, en fase de desarrollo y que no se han completado todavía.

IN FOLIO.
Se dice de los libros de gran formato o de gran valor o antigüedad.

INGENUUS.
Denominación en la antigua Roma de quien había nacido libre, de padres no esclavos.

IN ILLO TEMPORE. *En aquel tiempo.*

Se utiliza para indicar un tiempo muy lejano, del cual no se tiene memoria.

IN ITINERE. *De viaje, haciendo camino.*
En el lenguaje burocrático indica los trámites de un proceso.

IN LIMINE. *En el umbral.*
Indica el momento inicial de una actividad o de una acción.

IN LOCO. *En el lugar.*

IN MEDIAS RES. *A mitad de la narración.*
Expresión de origen horaciano (*Epístola a los Pisones*, 148; véase el n.º 747) utilizada hoy para indicar un discurso sin preámbulos, en el cual se va rápido al asunto.

IN MEMORIAM. *En memoria, en recuerdo.*

IN NUCE. *En una nuez.*
Se dice de las cosas en su estado inicial.

IN PECTORE. *En el corazón, en las intenciones.*
Se dice de alguna cosa no declarada. Candidaturas *in pectore* son aquellas que se mantienen en secreto hasta el momento de la proclamación.

IN PERPETUUM. *A perpetuidad.*
Fórmula mediante la cual se certifica en los documentos la validez perpetua de una donación o de un negocio jurídico.

IN PERSONAM. *En persona.*
En el lenguaje jurídico indica derechos que sólo pueden hacerse valer hacia una persona determinada.

IN PRIMIS ET ANTE OMNIA. *En primer lugar, antes que nada.*

IN PRISTINUM. *En las condiciones anteriores.*

IN QUOVIS. *En lo que quieras.*
Antigua cláusula del derecho marítimo en

la que no se precisaba el tipo de nave a la que se refería el contrato.

IN RE. *En la realidad de las cosas, en los hechos.*

IN RE ALIENA.
Se dice en referencia a una cuestión que no nos afecta a nosotros sino a los demás o a quien se inmiscuye en la cosas que no son de su incumbencia.

IN RE IPSA. *En el hecho tomado en sí, en las cosas en sí y por sí mismas.*

IN SACRIS. *En los órdenes sagrados.*
Se dice de los consagrados a Dios en el orden de diáconos, sacerdotes y obispos.

IN SAECULA SAECULORUM. *Por los siglos de los siglos.*
Fórmula jurídica utilizada para indicar acciones que se prolongan ampliamente en el tiempo, tanto que parecen eternas.

INSALUTATO HOSPITE. *Sin haber saludado al convidado.*
Se dice de quien se va a hurtadillas, sin saludar al dueño de la casa.

IN SIMPLO. *En una copia única.*

IN SITU. *En el sitio.*
En geología indica una cosa hallada en el lugar donde se considera que se formó.

IN SOLIDO. *De forma única y compacta.*
Se utiliza en el lenguaje jurídico para decir «conjuntamente», «como vínculo de la solidaridad y de la responsabilidad».

INSPISSATIO SANGUINIS.
Término médico que indica el espesamiento de la sangre debido a la deshidratación.

INSTITUTIO CANONICA.
Es el acto mediante el que la autoridad eclesiástica concede a una persona la auto-

rización para desempeñar un determinado cargo.

INSTRUMENTUM REGNI/IMPERII. *Medio para reinar.*
Fórmula generalmente referida a la religión, algunas veces considerada un medio para mantener dóciles y tranquilos a los súbditos.

IN SUBIECTA MATERIA. *En materia.*
Se dice del tema o del objeto sobre los que se está discutiendo en un determinado momento.

IN SUBORDINE. *De forma subordinada.*

INSULA.
Expresión utilizada en la antigua Roma para indicar toda casa aislada de las otras o bien un grupo de viviendas adyacentes.

INTELLIGENTI PAUCA. *El inteligente requiere poca [explicación].*
Locución utilizada para decir que bastan pocas palabras para que una persona sabia o inteligente comprenda cómo están las cosas.

INTERCESSIO. *Intercesión.*
Entre los romanos tenía el significado de prohibición, mientras que hoy significa actuar a favor de una persona.

INTERIM. *Entretanto.*
Voz utilizada para indicar un cargo transitorio hasta que el responsable sea sustituido (por ejemplo, ministro *ad interim).*

INTERIORA. *Las partes más internas.*
Locución que indica hoy los intestinos y los órganos internos de cualquier animal.

IN TERMINIS. *Al final.*
Se utiliza sobre todo a propósito de las decisiones.

INTERNA CORPORIS. *Los actos internos de un cuerpo.*

Son los actos internos del parlamento no sujetos al control de otros órganos jurisdiccionales.

INTER NOS. *Entre nosotros.*
Expresión utilizada a propósito de cosas dichas en confianza.

INTER PARES. *Entre iguales.*

Véase *Primus inter pares.*

INTER PARTES. *Entre diferentes partes.*
En general se refiere a las partes de un contrato.

INTER POCULA. *Entre copas.*
Expresión referida a discursos y charlas que se realizan en compañía.

INTER VIVOS. *Entre los vivos.*
Fórmula legal referida a donaciones.

IN TOTO. *En todo, íntegramente, por entero.*

INTROITO. *Me introduzco [hasta el altar de Dios].*
Hacer el introito significa dar pie o presentar un discurso.

INTUITU PERSONAE. *Respeto tenido a una persona.*
Se dice de los contratos concluidos sobre la base de una especial confianza entre partes opuestas.

INTUS ET IN CUTE. *Dentro y bajo la piel.*
Se dice a propósito del profundo conocimiento de una persona.

IN UTROQUE. *En ambos [derechos].*
En el siglo pasado se obtenía realmente la licenciatura tanto en derecho civil como en derecho canónico.

IN VACUO. *En el vacío, en la nada.*
En referencia a las cosas dichas o hechas en el vacío.

IN VINCULIS. *Encadenado, con grilletes.*
En el lenguaje judicial indica imputados devueltos a juicio en situación de detención.

INVITO DOMINO. *A pesar de Dios.*
Locución difundida también en la forma *Invita Minerva.*

IN VITRO. En probeta.
Se dice de los experimentos biológicos realizados en el laboratorio.

IN VIVO.
Se dice de los experimentos y observaciones realizados sobre tejidos y células vivas.

IOCI CAUSA. *En broma.*
En el lenguaje jurídico se dice de un asunto que no es tenido por válido si el discurso a él referido está hecho sin verdadera intención.

IPSE DIXIT. *Lo dijo él.*
Se dice a propósito de una persona competente que se pronuncia sobre un determinado tema.

IPSO FACTO. *En el mismo momento, inmediatamente.*

IPSO IURE. *En virtud del mismo derecho, con efecto jurídico inmediato.*

IRE AD PATRES. *Irse con sus padres.*
Significa alcanzar los antepasados del más allá, o sea morir.

ITEM. *Semejante, además.*
Término utilizado en las observaciones de las enumeraciones de las voces *testamentarias.*

ITE, MISSA EST. *Id, la misa ha acabado.*
Se utiliza a veces en tono de broma para decir que la reunión ha acabado y es el momento de irse.

ITER. *Camino, recorrido, trámite.*

Se utiliza en el lenguaje parlamentario y burocrático para indicar el recorrido de leyes y trámites a través de diferentes estadios.

IUNIOR. *El más joven entre los dos.*
Generalmente se utiliza para indicar a la persona más joven entre dos que tienen el mismo nombre.

IUNIORES.
Se dice de los atletas más jóvenes que son admitidos sólo en los torneos y competiciones juveniles.

IURA IN OFFICIO.
Definición de los derechos que se ejercen cuando se desempeña una determinada función.

IURA NOVIT CURIA.
Principio en virtud del cual se da por cierto que cualquier autoridad judicial conoce las disposiciones y las normas legales que regulan un proceso.

IURE ELECTIONIS. *Por derecho de elección.*
Se dice de los extranjeros que por méritos especiales llegan a ser ciudadanos por elección y por ello dignos de hecho de recibir la ciudadanía.

IURE IMPERII. *Por el derecho que deriva del poder.*
O sea que quien tiene el poder tiene derecho a mandar y hacer las leyes.

IURE PROPRIO. *Por derecho propio.*
IURE SANGUINIS. *Por derecho de sangre.*

IURE SOLI. *Por derecho territorial.*

IURIS COMMUNICATIO.
Extensión de un derecho de una persona a otra. Por ejemplo el derecho de ciudadanía que, en caso de matrimonio con una persona extranjera, se extiende automáticamente al cónyuge.

IURIS ET DE IURE.
Fórmula que designa la presunción legal absoluta, contra la cual no se admite prueba contraria.

IURIS TANTUM.
Presunción sólo de derecho que únicamente tiene eficacia jurídica.

IUS ACTIVAE CIVITATIS. *Derecho de ciudadanía activa.*
Pertenece a los ciudadanos que disfrutan de derechos políticos y están inscritos en las listas electorales.

IUS AD OFFICIUM.
Derecho a ser colocado en un cargo y ejercer una determinada función.

IUS ELIGENDI SEPULCRUM. *Derecho a elegir la sepultura.*

IUS GENTIUM. *Derecho de las personas.*
O sea el derecho internacional.

IUS IN CORPUS.
Derecho que en el matrimonio un cónyuge tiene sobre el cuerpo del otro.

IUS IN RE. *Derecho sobre las cosas.*

IUS IN RE ALIENA. *Derecho sobre una cosa ajena.*

IUS ITALICUM. *Derecho itálico.*
Comprendía algunos privilegios concedidos a colonias de ciudadanos romanos establecidos fuera de Italia.

IUS MURMURANDI. *Derecho a murmurar.*
Única forma de expresar el derecho a discrepar frente a quien ejerce un poder absoluto.

IUS NARRANDI. *Derecho a explicar.*
O sea el derecho propio a informar ante los medios de comunicación e información.

IUS POSTULANDI.
Derecho a requerir personalmente en un proceso el reconocimiento de las razones propias.

IUS PRIMAE NOCTIS. *Derecho de pernada.*
Legendario derecho del señor feudal de disponer de la desposada la primera noche después de su matrimonio.

IUS QUIA CONDICTUM.
Fórmula jurídica que indica que el derecho es tal porque conlleva el sigilo de la autoridad del Estado.

IUS SUPERVENIENS. *Derecho sobrevenido.*
Definición de las nuevas normas que derogan las precedentes.

IUSTA ALLIGATA ET PROBATA.
Fórmula jurídica que indica que las causas se resuelven gracias a los documentos y a las pruebas aportadas.

IUSTAE NUPTIAE.
Entre los romanos eran las bodas normales, celebradas según las normas legales.

IUS UTENDI ET ABUTENDI. *Derecho de uso y abuso.*
Es el derecho de los ciudadanos a disponer de sus propias pertenencias como mejor crean oportuno.

IUS VITAE ET NECIS. *Derecho de vida y muerte.*
En la antigua Roma era el derecho que tenía el *pater familias* para aceptar o rechazar a la criatura recién nacida.

LABORES HERCULIS. *Trabajos de Hércules.*
Expresión utilizada para indicar acciones cansadas, arduas y difíciles. Hércules debía soportar, de hecho, doce cargas para la salvación de la humanidad.

LABOR LIMAE. *Trabajo de lima.*
Expresión utilizada para indicar el trabajo refinado de una obra de arte.

LACRIMA CHRISTI. *Lágrima de Cristo.*
Nombre de un vino producido en las laderas del Vesubio, en Italia.

LAPIS. *Piedra.*
Término utilizado para referirse al lápiz.

LAPIS NIGER. *Piedra negra.*
Adoquinado cuadrangular de mármol negro descubierto en el Foro Romano en 1899 y que se remonta al periodo romano más antiguo.

LAPSI. *Caídos, rendidos.*
Denominación de aquellos cristianos que para escapar del martirio renegaban de la fe.

LAPSUS. *Caída, error.*
Se dice a propósito de errores involuntarios. También se utiliza la locución *lapsus freudiano* que indica un error debido a motivos inconscientes.

LAPSUS CALAMI. *Error al escribir.*
LAPSUS LINGUAE. *Error al hablar.*
LATU SENSU. *En sentido amplio.*

LAVABO. *Lavaré.*
Versículo sexto del salmo 26 que ha entrado en la lengua común con el significado de lavabo, sala de baño o local destinado a las abluciones.

LECTIO. *Lección, lectura.*
Indica tanto el comentario doctoral sobre un autor clásico en las escuelas medievales como una lectura autorizada o la forma en la que la palabra se halla escrita.

LECTIO BREVIS *Lectura, lección breve.*

LECTIO DIFFICILIOR.
En el lenguaje filológico indica la variante más compleja y difícil de una palabra controvertida o poco clara.

LECTIO FACILIOR.

En el lenguaje filológico indica la variante más sencilla e inmediata de una palabra.

LEGENDA. *Para leer.*
Conjunto de indicaciones o signos convencionales que se leen en los mapas geográficos, tablas estadísticas, etc.

LEGIBUS SOLUTUS. *Liberado de la obligación de observar la ley.*

LENTO PEDE. *Con paso lento, lentamente.*

LEONINA SOCIETAS. *Sociedad leonina.*
Se dice a propósito de los acuerdos en los que el más fuerte obtiene lo mejor.

LEVITAS ANIMI.
En el lenguaje jurídico romano se empleaba esta expresión para indicar la volubilidad y la ligereza propias de las mujeres, lo cual se consideraba un argumento para privarlas, en determinadas circunstancias, del reconocimiento de la plena capacidad jurídica.

LEX CONTRACTUS. *La ley del contrato.*
O sea, la ley propia del lugar donde dos personas se disponen a celebrar un contrato.

LEX FORI. *La ley del foro.*
Donde se estipula un contrato.

LEX LOCI ACTUS. *La ley del lugar en el que es estipulada la acción.*

LEX POSTERIOR DEROGAT PRIORI.
Principio jurídico según el cual las leyes siguientes constituyen una total o parcial derogación de las anteriores.

LEX REI SITAE. *La ley del lugar donde uno se encuentra a gusto.*

LEX SUPER REGEM. *La ley está por encima del rey.*
Principio que afirma que también el rey debe someterse a la ley.

LIBERE ET SPONTE. *Libre y espontáneamente.*
Sin ser obligado.

LIBIDO. *Ganas, deseo, placer.*
En el lenguaje psicoanalítico indica la fuerza generativa que regula el desarrollo psíquico.

LICET. *Es lícito, está permitido.*

LIGAMEN. *Unión.*
Término utilizado en el derecho matrimonial canónico.

LIMES. *Límite, frontera.*
Término utilizado para indicar los límites entre dos territorios o entre dos estados.

LIQUIDUS.
Término utilizado en física para indicar el límite superior del margen de temperatura en la que se produce la solidificación.

LIQUOR.
En anatomía es el líquido que llena la cavidad del sistema nervioso central.

LOCI PRINCIPES. *Los puntos principales.*
Se utiliza en referencia a las partes más bellas de una obra literaria o musical.

LOCRENSIUM PACTA. *Pacto de los Lucrecios.*
Se utiliza en referencia a quien no respeta los acuerdos.

LOCUS. *Lugar.*
Término médico que indica un punto bien determinado de un órgano.

LONGA MANUS. *Mano larga.*
Se dice de quien actúa más o menos a escondidas por encargo de alguien.

LUDENS.
Se dice de una persona amante de las fiestas y de las diversiones.

LUDUS. *Juego, diversión.*
El plural, *ludi*, se utiliza en el sentido de competición, encuentro deportivo, etc.

LUMEN. *Luz, lux.*
Unidad internacional de medida del flujo luminoso.

LUMEN CHRISTI. *Luz de Cristo.*
Palabras pronunciadas al comienzo de la función litúrgica del sábado santo.

LUPUS.
Término médico que se emplea para referirse a una enfermedad crónica de la piel de cierta gravedad que afecta en particular a la cara.

LUPUS IN FABULA. *El lobo en el cuento.*
Se dice de una persona de la cual se está hablando y que llega inesperadamente..

LUSUS NATURAE. *Cosa extraordinaria.*

LUX. *Luz.*
Unidad de medida internacional de la iluminación.

MAGNA CHARTA.
Se trata de la Constitución inglesa concedida por el rey Juan a los barones en 1215.

MAGNA CUM LAUDE. *Matrícula de honor.*
Expresión con la que se acompaña la nota más alta en la titulación universitaria para destacar la importancia del esfuerzo.

MAGNA GRAECIA. *La magna Grecia.*
Término que se refiere al conjunto de las ciudades fundadas por los griegos a lo largo de las costas de la Italia meridional.

MAGNA MATER. *La gran madre.*
Apelativo de la diosa Cibeles, madre universal de los dioses y de los hombres, diosa de la fecundidad identificada con la naturaleza.

MAGNA PARS. *Gran parte.*
Dicho de quien tiene una importancia destacada en la dirección de una empresa o de una hacienda.

MAGNIFICAT.
Término con el que se indica el cántico que entonó María al visitar a Isabel.

MAGNIS ITINERIBUS. *A marchas forzadas, en grandes etapas, de prisa.*

MAGNITUDO. *Grandeza.*
Unidad de medida de la fuerza con la que acontece un seísmo.

MAGNUM.
Término para referirse a una botella grande o un tipo de revólver.

MANCIPATIO. *Emancipación.*
Término del derecho romano que designaba la convalidación de un acto de alienación que debía producirse ante la presencia de no menos de cinco testimonios.

MANCIPIUM.
Término del derecho romano que designaba la adquisición formal de la propiedad de alguna cosa.

MANU MILITARI. *Por procedimientos militares.*
Se utiliza para señalar que una acción ha sido conducida o una situación ha sido desbloqueada mediante el uso de las armas.

MARE MAGNUM. *Gran mar.*
Expresión que se utiliza para referirse a una gran cantidad de material caótico y desordenado, en el que es difícil entenderse.

MARE NOSTRUM. *Nuestro mar.*
Término que en la Antigüedad designaba al mar Mediterráneo.

MARGINALIA.
Observaciones y anotaciones realizadas en el margen de un libro, notas breves.

MARMOR PARIUM.
Denominación de una inscripción contenida en algunos fragmentos de mármol encontrados en la isla de Paros, formada por una relación cronológica de algunos acontecimientos importantes de la historia griega.

MATER DOLOROSA. *Madre dolorosa.*
Locución utilizada en el lenguaje artístico para referirse a la madre de Jesús a los pies de la cruz y en el lenguaje común a propósito de una mujer especialmente triste.

MAXIMUM. *El máximo.*
Grado más lato o punto más elevado alcanzable, la mayor cantidad, el límite máximo.

MEA CULPA. *Mi culpa.*
Expresión utilizada ahora como sustantivo para indicar una falta acompañada de una petición de perdón.

MEA SPONTE. *De mi voluntad espontánea.*

MEDIOLANUM. *En medio de la llanura.*
Nombre de origen celta con el que los romanos designaron en el siglo III a. de C. la actual ciudad de Milán.

MEDIUM. *Medio, que está en medio.*
En las ciencias ocultas es la persona que se interpone entre los espíritus y los hombres; en el lenguaje común, el plural *media* se refiere a los medios de comunicación.

MEMENTO MORI. *Acuérdate de que debes morir.*
Lema de los trapenses citado hoy como admonición.

MEMORANDUM. *Que debe ser recordado.*
Memorial diplomático, apunte, libreta de anotaciones.

MENS LEGIS.
Término que se refiere al íntimo significado de la ley, el propósito que quiere lograr.

MENTE CAPTUS. *Demente, mentecato, loco.*

MILES GLORIOSUS. *Soldado fanfarrón.*
Es el título de una comedia plautina y se cita a propósito de quien se vanagloria de acciones que no ha cometido.

MINIMUM. *El mínimo.*
Límite más bajo, mínimo que se necesita.

MINUS HABENS. *Que tiene poca capacidad mental.*
Locución eufemística para referirse a una persona dotada de escasa capacidad intelectual, o más raramente para referirse a uno que goza de menos derechos que la mayoría de los ciudadanos.

MIRABILE DICTU. *Admirable de decir.*
MIRABILE VISU. *Admirable de oír.*
MIRABILIA. *Cosas maravillosas.*

MISERERE. *Ten piedad.*
Invocación de piedad y misericordia utilizada algunas veces en el sentido de extremo decaimiento físico en las locuciones «cantar *el miserere*» y «estar junto al «miserere».

MISSUS DOMINICUS. *Enviado del príncipe.*
En el Medievo era llamado así el delegado del emperador en las diferentes provincias.

MISTERIUM FIDEI. *Misterio de la fe.*
Fórmula litúrgica citada algunas veces también a propósito de algo oscuro e incomprensible.

MIXTA RELIGIO. *Religión mixta.*
En el derecho matrimonial canónico constituye un impedimento que hace el matrimonio ilícito pero no nulo.

MODUS OPERANDI. *Manera de actuar.*

MODUS VIVENDI. *Manera de vivir.*
Fórmula jurídica que indica un acuerdo entre dos personas o dos estados antes enfrentados y utilizada en el lenguaje común a

propósito de un compromiso entre dos personas para resolver una convivencia por otra parte difícil.

MONITOR. *Que avisa, que hace recordar.*
En el lenguaje televisivo indica el aparato en el cual aparecen las imágenes.

MONSTRUM. *Fenómeno portentoso.*
Se dice de las personas o las cosas que están fuera de las normas naturales, ya sea en sentido negativo o positivo.

MORBUS GALLICUS. *Mal francés.*
Se trata de la sífilis.

MORE MAIORUM. *Según la costumbre de los antiguos.*

MORE NOBILIUM. *Según la costumbre de los nobles.*

MORE SOLITO. *Según la costumbre habitual.*

MORE UXORIO. *Como en el matrimonio.*
Fórmula usual para indicar la convivencia de dos personas no casadas y que por consiguiente se hallan en la condición que sería propia del matrimonio.

MORTIS CAUSA. *A causa de la muerte.*
Locución utilizada en el lenguaje jurídico para designar aquella situación que se produce a causa de la muerte, como una sucesión o la extinción de un delito.

MOTU PROPRIO. *Por propio esfuerzo.*
Por propia iniciativa.

MULTIPLEX. *Múltiple, múltiplo.*
Aparato que permite la transcripción y recepción simultánea de muchas comunicaciones telefónicas o telegráficas a través de una única conexión..

MUNERA.
Término que entre los romanos designaba servicios públicos, cargos y obligaciones impuestas a los privados en interés del Estado o de la ciudad.

MUNUS. *Encargo, función, oficio.*

MUNUS CIVICUM. *Función cívica.*
Tarea que se tiene la obligación de cumplir en beneficio de la colectividad.

MUTATIS MUTANDIS. *Cambia las cosas que deben cambiar.*
Locución utilizada a propósito de comparaciones instructivas, pero arriesgadas.

MUTATO NOMINE. *Cambiado de nombre.*
Véase el n.° 1.417.

MUTUUS DISSENSUS.
Locución que en el derecho romano indica la disolución de un contrato de común acuerdo.

NATURA ADIUVANTE. *Con la ayuda de la naturaleza.*

NATURALIA NEGOTII.
Elementos naturales de un negocio jurídico o de un contrato.

NE BIS IN IDEM. *Dos veces lo mismo no.*
Expresión del derecho procesal romano citada ahora como invitación a no repetirse.

NECESSITATE COGENTE. *Bajo el impulso de la necesidad.*

NEC PLUS ULTRA. *No más allá.*
Expresión utilizada para indicar que una cosa ha alcanzado la máxima perfección o es la mejor en su género.

NEGO MAIOREM. *Niego la premisa mayor.*
Locución que significa rechazar un razonamiento desde su raíz.

NEGOTIUM GESTIO.
Gestión, por parte de una persona, de inte-

reses y asuntos de los que debería preocuparse otra.

NE QUID NIMIS. *Nada de excesos.*
Fórmula utilizada como invitación a no exagerar.

NESCIO QUID. *Un no sé qué.*
Se dice alguna cosa inexplicable.

NESCIO VOS. *No los conozco* (Mateo, 25, 12).
Se usa en tono de broma entre personas que quieren aducir méritos o hacen preguntas inoportunas.

NE VARIETUR. *Que no se hagan variaciones.*
Fórmula que aparece en publicaciones consideradas definitivas por el autor y que no admiten correcciones o añadidos.

NE VERBUM QUIDEM. *Ni siquiera una palabra.*
Se utiliza en los casos en los que no vale la pena decir nada.

NIHIL ADMIRARI. *No maravillarse de nada.*
Cualidad propia de sabios y de quien tiene mucha experiencia.

NIHIL MELIUS. *Nada mejor.*

NIHIL OBSTAT. *Nada lo impide.*
Fórmula con la cual se autorizan publicaciones o determinados actos burocráticos.

NOCTURNA LAUS. *Oración nocturna.*

NOMEN IURIS. *Nombre jurídico.*
Es el nombre con el que la ley define los delitos y distingue las instituciones jurídicas.

NOMINATIM. *Nominativamente, por el nombre.*

NOMINE ALIENO. *En nombre de otros.*
Se dice de quien actúa por cuenta de otros.

NOMINE PATRIS. *En el nombre del Padre.*
Locución que deriva de las palabras que acompañan a la señal de la cruz y que indican el inicio de algo desde el principio.

NOMINE PROPRIO. *En nombre propio.*
En virtud de los títulos propios y según las propias capacidades.

NON DECET. *No conviene.*
NON DOLET. *No duele.*

NON EXPEDIT. *No se debe hacer.*
Fórmula que expresa una prohibición atenuada por parte de la iglesia.

NON LICET. *No es lícito.*

NON LIQUET. *No está claro.*
Fórmula utilizada en los juicios cuando la dificultad de la cuestión no permite emitir una sentencia valida.

NON OLET. *No huele.*

NON PLUS ULTRA. *No más allá.*
Véase *Nec plus ultra.*

NON POSSUMUS. *No podemos.*
Frase con la que el papa suele negar algo.

NON SEQUITUR. *No se deduce.*
Locución utilizada para decir que en un razonamiento se ha producido un error de lógica por lo que falta una exacta correlación entre premisa y conclusión.

NON SINE QUARE. *No sin un por qué.*

NON ULTRA. *No más allá.*
Invitación dirigida a los presuntuosos para no sobrepasar ciertos límites.

NORMA AGENDI.
Fórmula jurídica que establece la forma en la cual se debe vivir.

NOSTRAS. *Local.*

Término utilizado en el lenguaje médico en referencia a ciertas formas de enfermedad endémica.

NOTA DOLENS. *Dolor conocido.*
NOTITIA CRIMINIS. *Aviso de delito.*

NOVUS ORDO. *Nuevo orden.*
Término utilizado en el lenguaje político para indicar un nuevo orden, un viraje.

NOXA. *Daño.*
En el lenguaje jurídico designa un agente patógeno.

NUBENDI.
Están los novios a punto de casarse.

NUGAE. *Bagatela, cosas sin importancia.*
Componentes literarios de poca importancia.

NULLA QUAESTIO. *Nada que objetar.*

NULLO IMPEDIENTE. *Sin oposición por parte de nadie.*

NUMERUS CLAUSUS. *Número cerrado.*
Se utiliza en referencia a determinadas escuelas o cursos de licenciatura.

NUNC ET SEMPER. *Ahora y siempre.*

OBIECTUS. *Objeto.*
Aquello que es exterior al sujeto.

OBTORTO COLLO. *Con el cuello girado.*
Expresión que se refiere a algo realizado por obligación y por lo tanto con falta de voluntad o bien sencillamente sin ganas.

OCCASIO LEGIS. *Ocasión que ha dado lugar a la ley.*

O.D.C..
Siglas de las palabras *Offert, Dicat, Consecrat* («ofrece, dedica, consagra») utilizadas en las inscripciones de dedicatoria.

ODIUM NOMINIS. *Odio del nombre.*
Se dice cuando el nombre de una persona, de una nación, de una religión provoca de por sí odio y aversión, independientemente de la persona física o jurídica en sí.

OLIM. *Una vez, en otros tiempos.*
Se utiliza en referencia a cosas que se hacían anteriormente y que ahora ya no se hacen.

OMISSIS. *Palabras omitidas.*
Término utilizado en la transcripción de los actos cuando se omiten palabras no estrictamente necesarias.

OMNIBUS. *Para todos, destinado a todos.*
Antiguo carro público de caballos para el transporte de los ciudadanos.

OMNIBUS UNUS. *Uno para todos.*

OMNIUM. *De todos.*
En el lenguaje deportivo indica una competición en la que pueden participar todos.

ONUS PROBANDI. *El peso de la prueba.*
Obligación, que compete al que acusa, de demostrar la veracidad de la acusación.

OPE IUDICIS. *Por obra del juez.*

OPERA OMNIA. *Todas las obras.*
Se dice de todas las obras de un escritor publicadas por un solo editor.

OPTIMO IURE. *De pleno derecho, a pleno título.*

OPTIMUM. *El mejor.*
Todo lo mejor que se pueda desear.

OPUS. *Obra, trabajo.*

OPUS DEI. *Obra de Dios.*
Denominación de una conocida asociación católica.

OPUS INCERTUM.
Término arquitectónico que indica pavimentos o revestimientos obtenidos con piezas irregulares de losas de piedra o de mármol.

OPUS RETICULATUM.
Término arquitectónico que indica una construcción mural romana con bloques de piedra de forma regular.

OPUS TESSELLATUM.
Término arquitectónico que indica un trabajo en mosaico.

OPUS UNICUM. *Obra única en su género.*

OPUS VENETICUM.
Refinada decoración en filigrana de oro o de plata con productos de orfebrería veneciana del Renacimiento.

ORA ET LABORA. *Reza y trabaja.*
Precepto fundamental de la regla benedictina que alterna el trabajo con la vida contemplativa.

ORA PRO NOBIS. *Reza por nosotros.*
Fórmula derivada de la letanía dirigida a los santos y a la Virgen para su intercesión.

ORDO. *El orden sagrado.*
O sea, el sacerdocio.

ORDO ORDINANS. *Orden ordenador.*
Expresión utilizada por Fichte para referirse a Dios como principio ordenador de la realidad.

ORDO RERUM. *El orden de las cosas.*
Término utilizado en el lenguaje filosófico para indicar una realidad natural.

OREMUS. *Recemos.*

ORE ROTUNDO. *Con la boca grande.*
O sea, en tono enfático, solemne.

ORGANUM.
Es la forma de polifonía más antigua conocida.

OTIUM. *Tiempo libre.*
Tiempo dedicado a los intereses propios y a las aficiones particulares.

OVES ET BOVES. *Ovejas y bueyes.*
Dicho de una mayoría formada por elementos heterogéneos pero regulada de la misma forma.

PABULUM. *Invernadero.*
Condiciones ambientales que permiten la proliferación y el desarrollo de microorganismos.

PACTUM SCELERIS.
Pacto entre gente de vida airada con objetivos delictivos.

PALAM ET CLAM. *Abiertamente y en secreto.*

PANEM ET CIRCENSES. *Pan y juegos del circo.*
Fórmula utilizada para indicar un sistema de gobierno basado en la demagogia, que concede al pueblo diversiones para mantenerlo tranquilo y débil.

PANGE, LINGUA. *Canta, oh lengua.*
Son las dos primeras palabras de un conocido himno religioso.

PARCE SEPULTO. *Perdona a quien está muerto.*
PAR CONDICIO. *Igualdad de condiciones.*

PAR CONDICIO CREDITORUM.
Fórmula que indica que los proveedores tienen el mismo derecho a ser compensados con los bienes del deudor.

PARS CONSTRUENS. *Parte constructiva.*
Se dice de la segunda parte de un proceso de renovación.

PARS DESTRUENS. *Parte destructiva.*
Se dice de la primera parte de un proceso de renovación.

PASSIM. *Aquí y allá.*
Fórmula utilizada para indicar que un tema se repite en un libro en diferentes partes.

PASSIO. *Pasión.*
Término con el que se indica la lectura que se realiza de la Pasión de Cristo en la misa del Domingo de Ramos.

PATER FAMILIAS. *Padre de familia.*
Locución que se refiere ya sea a un padre de familia ya sea al jefe indiscutible de una familia o de un clan familiar.

PATER NOSTER. *Padre nuestro.*
Es el inicio de la más conocida oración cristiana.

PATRES CONSCRIPTI.
Locución con la cual en la antigua Roma eran denominados los senadores en su conjunto.

PATRIA POTESTAS. *Patria potestad.*

PAVOR NOCTURNUS. *Terror nocturno.*
En el lenguaje médico indica el inexplicable miedo que tienen a veces los niños durante el sueño.

PAX ET BONUM. *Paz y bien.*
Fórmula de saludo de la orden franciscana utilizada hoy también como deseo de felicidad y paz.

PAX ROMANA. *La paz romana.*
Expresión que indica la pacificación del mundo entonces conocido realizada por medio de las legiones romanas. La tradición cristiana la ha considerado como la voluntad de Dios para permitir la difusión del cristianismo.

PAX TECUM. *La paz esté contigo.*
PAX TIBI. *Paz para ti.*
PAX VOBIS. *Paz para vosotros.*

PAX VOBISCUM. *La paz esté con vosotros.*
Fórmula de saludo litúrgico que generalmente acompañan a la «señal de la paz».

PECCATA CLAMANTIA. *Pecados que claman al cielo.*
Se dice de los pecados más graves.

PENETRALIA. *Penetrables, recónditos.*
Las partes más recónditas de un santuario o de un palacio.

PER ACTIS PERAGENDIS. *Haced las cosas que se tenían que hacer.*

PEREAT! *¡Abajo! ¡A muerte!*

PEREGRINATIO MARIAE. *Peregrinación de María.*
Dicho del traslado de una localidad a otra de la estatua de la Virgen María.

PER FAS ET NEFAS. *Con medios lícitos e ilícitos.*

PERICULUM IN MORA. *El peligro del retraso.*
El continuo aplazamiento puede poner en peligro el éxito de una empresa.

PER INCIDENS. *Accidentalmente, por casualidad.*

PERPENSATIO. *Reflexión atenta.*

PERPETUATIO. *Continuación.*
Se dice de los informes jurídicos siempre válidos.

PERPETUUM MOBILE. *Que se mueve siempre.*
Concepto filosófico de la vida como un continuo movimiento o referido a personas siempre inquietas.

PERSONA ALIENI IURIS.
Persona que no tiene el derecho a disponer libremente de sí misma.

PERSONA FICTA.
Denominación de asociaciones o entes que tenían personalidad jurídica.

PERSONALITER. *Personalmente, a título personal.*

PERULA.
Definición botánica de las hojitas que envuelven la yema.

PER VERBA. *De palabra, con palabra.*

PETITIO PRINCIPII. *Petición de principio.*
En el lenguaje filosófico indica una errónea posición lógica que da por demostrado aquello que todavía no lo está.

PETITUM. *Aquello que se pregunta.*
El objeto de una petición avanzada al juez.

PIETAS. *Piedad.*
En la latinidad era el sentimiento de veneración hacia los dioses y los familiares.

PINXIT.
Texto en algunas pinturas al lado del nombre del autor.

PLACEBO. *Placentero.*
Se dice de un fármaco privado de sustancias activas y suministrado sólo para contentar al paciente.

PLACET. *Satisface.*
Término utilizado para indicar aprobación y por lo tanto para autorizar.

PLENUM.
Término que indica ya sea la reunión plenaria de órganos representativos ya sea el número completo de los miembros de una asamblea.

PLURALIS MAIESTATIS. *Plural mayestático.*
Utilizado por los papas y soberanos en los actos oficiales.

POETICA LICENTIA. *Licencia poética.*
Locución que indica expresiones poéticas arriesgadas o forzadas desde un punto de vista gramatical o semántico, utilizadas algunas veces por poetas y escritores por razones métricas, estilísticas, etc.

POLLICE VERSO. *Pulgar vuelto hacia abajo.*
Con este signo los emperadores decretaban, durante los juegos en el circo, la muerte de los gladiadores. La locución es utilizada hoy como signo de desaprobación.

POST FACTUM. *A cosa hecha, después de que el hecho haya ocurrido.*

POST HOC, PROPTER HOC. *Después de eso, por tanto a causa de eso.*
Argumentación de la escolástica según la cual el hecho anterior es la causa del hecho posterior.

POST MORTEM. *Después de la muerte.*

POST NUBILA PHOEBUS.
Locución utilizada para indicar que a los periodos tristes y dolorosos siguen otros dichosos y serenos.

POST PARTUM. *Después del parto.*
POST PRANDIUM. *Después del banquete.*

POST SCRIPTUM. *Posdata.*
Añadido al pie después de la firma.

POTENTIA COEUNDI.
Capacidad de realizar el acto sexual.
PRAEFATIO. *Prefacio.*

Es también la parte de la misa que precede al *Sanctus* y a la consagración.

PRAESENTE CADAVERE. *De cuerpo presente.*
Se utiliza en referencia a los ritos y a los funerales que se celebran ante el cuerpo del difunto.

PRAESERTIM. *Especialmente, particularmente, sobre todo.*

PRAESUMPTIO IURIS. *Presunción legal.*
Fórmula en virtud de la cual no son necesarias pruebas para demostrar un hecho.

PRAETER LEGEM. *Al margen de la ley.*
En el sentido de que la materia no está regulada por alguna ley y por ello no es ni conforme y contraria a ella.

PRAETER TESTAMENTUM. *Al margen del testamento.*
O sea, independientemente del testamento.

PRANSUS PARATUS. *Saciado, nutrido.*
PRIMA FACIE. *A primera impresión, en apariencia.*

PRIMUM. *La primera cuestión.*
La primera condición, el asunto más importante a observar o a tener en cuenta.

PRIMUS INTER PARES. *El primero entre los iguales.*
Locución que se refiere a una situación en la que quien manda no tiene un poder absoluto, sino que es sencillamente el guía de un grupo de personas de similar dignidad y autoridad.

PRINCIPIIS OBSTA. *Oponerse al comienzo.*

PRIUS. *Que viene antes.*
Se dice de alguna cosa que es preliminar a aquello de lo que se trata.

PRIVILEGIUM FORI. *El privilegio del foro.*
Privilegio disfrutado en tiempos por los eclesiásticos, no sometidos a la justicia secular.

PRO. *En favor de.*
Prefijo muy utilizado.

PRO BONO PACIS. *Por el bien de la paz.*
Se utiliza en aquellas situaciones en las que

«por amor a la paz» nos adaptamos sin discutir a la opinión de los otros.

PRO CAPITE. *De cabeza.*
PROCEDAMUS. *Procedamos, avancemos.*

PROCUL NEGOTIIS. *Lejos de los problemas.*
Locución que indica un periodo de reposo (véase el n.º 269).

PRO DIE. *Al día.*
PRO DOMO SUA. *A favor de su casa.*

PRO FORMA. *Proforma.*
Para salvar las apariencias, por simple formalidad.

PRO FUTURO. *Por el futuro.*

PRO INDIVISO.
Patrimonio hereditario trasmitido a los herederos conjuntamente sin una asignación diferente a cada uno de ellos.

PRO LOCO.
Denominación de aquellas organizaciones o asociaciones que tienen como objetivo la defensa y el desarrollo de los bienes culturales y ambientales de un lugar o de una ciudad.

PRO MEMORIA. *Para recordar.*
Relación escrita de las cosas a hacer de manera que no se olviden.

PRO QUOTA. *Por la parte que corresponde a cada uno.*
Se dice de la parte de dividendo correspondiente según la suma aportada.

PROROGATIO. *Prórroga.*
Término que indica la praxis jurídica por la que quien desempeña un cargo continúa ejerciendo sus funciones, aunque deje el cargo, en espera del sucesor.

PROSIT. *Salud.*
Augurio difundido en las lenguas germánicas cuando se realiza un brindis.

PRO SOLVENDO.
Se emplea para referirse a una deuda que se considera ya pagada gracias a la cesión, por parte del deudor, de un derecho hacia terceros que beneficia al acreedor.

PRO TEMPORE. *Temporalmente.*

PRO VERITATE. *A favor de la verdad.*
Se dice de las opiniones emitidas por expertos en relación con determinados pleitos y controversias en exclusivo interés de la verdad.

PUBLICA HONESTAS. *Honestidad pública.*
Voz del derecho matrimonial canónico.

PUNCTUM DOLENS. *El punto doloroso.*
Parte más controvertida y candente de una cuestión.

PUNICA FIDES. *La lealtad de los cartagineses.*
Locución irónica para indicar deslealtad y mala fe.

QUANTI MINORIS. *Cuanto menos.*
Fórmula jurídica que prevé que el comprador se queje al vendedor en caso de que descubra que la mercancía tiene un valor inferior al precio acordado.

QUANTUM SATIS / QUANTUM SUFFICIT. *Lo suficiente.*
Antigua fórmula de farmacia.

QUIA. *El por qué, el hecho de que.*
Tema del que se está hablando.

QUID. *Cualquier cosa, un algo que.*
Indica ya sea alguna cosa indefinida ya sea la esencia de una determinada cosa.

QUIDAM. *Un cierto, un tal.*

QUIDAM DE POPULO. *Uno del pueblo, uno cualquiera.*
Se dice también de alguien que no tiene ningún derecho a intervenir.

QUID FACIENDUM. *Lo que es necesario hacer.*
Aquello que conviene o se debe hacer.

QUID SIMILE. *Cualquier cosa similar.*

QUI PRO QUO. *El qué por el cómo.*
Fórmula utilizada para indicar un equívoco.

QUOD DEBETUR. *Aquello que es debido.*

QUOD ERAT DEMONSTRANDUM. *Cómo se quería demostrar.*
Fórmula utilizada en el ámbito matemático para sellar la conclusión de un procedimiento y en el lenguaje común para decir que se ha producido aquello que se preveía.

QUODLIBET. *Aquello que gusta.*
En las escuelas medievales indicaba una discusión sobre cualquier tema, mientras que en el lenguaje musical indica una mezcla de composiciones realizada conjuntamente sin un criterio preciso.

QUOMODO. *De qué manera, la manera en que.*
Voz del lenguaje jurídico que indica la modalidad según la cual debe producirse un cierto desempeño.

QUONDAM. *Una vez, un tiempo.*
Se pone también delante del nombre de personas difuntas en el sentido de que existió.

QUORUM. *De los cuales.*
Abreviación de la expresión *quorum maxima pars* (la mayor parte de los cuales). Se utiliza para indicar el número necesario de votos para la conquista de un escaño o de presencia para que una asamblea sea válida.

QUOTA LITIS. *Cuota de pleito.*
Convención estipulada entre cliente y abogado en virtud de la cual, en caso de victoria, el abogado espera como compensación una parte de los derechos objeto del litigio.

QUO VADIS? *¿Adónde vas?*.
Pregunta formulada por Jesús a Pedro cuando este huía. La expresión debe su difusión al hecho de ser el título de una novela y de una película (véase el n.º 2.141).

RADICITUS. *Desde los orígenes.*

RAPTUS. *Secuestro.*
Impulso inesperado que empuja a cometer actos irreflexivos de consecuencias a veces trágicas.

RARA AVIS. *Pájaro extraño.*
Rareza (véase n.º 2.104).

RATIO LEGIS. *Razón de ley.*
Hasta que el legislador establezca redactar una ley.

RATIONABILE OBSEQUIUM. *Obsequio razonable.*
Se dice a propósito de una obediencia no ciega, sino consciente y convencida, y que se presta con plena libertad.

RATIONE MATERIAE. *Según la materia, según la naturaleza de la cuestión.*

RATIONE MUNERIS. *En virtud del cargo, por obligación profesional.*

RATIONES SEMINALES.
Expresión de origen estoico que indica los principios originarios y vitales del universo.

RATIO STUDIORUM. *Código de los estudios, plan de estudios.*
Título de la obra en la que están contenidos las pautas que los jesuitas deben seguir en los estudios.

REBUS. *Mediante las cosas.*
Se dice de personas o cosas anónimas. Es también la denominación de algunos juegos en los que se actúa por asociación.

REBUS IPSII DICTANTIBUS. *De conformidad con las lecciones que se obtienen de los hechos.*

REBUS SIC STANTIBUS. *Estando así las cosas.*

RECIPE. *Tómese.*
Término que se colocaba al comienzo de las recetas y que ha entrado en el uso común con el significado de receta o prescripción.

RECTE. *Exactamente, propiamente.*
RECTIUS. *Más exactamente.*

RECTO. *Derecho.*
Se dice de la parte anterior de una hoja de una página (véase *Verso*).

REDDE RATIONEM. *Rendir cuentas.*
Locución utilizada para indicar el momento en el que se deben rendir cuentas, en sentido real o metafórico, de lo que se ha hecho.

REDUCTIO AD UNUM.
Expresión que indica el acto de reducir todo a una sola voz y considerar todos los problemas desde un solo punto de vista.

REFERENDUM. *A referirse.*
Voz con la que hoy se designa una votación popular.

REFORMATIO IN PEIUS. *Reforma en negativo.*
En el lenguaje jurídico indica la prohibición de recurrir para el proceso de apelación una sentencia más desfavorable al imputado de la pronunciada en primer grado.

REFUGIUM PECCATORUM. *Refugio de los pecadores.*
Expresión derivada de las letanías a la Virgen y utilizada a propósito de personas caritativas y comprensivas o, en sentido irónico, de las escuelas en las que se aprueba fácilmente y que acoge a todos los que no son aceptados en las otras.

REGINA COELI. *Reina del cielo.*
Denominación de una antigua prisión romana transformada en una iglesia con este nombre.

REGINA VIARUM. *La reina de los caminos.*
Nombre con el que los romanos se referían a la Vía Apia.

REGNUM HOMINIS. *El reino del hombre.*
Locución acuñada por Bacon en referencia a la naturaleza considerada como objeto del conocimiento y del dominio del hombre.

RELATA REFERO. *Refiero aquello que me fue dicho.*
Locución con la cual aquel que lleva el mensaje declina toda responsabilidad respecto al contenido.

RE MELIUS PERPENSA. *Vistas mejor las cosas.*

REPETITA IUVANT. *Las cosas repetidas ayudan.*
Expresión utilizada sobre todo en los ambientes escolares para decir que es bueno repetir más veces aquello que se quiere que los otros entiendan.

REPRIMENDA. *Culpa a castigar.*
Se dice con frecuencia, en el sentido de reprobación, regañina.

REPULISTI.
Deriva de un versículo del salmo 42: *quare me repulisti?* («¿por qué me has expulsado?») y hoy utilizada con el significado completamente diferente de «limpieza total, lugar limpio».

REQUIESCAT IN PACE. *Descanse en paz.*
Fórmula utilizada en la liturgia de los difuntos o bien en tono bromista a propósito de una cosa o una persona de la cual no deseamos ocuparnos más.

RES. *La cosa, el hecho, el tema.*

RES COGITANS. *La esencia pensante.*
Expresión utilizada por Descartes para referirse a la parte pensante del hombre.

RES EXTENSA. *La sustancia extendida.*
Voz que indica la característica fundamental de la materia, es decir, la de ser extendida y ocupar una parte incluso mínima del espacio.

RES IUDICATA. *Cosa juzgada.*
Asunto sobre el que se ha realizado un juicio definitivo.

RES NULLIUS. *Cosa de nadie.*

RES NULLIUS IN PRIMIS OCCUPANTIS.
Fórmula que indica que una cosa que no pertenece a nadie pasa a ser propiedad del primero que se la apropia.

RESPONSA PONTIFICUM. *Respuestas de los pontífices.*
Parecer expresado por el pontífice respecto a cuestiones relativas al derecho sacro.

RESPONSA PRUDENTIUM. *Respuesta de los sabios juristas.*
En la antigua Roma eran así llamadas las opiniones de los juristas expertos para la solución de los asuntos de materia jurídica.

RESTITUTIO AD INTEGRUM.
Acto con el que es restaurada una situación de hecho o de derecho que había sufrido un daño.

ROMA LOCUTA. *Roma ha hablado.*
Véase el n.º 2.140.

SALVE. *Te saluda.*

SANGUINIS EFFUSIONE. *Con derramamiento de sangre.*

SAPIENTIA CORDIS. *Sabiduría del ánimo.*
Locución que indica sensibilidad y capacidad intuitiva.

SCHOLA CANTORUM. *Escuela de cantores.*
Denominación de los coros religiosos.

SCRIBA. *Escribano, amanuense.*
Algunas veces es utilizado con el sentido
despectivo de escritor de mala muerte.

SCULPSIT. *Ha esculpido.*
Voz grabada antiguamente sobre las escul-
turas al lado del nombre del autor.

SECRETA.
Oración rezada en voz baja por el celebrante entre el ofertorio y el prefacio.

SECUNDUM LEGEM. *Según la ley.*

SEDE VACANTE.
Locución que indica el periodo transcurrido entre la muerte de un papa y la elección
de su sucesor, pero también es utilizada en
el lenguaje común a propósito de algún cargo temporalmente vacante.

SENIOR.
La persona mayor entre dos que tienen el
mismo nombre.

SERVUM PECUS! *¡Rebaño de siervos!*
Locución referida a los imitadores y aduladores.

SESQUIPEDALIA VERBA. *Palabras largas un pie
y medio.*
La locución se utiliza de manera crítica en
los enfrentamientos con palabras ampulo-
sas y rimbombantes.

SIC. *Así.*
Se utiliza entre paréntesis en los textos
cuando se refiere una frase, para indicar
que lo dicho está así en ella.

SIC ET NON. *Sí y no.*
Locución utilizada en aquellas situaciones en
las que estamos dubitativos ya sea a favor o
en contra de una determinada solución y es
por lo tanto difícil tomar una solución.

SIC ET SIMPLICITER. *Así y no de forma diferente, sencillamente así.*

SILENTIBUS ARMIS. *Mientras las armas callan.*
Locución que indica una tregua o un periodo de paz.

SILENTIUM. *Silencio.*
Inscripción situada en la entrada de los
conventos para recordar a los visitantes que
se hallan en un lugar sagrado.

SIMILITER. *Similarmente.*
SINE CAUSA. *Sin motivo.*
SINE CURA. *Sin cuidado.*

SINE DIE. *A fecha indefinida, sin una fecha es-
tablecida.*

SINE GLOSSA. *Sin comentario.*
Se dice de un texto en el que no aparecen
explicaciones interpretativas que puedan
alterar el significado.

SINE IMPERIO. *Sin facultad de mando.*
Se dice a propósito de los cargos representativos a cuyo titular no se le concede tomar
decisiones o dictar órdenes.

SINE SPE, SINE METU. *Sin esperanza y sin temor.*

SINE STREPITU ET CLAMORE. *Sin ruido ni al-
boroto.*

SINE TITULO DIGNITATIS. *Sin título de dignidad.*
Se dice de los títulos que no tienen cargos
de dignidad, pero que son obligatoriamen-
te impuestos por ley.

SOLARIUM. *Terraza expuesta al sol.*
Término utilizado para indicar los salones
de belleza dotados de camillas y lámparas
solares.

SOLUS IPSE. *Sólo el propio yo.*
Expresión en la cual ha tenido su origen la

palabra solipsismo, teoría filosófica según la cual el mundo exterior sería una representación del yo.

SOLUTI RETENTIO. *Retención de lo que ya ha estado pagado.*
No se puede pedir en restitución una suma que ya ha estado pagada.

SOLVE ET REPETE. *Paga y después pide el reembolso.*
Fórmula en uso para decir que en caso de impugnación, especialmente tributaria, se debe primero pagar y posteriormente hacer el recurso.

SPECULUM. *Espejo, espéculo.*
Instrumento médico que sirve para observar alguna cavidad interna del organismo; denominación de varias obras medievales de carácter educativo.

SPONTE SUA. *A su voluntad.*

S.P.Q.R.
Abreviatura de *Senatus PopulusQue Romanus* («el senado y el pueblo de Roma») que se halla en muchos monumentos de la época.

STABAT MATER.
Son las primeras palabras de una oración a la Virgen dolorosa a los pies de la cruz compuesta por Jacobo Tadeo.

STATUS.
Voz utilizada en diferentes ámbitos. Indica la condición jurídica de una persona o de una entidad, la clase social, el nivel jerárquico, etc.

STATUS QUO. *Estado en el que.*
Mantener el *status quo* significa conservar una situación sin modificar.

STATUS QUO ANTE.
Locución que indica la situación anterior a un determinado acontecimiento y que se quiere restaurar o modificar.

STRICTU IURE. *En el estricto plazo legal.*

STRICTU SENSU. *En sentido estricto.*

SUA CUIQUE HORA. *Cada uno tiene su hora.*
Dicho referido no sólo a la muerte, sino también al momento favorable que antes o después alcanza a todos.

SUB CONDICIONE. *Según una condición dada.*

SUB DIVO.
Fórmula que significa «al aire libre», «bajo las estrellas».

SUB IUDICE.
Se dice de alguna cosa todavía pendiente de ser examinada por el juez.

SUBLATA CAUSA TOLLITUR EFFECTUS. *Eliminada la causa se acaban los efectos.*

SUB LEGE LIBERTAS. *La libertad bajo la ley.*
En el sentido de que la observación de la ley es garantía de libertad.

SUB SECRETO. *En secreto.*
Obligación de mantener el secreto profesional.

SUB SIGILLO. *Precintado.*
Dicho de los actos o documentos que deben permanecer secretos y por ellos son precintados.

SUB SPECIE AETERNITATIS. *Bajo la apariencia de eternidad.*

SUFFICIT. *Basta.*

SUI GENERIS. *A su manera.*
Se dice de una cosa particular, aparte.

SUMMA.
Voz que indica una recopilación completa o un compendio general de las doctrinas filosóficas y teológicas.

SUMMA CUM LAUDE. *Con la nota más alta.*
Se dice a propósito de la licenciatura.

SUMMUM BONUM. *El bien absoluto.*

SUPER. *Sobre.*
Prefijo de muchas palabras latinas a las que confiere una idea de superioridad.

SUPER EGO. *Súper yo.*
Término utilizado en el psicoanálisis.

SUPER PARTES. *Por encima de las partes.*
Se dice generalmente de las personas imparciales, que juzgan por encima de los contendientes.

SURSUM CORDA. *Arriba los corazones.*
Fórmula litúrgica utilizada también para confortar a quien está bajo de moral.

SUSCIPE. *Acepta, acoge.*
Palabra con la que en la misa en latín comienza la oración del ofertorio.

SYMPOSIUM. *Simposio, banquete.*
En sentido figurado indica también congresos y reuniones de estudiosos.

TABULA RASA. *Tabla rasa.*
En el mundo clásico indicaba la mente antes del conocimiento: vacío, pero dispuesta a la recepción. Hacer *tabula rasa* en cambio significa hoy día «aniquilar completamente» sin hacer referencia a la esfera intelectual.

TAEDIUM VITAE. *Aburrimiento de la vida.*
Sentimiento de desfallecimiento y angustia que hace la vida insoportable.

TAMQUAM NON ESSET. *Como si no nos afectase.*
Se dice de personas perezosas y pasivas que no parecen afectadas por lo que sucede a su alrededor.

TANTUM.
Locución utilizada en el sentido de cantidad, una cierta cantidad.

TANTUM ERGO.
Palabras iniciales de la penúltima estrofa del *Pange, lingua,* himno a la eucaristía compuesto por Santo Tomás de Aquino.

TE DEUM.
Palabras iniciales de un himno de agradecimiento al Señor cantado de forma solemne con ocasión de alguna gran festividad.

TELLUS.
Nombre de la diosa romana de la tierra.

TEMPORA. *Tiempos, estaciones.*
Denominación en la liturgia católica de los cuatro tiempos del año litúrgico.

TEMPORIBUS ILLIS. *En aquel tiempo, antiguamente.*

TEPIDARIUM.
Atmósfera para el baño tibio en las termas romanas.

TERMINUS AD QUEM, TERMINUS A QUO. *Plazo en el que, plazo del que.*
Locución que fija los plazos temporales, el día en que un acto transcurre y el plazo en el que debe ser ejecutado.

TERMINUS ANTE QUEM. *Plazo antes del cual.*
Plazo antes del que ocurrieron los hechos de los que se habla.

TERTIUM. *Tercero.*
Se dice de alguna cosa que se diferencia entre dos que se parecen.

TERTIUM GENUS. *Tercera especie.*

TERTIUM NON DATUR. *No se concede una tercera posibilidad.*
Expresión deducida del lenguaje aristotélico y utilizada hoy día para indicar una situación en la que no hay la posibilidad de tener una tercera alternativa.

THESAURUS.
Término que indica el léxico histórico de una lengua, en la Edad Media indicaba un recopilación de dichos y máximas.

TIMOR REVERENTIALIS. *Temor reverencial.*
Exagerado sentido de respeto.

TINNITUS. *Tintineo.*
En el lenguaje médico indica un zumbido en las orejas provocado por el estrés.

TOLLE ET LEGE. *Coge y lee.*
Palabras con las que San Agustín fue invitado a leer las cartas de San Pablo halladas en una habitación.

TOTIES QUOTIES. *Tantas como veces se haga.*
Fórmula utilizada en el lenguaje litúrgico para decir que se gana una indulgencia tantas veces como veces sea cumplida una determinada condición.

TOTO CAELO. *Completamente.*
TOTO CORDE. *Con todo el corazón.*

TOTUM SIMUL. *Todo en el mismo instante.*
Definición clásica de la eternidad.

TRANSEAT. *Déjalo estar.*
Se utiliza también en el sentido de «dejar correr», «dejar perder».

TRANSFERT. *Transfiere.*
Término utilizado sobre todo en psicoanálisis, pero también en otros ámbitos, en el sentido de paso, traslado.

TRISTIA. *Cosas tristes.*
Es el título de un compendio de poesías de Ovidio.

TUTO, CITIO, IUCUNDE. *De forma segura, enseguida, con placer.*
Se dice de acciones realizadas rápidamente y sin gran cansancio.

UBI CAIUS, IBI CAIA. *Donde esté Cayo, allí estará Caya.*

Norma jurídica por la que la esposa debe seguir al esposo y residir con él, pero utilizada generalmente para decir que en una discusión la mujer debe adaptarse a las decisiones del esposo.

UBI CONSISTAM. *Punto de apoyo.*
Locución que deriva de una conocida frase de Arquímedes (véase n.º 507) y que ha tomado el significado de punto de apoyo estable, de momento de equilibro en una situación difícil.

ULTIMA RATIO. *Última razón.*
Se dice para justificar el recurso a las armas como medio extremo para resolver una controversia (véase el n.º 2.376).

ULTIMATUM.
Voz utilizada para indicar, en una negociación, un plazo más allá del cual se pasará a las armas.

UNA TANTUM. *Por una única vez.*
Locución referida al pago extraordinario de una tasa.

UNA VOCE. *A una voz.*
Se utiliza para indicar la aprobación total, la unanimidad.

UNGUIBUS ET ROSTRO. *Con las garras y con el pico.*
Dicho que indica una defensa encarnizada.

UNICUIQUE SUUM. *A cada uno lo suyo.*
UNICUM. *Ejemplar único.*

URBI ET ORBI. *A Roma y al mundo.*
Es la fórmula utilizada por el papa para la bendición solemne; en el lenguaje común se utiliza para decir que una cosa es advertida a todos.

USQUE AD FINEM. *Hasta el final.*
USUS SCRIBENDI. *Forma de escribir.*
UT FATA TRAHUNT. *Como quiera el destino.*
UTILE DULCI. *Útil y placentero.*

UTILITATIS CAUSA. *Por conveniencia.*
UT IMPLEATUR SCRIPTURA. *Para que se cumpla el documento.*

UTI, NON ABUTI. *Usar, no abusar.*
Fórmula que invita a utilizar cada cosa de la forma adecuada.

UT SUPRA. *Como más arriba.*

VACATIO LEGIS. *Vacío legal.*
Falta temporal de una ley que regula una determinada materia.

VADEMECUM.
Voz que se emplea para indicar folletos ilustrativos, libretas, guías, etc.

VADE RETRO. *Ve atrás.*
Palabras dirigidas por Jesús a Santa Ana. Se utilizan en tono jocoso para decir que no gusta la presencia de alguien.

VAE VICTIS! *¡Ay de los vencidos!*
Expresión atribuida a Brenno que indica el derecho del vencedor a imponer al vencido las condiciones que quiera.

VALE. *Está bien.*
Fórmula de salutación con la cual se acababan las cartas.

VARIA. *Cosas diversas.*
Voz utilizada en los títulos de compendios antológicos.

VAS ELECTIONIS. *Pozo de sabiduría.*
Se dice de las personas muy sabias y ricas de valores morales.

VEL IN TALAMO VEL IN TUMULO. *Sea en el tálamo sea en la tumba.*
Fórmula del derecho familiar romano que prescribía que la esposa estuviese siempre cercana al esposo.

VENI FORAS. *Sal afuera.*
Palabras dirigidas por Jesús a Lázaro y cita-

das hoy para invitar a alguien a salir o ponerse delante.

VERBATIM. *Literalmente, palabra por palabra.*

VER SACRUM. *Primavera sacra.*
Voto con el que, en determinadas circunstancias, se prometían a los dioses todas las primicias del año, o sea todo aquello que nacía al comienzo de la primavera, niños incluidos,

VERSO. *Revés.*
Parte posterior de una hoja o una página.

VETITUM. *Vedado.*

VETO. *Prohíbo.*
Voz utilizada hoy día en numerosas locuciones prohibitivas.

VEXATA QUAESTIO.
Se dice a propósito de una cuestión ya ampliamente debatida y discutida.

VIA CRUCIS. *Camino de la cruz.*
Función litúrgica, realizada generalmente el Viernes Santo, en la cual se recorre la pasión de Cristo hasta la crucifixión.

VIDEANT CONSULES. *Que los cónsules piensen en ello.*
Fórmula citada irónicamente para pedir una resolución a las autoridades competentes.

VIDEBIMUS INFRA. *Lo veremos después.*
O sea más adelante, cuando sea posible emitir un juicio objetivo.

VIDEO. *Veo.*
Voz utilizada en el lenguaje televisivo a propósito de todo aquello que pertenece a las imágenes y a la grabación.

VINDICATIO POTESTATIS. *Reivindicación de poder.*
Puede suceder en los casos de conflicto

de competencias entre dos órganos similares.

VIRAGO. *Mujer fuerte, guerrera.*

VIRGA.
Signo gráfico utilizado en el canto gregoriano para distinguir los sonidos agudos de los graves.

VIRIBUS UNITIS. *Con las fuerzas unidas.*
Nombre de un acorazado austriaco de la primera guerra mundial.

VIRUS. *Veneno.*
En el lenguaje médico indica un agente patógeno causante de una infección.

VIS. *Fuerza, energía.*

VIS A TERGO. *Fuerza desde detrás.*
En el lenguaje médico indica el empuje de la sangre de la periferia hacia el centro debido a la sístole.

VIS COMICA. *Fuerza cómica.*
Expresión utilizada a propósito de la comicidad de una situación, de una persona o de una pieza teatral.

VISUS. *Vista.*
Capacidad visual del ojo.

VITANDUS. *A evitar.*

VIXIT. *Vivió.*
Expresión bastante sencilla con la que los romanos se referían a la muerte de una persona.

VOCATIO IN IUS. *Llamada a juicio.*

VULGATA.
Denominación de la traducción en latín de la Biblia realizada por San Jerónimo. Se dice de la interpretación de una obra en clave comprensible para todos.

VULGO. *Como dice la mayoría.*

VULGO CONCEPTI.
Denominación en el derecho romano de todos los que habían nacido de una unión ilícita o de padres esclavos.

VULNUS. *Ofensa.*
En el lenguaje jurídico indica la lesión de un derecho.

Índice por temas

1.131, 1.190, 1.408, 1.493, 1.520, 1.584, 1.623, 1.626, 1.780, 1.863, 1.880, 1.978, 2.026, 2.114, 2.153, 2.430, 2.445

Arte (poesía, pintura, etc.)
191, 193, 196-200, 202, 236, 248, 307, 342, 350, 522, 567, 590, 611, 616, 624, 663, 717, 747, 817, 878, 915, 916, 924, 931, 940, 988, 987, 991, 1.044, 1.173, 1.180-1.183, 1.215-1.217, 1.289, 1.308, 1.343, 1.359, 1.398, 1.602, 1.659, 1.681, 1.723, 1.738, 1.829, 1.867, 1.872, 1.931, 1.975, 1.980, 2.277, 2.354, 2.398

Astucia
53, 86, 159, 448, 497, 1.002, 1.096, 1.881, 1.954

Avaricia
251-256, 446, 565, 778, 1.095, 1.471, 2.178

Avidez
28, 51, 53, 231, 345, 503, 606, 688, 812, 952, 1.541, 1.750, 1.794, 2.059, 2.025, 2.001, 2.266, 2.299, 2.366, 2.427

Belleza
172, 463, 472, 879, 881, 1.212, 1.306, 1.664, 1.955, 2.104, 2.105, 2.297, 2.430

Beneficios, dones
244, 280, 281, 288, 1.041, 1.276, 1.285, 1.414, 1.418, 1.673, 2.339

Búsqueda
2.193

Caducidad de las cosas, fugacidad
168, 343, 344, 584, 684, 692, 752, 760, 870, 879, 905, 914, 1.097, 1.280, 1.459, 1.469, 1.516, 1.549, 1.604, 1.638, 1.657, 1.679, 1.685, 1.719, 1.721, 1.735, 1.741, 1.750, 1.754, 1.759, 1.761, 1.903, 1.959, 1.991, 2.102, 2.202, 2.134

Cambios
49, 309, 647, 1.005, 1.064, 1.984, 2.218
Caos, confusión
2.146, 2.148

Caridad, benevolencia, ayuda mutua
296, 506, 710, 723, 1.007, 1.077, 1.405, 1.419, 1.458, 1.512, 1.606, 1.615, 1.644, 1.798, 1.807, 1.859, 2.015, 2.055, 2.114, 2.115, 2.380

Casa
643, 718, 1.811, 2.021

Celos
(Véase *envidia*)

Chismes
378, 777, 1.211, 1.762, 1.852, 2.247

Ciencia
507, 553, 787, 1.016, 1.428, 1.571, 1.751, 1.890, 2.228

Cobardía
938, 1,100, 1.481, 1.580, 1.710, 1.833, 2.061, 2.118

Coherencia
211, 947, 964

Conciencia
408, 932, 2.276, 2.363

Constancia, perseverancia
47, 65, 154, 182, 247, 250, 290, 346, 368, 681, 755, 874, 937, 1.170, 1.462, 1.530, 1.542, 1.562, 1.666, 1.752, 1.876, 2.382, 2.447, 2.450

Coraje, audacia
78, 215, 290, 368, 405, 424, 579, 703, 941, 1.132, 1.146, 1.321, 1.396, 1.481, 1.639, 1.703

Costumbres, hábitos
79, 149, 169, 314, 322, 349, 411-414, 428, 481, 488, 585, 1.032, 1.186, 1.369, 1.372, 1.560, 1.608, 1.613, 1.709, 1.789, 1.835, 2.174, 2.286, 2.327, 2.325, 2.374, 2.392, 2.393

Demora, retraso, prisa, inmediatez
9, 46, 71, 286, 376, 377, 391, 435, 452, 512, 540-542, 587, 665, 857, 917, 939,

1.037, 1.188, 1.296, 1.366, 1.367, 1.518,
1.536, 1.577, 1.899, 1.913, 2.044, 2.068,
2.070, 2.129, 2.192, 2.225, 2.240, 2.310

Derecho, Estado
1, 17, 20, 26, 34, 41, 43, 175, 219, 2.44,
267, 396, 409, 459, 462, 493, 545, 548,
675, 693, 711, 724, 767, 942, 1.052, 1.082,
1.088, 1.158, 1.160, 1.184, 1.186, 1.187,
1.284, 1.290, 1.352, 1.443, 1.449, 1.468,
1.472, 1.484, 1.487, 1.535, 1.575, 1.596,
1.634, 1.667, 1.670, 1.672, 1.674, 1.683,
1.690, 1.777, 1.795, 1.800, 1.803, 1.818,
1.820,, 1.862, 1.883, 1.923, 1.925, 1.953,
2.019, 2.081, 2.125, 2.132, 2.150, 2.161,
2.162, 2.172, 2.322, 2.328, 2.344, 2.368,
2.369, 2.373, 2.377, 2.397, 2.443

Deseo
176, 366, 436, 457, 458, 697, 949, 963,
1.149, 1.288, 1.548, 1.555, 1.563, 1.567,
1.878, 2.030, 2.073, 2.246, 2.383

Desilusión
339, 562, 828, 961, 1.063, 1.292, 1.531,
2.423

Dificultad, prueba
16, 77, 187, 577, 807, 811, 867, 1.217,
1.467,1547, 1.774, 1.775, 1.846-1.848

Dinero, riqueza, abundancia
15, 135, 140, 1.88, 208, 234, 235, 245, 292,
294, 298, 406, 415, 421, 444, 445, 450,
456, 510, 511, 532, 561, 617-620, 695,
729, 798, 1.036, 1.098, 1.200, 1.230,
1.231, 1.247, 1.250, 1.251, 1.268, 1.355,
1.435, 1.445, 1.474, 1.475, 1.485, 1.502,
1.511, 1.552, 1.594, 1.663, 1.694, 1.827,
1.830, 1.839-1.841, 1.882, 1.886, 1.961,
2.054, 2.109, 2.113, 2.329, 2.391, 2.419

Dolor, sufrimiento
293, 310, 369, 498, 499, 500, 530, 592, 631,
716, 728, 749, 761, 783, 784, 869, 959,
1.021, 1.030, 1.055, 1.061, 1.153, 1.195,
1.235, 1.320, 1.361, 1.380, 1.489, 1.524,
1.543, 1.607, 1.629, 1.669, 1.693, 1.724,
1.736, 1.799, 1.974, 2.024, 2.095, 2.179,
2.275, 2.284, 2.303, 2.367, 2.405, 2.475

Don (véase *beneficios*)

Educación, aprendizaje, instrucción, cultura
18, 37, 62, 73, 89, 102, 495, 504, 529, 546,
576, 591, 608, 625, 626, 633, 696, 753,
789, 803, 815, 836, 842, 912, 922, 975,
1.119, 1.133, 1.159, 1.185, 1.202, 1.203,
1.214, 1.216, 1.217, 1.227, 1.394, 1.409,
1.411, 1.417, 1.420, 1.476, 1.537, 1.556,
1.593, 1.605, 1.617, 1.632, 1.636, 1.651,
1.660, 1.686, 1.704, 1.722, 1.868, 1.892,
2.006, 2.007, 2.043, 2.072, 2.096, 2.122,
2.157, 2.188, 2.211, 2.219, 2.228, 2.277,
2.312, 2.333, 2.345, 2.418, 2.434

Elocuencia, oratoria, discursos
14, 35, 87, 220, 221, 229, 239, 257, 308,
330, 336, 349, 407, 416, 420, 494, 552,
557, 574, 576, 757, 763, 766, 793, 821,
840, 921, 946, 960, 1.027, 1.047, 1.093,
1.167, 1.208, 1.228, 1.232, 1.260, 1.398,
1.410, 1.440, 1.441, 1.495, 1.570, 1.574,
1.576, 1.591, 1.598, 1.618, 1.621, 1.630,
1.687, 1.767, 1.782-1.784, 1.809, 1.836,
1.852, 1.864, 1.870, 1.914, 1.915, 1.935,
1.967, 2.017, 2.059, 2.065, 2.106, 2.146,
2.149, 2.173, 2.214, 2.244, 2.283, 2.296,
2.387, 2.412, 2.431-2.433, 2.478, 2.480

Enemigos
58, 270, 374, 677, 685, 733, 816, 1.012,
1.438, 1.447-1.453, 2.326

Engaño
6, 32, 44, 131, 243, 425, 468, 509, 525,
629, 630, 689, 744, 771, 792, 826, 827,
866, 901, 907, 923, 926, 991, 1.050, 1.085,
1.207, 1.307, 1.646, 1.713, 1.844, 1.881,
1.910, 1.917, 1.977, 1.986, 1.989, 2.013,
2.050, 2.111, 2.127, 2.156, 2.201, 2.207,
2.260, 2.332, 2.482

Envidia
81, 82, 185, 283, 854, 862, 1.068, 1.135,
1.817, 1.874, 1.902, 2.082, 2.278

Equilibrio, medida, moderación
38, 85, 92, 163, 170, 174, 223, 295, 347,
354, 384, 721, 722, 1.091, 1.128, 1.177,

1.180, 1.182, 1.234, 1.274, 1.305, 1.342, 1.348, 1.601, 1.611, 1.612, 1.655, 1.719, 1.749, 1.765, 1.990, 2.058, 2.016, 2.079, 2.088, 2.186, 2.187, 2.355, 2.388

Error, culpa
11, 36, 80, 449, 466, 470, 706, 707, 712, 801, 976, 1.020, 1.040, 1.054, 1.093, 1.171, 1.271, 1.298, 1.336, 1.467, 1.494, 1.517, 1.822, 1.917, 1.939, 2.090, 2.239, 2.401

Esperanza
63, 667, 669, 828, 1.464, 1.563, 1.753, 1.909, 2.250-2.252

Estupidez, tontería
232, 285, 321, 453, 719, 762, 873, 1.062, 1.108, 2.020, 2.138, 2.215, 2.261-2.263, 2.274, 2.295, 2.417

Exceso
186, 381, 429, 585, 650, 868, 1.172, 1.235, 1.315, 1.534, 1.580

Exclamación, locuciones
8, 52, 224, 225, 257, 258, 263, 265, 319, 372, 612, 629, 754, 768, 786, 840, 953, 1.008, 1.154, 1.574, 1.675, 1.737, 1.738, 1.865, 2.040, 2.290, 2.356, 2.476

Experiencia
49, 200, 436, 485, 712, 790, 908, 1.060, 2.038

Falsedad (véase *hipocresía*)

Familia
110, 276, 449, 561, 603, 1.339, 2.043

Felicidad, alegría
153, 226, 268, 269, 580, 595, 720, 731, 737, 843, 928, 957, 1.030, 1.113, 1.304, 1.320, 1.361, 1.483, 1.527, 1.638, 1.707, 1.708, 1.747, 1.770, 2.152, 2.220, 2.243, 2.270, 2.306, 2.440, 2.451

Felicitaciones
575, 1.312

Filosofía
2, 128, 395, 480, 632, 651, 652, 683, 708, 758, 776, 814, 1.111, 1.514, 1.528, 1.540, 1.546, 1.553, 1.656, 1.704, 1.869, 1.871, 1.879, 1.919, 2.069, 2.130

Fortuna, mala suerte, destino, suerte
160, 195, 215, 217, 249, 315, 469, 492, 528, 539, 453, 764, 800, 837, 838, 841, 850, 883, 887-897, 902, 984, 1.090, 1.126, 1.196, 1.249, 1.257, 1.356, 1.532, 1.613, 1.628, 1.642, 1.845, 2.012, 2.094, 2.121, 2.196, 2.197, 2.200, 2.223, 2.248, 2.264, 2.265, 2.384, 2.439

Fuerza, firmeza
50, 56, 65, 78, 151, 152, 154, 184, 427, 464, 699, 740, 823, 871, 885, 899, 955, 1.015, 1.033, 1.035, 1.161, 1.244, 1.334, 1.586, 1.637, 1.671, 1.850, 1.855, 2.086, 2.155, 2.199, 2.395, 2.464, 2.465

Gloria, honor, fama
162, 216, 365, 408, 508, 511, 596, 822, 829-834, 918, 919, 920, 950, 988, 989, 1.032, 1.115, 1.117, 1.139, 1.258, 1.316, 1.357, 1.600, 1.641, 1.688, 1.776, 1.946, 1.982, 2.257, 2.307, 2.413

Guerra, armas (véase *paz*)

Habilidad, capacidad, ineptitud
85, 157, 311, 579, 705, 772, 800, 820, 1.116, 1.139, 1.180, 1.209, 1.216, 1.226, 1.255, 1.263, 1.286, 1.310, 1.349, 1.941, 2.094, 2.028, 2.224, 2.283, 2.343, 2.386, 2.426

Hambre, nutrición, comida
340, 373, 489, 658, 734, 735, 798, 1.010, 1.011, 1.118, 1.241, 1.243, 1.882, 2.427, 2.451-2.455

Hipocresía
91, 95, 192, 233, 363, 448, 473, 516, 661, 1.042, 1.486, 1.801, 1.856, 2.034, 2.409

Historia
19, 68, 962, 1.515, 1.764, 2.304

Hombre, naturaleza humana
88, 259, 370, 374, 379, 388, 397, 420, 422, 467, 479, 481, 486, 496, 501, 515, 535, 547, 671, 759, 805, 846, 973, 976, 979, 980, 983, 985, 1.032, 1.067, 1.076, 1.206, 1.220, 1.237, 1.244, 1.270, 1.275, 1.351, 1.404, 1.439, 1.589, 1.622, 1.624, 1.643, 1.645, 1.734, 1.746, 1.762, 1.768, 1.769, 1.852, 1.878, 1.934, 1.943, 1.983, 2.032, 2.027, 2.075, 2.098, 2.119, 2.217, 2.256, 2.292, 2.293, 2.298, 2.341, 2.362, 2.353, 2.402, 2.394, 2.446

Honradez, rectitud
61, 303, 464, 597, 972, 981, 1.114, 1.115, 1.246, 1.523, 1.696, 1.828, 1.929, 1.930, 1.936, 1.968, 2.003, 2.110, 2.197, 2.279, 2.400

Ignorancia
482, 627, 927, 1.016, 1.037, 1.058, 1.338, 1.513, 1.514, 1.704, 2.020, 2.198, 2.331, 2.346

Igualdad
805, 863, 865, 1.498, 1.805, 1.960, 1.970-1.972, 2.010, 2.205

Incertidumbre, indecisión
1017, 1.046, 2.027, 2.444

Indiferencia, desinterés
802, 1.461

Inferioridad, superioridad
678, 925, 1.005, 1.057, 1.256, 2.371

Ingenio, inteligencia
135, 284, 364, 447, 602, 704, 1.069, 1.154, 1.689, 1702, 1.771, 1.772, 2.208

Ira
9, 385, 392, 1.031, 1.034, 1.142-1.145, 1.296, 1.816, 2.169, 2.305, 2.420

Justicia, injusticia
29, 302, 505, 514, 601, 610, 858, 909, 1.078, 1.147, 1.157, 1.158, 1.162, 1.183, 1.269, 1.529, 1.564, 1.677, 1.728, 2.150, 2.280, 2.442, 2.456

Juventud, adolescencia
42, 99, 212, 289, 410, 523, 543, 1.163, 1.201, 1.294, 1.341, 1.399, 1.733, 2.226, 2.313

Libertad
97, 178, 222, 279, 393, 454, 460, 544, 660, 686, 1.198, 1.200, 1.484, 1.585, 1.712, 1.743, 2.269, 2.399, 2.448

Locura
109, 246, 474, 573, 655, 694, 1.031, 1.104, 1.105, 1.203, 1.446, 1.689, 1.966, 2.175, 2.176

Lucha, derrota (véase *paz*)

Maldad, crueldad
319, 351, 428, 527, 1.033, 1.004, 1.083, 1.089, 1.208, 1.225, 1.233, 1.261, 1.265, 1.266, 1.275, 1.277-1.279, 1.483, 1.509, 1.510, 1.573, 2.080, 2.160, 2.273

Maravilla
1.431

Matrimonio
25, 143, 189, 312, 538, 648, 714, 995, 1.295, 1.317, 1.319, 1.596, 1.603, 1.712, 1.830, 1.915, 2.067, 2.232, 2.406, 2.457

Máximas morales
3, 13, 48, 99, 147, 153, 218, 237, 301, 367, 461, 546, 608, 998, 1.094, 1.119, 1.138, 1.150, 1.160, 1.176, 1.246, 1.454, 1.564, 1.656, 1.742, 1.802, 1.965, 2.063, 2.091, 2.159, 2.230, 2.345

Medicina, salud, enfermedad
146, 150, 347, 417, 478, 715, 809, 936, 1.123, 1.148, 1.271, 1.300-1.303, 1.335, 1.521, 1.526, 1.552, 1.559, 1.594, 1.601, 1.625, 1.648, 1.652, 1.790, 1.900, 1.906, 1.922, 1.957, 2.210, 2.216, 2.235, 2.411, 2.425

Memoria, recuerdo
386, 529, 547, 929, 1.282, 1.325, 1.326

1.137, 1.267, 1.407, 1.444, 1.490, 1.541,
1.557, 1.583, 1.634, 1.677, 1.696, 1.700,
1.730, 1.800, 1.865, 1.889, 1.907, 1.951,
1.978, 1.999, 2.008, 2.116, 2.117, 2.133,
2.134, 2.357, 2.358, 2.364, 2.376, 2.421

Promesas
233, 1.248, 1.287

Prudencia, imprudencia
300, 387, 394, 492, 702, 725, 911, 1.169,
1.218, 1.236, 1.314, 1.383, 1.755, 1.945,
1.981, 2.062, 2.182, 2.190, 2.191, 2.348

Pueblo
1.137, 1.362, 1.588, 1.732, 1.860, 2.162

Reconocimiento
3, 278, 487, 700, 1.041, 1.070, 1.071,
1.192, 1.477, 1.885, 2.099, 2.011

Religión, divinidad, fórmulas religiosas
10, 32, 40, 45, 54, 55, 70, 93, 101, 141,
144, 207, 228, 264, 266, 277, 299, 313,
335, 380, 390, 423, 437, 440-443, 518,
537, 566, 568-573, 583, 586, 598, 599,
605, 610, 614, 621-623, 635-639, 641, 674,
682, 705, 714, 725, 726, 732, 738, 739,
748, 763, 770, 794, 859-861, 930, 982,
1.072, 1.102, 1.105, 1.110, 1.127, 1.129,
1.144, 1.155, 1.162, 1.194, 1.199, 1.204,
1.214, 1.240, 1.264, 1.297, 1.298, 1.300,
1.323, 1.324, 1.333, 1.370, 1.371, 1.395,
1.400, 1.401, 1.413, 1.478, 1.485, 1.488,
1.504, 1.512, 1.525, 1.538, 1.539, 1.553,
1.566, 1.568, 1.569, 1.572, 1.597, 1.599,
1.603, 1.616, 1.631, 1.633, 1.635, 1.643,
1.653, 1.655, 1.698, 1.706, 1.715, 1.728,
1.745, 1.757, 1.758, 1.761, 1.765, 1.773,
1.785, 1.787, 1.819, 1.822, 1.834, 1.861,
1.897, 1.898, 1.904, 1.920, 1.924, 1.937,
1.944, 1.948, 1.949, 2.014, 2.022, 2.033,
2.034, 2.041, 2.046, 2.048, 2.051, 2.053,
2.060, 2.067, 2.084, 2.088, 2.089, 2.091,
2.097, 2.112, 2.120, 2.141, 2.148, 2.203,
2.204, 2.206, 2.225, 2.231, 2.233, 2.254,
2.275, 2.281, 2.290, 2.308, 2.349, 2.366,
2.407, 2.409, 2.410, 2.414, 2.424, 2.428,
2.478, 2.481

Reposo, ocio, gandulería
364, 403, 438, 452, 613, 646, 835, 965,
1.013, 1.136, 1.311, 1.705, 1.790-1.792,
1.873, 1.892, 2.119, 2.245, 2.311

Resultado
727, 781, 782, 795, 864, 875, 1.610

Sabiduría
72, 157, 199, 218, 491, 581, 628, 844, 968,
978, 1.074, 1.080, 1.081, 1.096, 1.150,
1.460, 1.479, 1.492, 1.578, 1.592, 1.604,
1.733, 1.756, 1.760, 1.788, 1.858, 1.901,
1.918, 1.945, 2.002, 2.037, 2.038, 2.077,
2.083, 2.085, 2.087, 2.123, 2.153, 2.154,
2.163-2.167, 2.171, 2.212, 2.350, 2.441

Sacrificio
788

Sencillez
69, 1.412, 1.815

Superstición
437, 1.008, 1.072, 1.358

Testarudez
353, 361, 1.500

Tiempo
168, 212, 345, 432, 692, 769, 852, 905,
1.164, 1.178, 1.242, 1.252, 1.253, 1.262,
1.281, 1.543, 1.649, 1.661, 1.759, 1.789,
2.029, 2.314-2.322, 2.435

Totalidad, grandeza
12, 23, 1.697, 2.052, 2.143, 2.151, 2.158,
2.272, 2.297

Trabajo, esfuerzo, oficios
483, 537, 604, 607, 609, 780, 785, 800,
819, 856, 967, 1.117, 1.156, 1.165, 1.384,
1.476, 1.519, 1.550, 1.600, 1.609, 1.692,
1.975, 2.031, 2.042, 2.071, 2.130, 2.229,
2.301, 2.338

Tranquilidad
659, 687, 1.043, 2.267, 2.396

www.ingramcontent.com/pod-product-compliance
Lightning Source LLC
Chambersburg PA
CBHW050645270326
41927CB00012B/2885